성경에서 역사를 만나다

김 봉 수 지음

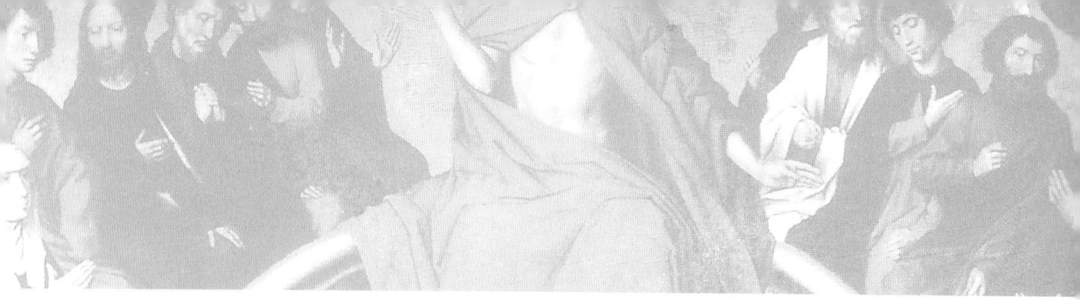

성경에서 역사를 만나다

2009년 5월 20일 초판 1쇄 인쇄
2009년 5월 30일 초판 1쇄 발행

저 자 • 김 봉 수
발행인 • 조 경 혜
발행처 • 도서출판 그리심
156-763 서울시 동작구 사당동196 인정Apt. B-bo1

등록번호 • 제 7-258호(1998. 4. 23)
출 판 사 • 전화 523-7589 팩스 523-7590
홈페이지 • http://grisim.biz
전자우편 • grisimcho@hanmail.net

값: 표지 뒷면에

ISBN 978-89-5799-235-7 93230

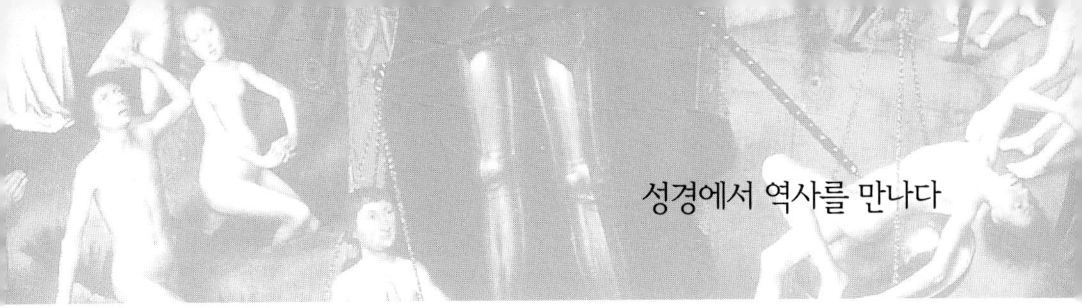

하나님과 역사를 사랑하는 이들에게…

저자 서문

지금부터 약 삼십 년 전에 있었던 일이다. 사병으로 군 복무 중이던 시절 누군가가 나를 사용하시어 일하고 계시다는 느낌을 강하게 받았다. 나는 기도도 특별히 하지 않았고, 어떤 계획을 세워 노력한 것도 아닌데…어떻게 이런 일들이 내 주변에서 일어나는 걸까? 그래서 그 답을 찾으려고 성경을 처음부터 읽기 시작하였다. 성경에서 답을 찾겠노라 마음먹고 성경을 읽다가 곧 답을 발견하게 되었다. "너희는 두려워하지 말고 가만히 서서 여호와께서 오늘 너희를 위하여 행하시는 구원을 보라"(출 14:13)라는 말씀이었다.

내가 가만히 서 있어도 하나님은 당신의 일을 이루어 가신다는 사실을 깨닫게 된 것이다. 당시에 하나님이 내게 섭리사관을 가르쳐 주기를 원하셨던 것은 아닌지…. 그때는 개인적으로 봤을 때 주변에서 신기한 일들이 정말 많이 일어났다. 소대 단위의 작은 부대생활이었지만 얼마나 남다른 군대생활을 했던지…. 당시 우리 소대에 따라붙은 별명들이 그것을 짐작케 할 것이다. 야구소대, 기독교소대, 학사소대가 그것이다. 휴일이면 대대 연병장을 독차지하고 야구를 즐기던 소대, 대학을 다니다 온 병사들이 유난히 많았던 소대, 거의 모든 소대원이 교인이었던 소대 그래서 붙여진 별명들이다. 돌이켜 보면 몸은 피곤했어도 영적으로나 인간적으로 많이 행복했던 시절이었던 것 같다.

그 시절 내 마음속에 작은 소망이 하나 생겨났다. 언제, 어떻게 들어왔는지도 모르는 생각이 내 마음을 사로잡았던 것이다. 그것은 성경과 역사만 읽으면서 살고 싶다는 것이었다. 그런데 이 책 『성경에서 역사를 만나다』를 쓰는 지금에 와서 다시 생각해 보니 벌써 삼십 년의 세월이 흐른 것이다. 그리고 나는 이 책의 제목과 내용을 정리하면서 하나님은 너무나 정확한 분이라는 고백을 다시 하지 않을 수 없다.

군에 복무하던 시절 나는 연이은 훈련과 경계근무로 인해 육체적으로는 정말 피곤하고, 여유를 찾을 겨를이 없었다. 그런데 바로 그 시절에 하나님은 지금의 내가 봐도 기특한, 너무나 기특한 생각을 갖게 하셨던 것이다. 성경과 역사만 읽다가 죽을 수 있다면 그것만으로도 행복하겠다는….

세월이 지나 생각해 보니 그것과 관련해서 나는 별다른 노력을 하지 않은 것 같다. 소나무 뿌리를 몇 개씩 뽑아대며 기도를 한 기억은 더군다나 없다. 다만 '역사 속에서 일하시는 하나님'을 증거하기 위해 성경을 읽고, 역사를 연구하며, 외국어를 배운다는 것과 함께 "나는 나의 영예를 위하여 학식을 쌓지도 않으렵니다. 말씀과 역사 속에 나타난 하나님의 위대한 사랑과 인간의 타락을 파헤쳐 보고, 그것을 나의 이웃들과 함께 느껴보려는 것입니다. 여호와를 경외함으로 지식의 근본을 삼는 사람이 되렵니다"라는 다짐의 글을 1981년 8월 9일에 읽고 있던 독일어 작문 책 속표지에 써 놓았을 뿐이었다.

그 후에 나는 성경도 읽고 역사도 읽는 삶을 살게 되었다. 그리고 그런 과정을 통해서 나는 하나님은 이렇게라도 성경을 읽히시는 건가 하는 생각을 참 많이 했던 것 같다. 그와 함께 역사 그리고 성경과 관련한 생각들이 하나씩 정리되기 시작하였다. 사람을 알기 위해 역사를 배우라. 하나님을 알기 위해 역사를 배우라. 하나님은 참으로 위대한 역사가이다. 하나님의 형상으로 지음 받은 사람은 역사가로 살 수밖에 없다. 성경의 역사성은 기억하고, 기록하며, 기념하는 삶을 살고, 진리로 살 것을 가르친다. 죄는 하나님이 섭리하신 역사를 왜곡하는 데서 시작하고, 하나님의 역사는 믿음으로만 알 수 있다. 모세, 솔로몬, 다니엘, 하박국, 그리고 바울과 같은 성경 속 위인들은 탁월한 역사감각의 소유자이다. 이런 것들이 책을 쓰는 동안 나를 사로잡은 생각들이며, 그것들은 모두 이 책에 정리되어 있다.

더불어 신앙의 원천이 성경이라면 성경적이거나 기독교적인 역사관의 출처 또한 성경이어야 한다는 생각에서 성경에 나타난 역사관의 여러 가지 특징들을 찾아내어 여기에 싣게 되었다. 그래서 나온 것이 창조사관, 섭리사관, 보편사관, 종말사관, 구원사관, 거시사관, 직선사관 외에 계시의 절정이며, 역사의 중심인 예수 그리스도, 그리고 하나님의 형상이며, 동역자인 사람에 관한 글들이다.

책을 쓰기 위해 성경을 읽으면서 이해의 방향이 지나치게 역사적 관점이라는 한 방향으로 기울어지는 건 아닌지 하는 우려의 생각이 없었던 것도 아니다. 그러나 그것 때문에 성경을 읽으며 감격도 맛보았고, 역사의식을 갖고 성경을 읽으면 싫증도 나지 않는다는 것을 깨달았으니 그 또한 좋은 일로 생각한다.

여러 가지 부족하고, 글재주도 없어서 출판을 망설인 적도 있었다. 그러나 이런 형식으로 나온 책이 거의 없고, 특강을 할 때면 이런 이야기를 좋아하고, 들으려 하는 사람들이 있다는 생각에 책을 내기로 결심하였다. 따라서 이제는 삼십 년 전 나도 모르게 갖게 된 마음의 소원이 풍성하게 결실되기를 바랄 뿐이다. 그래서 많은 사람들이 하나님의 제사장, 또 하나님의 역사가로 살아가는 데 이 책이 작은 보탬이라도 되었으면 하는 기대를 가져본다.

이 책을 쓰면서 가장 먼저 고려한 것은 많은 그리스도인 형제, 자매들이 읽고 신앙생활에 도움이 되었으면 하는 것이었다. 그래서 최대한 성경 본문을 많이 인용하였고, 성경을 하나님의 말씀으로 받아들이는 개혁주의의 관점을 유지하려고 하였다. 그럼에도 부족한 것이 너무나 많다. 따라서 이제 시작이라 생각하고, 겸허하게 질책도 받으면서 고쳐 나갈 마음이 있다. 지금은 성경에 나타난 역사의식과 역사관의 특징들을 모아서 나름대로 정리했다는 데서 의미를 찾으려 한다.

존경하고 사랑하는 아버지 김동진 장로님과 어머니 홍흥녀 권사님, 그리고 아내 김현숙과 예지, 예일, 예나 삼남매와 함께 이 세상을 살게 하신 역사가 하나님께 먼저 찬송과 영광을 돌린다. 아울러 이 책이 나오기까지 헌신적으로 도와준 강신영, 김희곤, 이종현, 최보미, 권수정, 정현애, 윤지영, 이혜린, 이동규에게 고마운 마음을 전하며, 늘 따뜻한 마음으로 도와주는 그리심 출판사에도 감사를 드린다.

2009년 4월 19일

김 봉 수

목 차

제3부 성경에 나타난 역사관의 독특성

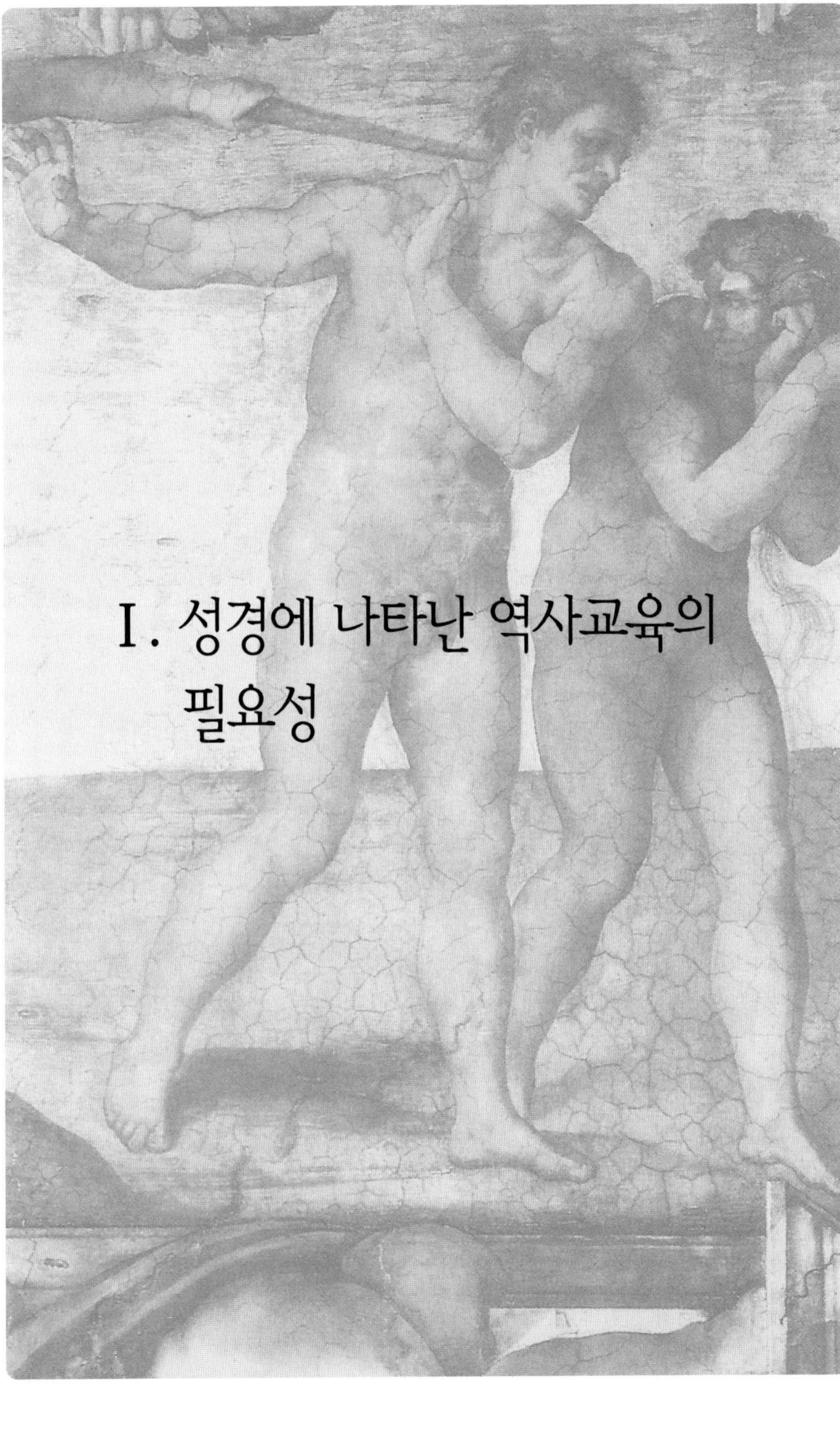

I. 성경에 나타난 역사교육의 필요성

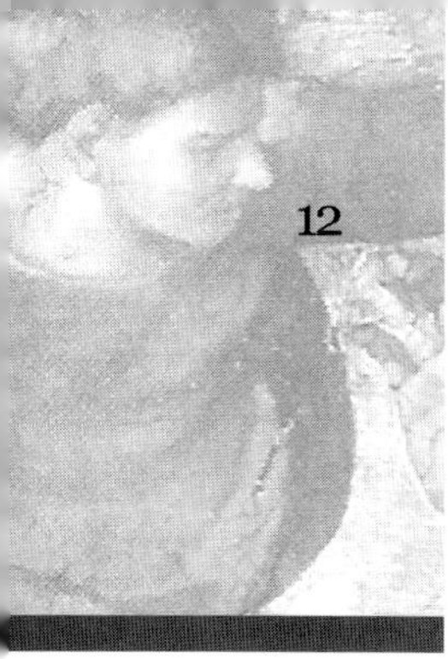

Ⅰ. 성경에 나타난 역사교육의 필요성

신 · 구약 성경으로 주어진 하나님의 말씀은 모세를 통해 열 개의 계명으로 전달되었고, 그것은 다시 그리스도에 의해 하나님을 사랑하고, 네 이웃을 네 몸 같이 사랑하라는 두 가지로 정리되었다. "예수께서 이르시되 네 마음을 다하고 목숨을 다하고 뜻을 다하여 주 너의 하나님을 사랑하라 하셨으니 이것이 크고 첫째 되는 계명이요 둘째도 그와 같으니 네 이웃을 네 자신 같이 사랑하라 하셨으니 이 두 계명이 온 율법과 선지자의 강령이니라"(마 22:37-40).

바울은 이 말씀을 받아 온 율법은 네 이웃 사랑하기를 네 자신 같이 하라 하신 한 말씀에서 이루어졌다고 하였다(갈 5:14). 즉 하나님을 사랑하고, 사람을 사랑하라는 명령 둘 모두가 사람을 사랑하라는 한 가지 말로 정리된다. 예수님과 요한도 비슷한 말을 남겼다. "내가 진실로 너희에게 이르노니 너희가 여기 내 형제 중에 지극히 작은 자 하나에게 한 것이 곧 내게 한 것이니라"(마 25:40). "누구든지 하나님을 사랑하노라 하고 그 형제를 미워하면 이는 거짓말하는 자니 보는 바 그 형제를 사랑하지 아니하는 자는 보지 못하는 바 하나님을 사랑할 수 없느니라"(요일 4:20).

정리하면 성경의 정신은 하나님과 사람을 사랑하는 것이며, 그것은 사람에 대한 사랑의 실천을 통해 구체화한다. 선지자의 강령 또는 하나님의 명령이 하나님과 사람에 대한 사랑이라면 사람과 하나님을 알기 위한 노력은 성경적 신앙을 가진 그리스도인의 의무가 되어야 할 것이다. 아울러 사람을 사랑하려면 먼저 그에 대해 잘 알아야 한다. 그런데 인류의 역사는 사람들이 남긴, 사람들에 관한 이야기이다. 그렇기 때문에 사람을 잘 이해할 수 있는 방편에는 역사교육이 포함되어야 한다.

이와 함께 그리스도인들은 하나님을 사랑해야 한다. 따라서 그들은 하나님을 제대로 사랑하기 위해 먼저 그를 알아야 한다. 그래서 호세아는 "우리가 여호와를 알자 힘써 여호와를 알자"(호 6:3)라고 외쳤던 것이다. 하나님은 자연과 역사 그리고 사람의 이성 가운데 하나님을 알 만한 것들을 남겨 놓으셨다. 여기서 역사를 통해 하나님을 알아가야 할 충분한 이유를 발견할 수 있다.

1. 사람을 알기 위해 역사를 배운다

역사는 역사가 될 수도 있었던 무수히 많은 가능성의 인물이나 사건들 중에 하나님이 허락하신 유일한 것이기에 그 지위를 차지하게 된 것이다. 그런 점에서 역사 속에 있는 사건이나 인물 모두는 너무나 소중한 것이다. 따라서 그것들은 하나님의 허용으로 존재하게 되었다는 점에서 신성하다고까지 말할 수 있다. 당연히 그것들에 대해서는 함부로 비판할 일이 아니다.

역사란 무엇인가? 그것에 대해 한 마디로 답하기는 쉽지 않을 것이다. 그것은 먼저 과거 자체를 의미한다. 둘째로 그것은 사료에 근거해서 역사가가 행한 작업의 결과를 의미한다. 셋째로 그것은 신앙적 차원에서 하나님의 계시를 의미한다. 바꾸어 말하면 역사는 사람들의 이야기이며, 하나님이 사람들과 함께 하기 위해 오신 세상의 이야기이고, 하나님이 당신을 드러내시는 계시의 현장이다. 이런 사실로 인해 역사는 누구보다 그리스도인들에게 더 의미가 있는 것이다. 바울의 글을 보면 그가 전한 복음은 이스라엘과 예수 그리스도의 역사 외에 다른 것이 아니었다(딤후 2:2).

하나님의 계명인 십계명을 요약하면 하나님에 대한 사랑과 사람에 대한 사랑이라는 말이 있다. 그런데 사람과 하나님을 사랑하기 위해서는 그들에 대한 앎이 있어야 한다. 역사를 배우는 것이 사람과 하나님에 대한 이해를 돕는다면, 그것은 하나님과 사람을 겸하여 사랑하라는 계명을 지키기 위한 전제 조건으로서 꼭 필요하다. "네 이웃을 네 자신과 같이 사랑하라"(마 19:19)라고 말씀하신 예수님은 "새 계명을 너희에게 주노니 서로 사랑하라 내가 너희를 사랑한 것 같이 너희도 서로 사랑하라"(요 13:34)라고도 하셨다. 또 "내 계명은 곧 내가 너희를 사랑한 것 같이 너희도 서로 사랑하라 하는 이것이니라"(요 15:12)라고 하셨다.

바울은 "피차 사랑의 빚 외에는 아무에게든지 아무 빚도 지지 말라 남을 사랑하는 자는 율법을 다 이루었느니라…사랑은 율법의 완성이니라"(롬 13:8-10)라고 말했을 뿐만 아니라 온 율법은 네 이웃 사랑하기를 네 자신 같이 하라 하신 한 말씀에서 이루어졌다고 주장하였다(갈 5:14). 그는 "그리스도께서 너희를 사랑하신 것 같이 너희도 사랑 가운데서 행하라"(엡 5:2)라고 요구하기도 하였다.

베드로도 바울과 크게 다르지 않았다. "너희가 진리를 순종함으로 너희 영혼을 깨끗하게 하여 거짓이 없이 형제를 사랑하기에 이르렀으니 마음으로 뜨겁게 서로 사랑하라"(벧전 1:22). 신약에 나타나는 사랑의 요구는 그 출발점이 구약에 있다. "원수를 갚지 말며 동포를 원망하지 말며 네 이웃 사랑하기를 네 자신과 같이 사랑하라 나는 여호와이니라"(레 19:18).

이상에서 본 것처럼 그리스도인이 역사를 가르쳐야 하는 이유에 대해서는 그들 자신과 이웃들에 대해 보다 더 잘 이해하기 위해서라고 말할 수 있다. 즉 그리스도인은 하나님의 사랑을 이 세상에서 구현해야 하기 때문에 사람들과 그들이 사는 세상을 사랑해야 하며, 또 그것을 위해 그들에 대한 이해가 필수적이라는 것이다. 사람들과 세상에 대한 이해를 제공함에 있어서 역사는 매우 유익하고 긴요한 방편이 된다.[1] 이것은 일반적인 역사

1) George M. Marsden, "A Christian Perspective for the Teaching of History," George Marsden and Frank Roberts eds., *A Christian View of History?* (Grands Rapids: Eerdmans, 1977), 31-32.

이해가 사람을 알아감에 있어서 크게 기여할 수 있다는 상식 차원에서도 설득력이 있어 보인다.

베커(Carl Becker, 1873–1945)는 "모든 사람은 역사가이다"[2]라고 말했다. 역사학의 성격이나 사람들의 삶의 일반적 특징을 감안하여 볼 때 이 말은 틀리지 않다. 더군다나 솔로몬은 하나님께서 모든 사람의 마음에 역사의식을 주셨다고 말하였다. "하나님이 사람들에게는 영원을 사모하는 마음(역사의식)을 주셨느니라"(전 3:11).

베커와 솔로몬, 이 두 사람의 말을 다시 정리하면 사람은 누구나 역사와 관련이 있는 삶을 살게 되어 있어서 역사가로 불릴 만한 존재가 된다. 특히 그리스도인이라면 더더욱 역사의식이 충만한 삶을 살아야 한다는 말이 성립된다. 말하자면 하나님의 창조, 섭리, 종말, 그리고 구원과 심판에 대해 믿는 사람은 하나님과 그분이 주관하시는 역사를 늘 생각하며 사는 역사가가 되어야 하는 것이다.

어떤 학과에서든 처음 공부를 시작하는 사람에게는 먼저 그 학과의 역사를 가르침으로써 그것의 정체성을 알게 한다. 또 대부분의 기관에서는 행사 진행 중에 연혁(역사)을 밝히며, 사람을 구할 때는 이력서(역사)를 요구한다. 이 모든 행위는 특정한 사람이나 사물의 역사를 봄으로써 그 알고자 하는 대상을 보다 잘 이해할 수 있다는 생각에서 나오는 것들이다.

역사는 개인적으로나 집단적으로 사람이 어떤 존재인지를 가르쳐 주기 때문에 사람 개인이나 집단에 대해 알기를 원하는 사람은 누구든 역사를 배워야 한다. 그것은 사람에게 거울과 같은 역할을 한다. 사람들은 역사 속에서 온갖 종류의 사람을 만날 수 있다. 그래서 거울을 자주 들여다봄으로써 외모를 가꾸듯이 사람은 역사 속의 인물들을 만나는 동안 자신의 마음과 인격을 다듬을 수 있는 것이다. 따라서 자신의 정체성과 성장에 관심이 많은 사람일수록 역사에 더 많은 관심을 갖게 된다. 그렇기 때문에 역사를

---

2) Carl Becker, *Everyman His own Historian* (Chicago: Quadrangle Books, 1966)을 보라.

가리켜 인간 자체라고 말하는 것도 가능하다.[3] 말하자면 사람이 무엇인지를 아는 데 있어서 꼭 필요하고 유익한 방법 중의 하나가 역사학습인 것이다.

유사한 입장에서 리드(William Stanford Reid, 1913-1996)는 아래와 같이 말하였다. "사람은 자기 출처의 역사적 배경과 기원에 대한 지식을 소유할 때 비로소 사람으로서 성장한다. 그러므로 역사지(歷史知)는 사람이 사람으로 성장하는 데 있어서 절대적으로 필요한 것이다. 사람은 과거를 회상하고 자기보다 앞서간 사람들이 성취해 놓은 사실들을 탐구할 수 있을 때에야 어떤 식으로든 그 사람들보다 더 전진할 수 있다."[4] 그의 결론은 기독교적 관점에서 볼 때 역사이해는 인간을 여타 피조계로부터 구별해 내는 데 있어서 지대한 역할을 담당한다는 것이다. 그의 말에 근거해서 세상에서 가장 이상적인 그리스도인의 삶은 '성경적 신앙에 근거한 역사의식을 갖고 살아가는 제사장의 삶' 이라고 말하고 싶다.

아래 인용문은 역사가 무엇인지, 그것을 배우는 이유가 무엇인지, 그리고 사람이 갖고 있는 역사성이 어떤 것인지 등을 압축해서 잘 보여준다. "우리는 누구이며, 어디서 와서 어디로 가는가? 이것은 인간이 자신의 존재에 던지는 근본적인 물음이다. 우리는 단지 현재의 삶에만 관심을 갖는 것이 아니다. 현재뿐만 아니라 과거와 미래에 대해서도 관심이 있다. 우리 자신이 과거에 어떻게 살았으며 미래에는 어떻게 살지를 중요하게 생각한다. 우리는 개인뿐만 아니라 사회의 과거와 미래에도 관심을 갖는다. 과거에 인간은 어떻게 살았으며, 미래에는 어떻게 살 것인가? 우리가 어디서 와서, 어디로 가는지를 알려면 인류의 역사에 관심을 갖지 않을 수 없다. 인간이 과거와 미래에도 관심을 기울이는 것은 인간 본래의 특성이다. 인간에게는 시간성 또는 역사성에 대한 의식이 있다."[5]

---

3) 시오노 나나미, 『또 하나의 로마인 이야기(ローマから日本が見える)』, 한성례 역 (서울: 부엔리브로, 2007), 15.

4) 스탠포드 리드, 『기독교 역사관(*A Christian View of History*)』, IVP 편집부 역 (서울: IVP, 1995), 3.

5) 손철성, 『헤겔 & 마르크스 역사를 움직이는 힘』 (파주: 김영사, 2008), 17.

역사에 대해 위에서 내린 정의는 오래 전에 남겨진 자료에도 동일하게 나타나 있다. 그것은 다름 아니라 영지(靈智, *gnosis*)란 말과 관련된 것으로서 인식, 특히 인간실존의 진리에 대한 인식에 대해 영지주의자 테오도투스(Theodotus of Byjantium)가 했던 인간 본질에 대한 질문에서 발견한 것이다. "우리는 과거에 어떤 존재였는가? 우리는 무엇이 되었는가? 우리는 어디에 있었는가? 우리는 어디로 내던져졌는가? 우리는 어디로 급히 달려가는가? 우리는 어디에서 구원을 받는가?"[6] 시간성에 대한 것만 제외한다면 저 고대의 한 영지주의자가 인간의 본질에 대해 말한 것이 현대의 역사철학자가 정리해 놓은 역사에 대한 정의와 거의 일치한다는 것은 어떤 의미를 갖는 것일까?

그것으로 끝나는 것이 아니다. 왜냐하면 이들의 일치된 견해는 현대의 기독교인 철학자가 세계관과 관련해서 내린 아래의 정의에서도 볼 수 있기 때문이다. 첫째, 진정한 실재는 무엇인가? 둘째, 우리 주변 세계의 본질은 무엇인가? 셋째, 인간은 무엇인가? 넷째, 죽은 이후 인간은 어떻게 되는가? 다섯째, 우리가 무엇을 아는 것은 도대체 어떻게 가능한가? 여섯째, 우리가 옳고 그름을 어떻게 알 수 있는가? 일곱째, 인간 역사의 의미는 무엇인가?[7]

이처럼 사람은 역사와 자신의 삶의 무대인 세상에 대해 관심을 가질 수밖에 없으며, 그것은 역사탐구를 통해서 밝혀지는 성격을 갖고 있다. 즉 사람은 하나님과 인간, 인간과 인간, 그리고 인간과 자연의 관계에 관심을 가진 존재이며, 그런 관계들에 있어서 항상 자신을 중심에 두려는 경향이 있다. 그렇기 때문에 사람은 자기 자신에 대해 알기를 원하는 존재라고 말할 수 있다.

역사학자들은 물론 성경 또한 과거의 역사가 사람에게 거울이 된다고

---

6) 김희성, 『신약의 배경사』 (서울: 대한기독교서회, 2006), 112.

7) James W. Sire, *The Universe Next Door: A Basic World View Catalog* (Downers Grove: Inter Varsity Press, 1988), 18.

말한다. 바울은 역사가 후대인들에게 본보기, 깨우치기 위한 것, 또 거울이 된다는 표현들을 사용하고 있는데 이런 표현들은 모두 역사의 기능을 반영하는 말들이다. 먼저 그는 이러한 일은 우리의 본보기가 되어 우리로 하여금 그들이 악을 즐겨 한 것 같이 즐겨 하는 자가 되지 않게 하려 함이라고 하였다(고전 10:6). 또 "이런 일은 본보기가 되고 또한 말세를 만난 우리를 깨우치기 위하여 기록되었느니라"(고전 10:11)라고 말하였다.

어떻게 보면 역사에는 모든 것이 다 들어 있다. 그래서 사람들은 역사 속으로 들어가기만 하면 본인이 원하는 것들의 대부분을 만날 수 있다. 사람과 관련해서도 마찬가지다. 역사 안에는 온갖 종류의 사람이 다 존재한다. 따라서 역사를 읽는 사람은 거기에서 본받을 사람, 경멸할 사람들을 가려내면서 삶을 위한 교훈을 얻기도 하고, 인격을 다듬기도 한다. 그런 점에서 역사가 거울이라는 말은 적절한 은유라고 생각한다.

유다는 역사를 통해 다시 생각나게 하려는, 즉 깨닫게 하려는 분명한 의도를 가진 사람이었다(유 1:5). 그래서 그는 자신의 편지에서 출애굽, 소돔과 고모라, 가인, 고라, 아담, 에녹의 역사를 인용하며 이야기를 전개한다. 특히 "소돔과 고모라와 그 이웃 도시들도 그들과 같은 행동으로 음란하며 다른 육체를 따라 가다가 영원한 불의 형벌을 받음으로 거울이 되었느니라"(유 1:7)라는 말씀에서는 역사를 통해 교훈을 얻는다는 생각이 '거울'이라는 단어를 통해 잘 나타나고 있다.

이런저런 의미에서 볼 때 역사는 사람에게 거울이 된다. 그래서 그것은 사람으로 하여금 개인적으로나 집단적으로 자신을 돌아보며 반성할 기회를 제공한다. 역사가 거울과 같은 성격을 갖는 것이 사실이라면 사람들은 역사를 통해 자신을 가다듬는 기회를 충분히 누릴 수 있을 것이다. 또 역사를 즐겨 읽는 사람은 자신도 모르는 사이에 그것을 통해 세련되어 가는 자신의 인격을 발견하게 될 것이다. 르호보암이 노인들의 교도를 버리고 소년들의 교도를 받은 것은 역사의 교훈을 무시한 것으로 볼 수 있다(왕상 12:13-14).

하나님의 역사에 나타나는 표면적 현상에 대해서는 사람이면 누구든 볼 수 있다. 즉 하나님의 행하신 일들로 이루어진 역사는 누구나 보고, 이해할 수 있다는 말이다. "여호와께서 이르시되 보라 내가 언약을 세우나니 곧 내가 아직 온 땅 아무 국민에게도 행하지 아니한 이적을 너희 전체 백성 앞에 행할 것이라 네가 머무는 나라 백성이 다 여호와의 행하심을 보리니 내가 너를 위하여 행할 일이 두려운 것임이니라"(출 34:10). "그는 네 찬송이시요 네 하나님이시라 네 눈으로 본 이같이 크고 두려운 일을 너를 위하여 행하셨느니라"(신 10:21). 그러나 하나님의 역사를 보는 사람들은 드러난 현상뿐만 아니라 그 이면에 감추어져 있는 뜻 즉 의미를 간파해야 한다.

사람, 그리고 특히 그리스도인이 역사가로 살아야 할 존재라면 제대로 된 역사가의 삶을 사는 것이 필요하다. 시간의식 그리고 그것과 긴밀한 관계에 있는 역사의식이 없거나 약한 사람을 과연 '만물의 영장'이라고 부를 수 있을까? 역사의식은 사람으로 하여금 그 자신이 어디에서 와서 어디를 향해 가는지, 사람은 왜 살아야 하는지, 삶의 의미는 과연 무엇인지에 대해서는 물론 인류의 과거, 현재, 미래와 관련한 문제들에도 관심을 갖게 한다. 따라서 어떤 형태로든 시대나 공동체를 위해 기여하려는 사람들에게 역사의식을 묻지 않을 수 없다.

더불어 역사의식이 결여된 사람을 가리켜 인격자라거나 진지한 삶을 사는 사람이라고 말하는 것은 온당치 못하다. 시간이나 영원 그리고 역사에 대한 인식은 피조물들 가운데 오직 사람에게만 주신 하나님의 은사인 것 같다. 특히 그리스도인에게 있어서는 성경적 신앙에 근거한 역사의식이 전체 인생의 방향을 결정짓게 된다. 그는 역사의 본질, 목적, 그리고 최종 목표에 관해 질문하게 되고, 그것들에 관해 성경 또는 복음에 근거한 답을 추구한다.[8)]

사람을 다른 피조물과 구별하는 요소들 중에는 그가 스스로 반성하거나 되돌아보는 기회를 갖는 존재라는 것이 있다. 이것은 필히 기억에 의존하게

---

8) John McIntyre, *The Christian Doctrine of History* (Edinburgh, London: Oliver and Boyd, 1957), 4.

된다. 그렇기 때문에 사람이 사람답기 위해서는 과거를 돌아보는 소극적 행위와 함께 그것을 숙고하는 가운데 현재와 미래의 삶을 보다 더 나은 것으로 만들기 위해 그것으로부터 교훈을 끌어내는 적극적 행위 또한 필요하다. 그리고 여기서는 과거와 관련하여 이루어지는 것으로서 소극적이거나 적극적인 의미에서의 이성적 혹은 인간적 행위의 정도가 그 행위자의 인격이나 정신적 수준을 결정하게 된다.

과거와 관련하여 이루어지는 사람의 행위들에 대해서는 '역사하기(doing history)'[9]란 말로 바꾸어 표현할 수 있으며, 그것이 바로 많은 사람들로 하여금 역사를 읽고, 공부하라고 말하게 만드는 이유가 된다. "말과 혀로만 사랑하지 말고, 오직 행함과 진실함으로 하자"(요일 3:18)라는 말은 역사가와 그리스도인이 공히 갖추어야 할 행위의 덕목이다.

성경의 기록 가운데도 다음의 말씀이 보여주듯이 이성적으로 이해할 수 있는 역사 자체를 기록한 경우가 많이 있다. 흔히 그것을 역사서라고 말한다. 그러나 그런 부류에 속하지 않는 책들 중에도 역사 사실 자체를 중심으로 서술된 것들이 적지 않다. 여기서 또 한 가지 짚고 갈 것은 그런 기록들 가운데도 신앙의 눈으로만 볼 수 있는 내용들을 포함함으로써 섭리사적 관점을 다양하게 드러내는 것이 성경적 서술의 뚜렷한 특징이다. "모세가 여호와의 명령대로 그 노정을 따라 그들이 행진한 것을 기록하였으니 그들이 행진한 대로의 노정은 이러하니라"(민 33:2).

하나님은 언제나 사람이 지혜롭기를 요구하신다. 그래서 이사야가 구했듯이 하나님의 사람들에게는 학자의 혀와 귀가 필요하다. "주 여호와께서 학자들의 혀를 내게 주사 나로 곤고한 자를 말로 어떻게 도와 줄 줄을 알게 하시고 아침마다 깨우치시되 나의 귀를 깨우치사 학자들 같이 알아듣게 하시도다"(사 50:4). 그리고 에스라처럼 율법학자 겸 제사장(스 7:6, 21)의 자질을 갖는 것이 필요하다. 아울러 성경에 풍부한 역사의식과 하나님의 역

9) '역사하기'란 말과 관련해서는 헥스터의 책 제목이 시사하는 바가 크다. J. H. Hexter, *Doing History* (Bloomington & London: Indiana University Press, 1974)를 참조하라.

사가 되심을 고려할 때 그리스도인들은 역사가 또는 역사학자로서의 자세를 갖출 필요가 있다.

지혜 있는 자에게는 더욱 더 역사를 가르칠 필요가 있다. "거만한 자를 책망하지 말라 그가 너를 미워할까 두려우니라 지혜 있는 자를 책망하라 그가 너를 사랑하리라 지혜 있는 자에게 교훈을 더하라 그가 더욱 지혜로워질 것이요 의로운 사람을 가르치라 그의 학식이 더하리라 여호와를 경외하는 것이 지혜의 근본이요 거룩하신 자를 아는 것이 명철이니라"(잠 9:8-10). 사람을 사랑하고 알기 위해서는 사람에 대한 지식이 필요하다. 따라서 사람, 특히 그리스도인이 역사를 공부하고, 즐기는 것은 너무나 당연한 일이다.

그리스도인이 사람과 그들이 사는 세상에 대해 잘 이해하기 위해서는 올바른 가치관, 어떤 면에서는 신학을 갖는 것이 중요하다. 그리고 성경적 신앙에 충실한 사람을 그리스도인이라고 부른다면 그의 세계관은 당연히 성경적 신앙에서 나오는 것이어야 한다. 그런 점에서 성경적인 관점에 일치하려고 노력하는 것이 개혁주의 신학의 입장이라고 생각한다.

한편 개혁주의 신학자들은 세계와 역사에 대해 포괄적인 관점을 갖고 있는데, 그런 이유로 해서 그것은 하나님의 형상으로 지음을 받은 인간에 대한 이해에 있어서도 남다른 입장을 취하게 된다. 즉 그것은 하나님의 형상 개념을 통해 사람들에 대한 최고의 존경을 보이며, 그들이 속해서 사는 세상에 대해서도 긍정적이고 적극적인 평가를 하며, 그것을 섬기기 위해 자신들이 부름 받았음을 인정하게 된다.

이런 관점에서는 사람과 세상에 대한 지식을 제공하는 기독교적 역사이해의 중요성이 더 커진다. "하나님께서 구속하신 사람들은 위대한 구원 드라마 속에서 하나님의 대리자들로 부르심을 입은 자들이다. 그들이 하나님의 법에 따라 살 때, 그리고 그들의 삶이 하나님의 거룩한 다스림과 정의, 평화, 그리고 자연과 인간이 목적의 충만함을 소망하며 살아갈 때, 다시 말하면, 히브리 선지자들이 하나님의 샬롬으로 불렀던 것을 이루어 살 때, 그들은 하나님의 구속의 목적을 이루어 가는 것이다. 개혁주의 성도들이 부르심을 받았다고 믿는 세상 속에서 샬롬의 삶을 추구하는 데에는 많은 지식이 요구되는데, 그것은 세상 자체와 그 세상을 향한 하나님의 목적 모두에 관한 지식이다. 이것은 많은 배움을 요한다."[10]

세상은 하나님이 사랑하신 곳이고, 사람은 하나님이 당신의 형상으로 지으셨을 뿐만 아니라 그를 위해 당신의 아들까지 희생시키신 그런 존재이다. 사람들을 구분하는 어떤 기준이 그 사랑을 가로막을 수 있겠는가? 민족, 성별, 나이, 재산, 학벌 그 어떤 것도 하나님의 사람들을 사랑하는 데 장벽이 될 수 없다. 성경을 통해 풍성하게 나타나는 보편주의가 바로 여기에서 기인하는 것 같다. 사람은 그의 외모와 상관없이 하나님이 귀히 여기는 존재이고, 그렇기 때문에 사람들 서로 간에도 사랑하기 위해 잘 알아야 한다.

성경의 주제와 관련해서 가장 큰 제목이 하나님이고, 그 다음 가는 제목이 사람이라고 말할 수 있다면[11] 역사에도 그 원리가 동일하게 적용되어야 한다. 그렇기 때문에 성경과 역사에 대한 올바른 이해가 하나님과 사람에 대한 정확한 지식을 얻는 데 유익한 반면에, 하나님과 사람에 대해 잘 아는 것은 성경과 역사에 대한 올바른 이해를 가져온다는 말 또한 성립될 수 있다. 즉 성경과 역사의 주인공은 하나님 그리고 그 다음에 사람이 되는 것이다.

미국의 대표적인 미래 교회 학자 가운데 한 사람인 드류대학교(Drew University) 석좌교수인 레너드 스윗(Leonard Sweet)은 자신을 소개할 때 언제나 자신이 '역사가(Historian)', '미래학자(Futurist)', '아버지(Father)'임을 밝힌다고 한다. 그러나 이것은 스윗만이 아니라 모든 사람과 그리스도인의 신분이 되어야 할 것이다.

물론 여자들에게도 역사가와 미래학자의 신분은 변함없이 주어질 수 있다. 단지 하나님이 여자로 만들어 주셨으니 '아버지' 대신에 '어머니(Mother)'의 신분의식으로 바꾸면 될 것이다. 위대한 역사가이신 하나님

---

10) 조엘 카펜터, "칼빈주의와 기독교 대학의 미래," 『한국 기독교 대학의 정체성』, 백석저널, 창간호 (2002), 164.

11) 김홍전, 『그리스도의 지체로 사는 삶』 (서울: 성약, 2006), 30.

이 창조하신 최고의 피조물인 사람, 그리고 그리스도의 보혈의 공로로 구원받은 성도가 된 사실이 역사가이자 미래학자의 신분을 그리스도인들에게 부여하였다. 따라서 그런 신분을 의식하고 거기에 합당한 삶을 사는 것이 필요하다.

역사를 읽고 배우는 것이 사람에게 지혜이다. 그리고 성경에는 역사를 공부하고, 또 역사로부터 배우라는 내용의 많은 성구들이 있다. 그래서 그리스도인은 특히 더 역사를 공부해야 한다. 왜냐하면 역사를 듣거나 읽는 것이 신앙생활에 도움을 주기 때문이다. 하나님은 당신의 백성에게 믿음을 위해 먼저 역사를 주셨다. "여호와께서 모세에게 이르시되 이 백성이 어느 때까지 나를 멸시하겠느냐 내가 그들 중에 많은 이적을 행하였으나 어느 때까지 나를 믿지 않겠느냐"(민 14:11). 진실한 눈으로, 또 성경의 관점으로 역사를 읽는다면 그것은 믿음에 큰 유익을 줄 것이다.

역사는 배우고, 익히고, 후대에 가르쳐 알려야 한다. "오직 너는 스스로 삼가며 네 마음을 힘써 지키라 그리하여 네가 눈으로 본 그 일을 잊어버리지 말라 네가 생존하는 날 동안에 그 일들이 네 마음에서 떠나지 않도록 조심하라 너는 그 일들을 네 아들들과 네 손자들에게 알게 하라 네가 호렙산에서 네 하나님 여호와 앞에 섰던 날에 여호와께서 내게 이르시기를 나에게 백성을 모으라 내가 그들에게 내 말을 들려주어 그들이 세상에 사는 날 동안 나를 경외함을 배우게 하며 그 자녀에게 가르치게 하리라"(신 4:9-10).

성경적 신앙이나 관점에서 볼 때 역사를 배우고, 가르치는 것은 매우 중요하다. "교회에서 네가 남을 가르치기 위하여 깨달은 마음으로 다섯 마디 말을 하는 것이 일만 마디 방언으로 말하는 것보다 나으니라"(고전 14:19). 깨달은 마음으로 하는 다섯 마디 말에 역사를 통해 얻는 지식을 포함시킬 수 있지 않을까? 사실 기독교는 신비와 함께 이성의 종교이다. 이성의 종교라 함은 하나님을 믿고 전함에 있어서 일반계시나 일반은총의 개념을 적극적으로 이해하고, 활용해야 한다는 의미를 포함한다.

그렇다면 언제부터 역사를 가르치고, 배워야 하는가? 어려서부터 역사를 가르치고, 역사의식을 함양시키는 것이 당연하다. “마땅히 행할 길을 아이에게 가르치라 그리하면 늙어도 그것을 떠나지 아니하리라”(잠 22:6). “아비들아 너희 자녀를 노엽게 하지 말고 오직 주의 교훈과 훈계로 양육하라”(엡 6:4). “아이를 훈계하지 아니하려고 하지 말라 채찍으로 그를 때릴지라도 그가 죽지 아니하리라 네가 그를 채찍으로 때리면 그의 영혼을 스올에서 구원하리라”(잠 23:13-14).

한편 사람이 하나님의 형상으로 지음 받아 하나님의 인격을 닮고 하나님과 공유하는 속성을 가졌다는 차원에서 보면 역사를 통해 사람을 알아가는 과정에서 하나님을 아는 데 유익을 얻을 수도 있겠다는 생각을 하게 된다. 하나님이 당신을 알 만한 것을 이미 사람과 만드신 만물들 가운데 두셨기 때문에(롬 1:18-20) 자연과 사람에 대한 진실한 관찰이 하나님을 아는 데 유익하다는 말은 당연히 성립한다.

2. 하나님을 알기 위해 역사를 배운다

하나님은 언제나 당신의 사람들로부터 사랑받기를 원하셨다. 이런 사실은 이미 구약에서 잘 나타났다. “나를 사랑하고 내 계명을 지키는 자에게는 천 대까지 은혜를 베푸느니라”(출 20:6). “너는 마음을 다하고 뜻을 다하고 힘을 다하여 네 하나님 여호와를 사랑하라”(신 6:5). “스스로 조심하여 너희의 하나님 여호와를 사랑하라”(수 23:11). “네 마음을 다하고 목숨을 다하고 뜻을 다하여 주 너의 하나님을 사랑하라”(마 22:37). “너희 모든 성도들아 여호와를 사랑하라 여호와께서 진실한 자를 보호하시고 교만하게 행하는 자에게 엄중히 갚으시느니라”(시 31:23).

이처럼 선지자들을 통해 나타나는 하나님의 사랑 요구는 신약에 와서 예수님과 사도들에 의해 다시 강조되는 경향이 있다. “네 마음을 다하고 목숨을 다하고 뜻을 다하고 힘을 다하여 주 너의 하나님을 사랑하라 하신 것이요”(막 12:30). “예수께서 이르시되 네 마음을 다하고 목숨을 다하고 뜻을 다하여 주 너의 하나님을 사랑하라 하셨으니 이것이 크고 첫째 되는 계명이요"(마 22:37-38). "둘째도 그와 같으니 네 이웃을 네 자신 같이 사랑하라 하셨으니 이 두 계명이 온 율법과 선지자의 강령이니라"(마 22:39-40; 막 12:30-31; 눅 10:27). 야고보는 하나님과 이웃에 대한 지극한 사랑이 번제물이나 기타 제물보다 더 나은 것이라고 말하였다(약 2:8).

하나님과 사람 사이에 있는 사랑과 앎의 관계를 가장 잘 표현한 사람은 아마도 요한일 것 같다. "나는 선한 목자라 선한 목자는 양들을 위하여 목숨을 버리거니와 삯꾼은 목자가 아니요 양도 제 양이 아니라 이리가 오는 것을 보면 양을 버리고 달아나나니 이리가 양을 물어 가고 또 헤치느니라 달아나는 것은 그가 삯꾼인 까닭에 양을 돌보지 아니함이나 나는 선한 목자라 나는 내 양을 알고 양도 나를 아는 것이 아버지께서 나를 아시고 내가 아버지를 아는 것 같으니 나는 양을 위하여 목숨을 버리노라"(요 10:11-15).

예수님은 양을 알기 때문에 자기 생명을 주시는 지극한 사랑을 베푼다고 말씀하셨다. 여기서 예수님의 지극한 사랑을 이루기 위해 앎이 먼저 있었음을 보게 된다. 예수님은 양인 자기 사람들의 모든 상황과 필요를 아셨기 때문에 생명까지 내려놓으실 수 있었다. 즉 사랑을 위해 그 대상을 잘 이해하는 모습을 예수님이 먼저 보여주신 것이다.

하나님에 대한 사랑과 사람에 대한 사랑 사이엔 뗄 수 없는 관련성이 있다. "누구든지 하나님을 사랑하노라 하고 그 형제를 미워하면 이는 거짓말하는 자니 보는 바 그 형제를 사랑하지 아니하는 자는 보지 못하는 바 하나님을 사랑할 수 없느니라"(요일 4:20). 누군가가 하나님을 사랑한다면 그는 당연히 하나님을 알기위해서 노력해야 할 것이다. "우리가 여호와를 알자 힘써 여호와를 알자"(호 6:3).

하나님께 영광 돌리기를 원한다면 하나님에 대해 잘 알아야 할 것이다. 그런데 눈에 보이는 하나님을 섬기기 위해 형상을 만드는 일은 하나님 앞에 지극히 불경스런 일인 우상숭배가 된다. 그렇다면 성경적 신앙을 가진 사람들에게 있어서 하나님에 대한 경배와 관련해서 남겨진 일은 무엇이겠는가? 거기에 적당한 대답은 "하나님을 형상화하고, 섬기려 하기보다는 하나님이 하시는 역사를 살피는 것이 바로 하나님을 아는 길"[12]이라는 말이 된다. 하나님은 역사와 역사 속의 계시로 주어진 성경[13]을 통해 우리에게 알려지고 계시기 때문이다.

그리고 믿음이 없이는 하나님의 섭리 또는 그의 역사를 제대로 파악할 수가 없다. 그런데 "믿음은 들음에서 나며 들음은 그리스도의 말씀으로 말미암았느니라"(롬 10:17)라고 했다. 모세의 장인 이드로는 출애굽 과정에서 섭리하신 하나님의 역사를 모세로부터 듣고 난 후에 여호와의 구원하심을 기뻐하며 찬송하였다(출 18:1-10). 기생 라합은 자신의 종족을 배반하면서까지 이스라엘의 정탐꾼을 숨겨 주었는데, 그녀는 그 이유를 이스라엘 백성이 애굽에서 나올 때 여호와께서 행하신 일들 즉 역사를 들었기 때문이라고 말하였다. 성경은 그녀가 하나님의 이야기, 즉 역사를 듣자 마음이 녹아내렸다고 말한다(수 2:10-11). 보아스도 룻의 역사를 들어 그녀에게 호감을 가짐으로써 예수님의 가문에 들게 되는 계기를 맞이하게 되었다(룻 2:11). 성경적 신앙을 유지함에 있어서 역사의 중요성을 보여주는 대목이다.

믿음의 눈으로 볼 수 있다는 점에서 성경에 나타나는 하나님의 역사 속 개입은 '역사 안에 있는 거룩한 신비(Divine Mystery in History)' 이다. 그것은 그리스도인들에게는 알려진 비밀이지만, 불신자에게는 가려진 비밀의 성격을 갖는다. "그 뜻의 비밀을 우리에게 알리신 것이요 그의 기뻐하심을 따라 그리스도 안에서 때가 찬 경륜을 위하여 예정하신 것이니 하늘에 있는 것이나 땅에 있는 것이 다 그리스도 안에서 통일되게 하려 하심이라"(엡 1:9-10).

이런 계시의 속성을 감안하여 화이트(James Emery White)는 "기독교 신앙은 뚜렷한 경계를 가진 하나의 세계관일 뿐 아니라 계시에 기초를 둔

12) 이종록, 『인간의 역사(歷史), 하나님의 역사(役事)』(서울: 프리칭아카데미, 2008), 16.

13) 이것과 관련해서 이석우는 구약성경 39권 가운데 17권이 역사서로서 단연 주류를 이루고 있지만 나머지 책들도 모두 역사적인 내용과 의미를 갖고 있다고 말한다. 이석우, 『기독교사관과 역사이해』(서울: 경희대학교 출판국, 2004), 10.

신념이다. 정치 체제나 입법 체제와는 달리, 기독교 신앙은 하나님이 성경과 특히 그리스도를 통해 스스로를 계시하기로 정하셨으며 계시야말로 이 모든 진리가 알려지는 유일한 통로라고 한다. 라틴어 *'revelatio'* 에서 온 '계시' 라는 말 자체가 '커튼을 걷다' 라는 뜻이다. 만일 하나님이 계시의 행위를 수행하기로 정하지 않으셨다면 숨겨진 채 있었을 것을 우리에게 계시하신 것이다"[14]라고 말하였다.

성경은 하나님의 역사는 그것을 깨닫는 마음과 보는 눈과 듣는 귀를 하나님으로부터 받지 않고는 보거나 들어도 알 수 없다고 분명하게 말한다. "모세가 온 이스라엘을 소집하고 그들에게 이르되 여호와께서 애굽 땅에서 너희의 목전에 바로와 그의 모든 신하와 그의 온 땅에 행하신 모든 일을 너희가 보았나니 곧 그 큰 시험과 이적과 큰 기사를 네 눈으로 보았느니라 그러나 깨닫는 마음과 보는 눈과 듣는 귀는 오늘 여호와께서 너희에게 주지 아니하셨느니라"(신 29:2-4).

이런 점은 이사야 선지자와 신약성경에서 다시 확인된다. "눈이 있어도 보지 못하고 귀가 있어도 듣지 못하는 백성을 이끌어 내라"(사 43:8). "그때에 예수께서 대답하여 이르시되 천지의 주재이신 아버지여 이것을 지혜롭고 슬기 있는 자들에게는 숨기시고 어린 아이들에게는 나타내심을 감사하나이다 옳소이다 이렇게 된 것이 아버지의 뜻이니이다 내 아버지께서 모든 것을 내게 주셨으니 아버지 외에는 아들을 아는 자가 없고 아들과 또 아들의 소원대로 계시를 받는 자 외에는 아버지를 아는 자가 없느니라"(마 11:25-27; 눅 10:22).

한편 그것은 인간적 지혜가 아니라 사람들이 미련하다고 생각하는 방법을 이용하는 것이 된다. "형제들아 너희를 부르심을 보라 육체를 따라 지혜로운 자가 많지 아니하며 능한 자가 많지 아니하며 문벌 좋은 자가 많지 아니하도다 그러나 하나님께서 세상의 미련한 것들을 택하사 지혜 있는 자

---

14) 제임스 에머리 화이트, 『마음을 다하여 하나님 사랑하기(*A Mind for God*)』, 홍병룡 역 (서울: IVP, 2008), 23-24.

들을 부끄럽게 하려 하시고 세상의 약한 것들을 택하사 강한 것들을 부끄럽게 하려 하시며 하나님께서 세상의 천한 것들과 멸시 받는 것들과 없는 것들을 택하사 있는 것들을 폐하려 하시나니 이는 아무 육체도 하나님 앞에서 자랑하지 못하게 하려 하심이라"(고전 1:25-29).

세상의 지혜로는 불가능하며 하나님의 지혜로만 알 수 있는 것이 있다는 말이다. "우리가 온전한 자들 중에서는 지혜를 말하노니 이는 이 세상의 지혜가 아니요 또 이 세상에서 없어질 통치자들의 지혜도 아니요 오직 은밀한 가운데 있는 하나님의 지혜를 말하는 것으로서 곧 감추어졌던 것인데 하나님이 우리의 영광을 위하여 만세 전에 미리 정하신 것이라 이 지혜는 이 세대의 통치자들이 한 사람도 알지 못하였나니 만일 알았더라면 영광의 주를 십자가에 못 박지 아니하였으리라 기록된 바 하나님이 자기를 사랑하는 자들을 위하여 예비하신 모든 것은 눈으로 보지 못하고 귀로 듣지 못하고 사람의 마음으로 생각하지도 못하였다 함과 같으니라 오직 하나님이 성령으로 이것을 우리에게 보이셨으니 성령은 모든 것 곧 하나님의 깊은 것까지도 통달하시느니라 사람의 일을 사람의 속에 있는 영 외에 누가 알리요 이와 같이 하나님의 일도 하나님의 영 외에는 아무도 알지 못하느니라 우리가 세상의 영을 받지 아니하고 오직 하나님으로부터 온 영을 받았으니 이는 우리로 하여금 하나님께서 우리에게 은혜로 주신 것들을 알게 하려 하심이라"(고전 2:6-12). "육에 속한 사람은 하나님의 성령의 일들을 받지 아니하나니 이는 그것들이 그에게는 어리석게 보임이요, 또 그는 그것들을 알 수도 없나니 그러한 일은 영적으로 분별되기 때문이라"(고전 2:14).

더군다나 신앙은 개인의 노력이나 공로에 의한 것이 아니라 하나님의 선물로 주어지는 것이다. 그리고 하나님의 역사 속 섭리는 모든 사람이 볼 수 있도록 이성적으로나 객관적으로 드러나는 것이 아닌 경우가 대부분이다. 이사야가 "구원자 이스라엘의 하나님이여 진실로 주는 스스로 숨어 계시는 하나님이시니이다"(사 45:15)라고 외친 이유는 무엇인가? 하나님은 누구나에게 시원하게 나타나셔서 해결하지 않으신다는 것이다.

로이드 존스(Martyn Lloyd-Jones, 1899-1981)는 성경 전체를 바르게 꿰뚫어 보고 성경의 메시지에 주목한다면, 성경에 심오한 역사철학과 독특한 세계관이 있음을 보게 될 것이라고 말하였다. 그래서 지금 일어나고 있는 일과 역사 안에서 일어나는 일 가운데 하나님의 계획 속에 들어 있지 않은 일이 없다는 사실을 이해하게 될 것이라고 본다. 성경의 위대하고 고귀한 가르침은 이 세상과 이 세상의 운명에 대한 총체적인 문제를 다루고 있다는 것이다. 따라서 그는 성경의 핵심 주제가 역사 문제임을 알아야 한다고 주장하였다.[15] 그는 이 문제와 관련하여 고민하는 가운데 하나님은 왜 전쟁을 허용하실까 하는 데 관심을 갖게 되었다. 그리고 여기서 '이해할 수 없는 하나님의 방법' 이란 차원에서 스스로 숨어 계신 구원자 하나님에 대해 다루었다. 그의 설명의 핵심은 하나님은 당신의 백성 이스라엘을 구원하기 위해 쉽게 이해하기 어려운 방식으로 이방의 지도자 고레스를 사용하셨다는 것이다.[16]

계시라는 차원에서 역사를 보는 것과 단순한 역사로만 보는 것 사이에는 많은 차이가 있다. 그것과 관련해서 바울은 '우리를 육신에 따라 행하는 자로 여기는 자들'(고후 10:2)이라는 표현을 사용하였다. 이것은 그리스도의 제자들 즉 영적인 존재들에 대해서도 단순하게 세상적이거나 육적인 관점으로만 보게 되는 사람들을 지칭해서 말하는 것 같다. 그래서 그는 곧이어 "너희는 외모만 보는도다"(고후 10:8)라고 책망하였다. 성경에 나타나는 이런 표현은 나타난 현상보다 그 뜻을 더 의미 있게 다루는 성경 저자들 일반의 입장과 같은 맥락에 있는 것이다.

성경적 신앙이 하나님의 특별계시와 밀접하게 관련되어 있다면, 성경적 역사학습의 필요성이나 당위성 또한 역사와 계시의 관련성에서 찾아야 할 것이다.[17] 그렇기 때문에 하나님의 말씀에 근거한 인생관, 세계관, 그리고

---

15) 마틴 로이드 존스, 『하박국강해-하나님은 아직도 역사를 주관하실까?(*From Fear to Faith*)-』, 박영옥 역 (서울: 목회자료사, 2005), 12-14.

16) 마틴 로이드 존스, 『하나님은 왜 전쟁을 허용하실까(*WHY DOES GOD ALLOW WAR?*)』, 박영옥 역 (서울: 목회자료사, 2007), 57-76.

역사관의 정립이 필요하다. 왜냐하면 말씀이 없으면 경제적이거나 이념적인 대책과 구호가 모두 헛것이 되기 때문이다. 믿음의 소유자들에게 공개된 역사 안의 비밀을 알게 된 사람들은 일반 역사가들과는 달리 현실에서 진행되어가는 하나님 나라에 관심을 두고, 파악하게 된다. 하나님의 창조와 섭리, 사람의 타락, 그리고 그리스도의 구속이나 심판과 같은 주제들이 그의 관심을 끄는 것은 지극히 당연하다. 그러나 여기서 그리스도인들이나 기독교인 역사가가 가져야 할 태도는 겸손이다. 왜냐하면 믿음에 기초하여 이루어지는 역사 속 신비의 이해는 청동 거울로 보는 것처럼 희미하기 때문이다.

하나님의 역사에 대한 지식을 얻는 것은 앞에서도 말했듯이 믿음이 없이는 불가능하다. 말하자면 하나님의 은혜로 믿음을 선물로 받은 사람들만이 역사 속에 나타나는 하나님의 섭리를 보고, 느낀다는 것이다. 따라서 하나님의 관점, 믿음, 성령의 감동, 하나님의 인격 회복, 그 어떤 표현이든 초자연적인 것이 전제됨으로써 비로소 볼 수 있는 것이 계시로서의 역사이다. 사울 또는 바울은 무엇을 전했는가? 그는 이스라엘과 그리스도의 역사를 전했다. 그리고 이 역사는 영생을 얻게 하기 위하여 유대인은 물론 이방인에게도 개방되어 있다(행 13:17-39).

아래 인용문은 일반계시와 특별계시를 갈라놓는 것이 믿음의 유무라는 생각을 갖게 한다. "모든 피조물은 하나님의 손 안에 존재한다. 감각으로는 피조물들의 행위만 파악하지만, 믿음으로는 만물 안에 있는 하나님의 행위를 본다. 믿음은 지나쳐 버리는 순간이나 숨겨진 삶과 신비한 행동 안에서 가장 작게 창조된 원자 하나까지도 포함한 모든 것들 안에 예수 그리스도께서 살아 계시며, 또 종말에 이르기까지 그의 거룩한 활동이 이어진다는 사실을 본다."[18]

---

17) 루카스(John Lukacs)는 역사적 존재라는 것에 대한 인식으로서 역사의식의 유래를 다른 무엇보다 성경에서 찾는다. John Lukacs, *The Study of History* (Wilmington: ISI Books, 2001), 8-9.

18) Jeann-Piere de Cassade, *Abandonment to Divine Providence* (New York: Dover Publications Inc., 2008), 19.

숨겨진 거룩한 비밀이 믿음을 가진 자들에게만 알려진다고 해서 일반계시의 차원에서 하나님을 알려주는 것을 무가치하게 생각할 필요는 없을 것이다. 오히려 믿음이 없거나 적은 자들은 드러난 역사를 보면서라도 하나님께 더 가까이 가야 한다. 주님은 하나님을 직접 보지 못하는 자가 예수님을 통해서나 그의 하신 일(역사)을 통해서 믿음을 갖게 되고, 또 그것으로 인해 하나님을 알게 되는 것을 원하신다. "예수께서 이르시되 빌립아 내가 이렇게 오래 너희와 함께 있으되 네가 나를 알지 못하느냐 나를 본 자는 아버지를 보았거늘 어찌하여 아버지를 보이라 하느냐 내가 아버지 안에 거하고 아버지는 내 안에 계신 것을 네가 믿지 아니하느냐 내가 너희에게 이르는 말은 스스로 하는 것이 아니라 아버지께서 내 안에 계셔서 그의 일을 하시는 것이라 내가 아버지 안에 거하고 아버지께서 내 안에 계심을 믿으라 그렇지 못하겠거든 행하는 그 일로 말미암아 나를 믿으라"(요 14:10-11).

하나님을 아는 지식이 충만해지는 것은 얼마든지 좋은 일이다. "물이 바다를 덮음 같이 여호와를 아는 지식이 세상에 충만할 것임이니라"(사 11:9). "내가 헐벗은 산에 강을 내며 골짜기 가운데에 샘이 나게 하며 광야가 못이 되게 하며 마른 땅이 샘 근원이 되게 할 것이며 내가 광야에는 백향목과 싯딤 나무와 화석류와 들감람나무를 심고 사막에는 잣나무와 소나무와 황양목을 함께 두리니 무리가 보고 여호와의 손이 지으신 바요 이스라엘의 거룩한 이가 이것을 창조하신 바인 줄 알며 함께 헤아리며 깨달으리라"(사 41:18-20). 이상의 말씀은 역사와 성경의 보급을 통해 이루어지고 있는 것으로 생각할 수 있다.

하나님은 시간의 흐름 속에서 일하신다. 그리고 하나님이 행하신 일들의 결과는 역사로 남는다. 이렇게 해서 남겨진 결과물인 자연이나 역사 그 어떤 것이든 사람들은 그것을 보고, 생각하는 가운데 하나님의 존재를 떠올리게 된다. 여기서 일반계시의 방편들인 자연, 이성, 그리고 역사의 어울림을 볼 수 있다. 말하자면 사람들은 남아 있는 자연과 역사 속에 남겨진 흔적을 통해 여호와의 손이 행하신 사실과 이스라엘의 거룩하신 이가 창조하신 사실을 보아서(to see) 알게(to know) 되고, 헤아려서(to consider) 깨닫게(to understand) 된다는 말이다(사 41:20).

성경은 하나님의 섭리를 최대한 드러나게 서술한다. 그리고 그것은 사람들을 위해 하나님이 이루신 과거 속의 일들인 역사로 인해 감사해야 한다는 내용의 글을 풍부하게 포함하고 있다. 즉 인류사는 하나님이 친히 섭리하신 하나님의 역사이기 때문에 그것을 올바르게 이해하는 사람들은 하나님을 잘 알게 되어 하나님께 감사와 찬송을 돌리며, 하나님의 영광을 드러내게 된다는 것이다.[19] 그런 점에서 역사는 그 어떤 학문이나 지적 체계보다 더 하나님의 영광을 잘 드러내는 학문으로 생각할 수 있다.

"모든 사람이 그 된 일을 보고 하나님께 영광을 돌림이라"(행 4:21). '그 된 일'(즉 역사)에 대해 기록하고, 알리고, 기억하여 교훈을 얻는 것은 역사의 기능들 중에 포함되어 있다. 많은 사람들이 하나님께 영광을 돌린 것은 '된 일'을 보았기 때문이다. 현장에서 일어난 일의 결과를 통해 하나님께 감사하거나 원인을 규명하는 일이 이루어진다. 그러나 그 사건은 곧바로 시간의 지배 아래 놓여 하나의 역사가 된다. 시간의 지배 아래서 일어난 사건은 역사가 된다는 것이다. 그러나 역사가 된 사실은 사라지지 않고, 기억을 통해 후세대 사람들에게 전해지고, 이해되고, 교훈을 주게 된다. 따라서 하나님 중심의 역사이해, 즉 역사를 이끄시는 하나님의 섭리를 인정하면서 그것을 하나님의 역사로 이해하는 것은 감사와 찬양의 원인이 된다.

성경과 역사에서 발생한 거대한 사건들에서 알 수 있듯이, 하나님은 가장 평범한 사건들을 통해서, 신비롭고 참되고 경탄할 만한 방법으로 당신을 계시하신다.[20] 성경은 사람이 하나님을 아는 길이 지혜와 계시의 정신(the Spirit of Wisdom and Revelation)을 하나님으로부터 받음으로써 가능하

19) 종교개혁을 통해 역동적이고 활동적인 성경의 하나님이 재발견된 것은 하나님이 친히 역사를 섭리하심으로써 삶과 역사의 주인이 되신다는 사실을 인식시킨다는 점에서 그 의미를 크게 볼 수 있다. David E. Holwerda, "Eschatology and History," David E. Holwerda ed., *Exploring the Heritage of John Calvin* (Grands Rapids: Baker, 1976), 110.

20) Caussade, *Abandonment to Divine Providence*, 25.

다고 말한다(엡 1:17).

옥성호는 자신의 책[21]에서 철학적 담론이 주류를 이루던 당시 그리스 철학이 의미하는 것으로서 단순히 머리로 안다는 개념이 아니라 역사 속에서 보고 깨달은 하나님을 실존적으로 받아들인다는 의미의 앎이 필요하다며 보스(Geerhardus Vos, 1862-1949)의 말을 인용하고 있다. "복음이 하나님을 아는 것이 영생임을 가르치는 것은 분명 사실이다. 그러나 거기 나타나는 아는 것이라는 개념은 헬라적 의미로 이해해서는 안 되고, 히브리적인 의미로 이해해야 한다. 그리스적 의미로 보면, 안다는 것이 사람의 의식 속에 어떤 사물의 실체를 투사시키는 것을 의미한다. 그러나 히브리적이며 성경적인 개념은 사물의 실체를 실제로 내적인 삶의 경험과 뒤섞는 것을 뜻한다. 그러므로 '알다'는 '사랑하다', '사랑으로 선택하다'를 뜻하는 성경적인 숙어로 사용되기도 한다. 하나님께서는 이런 식으로 스스로 알려지시기를 바라시므로, 한 백성의 역사적 삶의 현장 속에서 그에 대한 계시가 일어나도록 하신 것이다."[22] 이상의 말은 왜 그리스도인들이 역사가가 되어야 하는지, 또는 최소한 역사의식을 갖고 살아야 하는지에 대한 이유를 가르쳐 준다.

하나님을 위한 학문의 목표는 그의 영광을 드러내는 것[23]이라는 말에 전적으로 공감한다. 여기에 더 하여 하나님의 영광을 드러내는 데 있어서 성경적 관점으로 이해하는 역사보다 더 적합한 학문은 없으리라고 생각한다. 하나님은 당신의 찬송을 부르게 하려고 사람을 지으셨다고 했으니(사 43:21) 하나님을 영화롭게 하고, 그를 즐거워하는 것이야말로 하나님이 사람을 지으신 목적[24]인 것이다. 그리고 하나님의 역사를 통해 그를 잘 알

---

21) 옥성호, 『마케팅에 물든 부족한 기독교』(서울: 부흥과 개혁사, 2008), 200.

22) Ibid.; 게르할더스 보스, 『성경신학(*Biblical theology Old and New Testaments*)』(고양: 크리스챤다이제스트, 2005), 18-19을 참조하라.

23) 기념 논문 편찬위원회 편, 『하나님을 위한 학문』(서울: 베다니, 2009), 32.

24) G. I. 윌리암슨, 『소교리문답강해(*The Shorter Catechism*)』, 최덕성 역(서울: 개혁주의신행협회, 2003), 13.

수 있으니 역사는 하나님의 창조 목적을 달성하는 훌륭한 도구가 된다.

"행하신 것과 같이…행하실 것이라"(신 31:4)는 말씀은 하나님의 역사와 관련해서 사람이 왜 역사에서 배워야 하는지를 가르쳐 준다. 그것은 사람의 역사를 통해 사람을 알 수 있듯이 하나님의 역사를 통해 하나님을 알 수 있기 때문이다. 우리가 사람을 아는 방법은 사람을 만나서 직접 체험하는 방법과 함께 사람이 행한 일을 보고 아는 방법이 있을 수 있다. 그리고 그 중에서는 후자 즉 역사를 통해 아는 방법이 주류를 이루게 된다.

마찬가지로 역사 속에서 일하시는 하나님을 통해 하나님이 어떤 분이신지 알아가는 것은 그리스도인에게 주어진 특권이며, 버터필드(Herbert Butterfield, 1900–1979)의 표현을 빌리자면 일종의 '보너스'가 된다. 왜냐하면 성경적 신앙을 가진 사람에게는 역사 속에서 일하시는 하나님에 대한 지식이 아무런 공로나 노력 없이 은혜로 주어지기 때문이다. 즉 그리스도인에게서는 하나님의 선물로 주어지는 믿음 때문에 섭리사관에 입각한 역사이해가 자동으로 이루어진다. 따라서 그는 역사 속에 남겨진 하나님의 흔적들을 하나하나 추적할 수 있고, 거기서 얻어지는 정보를 통해 하나님에 대한 지식을 쌓아가게 된다.

그리고 이것은 하나님께서 모세를 통해 이미 말씀하신 것이 이루어지는 형식으로 나타난다. "내가 언약을 세우나니 곧 내가 아직 온 땅 아무 국민에게도 행하지 아니한 이적을 너희 전체 백성 앞에 행할 것이라 네가 머무는 나라 백성이 다 여호와의 행하심을 보리니 내가 너를 위하여 행할 일이 두려운 것임이니라"(출 34:10). 세상에 존재하는 모든 사람이 여호와 하나님과 그의 역사에 주목해야 한다. "열국이여 너희는 나아와 들을지어다 민족들이여 귀를 기울일지어다 땅과 땅에 충만한 것, 세계와 세계에서 나는 모든 것이여 들을지어다"(사 34:1).

이처럼 이스라엘의 적 또는 이방인들이 이스라엘 백성을 통해 하나님께서 이루신 일 즉 역사를 보면 하나님의 존재를 인정하게 된다. "성벽 역사가 오십이 일 만인 엘룰월 이십오일에 끝나매 우리의 모든 대적과 주위에 있는 이방 족속들이 이를 듣고 다 두려워하여 크게 낙담하였으니 그들이 우리 하나님께서 이 역사를 이루신 것을 앎이니라"(느 6:15-16). 요한은 감옥에서 예수님이 하신 일 즉 그의 역사를 듣고 난 후에 자신의 제자들을 보내어 자기의 할 바를 그에게 문의하였다(마 11:2-3).

예수 그리스도의 십자가 죽음은 그를 믿는 자 안에 그가 사는 것이 된다. 따라서 그를 믿는 사람은 하나님의 아들을 믿는 믿음을 통해 자신의 육체 안에서 새로운 생명을 산다. 즉 그리스도의 죽음이 율법을 다 이룬 것이다(갈 2:20-21). 바울은 성령을 받는 것과 그리스도인 안에서 능력을 행하시는 이의 일이 아브라함의 예에서 나타나듯이 율법에서가 아니고 듣고 믿음에서이며, 그것은 이방인에게도 해당한다고 말하였다(갈 3:1-9). 그렇다면 무엇을 듣고 믿음인가? 역사로서 들려지는 복음이요, 예수 그리스도이다. 예수 그리스도가 곧 복음이니 말이다.[25)]

올바른 믿음을 가지려면 창조, 타락, 구속[26)]을 그 내용으로 하는 아담의 범죄와 예수 그리스도께서 주인공이 되시는 구원의 이야기 즉 구원의 역사를 알아야 한다. 물론 그 이야기는 성경을 통해 들려지며, 그것은 사람을 구원하기 위해 하나님께서 인류에게 주신 바 특별계시라는 지위를 부여받고 있다. 말씀에 근거한 역사관은 성경적 신앙을 가진 사람에게 없어서는 안 되며, 또 없을 수도 없다.[27)]

"계시나 지식이나 예언이나 가르치는 것으로 말하지 아니하면 너희에게

---

25) 존 파이퍼, 『예수님이 복음입니다(*Seeing And Savouring Jesus Christ*)』, 송용자 역 (서울: 부흥과개혁사, 2008)을 참조하라.

26) 알버트 월터스, 『창조 · 타락 · 구속(*Creation Regained*)』, 양성만 역 (서울: 한국기독학생회출판부, 2000); 원래 기독교 세계관과 관련해서 창조, 타락 구속, 그리고 완성을 말한 사람은 아브라함 카이퍼(Abraham Kuyper, 1837-1920)의 영향을 받은 도여베르트(Herman Dooyweerd, 1894-1977)이다. 그러나 그가 구속과 완성을 크게 구분하지 않고 하나로 다루었기 때문에 보통 창조, 타락, 구속으로 말하기도 한다. 최용준, "헤르만 도여베르트," 손봉호 외, 『하나님을 사랑한 철학자 9인』 (서울: IVP, 2005), 55-56 참조.

27) 성경에 나타난 역사관의 특징과 관련해서는 John Burrow, *A History of Histories* (New York: Alfred A. Knopf, 2008), 169-177의 "The Bible and History: The People of God"을 읽는 것이 도움이 될 것이다.

무엇이 유익하리요"(고전 14:6)라는 바울의 말은 그의 설교나 가르침에서 역사가 차지하는 비중을 고려해 볼 때, 역사를 통한 신앙적 성숙에 많은 관심을 갖고 있음을 보여주는 것으로 들린다. 계시가 역사 속에서 점진적으로 드러나거나 역사 자체가 일반계시의 중요한 방편이란 사실을 감안하면 바울은 물론 성경 자체가 그리스도인들에게 요구하는 지식의 상당 부분이 역사와 긴밀한 관계에 있음을 인정해야 한다.

바울은 하나님을 알 만한 것이 불의로 진리를 막는 사람들 속에 보이며, 그것은 하나님이 저들에게 보여준 것이라고 말하였다. 그리고 그는 더 나아가 하나님의 보이지 아니하는 것들 즉 영원하신 그의 능력과 신성이 그의 창조하신 만물을 통해 분명히 나타나기 때문에 사람들은 핑계치 못한다고 주장하였다(롬 1:20). 이것은 일반계시의 방편인 인간의 이성과 자연의 의미와 역할에 대해 말하는 것으로서 역사에도 동일하게 적용할 수 있을 것이다. 하나님은 역사를 통해 많은 것을 사람에게 알리신다. 그리고 세상은 하나님의 역사를 규명하기 위해 필요한 사료들로 가득 차 있다. "여호와여 주께서 하신 일이 어찌 그리 많은지요 주께서 지혜로 그들을 다 지으셨으니 주께서 지으신 것들이 땅에 가득하니이다"(시 104:24).

하나님의 역사를 듣는 입장에서는 적극적으로 찾아서 들어야 한다. 이사야의 외침을 보라. "우리의 전한 것을 누가 믿었느뇨"(사 53:1). "와서 하나님께서 행하신 것을 보라"(시 66:5). "하나님을 두려워하는 너희들아 다 와서 들으라 하나님이 나의 영혼을 위하여 행하신 일을 내가 선포하리로다"(시 66:16). 계대전승(繼代傳承) 즉 대를 거듭하여 전해야 할 역사가 하나님의 역사이다(시 79:13). 하나님의 역사는 만민 중에 증거되어야 한다. "그의 기이한 행적을 만민 가운데에 선포할지어다"(시 96:3). "너희는 이 일을 너희 자녀에게 말하고 너희 자녀는 자기 자녀에게 말하고 그 자녀는 후세에 말할 것이니라"(욜 1:3). 하나님의 역사는 온 세상에 알려져야 한다. "여호와를 찬송할 것은 극히 아름다운 일을 하셨음이니 이를 온 땅에 알게 할지어다"(사 12:5).

사람들은 하나님의 역사를 잊지 말고 노래해야 한다. "그대는 하나님께서 하신 일을 기억하고 높이라 잊지 말지니라 인생이 그의 일을 찬송하였느니라 그의 일을 모든 사람이 우러러보나니 먼 데서도 보느니라"(욥 36:24-25). "여호와께 감사하고 그의 이름을 불러 아뢰며 그가 하는 일을 만민 중에 알게 할지어다 그에게 노래하며 그를 찬양하며 그의 모든 기이한 일들을 말할지어다"(시 105:1-2).

바울은 자신의 회심과 구원에 초점을 맞춘 개인사(個人史)를 정리해 놓았다(행 22:3-21). 그런데 그는 여기서 아나니아가 한 말 "우리 조상들의 하나님이 너를 택하여 너로 하여금 자기 뜻을 알게 하시며 그 의인을 보게 하시고 그 입에서 나오는 음성을 듣게 하셨으니 네가 그를 위하여 모든 사람 앞에서 네가 보고 들은 것에 증인이 되리라"(행 22:14-15)에 나타나듯이 자신이 역사적 존재이신 하나님과 그의 섭리를 전하는 역사의 증언자임을 고백하고 있다.

보통의 사람 그리고 그리스도인은 역사에서 교훈과 소망을 얻는다. "무엇이든지 전에 기록된 바는 우리의 교훈을 위하여 기록된 것이니 우리로 하여금 인내로 또는 성경의 위로로 소망을 가지게 함이니라"(롬 15:4). 이것만큼 역사의 교훈적 기능에 대해 더 잘 표현할 수는 없을 것이다. 갈멜산의 엘리야는 역사적인 지식이 얼마나 유용한지를 보여준다. "엘리야가 돌 열두 개를 취하니 이 야곱은 옛적에 여호와의 말씀이 임하여 이르시기를 네 이름을 이스라엘이라 하리라 하신 자더라"(왕상 18:31). "선지자 엘리야가 나아가서 말하되 아브라함과 이삭과 이스라엘의 하나님 여호와여 주께서 이스라엘 중에서 하나님이신 것과 내가 주의 종인 것과 내가 주의 말씀대로 이 모든 일을 행하는 것을 오늘 알게 하옵소서"(왕상 18:36).

하나님의 백성으로서 현실을 살아가는 지혜를 얻는 데 있어서도 역사적인 훈련은 매우 유익하다. 나우웬(Henri Nouwen, 1932-1996)의 말을 들어보자. "신학교는 사람들이 시대의 징후들을 바르게 분별하도록 훈련하는 일의 중심이 되어야 합니다. 이것은 단지 지적인 훈련만을 말하지 않습니다. 몸과 마음과 생각을 포함하는 전인적인 깊은 '영적 체계화(spiritual formation)' 를 위한 훈련이어야 합니다. 신학교들까지도 얼마나 세속화되어 있는지 우리는 겨우 반밖에 모르고 있다고 생각합니다."[28] 이와 같은 말에 적합하게 유익을 줄 수 있는 분야들 중에는 역사학이 포함되는 것이 당연하다. 그리고 그런 점에서 역사학의 가치를 높게 평가해야 한다.

역사를 생각하고, 그 안에서 행하신 하나님의 모든 행적을 묵상함으로써 주를 사모하는 마음을 가질 수 있다. "내가 옛날을 기억하고 주의 모든 행하신 것을 읊조리며 주의 손이 행하는 일을 생각하고 주를 향하여 손을 펴고 내 영혼이 마른 땅 같이 주를 사모하나이다"(시 143:5-6). 그것을 위해 그리스도인들에게 역사학습이 없어서는 안 된다.

죽음의 세력에서 인류를 벗어나게 하시고 영생의 길을 열어주신 예수님의 이름으로 말하고 행동하는 기독교인 지도자와 관련해서 나우웬은 아래와 같이 말하였다. "그런 지도자가 되기 위해서는 하나님께서 어떻게 인간의 역사에서 일하시는지, 또한 우리의 삶에서 일어나는 개인적, 공동체적, 국가적, 세계적 사건들을 통해 우리가 어떻게 하면 십자가로 그리고 십자가를 통해 부활로 인도되는 방법들에 더욱 더 민감해질 수 있는지 순간순간 분별할 수 있어야만 합니다."[29] 여기서 하나님의 섭리(일 하심)의 구체적인 진행을 이해하기 위해서 역사학습이 먼저 있어야 한다는 주장을 볼 수 있다.

기독교를 가리켜 역사적인 종교라고 하는 말이 있다. 그것은 어떤 의미의 말일까? 아마도 기독교가 역사적인 종교라는 사실을 강조하는 것은 이제 신학적 상식이 되어 있으며, 그런 맥락에서 '하나님은 역사 안에서 행위하신다', '하나님은 자신을 역사 안에 계시하신다', '성육신이 역사의 중심점이다' 등의 말을 듣게 되는 것과 같은 맥락으로 보여진다.[30] 따라서 그것은 기독교는 역사적 사실에 근거해 있으며, 역사의식이 강하고, 예수 그리스도, 즉 하나님의 역사 속 임재에 대해 적극적인 평가를 내리는 종교라

---

28) 헨리 나우웬, 『예수님의 이름으로(*In the Name of Jesus*)』, 두란노출판부 옮김 (서울: 두란노, 2008), 67.

29) Ibid., 65.

30) McIntyre, *The Christian Doctrine of History*, 3.

는 세 가지 이상의 의미를 포함하는 것으로 이해한다.

하나님은 사람을 생각하는 존재로 만드셨으며, 또한 그에게 역사의식을 심어 주셨다. 따라서 인류를 향한 그분의 계시인 성경은 역사를 읽고 생각하며, 그것을 잊지 않는 삶을 살라고 분명하게 요구한다. 요한은 성경이 예수 그리스도의 계시라고 말한다(계 1:1). 그 계시는 요한에게 보였으며, 기록으로 남겨졌을 뿐만 아니라 지금까지도 읽혀지고, 들려진다. 그런데 성경은 여러 부분에서 역사를 통해 배우는 것이 그리스도인들에게 필요하다는 것을 보여준다.

루터(Martin Luther, 1483-1546)는 "연대기와 역사서는 가장 중요한 것들에 포함된다. 어떤 언어로 기록되었다 하더라도 관계없다. 연대기와 역사서는 사건들의 전개과정을 이해하고 안내하는데 경이로움이 된다. 특히 하나님께서 하신 놀라운 일들을 깨닫는 데 있어서는 더욱 그렇다"[31)]라고 말하였다. 여기서 보듯이 루터는 역사의 중요성에 대해서 뿐만 아니라 그것의 주관자가 하나님이라는 분명한 인식 또한 갖고 있었음을 알 수 있다.

루터의 하나님 중심 역사관에 대해서 헤들리(John M. Headly)는 다음과 같이 잘 정리해 놓았다. "하나님이 역사적인 인과관계의 근거라는 확신을 가지고 있다는 점에서 루터는 바울과 아우구스티누스의 전통 속에 위치한다. 오로지 하나님만이 모든 시간적인 사건들의 근저에 계실 수 있다. 동시에 신본주의적 입장은 그를 근대적인 역사 이해로부터 분리시킨다. 이러한 차이는 인과관계의 문제에 한정되지 않고 그것의 두 가지 즉각적인 함의 속에 나타난다. 즉 하나님에게서 유래하는 모든 행위는 역사에 통일성과 의미를 부여한다는 사실과, 둘째로 인간은 하나님의 도구이기 때문에 역사의 방관자가 될 사치를 누릴 수 없다는 사실이다. 인간은 끊임없이 하나님의 행동에 의해 영향을 받으며 이러한 행동에서 협력자로 섬긴다. 하

---

31) John M. Headly, *Luther's View of Church History* (New Haven: Yale University Press, 1963), 1 이하를 러쉬두니, 『기독교 교육 무엇이 다른가?』, 68에서 재인용하였다.

나님의 이러한 중단 없는 행위는 인간을 역사 속에서 중단 없는 협동 속으로 몰아넣는다. 그러한 상황 속에서는 죽은 역사도, 역사로부터의 도피도 있을 수 없다."[32]

멜란히톤(Philipp Melanchthon, 1497-1560) 또한 역사의 종교적 이용 가치에 대해 적극적으로 평가하였다. 그는 역사학은 잘못된 교리와 교회의 제도와 관행을 분별하게 한다는 생각을 갖고 있었다. 바른 종교를 위한 역사의 유익성에 관해 적극적으로 인식하였던 그였기에 "모든 기독교인들에게 있어서 역사를 아는 것은 유익하고 필요하다는 것이 명백하다. 그렇게 함으로써…그들은 논쟁의 여지가 있는 많은 사안들을 판단할 수 있고 또한 성경을 보다 잘 이해할 수 있다." 그는 교리와 교회제도의 타당성을 판단하는 기준이 되기 때문에 누구보다도 성직자들이 역사학습의 주체가 되어야 한다는 이유에서 자신이 개편한 교육과정에 역사학을 포함시켰으며, 성직을 희망하는 자들은 서품을 위해서 역사지식을 갖추고 있어야 한다고 보았으며, 자신이 비텐베르그(Wittenberg)의 심사관으로 있는 동안 역사지식이 지원자들의 당락을 결정하는 관건 중 하나였다.[33]

화이트는 "기독교 지성의 토대는 당연히 가장 위대한 책, 곧 성경이다. 이는 우리에게 주어진 하나님의 계시로서, 그 계시를 떠나서는 알 수 없는 그런 지식을 제공한다. 오직 성경만이 '살아 있고 활력이 있어 좌우에 날선 어떤 검보다도 예리하여 혼과 영과 및 관절과 골수를 찔러 쪼개기까지 하며 또 마음의 생각과 뜻을 판단한다'(히 4:12)"[34]고 말한다.

그는 그리스도인의 교양과 관련하여 성경적 교양 지식을 말한 후에 역사적 교양 지식을 먼저 언급하고 그 후에 신학적 교양 지식을 다룬다. 그는 역사지식에 대해 "시기와 인명과 장소를 아는 것뿐만 아니라, 그보다 더 중요한 것은 그 의의(significance)를 아는 일이다.…그리고 역사를 하나님의

---

32) Ibid.

33) 박준철, "르네상스 휴머니즘과 종교개혁의 관계," 『서양사론』, 제52호(1997), 13-17.

34) 화이트, 『마음을 다하여 하나님 사랑하기』, 52.

활동을 담은 이야기라는 개념으로 받아들이면서 역사를 무시하는 것은 우리 세계와 그것을 만든 사람들, 특히 우리를 이곳까지 인도해 온 사건들의 흐름을 무시하는 것이다. 그런 지식도 없이 기독교적 지성이 작동한다는 것은 상상하기 어렵다"고 결론짓는다.[35)]

역사의 기능에 대해서 그는 "기독교 신앙은 궁극적 권위를 삼위일체 하나님께 둔다. 삼위일체는 무엇보다 성경에 계시되어 있지만, 기독교 유산을 따라 그것이 어떻게 전해져 왔는지도 깊이 이해할 필요가 있다. 역사는 규범적인 것이 아니라 지식을 전달한다는 면에서 성경에 비해 부차적인 것임이 분명하지만 정보를 주는 역할을 확실히 한다"[36)]는 말로 강조한다. 이상 언급된 세 가지 교양 지식의 기능이나 역할에 대해 화이트는 "성경은 하나님의 계시이고, 역사는 이제까지 더 나은 지성들이 그것과 어떻게 씨름했는지를 보여주며, 신학은 그것들을 모두 묶어 인생에 대한 커다란 질문들과 영성의 문제에 적용한다"[37)]는 말로 정리한다.

일반적인 역사이해는 사람을 이해하는 데 유익하며, 필연적으로 영웅사관의 성격을 어느 정도 갖게 된다. 그러나 기독교적인 역사이해는 사람은 물론 하나님을 아는 것까지도 그 목표로 삼는다. 신앙의 눈으로 역사를 보면 표면에서 활동하는 사람들을 포함하여 보이는 것은 물론 그 안에 숨어 계시는 하나님과 보이지 않는 것들에 대해서도 생각하게 된다. 왜냐하면 역사 그리고 그것을 위한 기록이나 기념물에는 여호와를 알게 하려는 목적이 담겨 있기 때문이다(수 4:24).

앞에서 다룬 것처럼 하나님과 사람의 인격이 닮았다는 이유에서 사람을 알아가는 과정에서 하나님을 아는 데도 도움을 받는 것과 마찬가지로 하나님을 알아가는 과정 중에 사람을 아는 데도 유익을 얻을 수 있다고 보는 것은 당연하다. 따라서 그리스도인들은 역사를 통해 하나님을 알 뿐만 아니라 사람을 통해 하나님을 알고, 또 하나님을 통해 사람을 알아가는 지혜를

35) Ibid., 64-65.
36) Ibid., 65.
37) Ibid.

가져야 한다.

역사를 보고 배우며, 거기서 사람으로서 그리고 그리스도인으로서 삶의 지혜를 얻으라는 것이 성경이 요구하는 바이다. "그들은 여호와께서 행하신 일과 손으로 지으신 것을 생각하지 아니하므로 여호와께서 그들을 파괴하고 건설하지 아니하시리로다"(시 28:5). "너희의 조상 아브라함과 너희를 낳은 사라를 생각하여 보라 아브라함이 혼자 있을 때에 내가 그를 부르고 그에게 복을 주어 창성하게 하였느니라"(사 51:2). "그러므로 생각하라 너희는 그 때에 육체로는 이방인이요 손으로 육체에 행한 할례를 받은 무리라 칭하는 자들로부터 할례를 받지 않은 무리라 칭함을 받는 자들이라"(엡 2:11).

Ⅱ. 성경에 나타난 역사의식의 탁월성

Ⅱ. 성경에 나타난 역사의식의 탁월성

성경과 역사를 읽고 생각하는 가운데, 성경은 역사 또는 역사의식을 풍성하게 품고 있는 책이라는 사실을 깨닫게 된다. 그렇게 되는 이유는 과거, 현재, 미래를 모두 현재로 아시는 영원한 자존자요, 역사가이신 여호와 하나님의 속성에 기인하는 바가 큰 것 같다. 즉 하나님은 완벽하게 진실을 기억하심으로써 스스로 위대한 역사가의 자리에 계실 뿐만 아니라 역사의 가치나 효과적인 이용에 대해서도 통달하고 계시다. 역사의식을 갖고 성경을 읽다보면 하나님은 위대한 역사가라는 고백을 하게 된다. 그리고 위대하신 역사가 하나님이 당신의 사람들 또한 역사가로 살라고 요구하시는 것을 충분하게 발견할 수가 있다.

하나님은 사람들의 바른 기억을 통해 그들로부터 당신이 인정받으시는 것을 참 좋아하신다. "네 하나님 여호와께서 이 사십 년 동안에 네게 광야 길을 걷게 하신 것을 기억하라"(신 8:2). 성경적 신앙을 가진 사람이 역사를 바르게 기억하는 것은 누구보다도 하나님께 기쁨이 되는 일이다. 그리고 바람직한 역사를 기억하는 일은 역사의 보존과 연구에서 충분한 활동이 있음으로써 가능한 일이다.

아래 말씀들을 보면, 하나님이 우리에게 "역사를 공부하라" 고 노골적으로 요구하시는 것을 보게 된다. "옛날을 기억하라 역대의 연대를 생각하라 네 아버지에게 물으라 그가 네게 설명할 것이요 네 어른들에게 물으라 그들이 네게 말하리로다"(신 32:7). "너는 옛 시대 사람에게 물으며 조상들이 터득한 일을 배울지어다 (우리는 어제부터 있었을 뿐이라 우리는 아는 것이 없으며 세상에 있는 날이 그림자와 같으니라) 그들이 네게 가르쳐 이르지 아니하겠느냐 그 마음에서 나오는 말을 하지 아니하겠느냐"(욥 8:8-10).

사람들의 기억을 위해 하나님은 기록을 남겨 주시기도 하고, 사람으로 하여금 기록하게도 하신다. 또한 기억을 위해 각종 기념의 방법을 활용하도록 하셨다. 올바른 기억이 하나님과 그의 백성들 사이의 원만한 관계를 유지시키는 반면에 역사의 망각에서는 죄가 시작되고, 하나님과의 관계가 망가지게 된다. 따라서 당신의 사람들을 향해 기억하라고 외치는 하나님의 음성은 죄를 차단하려는 그의 간절한 마음에서 우러나오는 것이라고 볼 수 있다.

하나님이 친히 사람의 몸을 입고 이 땅에 오셨음에도 하나님의 역사, 즉 계시는 믿음이 없이는 깨닫지 못한다. 그리고 모세, 솔로몬, 다니엘, 하박국, 바울과 같은 성경 속 위인들은 하나님을 향한 불타는 신앙의 소유자들이었기에 탁월한 역사감각의 소유자가 되었다. 또 그렇기 때문에 그들은 자신들과 동일한 신앙의 소유자인 오늘날의 그리스도인들을 위해 거울이 될 수 있었다.

1. 하나님은 위대한 역사가이다

하나님은 완전한 기억력과 진실하심으로 인해 최고의 역사가가 될 수 있는 분이다. 그는 있었던 그대로의 이야기 즉 사실로서의 역사를 원형 그대로 재현할 수 있는 유일한 역사가(the Great Historian)이다. 반면에 인간 역사가(a little historian)는 자신이 서술한 불완전한 역사에 정관사를 붙일 수 없다는 사실을 잘 알고 있다.

'사실(fact)' 이란 말은 행하여진 일이라는 의미의 라틴어 '*factum*' 에서 유래한 것이며, 실제로 일어난 과거의 일을 밝혀내는 것은 역사가가 궁극적으로 꿈꾸는 것이다. 그러나 있었던 그대로의 사실을 그대로 재현해 낼 사람은 아무도 없다. 그것은 단지 '고상한 꿈(a noble dream)'에 불과하다고 봐야 한다. 그래서 모든 역사가는 자신의 역사 앞에 정관사를 붙이지 않는다. 말하자면 상대적 가치를 갖는 역사를 서술할 수밖에 없음을 스스로 인정하는 것이다.

반면에 하나님은 완전한 과거 사실을 알고 계시고, 역사의 시작을 가져온 분으로서 역사를 친히 이끄실 뿐만 아니라 그것의 종말도 결정하실 분이다. 그렇기 때문에 세계사는 하나님이 이끄시는 진정 하나님의 역사이다. 다시 말하자면 역사의 시작과 과정을 이끄시는 하나님은 그것의 종말도 주관하신다. 그리고 이 과정에서 하나님은 역사적인 방법을 적극 활용하신다. 따라서 하나님은 위대한 역사가가 되시며, 그의 역사는 대대로 칭송받고(시 145:4), 묵상할 것(시 145:5)이 된다.

과거는 역사와 가장 관련성이 깊은 시제요 개념이다. 그리고 그런 이유로 해서 역사는 기억이나 기록, 그리고 기념과 밀접한 관련성을 유지하게 된다. 역사에 대한 정의로서 "과거의 사건들을 기록하고 설명하는 지식의 한 분야"[1]라는 말이 맞는다면 그것이 과거에 초점을 맞추어 이루어지는 지식활동임을 부인할 수 없게 된다.

하나님은 근대 역사학의 아버지로 불리는 랑케(Leopold von Ranke, 1795-1886)가 외쳤던 객관적 역사(wie es eigentlich gewesen sei)의 추구란 점에서 비교할 수 없는 완전성에 도달해 계신 분이다. 그것은 과거, 현재, 미래를 모두 현재로 보시는 하나님의 시간 초월성으로 인해 가능한 일이다. 그런 이유에서 하나님에게는 일반 역사가에게 필요한 것으로서 사실을 보존하기 위한 사료의 보존이나 역사적 사건을 기념하는 일 같은 것은 필요하지 않다.

기억은 과거의 사건들, 즉 역사를 현재화한다는 점에서 그 가치를 높게 볼 수 있다. 아울러 하나님의 역사를 기억하면 그것을 이끄신 하나님께 감사하게 되고, 제사와 찬양을 그분께 드리게 된다. "여호와여 주께서 주의

1) 로이 스완스트롬, 『역사란 무엇인가』, 홍치모 역 (서울: 성광문화사, 1982), 17.

종을 위하여 주의 뜻대로 이 모든 큰 일을 행하사 이 모든 큰 일을 알게 하셨나이다 여호와여 우리 귀로 들은 대로는 주와 같은 이가 없고 주 외에는 하나님이 없나이다"(대상 17:19-20). 또한 그의 이름인 여호와는 기억나게 하는 이름이다. "여호와는 만군의 하나님이시라 여호와는 그를 기억하게 하는 이름이니라"(호 12:5).

문학에서도 기억과 관련하여 성경의 강조점을 잘 파악하고 있다. 그래서 그것은 성경에 대해 무언가를 아주 확실히 기억하는 것을 명제로 삼는 일종의 문학으로 간주한다. 즉 하나님의 말씀을 돌판이나 마음에 새기고 그 말씀을 오래 기억하도록 명령하며, 여기서 돌판에 하나님이 계명을 쓰는 것은 저장 기억을 의미한다고 본다. 따라서 "그 날 후에 내가 이스라엘 집과 맺을 언약은 이러하니 곧 내가 나의 법을 그들의 속에 두며 그들의 마음에 기록하여 나는 그들의 하나님이 되고 그들은 내 백성이 될 것이라"(렘 31:33)라는 말씀에서 마음에 새기는 저장 기억을 찾아내기도 한다.[2)]

하나님이 위대한 역사가가 되시는 이유 중에 과거에 대한 그의 완벽한 기억이 포함되는 것은 당연하다. 그에게는 과거의 모든 역사가 언제나 현재처럼 생생하고 분명하다. 사실 그의 관점에서는 길거나 짧은 과거 또는 미래의 모든 기간들이 영원히 지속되는 것이며, 또한 언제나 현재로 기억된다. 따라서 하나님은 과거, 현재, 미래의 모든 사건을 동시에 생생하게 보시며, 아신다고 말할 수 있다.[3)]

그렇기 때문에 하나님은 모든 것을 아신다(고후 11:11; 12:3)는 의식이 그리스도인에게는 항상 있어야 한다. "여호와의 영이 내게 임하여 이르시되 너는 말하기를 여호와의 말씀에 이스라엘 족속아 너희가 이렇게 말하였도다 너희 마음에서 일어나는 것을 내가 다 아노라"(겔 11:5). "여호와는 선하시며 환난 날에 산성이시라 그는 자기에게 피하는 자들을 아시느니라"(나 1:7). 요한은 세상에서 사는 동안 사람이 개인적으로나 집단적으로 한

---

2) 변학수, 『문학적 기억의 탄생』(파주: 열린책들, 2008), 129 외에 <출애굽기> 31장 18절, 34장 1절, <예레미야> 31장 33절을 참조하라.

3) 웨인 그루뎀, 『조직신학 (상)』, 노진준 역 (서울: 은성, 1997), 234-235.

모든 일을 하나님이 알고 계신다고 했다(계 2:2-3, 13, 19; 3:1, 5, 8, 15). 그는 인간사의 모든 것을 아신다. 하나님은 사람의 가는 길을 그 사람보다도 더 잘 아신다(욥 23:10). '설마 그런 일에도?' 라고 생각하는 것들, 심지어 악한 일도 다 보고 계신다(욥 11:11-12). 그래서 하나님의 지식은 광대하다고 말할 수 있다. 또 그렇기 때문에 사람에게는 그를 온전히 알 수 없다는 겸손한 자세가 필요하다(욥 11:6-9).

하나님은 스스로 기억하는 분이라고 말함으로써 당신이 역사가이심을 보여준다. 먼저 모세오경에는 기억하시는 하나님에 대한 풍부한 언급이 나타난다. "하나님이 노아와 그와 함께 방주에 있는 모든 들짐승과 가축을 기억하셨다(창 8:1). "내가 나와 너희와 및 육체를 가진 모든 생물 사이의 내 언약을 기억하리니 다시는 물이 모든 육체를 멸하는 홍수가 되지 아니할지라"(창 9:15). "무지개가 구름 사이에 있으리니 내가 보고 나 하나님과 모든 육체를 가진 땅의 모든 생물 사이의 영원한 언약을 기억하리라"(창 9:16). 하나님은 이스라엘의 고통 소리를 들으시고 하나님이 아브라함과 이삭과 야곱에게 세운 그의 언약을 기억하셨다(출 2:24). "하나님이 이스라엘 자손을 돌보셨고 하나님이 그들을 기억하셨더라"(출 2:25). "이제 애굽 사람이 종으로 삼은 이스라엘 자손의 신음 소리를 내가 듣고 나의 언약을 기억하노라"(출 6:5). "내가 야곱과 맺은 내 언약과 이삭과 맺은 내 언약을 기억하며 아브라함과 맺은 내 언약을 기억하고 그 땅을 기억하리라"(레 26:42). "내가 그들의 하나님이 되기 위하여 민족들이 보는 앞에서 애굽 땅으로부터 그들을 인도하여 낸 그들의 조상과의 언약을 그들을 위하여 기억하리라 나는 여호와이니라"(레 26:45). "너희 땅에서 너희가 자기를 압박하는 대적을 치러 나갈 때에는 나팔을 크게 불지니 그리하면 너희 하나님 여호와가 너희를 기억하고 너희를 너희의 대적에게서 구원하시리라"(민 10:9). "또 너희의 희락의 날과 너희가 정한 절기와 초하루에는 번제물을 드리고 화목제물을 드리며 나팔을 불라 그로 말미암아 너희의 하나님이 너희를 기억하시리라 나는 너희의 하나님 여호와니라"(민 10:10).

다음으로 <시편>에서도 하나님의 기억은 핵심 주제어가 되고 있다.

"그가 이스라엘의 집에 베푸신 인자와 성실을 기억하셨으므로 땅 끝까지 이르는 모든 것이 우리 하나님의 구원을 보았도다"(시 98:3). "이는 그가 우리의 체질을 아시며 우리가 단지 먼지뿐임을 기억하심이로다"(시 103:14). 그는 그의 언약 곧 천 대에 걸쳐 명령하신 말씀을 영원히 기억하셨다(시 105:8). "이는 그의 거룩한 말씀과 그의 종 아브라함을 기억하셨음이로다"(시 105:42). "여호와께서 자기를 경외하는 자들에게 양식을 주시며 그의 언약을 영원히 기억하시리로다"(시 111:5). "우리를 비천한 가운데에서도 기억해 주신 이에게 감사하라 그 인자하심이 영원함이로다"(시 136:23).

하나님의 기억하심에 대해서는 선지자들도 잘 인식하고 있었다. 이사야는 여호와께서 태에서부터 나를 부르셨고 내 어머니의 복중에서부터 내 이름을 기억하셨다고 말하였다(사 49:1). 예레미야와 에스겔도 하나님의 기억에 유념하였다. "내가 너를 위하여 네 청년 때의 인애와 네 신혼 때의 사랑을 기억하노니 곧 씨 뿌리지 못하는 땅, 그 광야에서 나를 따랐음이니라"(렘 2:2). "너희가 너희 선조와 너희 왕들과 고관들과 유다 땅 백성이 유다 성읍들과 예루살렘 거리에서 분향한 일을 여호와께서 기억하셨고 그의 마음에 떠오른 것이 아닌가"(렘 44:21). "내가 너의 어렸을 때에 너와 세운 언약을 기억하고 너와 영원한 언약을 세우리라"(겔 16:60). 선지자 스가랴는 '여호와께서 기억하신다' 라는 이름의 의미만으로도 여호와 하나님과 그분의 역사적 속성을 잘 보여준다.

하나님은 사람들의 악한 행위에 대해서도 기억하신다. "그들이 어그러진 길을 사랑하여 그들의 발을 멈추지 아니하므로 여호와께서 그들을 받지 아니하고 이제 그들의 죄를 기억하시고 그 죄를 벌하시리라"(렘 14:10). "내가 모든 악을 기억하였음을 그들이 마음에 생각하지 아니하거니와 이제 그들의 행위가 그들을 에워싸고 내 얼굴 앞에 있도다"(호 7:2). "그들이 내게 고기를 제물로 드리고 먹을지라도 여호와는 그것을 기뻐하지 아니하고 이제 그들의 죄악을 기억하여 그 죄를 벌하리니 그들은 애굽으로 다시 가리라"(호 8:13). "그들은 기브아의 시대와 같이 심히 부패한지라 여호와께서 그 악을 기억하시고 그 죄를 벌하시리라"(호 9:9).

하나님의 기억은 경우에 따라서는 잊지 않으신다는 말로 표현된다. "여인이 어찌 그 젖 먹는 자식을 잊겠으며 자기 태에서 난 아들을 긍휼히 여기지 않겠느냐 그들은 혹시 잊을지라도 나는 너를 잊지 아니할 것이라"(사 49:15). 하나님의 완전한 기억은 과거, 현재, 미래를 모두 현재로 보시는 것과 맥이 이어진다. "사랑하는 자들아 주께는 하루가 천 년 같고 천 년이 하루 같다는 이 한 가지를 잊지 말라"(벧후 3:8).

기억하시는 하나님이심을 알기에 그의 백성들은 하나님의 기억을 호소함으로써 은혜를 구한다. "주의 종 아브라함과 이삭과 이스라엘을 기억하소서 주께서 그들을 위하여 주를 가리켜 맹세하여 이르시기를 내가 너희의 자손을 하늘의 별처럼 많게 하고 내가 허락한 이 온 땅을 너희의 자손에게 주어 영원한 기업이 되게 하리라 하셨나이다"(출 32:13).

하나님이 기억해 주시기를 호소하는 사람들의 태도는 성경에 자주 나타난다. "서원하여 이르되 만군의 여호와여 만일 주의 여종의 고통을 돌보시고 나를 기억하사 주의 여종을 잊지 아니하시고 주의 여종에게 아들을 주시면 내가 그의 평생에 그를 여호와께 드리고 삭도를 그의 머리에 대지 아니하겠나이다"(삼상 1:11). "여호와여 구하오니 내가 진실과 전심으로 주 앞에 행하며 주께서 보시기에 선하게 행한 것을 기억하옵소서"(왕하 20:3). "여호와 하나님이여 주의 기름 부음 받은 자에게서 얼굴을 돌리지 마시옵고 주의 종 다윗에게 베푸신 은총을 기억하옵소서 하였더라"(대하 6:42). "만일 내게로 돌아와 내 계명을 지켜 행하면 너희 쫓긴 자가 하늘 끝에 있을지라도 내가 거기서부터 그들을 모아 내 이름을 두려고 택한 곳에 돌아오게 하리라 하신 말씀을 이제 청하건대 기억하옵소서"(느 1:9). "내 하나님이여 내가 이 백성을 위하여 행한 모든 일을 기억하사 내게 은혜를 베푸시옵소서"(느 5:19). "내 하나님이여 도비야와 산발랏과 여선지 노아댜와 그 남은 선지자들 곧 나를 두렵게 하고자 한 자들의 소행을 기억하옵소서 하였노라"(느 6:14). "내 하나님이여 이 일로 말미암아 나를 기억하옵소서 내 하나님의 전과 그 모든 직무를 위하여 내가 행한 선한 일을 도말하지 마옵소서"(느 13:14). "내가 또 레위 사람들에게 몸을 정결하게 하고 와서 성문을 지켜서 안식일을 거룩하게 하라 하였느니라 내 하나님이여 나를 위하여 이 일도 기억하시옵고 주의 크신 은혜대로 나를 아끼시옵소서"(느 13:22). "내 하나님이여 그들이 제사장의 직분을 더럽히고 제사장의 직분과 레위 사람에 대한 언약을 어겼사오니 그들을 기억하옵소서"(느 13:29). "정한 기한에 나무와 처음 익은 것을 드리게 하였사오니 내 하나님이여 나를 기억하사 복을 주옵소서"(느 13:31).

하나님의 기억을 호소하는 표현은 지혜서와 <시편>에서도 계속 나타난다. "기억하옵소서 주께서 내 몸 지으시기를 흙을 뭉치듯 하셨거늘 다시 나를 티끌로 돌려보내려 하시나이까"(욥 10:9). "주는 나를 스올에 감추시며 주의 진노를 돌이키실 때까지 나를 숨기시고 나를 위하여 규례를 정하시고 나를 기억하옵소서"(욥 14:13). "피 흘림을 심문하시는 이가 그들을 기억하심이여 가난한 자의 부르짖음을 잊지 아니하시도다"(시 9:12). "네 모든 소제를 기억하시며 네 번제를 받아 주시기를 원하노라"(시 20:3). "여호와여 주의 긍휼하심과 인자하심이 영원부터 있었사오니 주여 이것들을 기억하옵소서"(시 25:6). "여호와여 내 젊은 시절의 죄와 허물을 기억하지 마시고 주의 인자하심을 따라 주께서 나를 기억하시되 주의 선하심으로 하옵소서"(시 25:7). "옛적부터 얻으시고 속량하사 주의 기업의 지파로 삼으신 주의 회중을 기억하시며 주께서 계시던 시온 산도 생각하소서"(시 74:2). "여호와여 이것을 기억하소서 원수가 주를 비방하며 우매한 백성이 주의 이름을 능욕하였나이다"(시 74:18). "하나님이여 일어나 주의 원통함을 푸시고 우매한 자가 종일 주를 비방하는 것을 기억하소서"(시 74:22). "그들은 육체이며 가고 다시 돌아오지 못하는 바람임을 기억하셨음이라"(시 78:39). "나의 때가 얼마나 짧은지 기억하소서 주께서 모든 사람을 어찌 그리 허무하게 창조하셨는지요"(시 89:47). "주는 주의 종들이 받은 비방을 기억하소서"(시 89:50).

한글 성경에서는 하나님의 기억에 대한 호소가 '잊지 말아 달라'는 말로 표현되기도 한다. "여호와여 일어나옵소서 하나님이여 손을 드옵소서 가난한 자들을 잊지 마옵소서"(시 10:12). "주의 멧비둘기의 생명을 들짐승에게 주지 마시며 주의 가난한 자의 목숨을 영원히 잊지 마소서"(시 74:19). "주의 대적들의 소리를 잊지 마소서 일어나 주께 항거하는 자의 떠드는 소리가 항상 주께 상달되나이다"(시 74:23).

시인들의 노래는 하나님의 기억을 노래하고 간구하는 특징을 계속 보여준다. "여호와여 주의 백성에게 베푸시는 은혜로 나를 기억하시며…주의 유산을 자랑하게 하소서"(시 106:4-5). "그는 영원히 흔들리지 아니함이여 의인은 영원히 기억되리로다"(시 112:6). "주의 종에게 하신 말씀을 기억하소서 주께서 내게 소망을 가지게 하셨나이다"(시 119:49). "여호와여 다윗을 위하여 그의 모든 겸손을 기억 하소서"(시 132:1). "여호와여 예루살렘이 멸망하던 날을 기억하시고 에돔 자손을 치소서 그들의 말이 헐어 버리라 헐어 버리라 그 기초까지 헐어 버리라 하였나이다"(시 137:7).

선지자들도 하나님의 기억을 호소함으로써 은혜를 구하였다. 또 여호와께서 예루살렘을 세워 세상에서 찬송을 받게 하시기까지 그로 쉬지 못하시게 하라"(사 62:6-7). "주의 이름을 위하여 우리를 미워하지 마옵소서 주의 영광의 보좌를 욕되게 마옵소서 주께서 우리와 세우신 언약을 기억하시고 폐하지 마옵소서"(렘 14:21). "여호와여 주께서 아시오니 원하건대 주는 나를 기억하시며 돌보시사 나를 박해하는 자에게 보복하시고 주의 오래 참으심으로 말미암아 나로 멸망하지 아니하게 하옵시며 주를 위하여 내가 부끄러움 당하는 줄을 아시옵소서"(렘 15:15). "내가 주의 분노를 그들에게서 돌이키려 하고 주의 앞에 서서 그들을 위하여 유익한 말을 한 것을 기억하옵소서"(렘 18:20). "내 고초와 재난 곧 쑥과 담즙을 기억하소서"(애 3:19). "여호와여 우리가 당한 것을 기억하시고 우리가 받은 치욕을 살펴보옵소서"(애 5:1). "너는 나에게 기억이 나게 하라 우리가 함께 변론하자 너는 말하여 네가 의로움을 나타내라"(사 43:26).

하나님은 사람들의 행위를 잊지 아니하시며, 그들은 그의 긍휼을 구한다. "여호와께서 야곱의 영광을 두고 맹세하시되 내가 그들의 모든 행위를 절대로 잊지 아니하리라"(암 8:7). "여호와여 내가 주께 대한 소문을 듣고 놀랐나이다 여호와여 주는 주의 일을 이 수년 내에 부흥하게 하옵소서 이 수년 내에 나타내시옵소서 진노 중에라도 긍휼을 잊지 마옵소서"(합 3:2).

신약에서도 기억하시는 하나님의 개념은 계속 이어진다. 누가는 하나님은 그 종 이스라엘을 도우사 긍휼히 여기시고 기억하신다고 했다(눅 1:54). 자기 조상을 긍휼히 여기시며 그 거룩한 언약을 기억하신다고 했다(눅 1:72). 고넬료의 기도와 구제가 하나님 앞에 상달되어 기억하신 바가 되었다(행 10:4). 아울러 "하나님이 네 기도를 들으시고 네 구제를 기억하셨다"(행 10:31)라고 말할 수 있었다.

하나님의 기억에 대한 호소가 예수 그리스도에게로 향하는 것이 또한 신약에서의 변화된 모습이다. "예수여 당신의 나라에 임하실 때에 나를 기억하소서"(눅 23:42). 미래 세계와 관련해서도 하나님의 기억은 구원과 심판을 위해 기능한다. 요한은 큰 성 바벨론이 하나님 앞에 기억하신 바 되었다고 기록하였다(계 16:19). 또한 "그의 죄는 하늘에 사무쳤으며 하나님은 그의 불의한 일을 기억하신지라"(계 18:5)라고 하였다.

완전한 기억이 가능한 하나님의 속성은 역사가에게 있어 최고의 덕목인 진실 추구에 있어서도 그가 부족함이 없다는 사실을 지지해 준다. 하나님은 진실 자체인 분으로서 가장 훌륭한 역사가가 되신다. 그는 알거나 모르는 가운데 거짓을 말할 수 있는 분이 아니다. 오히려 그는 늘 진실 자체에 도달해 계신다. 이 부분에 있어서 인간 역사가는 비애를 느껴야 할지도 모른다. 왜냐하면 그는 진실을 추구한다고 하지만 자신이 이룩한 것이 부분적일 수밖에 없음과 그것에 정관사를 사용할 수 없다는 사실을 인정해야 하기 때문이다. 그러나 하나님은 알려지기만 하면 수많은 역사가들의 노력을 의미 없게 만드는 그런 역사의 주인이 되신다.

진실한 역사가이신 하나님은 진리를 추구하신다. 그가 진리의 가치가 얼마나 소중하게 생각하시는지는 예루살렘의 넓은 거리에서 "정의를 행하며 진리를 구하는 자를 한 사람이라도 찾으면 내가 이 성읍을 용서하리라"(렘 5:1)라는 말에서 알 수 있다. 또한 "여호와여 주의 눈이 진리를 찾지 아니하시나이까"(렘 5:3)라는 말에서도 진리의 소중함을 발견한다.

참된 지혜와 지식, 그리고 정직한 자를 위한 완전한 지혜는 하나님으로부터 얻는다. "대저 여호와는 지혜를 주시며 지식과 명철을 그 입에서 내심이며 그는 정직한 자를 위하여 완전한 지혜를 예비하시며 행실이 온전한 자에게 방패가 되시나니 대저 그는 정의의 길을 보호하시며 그의 성도들의 길을 보전하려 하심이니라 그런즉 네가 공의와 정의와 정직 곧 모든 선한 길을 깨달을 것이라"(잠 2:6-9).

성부, 성자, 성령의 삼위 하나님은 진실의 추구에 있어 그 어떤 역사가와 비교할 수 없을 정도로 철저한 분이다. 그의 진실하심과 관련해서 대표적인 성구들을 찾아보자. 하나님이 원하시는 것은 진실이요, 공의이다. "너는 재판을 굽게 하지 말며 사람을 외모로 보지 말며 또 뇌물을 받지 말라 뇌물은 지혜자의 눈을 어둡게 하고 의인의 말을 굽게 하느니라"(신 16:19). "그의 모든 길이 정의롭고 진실하고 거짓이 없으신 하나님이시니 공의로우시고 바르시도다"(신 32:4). 여호와의 말씀은 진실하다(삼하 22:31). "나의 하나님이여 주께서 마음을 감찰하시고 정직을 기뻐하시는 줄을 내가 아나이다"(대상 29:17).

주께서는 진실하게 행하셨다(느 9:33). 하나님은 공의로 세계를 심판하시며, 정직으로 만민에게 판결을 내리신다(시 9:8). "거짓말하는 자의 입은 막히리로다"(시 63:11). "정직하게 행하는 자에게 좋은 것을 아끼지 아니하실 것임이니이다"(시 84:11). "여호와의 정직하심과 나의 바위 되심과 그에게는 불의가 없음이 선포되리로다"(시 92:15). "그의 진실하심으로 백성을 심판하시리로다"(시 96:13). "여호와의 진실하심이 영원함이로다"(시 117:2). 여호와의 입은 진리를 말하며 입술은 악을 미워한다(잠 8:7). 의인의 입술로 많은 사람을 교육하라는 것이 하나님의 요구이다(잠 10:21).

이사야와 에스겔은 공의, 진실에 특별한 관심을 갖고 있었다. 하나님은 당신의 종을 통하여 이방에 공의를 베풀고(사 42:1), 진리로 공의를 베풀고(사 42:3), 세상에 공의를 세우신다(사 42:4). "그 선지자들이 허탄한 묵시를 보며 거짓 것을 점쳤으니 내 손이 그들을 쳐서 내 백성의 공회에 들어

오지 못하게 하며 이스라엘 족속의 호적에도 기록되지 못하게 하며 이스라엘 땅에도 들어가지 못하게 하리니 너희가 나를 여호와인 줄 알리라"(겔 13:9). "너희가 다시는 허탄한 묵시를 보지 못하고 점복도 못할지라 내가 내 백성을 너희 손에서 건져내리니 내가 여호와인 줄을 너희가 알리라 하라"(겔 13:23). "사람과 사람 사이에 진실하게 판단하며 내 율례를 따르며 내 규례를 지켜 진실하게 행할진대 그는 의인이니 반드시 살리라"(겔 18:8-9).

진리에 대한 나머지 선지자들의 집중도도 생각 이상으로 높다. "이스라엘의 남은 자는 악을 행하지 아니하며 거짓을 말하지 아니하며 입에 거짓된 혀가 없으며 먹고 누울지라도 그들을 두렵게 할 자가 없으리라"(습 3:13). 진리와 공의로 하나님이 되신다(슥 8:8). 하나님은 진리의 하나님이다. "땅에서 자기를 위하여 복을 구하는 자는 진리의 하나님을 향하여 복을 구할 것이요 땅에서 맹세하는 자는 진리의 하나님으로 맹세하리니 이는 이전 환난이 잊어졌고 내 눈 앞에 숨겨졌음이라"(사 65:16). "포악과 거짓을 자기 주인의 집에 채운 자들을 내가 벌하리라"(습 1:9). 하나님의 입에는 진리의 법이 있다(말 2:6).

영이신 하나님께 드리는 예배와 관련해서 영과 진리를 요구하는 데서 진리의 위치를 볼 수 있다. "하나님은 영이시니 예배하는 자가 영과 진리로 예배할지니라"(요 4:24). 하나님의 심판은 진리대로 된다(롬 2:2). 성경은 진리의 말씀이다(딤후 2:15). 바울에게는 그가 믿는 하나님이 살아 계시고 참되신 하나님이다(살전 1:9).

성자 예수 그리스도와 진실의 관련성에 대해서도 성경은 말한다. "공의로 가난한 자를 심판하며 정직으로 세상의 겸손한 자를 판단할 것이며 그의 입의 막대기로 세상을 치며 그의 입술의 기운으로 악인을 죽일 것이며 공의로 그의 허리띠를 삼으며 성실로 그의 몸의 띠를 삼으리라"(사 11:4-5). 예수님에게는 진리가 충만하다(요 1:14). 은혜와 진리는 예수 그리스도로 말미암아 온 것이라(요 1:17). "진리를 알지니 진리가 너희를 자유롭게 하리라"(요 8:32). 예수님은 진리를 말한다(요 8:45, 46). 예수님은 길이요 진리요 생명이다(요 14:6). 하나님의 말씀은 진리이고, 진리는 그리스도인들을 거룩하게 만든다(요 17:17). 진리는 예수 안에 있다(엡 4:21). 진리를 아는 지식은 예수 그리스도의 구속의 은혜로 구원받는다는 것을 핵심으로 한다(히 10:26). 주님께서 진리의 말씀으로 우리를 낳았다(약 1:18). 요한은 거룩하고 진실하신 하나님(계 3:7)이라고 했다. 그는 다시 "백마와 그것을 탄 자가 있으니 그 이름은 충신과 진실이라"(계 19:11)라고도 말했다.

성경은 성령을 가리켜서 성부나 성자와 마찬가지로 '진리의 영' 이라고 말한다. 그리스도인의 믿음을 가져오는 이가 성령이고 그리스도인의 모든 신앙적 행위가 성령의 인도하심으로 말미암는 것이라는 차원에서 볼 때 성령이 '진리의 영' 이라는 말이 의미하는 바는 매우 큰 것이다. 성경은 매우 분명하게 성령을 가리켜 '진리의 성령' 이라고 말한다(요 14:17; 15:26; 요일 5:6). '진리의 성령' 은 주의 백성을 진리 가운데로 이끄신다. 그로 말미암아 그리스도인들은 미래의 역사에 대해서도 말하게 된다. "진리의 성령이 오시면 그가 너희를 모든 진리 가운데로 인도하시리니 그가 스스로 말하지 않고 오직 들은 것을 말하며 장래 일을 너희에게 알리시리라"(요 16:13). 따라서 그리스도인들이 미래를 말할 수 있는 근거는 "내가 들은 바 처음에 내게 말하던 나팔 소리 같은 그 음성이 이르되 이리로 올라오라 이후에 마땅히 일어날 일들을 내가 네게 보이리라"(계 4:1)라는 주님의 음성에서 찾을 수 있다.

결국 하나님은 진리를 포함하는 분이 아니라 진리 자체라고 말할 수 있는 분이다. 성경의 표현대로 한다면 그에게는 진리가 충만하다(요 1:14). 달리 말하면 홈스(Arthor Frank Holmes)가 말한 것처럼 모든 진리는 하나님의 진리가 될 수밖에 없다. 그래서 모든 진리가 하나님의 것이라면, 그리고 하나님께서 그 상호 연관성을 완전히 예지하신다면 진리는 하나님의 완전한 예지 안에서 통일되어 있고, 모든 진리는 하나님의 진리라는 것은 모든 인생과 역사가, 선하고 지혜롭고 전능한 창조주에 의해 인식되고 지배된다는 구약성경의 사고에서도 은연중 나타난다.[4)]

2. 하나님의 사람은 역사가로 산다

(1) 기억하라!

역사가로서 살아가야 하는 그리스도인을 위해 성경에서 찾을 수 있는 '기억하라', '기록하라', '기념하라', '진리로 살아라', 이 네 가지 원리 중에 첫째는 '기억하라'로 생각한다. 기억을 통해 하나님의 백성이 역사를 이끄신 하나님을 생각함으로써 그를 배반하지 않으며, 그에게 영광과 감사의 찬송을 돌림으로써 그 백성의 본분을 다할 뿐 아니라 미래의 종말적 소망을 회복한다는 점에서 그 원리가 갖는 가치는 매우 크다.

기억하는 능력에 있어서 타의 추종을 허락하지 않으시는 하나님은 당신의 백성들에게도 기억을 요구하신다. 그리고 기억해야 할 대부분의 것은 하나님이 행하신 일 즉 하나님의 역사이다. 하나님은 당신의 백성들이 당신이 친히 이끄신 역사를 기억함으로써 당신을 잊지 않고, 영원토록 감사와 찬송을 당신께 돌리며 살기를 원하시는 것이다.

한완상은 '교회 힐링 메시지'라는 부제를 달고 있는 자신의 책 『예수 없는 예수 교회』에서 "사람이 사람다운 존엄함을 지니는 것은 그 기억력 때문인 듯합니다. 기억할 수 있는 한 사람은 사회적 존재로 살 수 있습니다. 그러기에 기억력 상실은 가장 심각한 인간 질병이 아닐 수 없습니다. 가장 비참하게 인간을 비인간화시키는 질병 같습니다. 왜 그럴까요?"[5]라고 말하면서 인간의 기억 상실을 비인간화와 관련지었다.

그러나 그것이 전부 다일까? 여기에 중요한 것 하나가 덧붙여져야 한다고 생각한다. 즉 그리스도인이 진정한 제자가 되기 위해서는 하나님의 창조와 섭리, 인간의 타락, 그리고 그리스도의 구속 및 죽음과 부활을 기억하는 일이 필요하다. 이렇게 사람이나 그리스도인에게 요긴한 기억은 학문적으로 역사와 깊은 관련이 있다. 따라서 사람 또는 그리스도인으로서 바람직한

---

4) 아더 홈스, 『모든 진리는 하나님의 진리다(*All Truth is God's Truth*)』, 서원모 역 (고양: 크리스찬다이제스트사, 2000), 19-20.

5) 한완상, 『예수 없는 예수 교회』 (파주: 김영사, 2008), 292.

삶을 사는 데 있어서 과거, 특히 하나님이 인도하신 과거의 일들을 기억하는 역사적 존재가 되는 것은 무엇보다 중요하다.

성경에서 기억을 강조하는 하나님을 찾는 것은 어려운 일이 아니다. "하나님이 또 모세에게 이르시되 너는 이스라엘 자손에게 이같이 이르기를 너희 조상의 하나님 여호와 곧 아브라함의 하나님, 이삭의 하나님, 야곱의 하나님께서 나를 너희에게 보내셨다 하라 이는 나의 영원한 이름이요 대대로 기억할 나의 칭호니라"(출 3:15). "안식일을 기억하여 거룩하게 지키라"(출 20:8). "이 술은 너희가 보고 여호와의 모든 계명을 기억하여 준행하고 너희를 방종하게 하는 자신의 마음과 눈의 욕심을 따라 음행하지 않게 하기 위함이라"(민 15:39). "그리하여 너희가 내 모든 계명을 기억하고 행하면 너희의 하나님 앞에 거룩하리라"(민 15:40). "너는 기억하라 네가 애굽 땅에서 종이 되었더니 네 하나님 여호와가 강한 손과 편 팔로 거기서 너를 인도하여 내었나니 그러므로 네 하나님 여호와가 네게 명령하여 안식일을 지키라 하느니라"(신 5:15). 바로와 온 애굽에 당신이 행하신 것을 잘 기억하라고 말씀하신(신 7:18) 하나님의 기억에 대한 강조는 계속 이어진다. "네 하나님 여호와께서 너를 인도하여 내실 때에 네가 본 큰 시험과 이적과 기사와 강한 손과 편 팔을 기억하라 네 하나님 여호와께서 네가 두려워하는 모든 민족에게 그와 같이 행하실 것이요"(신 7:19). "네 하나님 여호와께서 이 사십 년 동안에 네게 광야 길을 걷게 하신 것을 기억하라 이는 너를 낮추시며 너를 시험하사 네 마음이 어떠한지 그 명령을 지키는지 지키지 않는지 알려 하심이라"(신 8:2). "네 하나님 여호와를 기억하라 그가 네게 재물 얻을 능력을 주셨음이라 이같이 하심은 네 조상들에게 맹세하신 언약을 오늘과 같이 이루려 하심이니라"(신 8:18). "네가 있기 전 하나님이 사람을 세상에 창조하신 날부터 지금까지 지나간 날을 상고하여 보라"(신 4:32).

사람들의 부끄러운 역사 또한 기억됨으로써 그들에게 유익을 줄 수 있다. "너는 광야에서 네 하나님 여호와를 격노하게 하던 일을 잊지 말고 기억하라 네가 애굽 땅에서 나오던 날부터 이 곳에 이르기까지 늘 여호와를 거역하였으되 호렙 산에서 너희가 여호와를 격노하게 하였으므로 여호와께서 진노하사 너희를 멸하려 하셨느니라"(신 9:7-8).

사람이 기억할 것은 하나님이 인도하신 역사이다. "너희의 자녀는 알지도 못하고 보지도 못하였으나 너희가 오늘날 기억할 것은 너희의 하나님 여호와의 교훈과 그의 위엄과 그의 강한 손과 펴신 팔과 애굽에서 그 왕 바로와 그 전국에 행하신 이적과 기사와 또 여호와께서 애굽 군대와 그 말과 그 병거에 행하신 일 곧 그들이 너희를 뒤쫓을 때에 홍해 물로 그들을 덮어 멸하사 오늘까지 이른 것과 또 너희가 이 곳에 이르기까지 광야에서 너희에게 행하신 일과 르우벤 자손 엘리압의 아들 다단과 아비람에게 하신 일 곧 땅이 입을 벌려서 그들과 그들의 가족과 그들의 장막과 그들을 따르는 온 이스라엘의 한가운데에서 모든 것을 삼키게 하신 일이라 너희가 여호와께서 행하신 이 모든 큰 일을 너희의 눈으로 보았느니라"(신 11:2-7). 이것은 역사를 통해 나타난 하나님의 구원을 기억하라는 것이다. "너는 애굽 땅에서 종 되었던 것과 네 하나님 여호와께서 너를 속량하셨음을 기억하라 그것으로 말미암아 내가 오늘 이같이 네게 명령하노라"(신 15:15).

사람은 평생 동안 하나님이 친히 인도하신 역사를 기억해야 한다. 그것이 하나님과의 원만한 관계를 유지하는 효과적인 방법이다. "유교병을 그것과 함께 먹지 말고 이레 동안은 무교병 곧 고난의 떡을 그것과 함께 먹으라 이는 네가 애굽 땅에서 급히 나왔음이니 이같이 행하여 네 평생에 항상 네가 애굽 땅에서 나온 날을 기억할 것이니라"(신 16:3). "너는 애굽에서 종 되었던 것을 기억하고 이 규례를 지켜 행할지니라"(신 16:12). "너희는 애굽에서 나오는 길에서 네 하나님 여호와께서 미리암에게 행하신 일을 기억할지니라"(신 24:9). "너는 애굽에서 종 되었던 일과 네 하나님 여호와께서 너를 거기서 속량하신 것을 기억하라 이러므로 내가 네게 이 일을 행하라 명령하노라"(신 24:18). "너는 애굽 땅에서 종 되었던 것을 기억하라 이러므로 내가 네게 이 일을 행하라 명령하노라"(신 24:22). "너희는 애굽에서 나오는 길에 아말렉이 네게 행한 일을 기억하라"(신 25:17). "옛날을 기억하라 역대의 연대를 생각하라 네 아버지에게 물으라 그가 네게 설명할 것이요 네 어른들에게 물으라 그들이 네게 말하리로다"(신 32:7).

애굽에서 나오는 과정에서 이스라엘 백성을 향해 모세가 외치던 "기억하라!" 라는 요구는 그들의 옹고집과 변덕 때문에 나온 것이다. 따라서 위의 글은 아래와 같이 다시 정리할 수 있다. "그 모든 고집의 뿌리에 배은망덕과 망각이 있었다. 그래서 모세는 예견되는 비참한 결과를 막기 위해 '기억하라!' 는 교훈을 역설했던 것이다. 그들은 자기가 어디서 나왔는지 기억해야 했다. '너는 기억하라. 네가 애굽 땅에서 종이 되었더니 네 하나님 여호와가 강한 손과 편 팔로 너를 거기서 인도하여 내었나니' . 그들은 여태까지 온 경위를 기억해야 했다. '네 하나님 여호와께서 이 사십 년 동안에 네게 광야 길을 걷게 하신 것을 기억하라.' 그리고 그들은 성공하고 형통할 때도 과거를 잊지 말라는 경고를 받았다. '네게 배불리 먹게 하실 때에 너는 조심하여 너를 애굽[에서]…인도하여 내신 여호와를 잊지 말고' 그들의 절기는 하나님의 행사를 기념하기 위한 것이었고. 일부 복식(服飾)도 하나의 기억 장치였다. '청색 끈을 그 귀의 술에 더하라. 이 술은 너희로 보고 여호와의 모든 계명을 기억하여 준행하[게]…하기 위함이라.' "6)

하나님은 계시로, 기록으로 주어진 하나님의 역사를 기억하라고 말씀하셨다. "여호와의 종 모세가 너희에게 명령하여 이르기를 너희의 하나님 여호와께서 너희에게 안식을 주시며 이 땅을 너희에게 주시리라 하였나니 너희는 그 말을 기억하라"(수 1:13). "너희는 여호와께서 너희를 위하여 행하신 그 큰 일을 생각하여 오직 그를 경외하며 너희의 마음을 다하여 진실히 섬기라 만일 너희가 여전히 악을 행하면 너희와 너희 왕이 다 멸망하리라"(삼상 12:24-25). "그의 종 이스라엘의 후손 곧 택하신 야곱의 자손 너희는 그의 행하신 기사와 그의 이적과 그의 입의 법도를 기억할지어다"(대상 16:12). "너희는 그의 언약 곧 천 대에 명령하신 말씀을 영원히 기억할지어다"(대상 16:15).

하나님이 역사가이시고, 그분의 형상을 닮은 사람이 역사가의 삶을 사는

---

6) 제임스 에머리 화이트, 『마음을 다하여 하나님 사랑하기(*A Mind for God*)』, 홍병룡 옮김 (서울: IVP, 2008), 56.

것이 당연하다면 그리스도인의 입장에서는 자신을 위해 하나님의 기억에 호소할 만한 일들을 행하며 사는 것이 필요하다. "옛적에 주께서 주의 종 모세에게 명령하여 이르시되 만일 너희가 범죄하면 내가 너희를 여러 나라 가운데에 흩을 것이요 만일 내게로 돌아와 내 계명을 지켜 행하면 너희 쫓긴 자가 하늘 끝에 있을지라도 내가 거기서부터 그들을 모아 내 이름을 두려고 택한 곳에 돌아오게 하리라 하신 말씀을 이제 청하건대 기억하옵소서"(느 1:7-9). "내가 돌아본 후에 일어나서 귀족들과 민장들과 남은 백성에게 말하기를 너희는 그들을 두려워하지 말고 지극히 크시고 두려우신 주를 기억하고 너희 형제와 자녀와 아내와 집을 위하여 싸우라 하였느니라"(느 4:14).

구약의 이스라엘 백성에게는 다른 민족들과 구별되는 독특한 역사성이 있었다. "하나님의 율법책을 낭독하고 그 뜻을 해석하여 백성에게 그 낭독하는 것을 다 깨닫게 하니 백성이 율법의 말씀을 듣고 다 우는지라 총독 느헤미야와 제사장 겸 학사 에스라와 백성을 가르치는 레위 사람들이 모든 백성에게 이르기를 오늘은 너희 하나님 여호와의 성일이니 슬퍼하지 말며 울지 말라 하고 느헤미야가 또 그들에게 이르기를 너희는 가서 살진 것을 먹고 단 것을 마시되 준비하지 못한 자에게는 나누어 주라 이 날은 우리 주의 성일이니 근심하지 말라 여호와로 인하여 기뻐하는 것이 너희의 힘이니라 하고 레위 사람들도 모든 백성을 정숙하게 하여 이르기를 오늘은 성일이니 마땅히 조용하고 근심하지 말라 하니 모든 백성이 곧 가서 먹고 마시며 나누어 주고 크게 즐거워하니 이는 그들이 그 읽어 들려 준 말을 밝히 앎이라"(느 8:8-12). 모세의 율법책에는 무엇이 기록되어 있었는가? 느헤미야는 초막절에 관한 것이라고 적고 있다. "기록한 바를 따라 초막을 지으라"(느 8:15). 초막은 광야 생활과 그 삶의 과정 동안 이끄신 하나님의 역사에 대한 기억과 하나님에 대한 신뢰를 되살리는 것이다. 에스라는 절기 칠일 동안 내내 율법책을 낭독하였다(느 8:18). 이것은 절기를 통해 기억하고, 사료를 통해 기억할 것을 요구한다.

그러나 사람들은 일반적으로 기억하는 일에 철저하지 못하다. "거역하며 주께서 그들 가운데에서 행하신 기사를 기억하지 아니하고 목을 굳게 하며 패역하여 스스로 한 우두머리를 세우고 종 되었던 땅으로 돌아가고자 하였나이다 그러나 주께서는 용서하시는 하나님이시라 은혜로우시며 긍휼히 여기시며 더디 노하시며 인자가 풍부하시므로 그들을 버리지 아니하셨나이다"(느 9:17).

사람들은 쉽게 잊어버림으로써 하나님께 해당하는 마땅한 영광을 그에게 돌리지 못한다. "그대는 하나님께서 하신 일을 기억하고 높이라 잊지 말지니라 인생이 그의 일을 찬송하였느니라"(욥 36:24). 살아 있는 존재라면 기억해야 한다. "사망 중에서는 주를 기억하는 일이 없사오니 스올에서 주께 감사할 자 누구리이까"(시 6:5). 땅의 모든 끝이 여호와를 기억하고 돌아오며 모든 나라의 모든 족속이 주의 앞에 예배한다(시 22:27). "주의 성도들아 여호와를 찬송하며 그의 거룩함을 기억하며 감사하라"(시 30:4). "내가 요단 땅과 헤르몬과 미살 산에서 주를 기억하나이다"(시 42:6). 하나님 마음에 합한 다윗의 고백을 들어보라. 그는 내가 나의 침상에서 주를 기억하리라고 말하였다(시 63:6). 또 "여호와의 일들을 기억하며 주께서 옛적에 행하신 기이한 일을 기억하리이다"(시 77:11)라고 말하였다.

역사를 전하고, 또 기억하게 하시는 하나님의 목적은 무엇일까? "여호와께서 증거를 야곱에게 세우시며 법도를 이스라엘에게 정하시고 우리 조상들에게 명령하사 그들의 자손에게 알리라 하셨으니 이는 그들로 후대 곧 태어날 자손에게 이를 알게 하고 그들은 일어나 그들의 자손에게 일러서 그들로 그들의 소망을 하나님께 두며 하나님께서 행하신 일을 잊지 아니하고 오직 그의 계명을 지켜서 그들의 조상들 곧 완고하고 패역하여 그들의 마음이 정직하지 못하며 그 심령이 하나님께 충성하지 아니하는 세대와 같이 되지 아니하게 하려 하심이로다"(시 78:5-8). "하나님이 그들의 반석이시며 지존하신 하나님이 그들의 구속자이심을 기억하였도다"(시 78:35). 이상의 말씀들에서 구원하신 하나님을 알게 하려는 그 목적을 볼 수 있다.

그렇기 때문에 하나님은 당신을 기억하지 못하는 백성들에 대해 안타까워하신다. "그들이 그의 권능의 손을 기억하지 아니하며 대적에게서 그들을 구원하신 날도 기억하지 아니하였도다”(시 78:42). 믿는 자들의 진실한 고백은 하나님에 대한 기억과 함께 하나님의 역사가 영원하다는 것이 되어야 한다. “여호와여 주는 영원히 계시고 주에 대한 기억은 대대에 이르리이다”(시 102:12). 하나님의 역사에 대한 기억은 하나님의 은혜를 잊지 않는다는 말과 같은 의미이다. “내 영혼아 여호와를 송축하며 그의 모든 은택을 잊지 말지어다”(시 103:2). 하나님의 법도를 기억하여 행하는 것은 영원한 인자를 누리게 한다. “그의 언약을 지키고 그의 법도를 기억하여 행하는 자에게로다”(시 103:18). “그의 종 아브라함의 후손 곧 택하신 야곱의 자손 너희는 그가 행하신 기적과 그의 이적과 그의 입의 판단을 기억할지어다”(시 105:5). “우리의 조상들이 애굽에 있을 때 주의 기이한 일들을 깨닫지 못하며 주의 크신 인자를 기억하지 아니하고 바다 곧 홍해에서 거역하였나이다”(시 106 :7).

하나님에 대한 사람들의 기억은 기이한 일들로 이루어져 있다. “그의 기적을 사람이 기억하게 하셨으니 여호와는 은혜로우시고 자비로우시도다”(시 111:4). 그리고 하나님께서 사료의 형태로 남겨 주신 규례는 위로가 된다. “여호와여 주의 옛 규례들을 내가 기억하고 스스로 위로하였나이다”(시 119:52). “여호와여 내가 밤에 주의 이름을 기억하고 주의 법을 지켰나이다”(시 119:55). “우리가 바벨론의 여러 강변 거기에 앉아서 시온을 기억하며 울었도다”(시 137:1). 시인은 옛날을 기억하고 주의 모든 행하신 것을 읊조리며 주의 손이 행하는 일을 생각하였다(시 143:5).

세상에서 사는 동안 사람이 할 일은 하나님에 대한 기억이요, 그가 이끄신 역사를 잊지 않는 것이다. “너는 청년의 때에 너의 창조주를 기억하라”(전 12:1). “흙은 여전히 땅으로 돌아가고 영은 그것을 주신 하나님께로 돌아가기 전에 기억하라”(전 12:7). 그렇기 때문에 하나님은 당신의 역사를 기억하지 못하는 백성에 대해 탄식하실 수밖에 없으시다. 이사야는 그의 역사를 통해 베풀어 주신 은혜를 망각한 것에 대한 하나님의 탄식으로 자신의 글을 시작하고 있다. “내가 자식을 양육하였거늘 그들이 나를 거역하였도다 소는 그 임자를 알고 나귀는 그 주인의 구유를 알건마는 이스라엘은 알지 못하고 나의 백성은 깨닫지 못하는도다"(사 1:2-3). "슬프다 범죄한 나라요 허물 진 백성이요 행악의 종자요 행위가 부패한 자식이로다 그들이 여호와를 버리며 이스라엘의 거룩하신 이를 만홀히 여겨 멀리하고 물러갔도다"(사 1:4).

신실한 그의 백성은 하나님을 기억함으로써 행복을 누린다. "여호와여 주께서 심판하시는 길에서 우리가 주를 기다렸사오며 주의 이름을 위하여 또 주를 기억하려고 우리 영혼이 사모하나이다"(사 26:8). 역사가 곧 기억이라는 말을 받아들인다면 "야곱아 이스라엘아 이 일을 기억하라 너는 내 종이니라 내가 너를 지었으니 너는 내 종이니라 이스라엘아 너는 나에게 잊혀지지 아니하리라"(사 44:21)라는 이사야의 글을 아래와 같이 바꾸어 보는 것도 가능할 것 같다. "나는 너의 역사가 되리니 너 또한 나의 역사가 되어라." 이와 같이 하나님과 그의 백성 사이에는 기억하고, 기록하며, 기념하는 일들을 통해 관계의 지속이 나타나야 하며, 그 대부분의 것들은 역사적 행위로서의 특징을 갖는다.

하나님은 당신이 구원하기로 작정한 백성이 하나님을 잊을 때 대적이 되어 그들을 치면서라도 당신에게 돌아오게 하신다. "그가 말씀하시되 그들은 실로 나의 백성이요 거짓을 행하지 아니하는 자녀라 하시고 그들의 구원자가 되사 그들의 모든 환난에 동참하사 자기 앞의 사자로 하여금 그들을 구원하시며 그의 사랑과 그의 자비로 그들을 구원하시고 옛적 모든 날에 그들을 드시며 안으셨으나 그들이 반역하여 주의 성령을 근심하게 하였으므로 그가 돌이켜 그들의 대적이 되사 친히 그들을 치셨더니 백성이 옛적 모세의 때를 기억하여 이르되 백성과 양 떼의 목자를 바다에서 올라오게 하신 이가 이제 어디 계시냐 그들 가운데에 성령을 두신 이가 이제 어디 계시냐 그의 영광의 팔이 모세의 오른손을 이끄시며 그의 이름을 영원하게 하려 하사 그들 앞에서 물을 갈라지게 하시고 그들을 깊음으로 인도하시되 광야에 있는 말 같이 넘어지지 않게 하신 이가 이제 어디 계시냐 여호와의 영이 그들을 골짜기로 내려가는 가축 같이 편히 쉬게 하셨도다 주께서 이와 같이 주의 백성을 인도하사 이름을 영화롭게 하셨나이다 하였느니라"(사 63:8-14).

기억하는 자는 선대를 받으나 범죄한 자는 구원받지 못한다. "주께서 기뻐게 공의를 행하는 자와 주의 길에서 주를 기억하는 자를 선대하시거늘 우리가 범죄하므로 주께서 진노하셨사오며 이 현상이 이미 오래 되었사오니 우리가 어찌 구원을 얻을 수 있으리이까"(사 64:5). "오직 나 여호와를 버리며 나의 성산을 잊고 갓에게 상을 베풀며 므니에게 섞은 술을 가득히 붓는 너희여 내가 너희를 칼에 붙일 것인즉 다 구푸리고 죽임을 당하리니 이는 내가 불러도 너희가 대답하지 아니하며 내가 말하여도 듣지 아니하고 나의 눈에 악을 행하였으며 내가 즐겨하지 아니하는 일을 택하였음이니라"(사 65:11-12).

예레미야도 이것을 보여주었다. "주께서 애굽 땅에서 표적과 기사를 행하셨고 오늘까지도 이스라엘과 인류 가운데 그와 같이 행하사 주의 이름을 오늘과 같이 되게 하셨나이다 주께서 표적과 기사와 강한 손과 펴신 팔과 큰 두려움으로 주의 백성 이스라엘을 애굽 땅에서 인도하여 내시고 그들에게 주시기로 그 조상들에게 맹세하신 바 젖과 꿀이 흐르는 땅을 그들에게 주셨으므로 그들이 들어가서 이를 차지하였거늘 주의 목소리를 순종하지 아니하며 주의 율법에서 행하지 아니하며 무릇 주께서 행하라 명령하신 일을 행하지 아니하였으므로 주께서 이 모든 재앙을 그들에게 내리셨나이다"(렘 32:20-23).

벨사살이 어려운 상황에 있게 되자 왕에게 도움을 준 사람은 역사를 기억하고 있었던 태후였다. "왕이여 만수무강 하옵소서 왕의 생각을 번민하게 하지 말며 얼굴빛을 변할 것도 아니니이다 왕의 나라에 거룩한 신들의 영이 있는 사람이 있으니 곧 왕의 부친 때에 있던 자로서 명철과 총명과 지혜가 신들의 지혜와 같은 자니이다 왕의 부친 느부갓네살 왕이 그를 세워 박수와 술객과 갈대아 술사와 점쟁이의 어른을 삼으셨으니 왕이 벨드사살이라 이름하는 이 다니엘은 마음이 민첩하고 지식과 총명이 있어 능히 꿈을 해석하며 은밀한 말을 밝히며 의문을 풀 수 있었나이다 이제 다니엘을 부르소서 그리하시면 그가 그 해석을 알려 드리리이다"(단 5:10-12). 이처럼 기억은 인생을 살아가는 데 있어 중요한 가치를 지닌다.

하나님에 대한 그리스도인들의 기억은 '스스로 있는 자' 즉 여호와여야 한다. 여호와는 만군의 하나님이시요 여호와는 그를 기억하게 하는 이름이고(호 12:5), 하나님에 대한 기억은 인내와 소망이 있게 한다. "내가 그들을 여러 백성들 가운데 흩으려니와 그들이 먼 곳에서 나를 기억하고 그들이 살아서 그들의 자녀들과 함께 돌아올지라"(슥 10:9). "백성아 너는 모압 왕 발락이 꾀한 것과 브올의 아들 발람이 그에게 대답한 것을 기억하며 싯딤에서부터 길갈까지의 일을 기억하라 그리하면 나 여호와가 공의롭게 행한 일을 알리라 하실 것이니라"(미 6:5).

현재를 위해서는 과거 역사를 돌아보는 일이 늘 필요하다. "너희는 오늘 이전을 기억하라 아홉째 달 이십사일 곧 여호와의 성전 지대를 쌓던 날부터 기억하여 보라"(학 2:18). 구약의 마지막 책은 사료로 주신 계명을 '기억하라'는 명령으로 맺음하고 있다. "너희는 내가 호렙에서 온 이스라엘을 위하여 내 종 모세에게 명령한 법 곧 율례와 법도를 기억하라"(말 4:4). 구약의 마지막 예언서를 "호렙에서 온 이스라엘을 위하여 내 종 모세에게 명령한 법 곧 율례와 법도를 기억하라"(말 4:4)라는 말로 마무리하고 있다는 사실에 결코 적지 않은 의미가 있다고 본다.

성경에서 기억은 분명한 목적을 갖고 있다. 엘리야는 역사 속의 하나님을 믿었고, 백성들은 그를 따랐다(왕상 18: 30-40). "내가 내 손을 들어 너희 조상들에게 주기로 맹세한 땅 곧 이스라엘 땅으로 너희를 인도하여 들일 때에 너희는 내가 여호와인 줄 알고 거기에서 너희의 길과 스스로 더럽힌 모든 행위를 기억하고 이미 행한 모든 악으로 말미암아 스스로 미워하리라 이스라엘 족속아 내가 너희의 악한 길과 더러운 행위대로 하지 아니하고 내 이름을 위하여 행한 후에야 내가 여호와인 줄 너희가 알리라"(겔 20:42-43).

구약의 하나님이 그러셨듯이 예수님도 제자들의 기억 상실을 안타까워하셨다. "너희가 아직도 깨닫지 못하느냐 떡 다섯 개로 오천 명을 먹이고 주운 것이 몇 바구니며 떡 일곱 개로 사천 명을 먹이고 주운 것이 몇 광주리였는지를 기억하지 못하느냐"(마 16:9-10).

그래서 구약에서와 마찬가지로 신약에서도 하나님의 사람들에게 기억하라는 요구가 지속적으로 나타난다. 여기서는 예수 그리스도와 그의 말씀이 중심에 있는 역사에 대한 기억의 중요성, 신실한 제자들의 기억하는 태도, 기억하지 못하는 제자들을 향한 예수님의 안타까운 심정 등이 잘 나타나 있다. "떡 일곱 개로 사천 명을 먹이고 주운 것이 몇 광주리였는지를 기억하지 못하느냐"(마 16:10). "내가 진실로 너희에게 이르노니 온 천하에 어디서든지 이 복음이 전파되는 곳에서는 이 여자가 행한 일도 말하여 그를 기억하리라"(마 26:13; 막 14:9).

성경에서는 기억이 현재 보는 것이나 듣는 것과 동격으로 서술되고 있다. 여기서 기억의 중요성을 알 수 있다. "너희가 눈이 있어도 보지 못하며 귀가 있어도 듣지 못하느냐 또 기억하지 못하느냐"(막 8:18). 이처럼 기억은 하나님이나 예수 그리스도의 일 즉 역사를 통해 깨닫기 위한 전제 조건이 된다(막 8:21). 아울러 기억하지 못하는 것이 현재 보지 못하는 것이나 듣지 못하는 것과 동일하게 문제라는 점에서 기억의 현재적 가치를 볼 수 있다.

기억은 뉘우침과 경계를 제공한다는 점에서도 중요하다. 그리고 그것을 가짐으로써 미래에 대한 계획 또한 새롭게 할 수 있다. "닭이 곧 두 번째 울더라 이에 베드로가 예수께서 자기에게 하신 말씀 곧 닭이 두 번 울기 전에 네가 세 번 나를 부인하리라 하심이 기억되어 그 일을 생각하고 울었더라"(막 14:72). "여기 계시지 않고 살아나셨느니라 갈릴리에 계실 때에 너희에게 어떻게 말씀하셨는지를 기억하라"(눅 24:6). 안식 후 첫날 새벽에 예수님의 무덤을 찾았던 여자들은 예수님의 말씀을 기억하고 그의 부활에 관한 이야기를 전하기 시작했다(눅 24:1-10).

제자들의 본분을 확인하는 데는 예수님의 말씀을 기억하는 것이 필요했다. "제자들이 성경 말씀에 주의 전을 사모하는 열심이 나를 삼키리라 한 것을 기억하더라"(요 2:17). "죽은 자 가운데서 살아나신 후에야 제자들이 이 말씀하신 것을 기억하고 성경과 예수께서 하신 말씀을 믿었더라"(요

2:22). 또 주님은 그것을 요구하셨다. “내가 너희에게 종이 주인보다 더 크지 못하다 한 말을 기억하라 사람들이 나를 박해하였은즉 너희도 박해할 것이요 내 말을 지켰은즉 너희 말도 지킬 것이라”(요 15:20).

예수님은 제자들에게 기억나야 할 말들이 무엇인지 보여주셨다. 어떻게 보면 그는 기억을 잘 활용하신 것이다. 예수님이 세상을 떠나시면서 보내주신 성령은 그리스도인들의 삶에서 매우 중요한 역할을 하신다. 특히 역사와 관련지어 말한다면 그는 예수님이 말씀하신 것에 대한 기억을 유지시켜 주는 분이다. “보혜사 곧 아버지께서 내 이름으로 보내실 성령 그가 너희에게 모든 것을 가르치고 내가 너희에게 말한 모든 것을 생각나게 하리라”(요 14:26). “오직 너희에게 이 말을 한 것은 너희로 그 때를 당하면 내가 너희에게 말한 이것을 기억나게 하려 함이요 처음부터 이 말을 하지 아니한 것은 내가 너희와 함께 있었음이라”(요 16:4). 예수 그리스도께서 말한 것을 기억나게 한다는 데 주목하고 싶다. 즉 예수님의 말씀을 기억나게 함으로써 제자의 삶을 살도록 하는 역할이 성령에게 있다는 말이다.

사도들도 기억의 중요성과 가치에 대해 알고 있었다. 그래서 그들이 돌봐야 할 사람들에게 그것을 강조하였다. “범사에 여러분에게 모본을 보여 준 바와 같이 수고하여 약한 사람들을 돕고 또 주 예수께서 친히 말씀하신 바 주는 것이 받는 것보다 복이 있다 하심을 기억하여야 할지니라”(행 20:35). “너희가 모든 일에 나를 기억하고 또 내가 너희에게 전하여 준 대로 그 전통을 너희가 지키므로 너희를 칭찬하노라”(고전 11:2).

바울은 기도할 때 자기 성도들을 기억한다고 말했다(엡 1:16). 그는 성도들의 믿음의 역사와 사랑의 수고와 우리 주 예수 그리스도에 대한 소망의 인내를 우리 하나님 아버지 앞에서 끊임없이 기억한다고 하였다(살전 1:3). 기억하지 못하는 것에 대한 책망은 예수님과 바울이 공히 보여주는 태도이다. “내가 너희와 함께 있을 때에 이 일을 너희에게 말한 것을 기억하지 못하느냐”(살후 2:5).

예수 그리스도에 대해 기억하는 것, 즉 역사를 아는 것이 복음에 있어서 매우 중요하다. 성경에 여러 번에 걸쳐 기억하라는 말이 있다 하더라도 그것들 중에 가장 핵심적이고, 중요한 것은 바로 육신으로는 다윗의 혈통으로 오셔서 죄인들을 위하여 대신 죽으시고, 부활하셔서 하나님 우편에 앉아 계신 예수 그리스도를 기억하라는 말일 것이다. "내가 전한 복음대로 다윗의 씨로 죽은 자 가운데서 다시 살아나신 예수 그리스도를 기억하라"(딤후 2:8).

올바른 기억은 여러 가지 부정적인 사태를 막는 데 유익하다. 즉 기억은 역사의 교훈을 제공하여 삶에 유익을 준다. "너는 그들로 이 일을 기억하게 하여 말다툼을 하지 말라고 하나님 앞에서 엄히 명하라 이는 유익이 하나도 없고 도리어 듣는 자들을 망하게 함이라"(딤후 2:14). "아무도 비방하지 말며 다투지 말며 관용하며 범사에 온유함을 모든 사람에게 나타낼 것을 기억하게 하라"(딛 3:2).

예수 그리스도에 대한 기억이나 생각은 제자들로 하여금 그들의 신분의식을 유지하게 만든다. "너희가 이것을 알고 이미 있는 진리에 서 있으나 내가 항상 너희에게 생각나게 하려 하노라"(벧후 1:12). 베드로는 육신의 장막에 있을 동안에 제자들을 일깨워 생각나게 함이 옳은 줄로 여긴다고 하였다(벧후 1:13). 또 "내가 힘써 너희로 하여금 내가 떠난 후에라도 어느 때나 이런 것을 생각나게 하려 하노라"(벧후 1:15)라고 말하였다. 이처럼 베드로는 구약과 신약의 말씀과 명령 즉 역사를 기억하도록 돕고자 하였다. "거룩한 선지자들이 예언한 말씀과 주 되신 구주께서 너희의 사도들로 말미암아 명하신 것을 기억하게 하려 하노라"(벧후 3:2).

유다는 구약의 역사뿐만 아니라 이미 역사가 된 사도들의 말씀들에 대해서도 기억할 것을 요구하였다. "사랑하는 자들아 너희는 우리 주 예수 그리스도의 사도들이 미리 한 말을 기억하라 그들이 너희에게 말하기를 마지막 때에 자기의 경건하지 않은 정욕대로 행하며 조롱하는 자들이 있으리라 하였나니 이 사람들은 분열을 일으키는 자며 육에 속한 자며 성령이 없는 자니라"(유 1:17-19).

성경에는 "기억하라"라는 말이 정말 많이 나온다. 이것은 성경이 구원으로 이끈 하나님의 역사에 대한 사람들의 기억 상실을 방지함으로써 그들로 하여금 구원의 길을 가게 하려는 데서 기인한 것으로 보인다. 그리고 그 결로 과거에 나타난 하나님의 인도와 은혜에 대해 감사하는 삶이 있게 된다. 하나님에 대한 사람의 기억 상실은 사람에 대한 하나님의 기억 상실을 가져온다. "내 백성이 지식이 없으므로 망하는도다 네가 지식을 버렸으니 나도 너를 버려 내 제사장이 되지 못하게 할 것이요 네가 네 하나님의 율법을 잊었으니 나도 네 자녀들을 잊어버리리라"(호 4:6).

이상의 내용은 "성경에서 기억이란 주제는, 그 쌍둥이 진리인 감사와 더불어 믿음과 불가분의 관계다. 믿음의 사람은 기억하는 사람이고 기억하는 사람은 감사하는 사람이다. 반면에, 불신은 기억이 짧을 뿐 아니라 감사를 모른다. 이스라엘 역사가 입증하듯이, 이는 개인에게만 아니라 민족 전체에도 동일하게 적용된다"[7]는 말과 일치한다.

고대 이스라엘이나 오늘날의 사람들은 기회만 있으면 역사를 부정하거나 왜곡하려는 동일한 경향을 갖고 있다(삿 8:33-34). "기드온이 이미 죽으매 이스라엘 자손이 돌아서서 바알들을 따라가 음행하였으며 또 바알브릿을 자기들의 신으로 삼고 이스라엘 자손이 주위의 모든 원수들의 손에서 자기들을 건져내신 여호와 자기들의 하나님을 기억하지 아니하며 또 여룹바알이라 하는 기드온이 이스라엘에 베푼 모든 은혜를 따라 그의 집을 후대하지도 아니하였더라"(삿 8:33-35).

당신 자신이 역사가일 뿐만 아니라 당신의 백성 또한 역사적 존재로 살기를 원하신 하나님은 그들의 역사지식을 보존하거나 역사의식을 함양하기 위해 노래를 활용하도록 하셨다. "이 때에 모세와 이스라엘 자손이 이 노래로 여호와께 노래하니 일렀으되 내가 여호와를 찬송하리니 그는 높고 영화로우심이요 말과 그 탄 자를 바다에 던지셨음이로다"(출 15:1). "이제 너희

---

7) 오스 기니스, 『회의하는 용기(*God in the Dark*)』(서울: 복 있는 사람, 2008), 55-56는 기니스(Os Guinness)의 말과 정확하게 일치한다. 일화기억과 정신적 시간여행은 사람에게만 주어진 것이란 말의 의미를 생각해 보라. Michael C. Corballis and Thomas Suddendoff, "기억, 시간, 언어," 찰스 파르테르나크, 『무엇이 우리를 인간이게 하는가(*What Makes Us Human?*)』, 채은진 역 (서울: 말·글빛냄, 2008), 72.

는 이 노래를 써서 이스라엘 자손들에게 가르쳐 그들의 입으로 부르게 하여 이 노래로 나를 위하여 이스라엘 자손들에게 증거가 되게 하라 내가 그들의 조상들에게 맹세한 바 젖과 꿀이 흐르는 땅으로 그들을 인도하여 들인 후에 그들이 먹어 배부르고 살찌면 돌이켜 다른 신들을 섬기며 나를 멸시하여 내 언약을 어기리니 그들이 수많은 재앙과 환난을 당할 때에 그들의 자손이 부르기를 잊지 아니한 이 노래가 그들 앞에 증인처럼 되리라 나는 내가 맹세한 땅으로 그들을 인도하여 들이기 전 오늘 나는 그들이 생각하는 바를 아노라 그러므로 모세가 그 날 이 노래를 써서 이스라엘 자손들에게 가르쳤더라"(신 31:19-22). "모세가 이스라엘 총회에 이 노래의 말씀을 끝까지 읽어 들리니라"(신 31:30). "모세와 눈의 아들 호세아가 와서 이 노래의 모든 말씀을 백성에게 말하여 들리니라"(신 32:44).

기억을 위해 노래를 활용하는 모습은 모세오경은 물론 역사서에도 자주 나타난다. "여인들이 뛰놀며 노래하여 이르되 사울이 죽인 자는 천천이요 다윗은 만만이로다 한지라"(삼상 18:7). "아기스의 신하들이 아기스에게 말하되 이는 그 땅의 왕 다윗이 아니니이까 무리가 춤추며 이 사람의 일을 노래하여 이르되 사울이 죽인 자는 천천이요 다윗은 만만이로다 하지 아니하였나이까 한지라"(삼상 21:11). "여호야다가 여호와의 전의 직원들을 세워 레위 제사장의 수하에 맡기니 이들은 다윗이 전에 그들의 반열을 나누어서 여호와의 전에서 모세의 율법에 기록한 대로 여호와께 번제를 드리며 자기들의 정한 규례대로 즐거이 부르고 노래하게 하였던 자들이더라"(대하 23:18). "예레미야는 그를 위하여 애가를 지었으며 모든 노래하는 남자들과 여자들은 요시야를 슬피 노래하니 이스라엘에 규례가 되어 오늘까지 이르렀으며 그 가사는 애가 중에 기록되었더라"(대하 35:25).

성경 속 시인들도 하나님과 그의 역사를 노래하였다. "여호와여 주의 능력으로 높임을 받으소서 우리가 주의 권능을 노래하고 찬송하게 하소서"(시 21:13). "주는 나의 은신처이오니 환난에서 나를 보호하시고 구원의 노래로 나를 두르시리이다"(시 32:7). "하나님께 노래하며 그의 이름을 찬양하라 하늘을 타고 광야에 행하시던 이를 위하여 대로를 수축하라 그의 이름은 여호와이시니 그의 앞에서 뛰놀지어다"(시 68:4)고 고백하였다. 다윗은 노래로 하나님의 이름을 찬송하며 감사함으로 하나님을 위대하시다고 고백하였다(시 69:30). 아삽은 밤에 부른 노래를 기억하여 자기 심령으로, 하나님께 간구한다고 말하였다(시 77:6). 이처럼 노래는 시인들에게 있어서 하나님의 역사를 기억하게 하는 훌륭한 도구가 된다. "내가 여호와의 인자하심을 영원히 노래하며 주의 성실하심을 내 입으로 대대에 알게 하리이다"(시 89:1). "오라 우리가 여호와께 노래하며 우리의 구원의 반석을 향하여 즐거이 외치자"(시 95:1). "여호와께 노래하여 그의 이름을 송축하며 그의 구원을 날마다 전파할지어다"(시 96:2). "새 노래로 여호와께 찬송하라 그는 기이한 일을 행하사 그의 오른손과 거룩한 팔로 자기를 위하여 구원을 베푸셨음이로다"(시 98:1). "그에게 노래하며 그를 찬양하며 그의 모든 기이한 일들을 말할지어다"(시 105:2).

하나님을 기억하는 노래는 선지자들에게서도 계속 나타난다. "잊어버린 바 되었던 너 음녀여 수금을 가지고 성읍에 두루 다니며 기묘한 곡조로 많은 노래를 불러서 너를 다시 기억하게 하라 하였느니라"(사 23:16). "여호와께서 이 일을 행하셨으니 하늘아 노래할지어다 땅의 깊은 곳들아 높이 부를지어다 산들아 숲과 그 가운데의 모든 나무들아 소리내어 노래할지어다 여호와께서 야곱을 구속하셨으니 이스라엘 중에 자기의 영광을 나타내실 것임이로다"(사 44:23). "여호와께 구속 받은 자들이 돌아와 노래하며 시온으로 돌아오니 영원한 기쁨이 그들의 머리 위에 있고 슬픔과 탄식이 달아나리이다"(사 51:11). "너 예루살렘의 황폐한 곳들아 기쁜 소리를 내어 함께 노래할지어다 이는 여호와께서 그의 백성을 위로하셨고 예루살렘을 구속하셨음이라"(사 52:9). "여호와께 노래하라 너희는 여호와를 찬양하라 가난한 자의 생명을 행악자의 손에서 구원하셨음이니라"(렘 20:13).

이상에서 보듯이 노래는 곧잘 망각하는 사람들이 하나님의 역사를 기억하는 훌륭한 방편이 된다. 이와 관련해서 '잊지 않고 부르는 노래가 증인이 된다'는 표현이 기억하지 못하는 사람들에 대한 하나님의 안타까운 심정을 잘 반영하고 있다. 모세의 노래, 어린 양의 노래는 그가 하신 일, 즉 역사를 기억하는 방편이다. “하나님의 종 모세의 노래, 어린 양의 노래를 불러 이르되 주 하나님 곧 전능하신 이시여 하시는 일이 크고 놀라우시도다 만국의 왕이시여 주의 길이 의롭고 참되시도다 주여 누가 주의 이름을 두려워하지 아니하며 영화롭게 하지 아니하오리이까 오직 주만 거룩하시니이다 주의 의로우신 일이 나타났으매 만국이 와서 주께 경배하리이다 하더라”(계 15:3-4).

노래를 역사적으로 활용하는 방식은 이스라엘 외의 다른 문화권에서도 쉽게 찾아볼 수 있다. 이것은 일반은총의 영역에서 발휘되는 사람들의 지혜로 생각해 볼 수 있을 것 같다. 예를 들어 호메로스의 『일리아스』나 『오디세이아』 그리고 『니벨룽엔의 노래』 같은 과거 서술문학의 운문형태도 일차적으로 과거의 사건을 후대에 전달할 때 전수할 문화적 내용을 보다 쉽게 기억시키려는 의도로 이용되었다.[8)]

모든 노력에도 불구하고 역사를 잊어버리고 등을 돌린 사람들에게 하나님이 하실 말씀은 ‘돌아오라’이다. “너희는 돌이켜 행악자가 되지 말라 아직도 나의 의가 건재하니 돌아오라”(욥 6:29). “이스라엘 자손들아 너희는 심히 거역하던 자에게로 돌아오라”(사 31:6). “내가 네 허물을 빽빽한 구름 같이, 네 죄를 안개 같이 없이하였으니 너는 내게로 돌아오라 내가 너를 구속하였음이니라”(사 44:22). “악인은 그의 길을, 불의한 자는 그의 생각을 버리고 여호와께로 돌아오라 그리하면 그가 긍휼히 여기시리라 우리 하나님께로 돌아오라 그가 너그럽게 용서하시리라”(사 55:7). “여호와께서 이르시되 배역한 이스라엘아 돌아오라”(렘 3:12). “배역한 자식들아 돌아오라 나는 너희 남편임이라”(렘 3:14). “배역한 자식들아 돌아오라 내가 너희의 배역함을 고치리라”(렘 3:22). “이스라엘아 네가 돌아오려거든 내게로 돌아오라”(렘 4:1). “너희는 각자의 악한 길과 악행을 버리고 돌아오라”(렘 25:5). “이스라엘 자손들아 너희는 아브라함과 이삭과 이스라엘의 하나님

8) 정향균, 『므네모시네의 부활』 (서울: 뿌리와이파리, 2005), 31; 윌리엄 슈니더윈드, 『성경은 어떻게 책이 되었을까(*How the Bible Became a Book*)』, 박정연 역 (서울: 에코리브르, 2006), 94-99.

여호와께로 돌아오라"(렘 30:6). "처녀 이스라엘아 너의 이정표를 세우며 너의 푯말을 만들고 큰 길 곧 네가 전에 가던 길을 마음에 두라 돌아오라 네 성읍들로 돌아오라"(렘 31:21).

하나님은 당신의 사람들이 역사에 대한 기억을 회복하고, 돌아오는 것을 진정 원하신다. "오라 우리가 여호와께로 돌아가자 여호와께서 우리를 찢으셨으나 도로 낫게 하실 것이요 우리를 치셨으나 싸매어 주실 것임이라"(호 6:1). "이스라엘아 네 하나님 여호와께로 돌아오라 네가 불의함으로 말미암아 엎드러졌느니라"(호 14:1). "너희는 이제라도 금식하고 울며 애통하고 마음을 다하여 내게로 돌아오라"(욜 2:12). "너희는 내게로 돌아오라 만군의 여호와의 말이니라 그리하면 내가 너희에게로 돌아가리라"(슥 1:3). "너희 조상들의 날로부터 너희가 나의 규례를 떠나 지키지 아니하였도다 그런즉 내게로 돌아오라 그리하면 나도 너희에게로 돌아가리라"(말 3:7). 이상에서 알 수 있듯이 등을 돌린 백성을 향한 하나님의 줄기찬 호소는 "돌아오라"이다. 그리고 그것은 이스라엘의 선지자들에게서 절정을 이룬다.

한편 역사의 신인 여호와 하나님을 만난 모세가 강조하기 시작한 하나님의 명령인 '기억하라'에 대해서는 그 후에 이어진 이스라엘 역사를 통해 그 지도자들 또한 지속적으로 강조하였다. 그들은 하나님이 섭리하신 과거 역사를 기억하는 것만으로도 하나님과 자기 백성들 사이의 관계가 돈독해지라는 생각을 갖고 있었던 것 같다. 이런 성격을 특히 잘 반영하고 있는 성경의 본문들로는 <여호수아> 24장, <역대상> 16장, <느헤미야> 9장, <시편> 78, 105, 106, 136편, <사도행전> 7장, <히브리서> 11장 등이 있다.

(2) 기록하라!

역사적 사실을 완전하게 기억하는 역사가인 하나님은 당신을 위해서는 기록을 필요로 하지 않으신다. 그러나 하나님은 당신과의 관계 유지를 위해 사람들에게는 기록이 필요하다는 사실을 너무나 잘 알고 계신다. "여호와께서 모세에게 이르시되 이것을 책에 기록하여 기념하게 하고 여호수아의 귀에 외워 들리라 내가 아말렉을 없이하여 천하에서 기억도 못 하게 하리라"(출 17:14). "여호와께서 모세에게 이르시되 너는 산에 올라 내게로 와서 거기 있으라 네가 그들을 가르치도록 내가 율법과 계명을 친히 기록한 돌판을 네게 주리라"(출 24:12). "모세가 여호와와 함께 사십 일 사십 야를 거기 있으면서 떡도 먹지 아니하였고 물도 마시지 아니하였으며 여호와께서는 언약의 말씀 곧 십계명을 그 판들에 기록하셨더라"(출 34:28). "여호와께서 모세에게 이르시되 너는 이 말들을 기록하라 내가 이 말들의 뜻대로 너와 이스라엘과 언약을 세웠음이니라 하시니라"(출 34:27). "여호와께서 두 돌판을 내게 주셨나니 그 돌판의 글은 하나님이 손으로 기록하신 것이요 너희의 총회 날에 여호와께서 산상 불 가운데서 너희에게 이르신 모든 말씀이니라"(신 9:10). 이스라엘 민족은 하나님이 써 주신 두 돌판을 상당한 기간 동안 보존하고 있었다. "네가 깨뜨린 처음 판에 쓴 말을 내가 그 판에 쓰리니 너는 그것을 그 궤에 넣으라 하시기로 내가 조각목으로 궤를 만들고 처음 것과 같은 돌판 둘을 다듬어 손에 들고 산에 오르매 여호와께서 그 총회 날에 산 위 불 가운데에서 너희에게 이르신 십계명을 처음과 같이 그 판에 쓰시고 그것을 내게 주시기로 내가 돌이켜 산에서 내려와서 여호와께서 내게 명령하신 대로 그 판을 내가 만든 궤에 넣었더니 지금까지 있느니라"(신 10:2-5).

이상에서 보듯이 하나님과 그의 백성인 이스라엘 민족 사이에서는 기록이라는 방식을 통하여 중요한 하나님의 뜻이 전하여지고 보존되는 역사가 지속되었음을 알 수 있다. "네 집 문설주와 바깥 문에 기록하라"(신 11:20). "요단을 건넌 후에 이 율법의 모든 말씀을 그 위에 기록하라"(신 27:3). "이 율법의 모든 말씀을 그 돌들 위에 분명하고 정확하게 기록할지니라"(신 27:8).

기록된 말씀의 권위는 유지되어야 한다는 것이 성경의 정신이다. 따라서 그것에 대한 불순종은 고난과 죽음을 불러온다. "네가 만일 이 책에 기록한 이 율법의 모든 말씀을 지켜 행하지 아니하고 네 하나님 여호와라 하는 영화롭고 두려운 이름을 경외하지 아니하면 여호와께서 네 재앙과 네 자손의 재앙을 극렬하게 하시리니 그 재앙이 크고 오래고 그 질병이 중하고 오랠 것이라"(신 28:58-59). "여호와께서 곧 이스라엘 모든 지파 중에서 그를 구별하시고 이 율법책에 기록된 모든 언약의 저주대로 그에게 화를 더하시리라"(신 29:21). "네 하나님 여호와의 명령을 지켜 그 길로 행하여 그 법률과 계명과 율례와 증거를 모세의 율법에 기록된 대로 지키라 그리하면 네가 무엇을 하든지 어디로 가든지 형통할지라"(왕상 2:3). 하나님은 기록한 율례와 법도와 율법과 계명을 지켜 영원히 행하고 다른 신들을 경외하지 말라고 요구하셨다(왕하 17:37). 이것은 하나님의 역사를 잊지 말라는 기록의 목적을 분명하게 보여준다.

선지자들도 후대를 위하여 기록을 남긴 사람들이다. "백성 앞에서 서판에 기록하며 책에 써서 후세에 영원히 있게 하라"(사 30:8). "이 일이 장래 세대를 위하여 기록되리니 창조함을 받을 백성이 여호와를 찬양하리로다"(시 102:18). 이와 같이 이스라엘 자손들은 율법에 기록하여 하나님이 자신들에게 명하신 것에 항상 주의하였다(대상 16:40). 말하자면 그들은 기록하는 전통을 유지한 사람들이었다(스 8:34).

하나님은 당신의 백성을 위해 기록하게 하시기를 원하신다. "내가 네게 일러 준 모든 말을 책에 기록하라"(렘 30:2). "너는 두루마리 책을 가져다가 내가 네게 말하던 날 곧 요시야의 날부터 오늘까지 이스라엘과 유다와 모든 나라에 대하여 내가 네게 일러 준 모든 말을 거기에 기록하라"(렘 36:2). "예레미야가 네리야의 아들 바룩을 부르매 바룩이 예레미야가 불러주는 대로 여호와께서 그에게 이르신 모든 말씀을 두루마리 책에 기록하니라"(렘 36:4). "두루마리에 기록한 여호와의 말씀을 금식일에 여호와의 성전에 있는 백성의 귀에 낭독하고 유다 모든 성읍에서 온 자들의 귀에도 낭독하라"(렘 36:6).

기록을 중요하게 생각하고 남기려는 태도는 신약에 와서도 변함없이 나타난다. "모세가 율법에 기록하였고 여러 선지자가 기록한 그이를 우리가 만났으니 요셉의 아들 나사렛 예수니라"(요 1:45). "무엇이든지 전에 기록된 바는 우리의 교훈을 위하여 기록된 것이니 우리로 하여금 인내로 또는 성경의 위로로 소망을 가지게 함이니라”(롬 15:4). “사도들에게 성령으로 명하시고 승천하신 날까지의 일을 기록하였노라”(행 1:2). 이렇게 해서 예수님은 예언되어 기록되어지고, 또 이루어진 역사의 주인공이 되셨다.

요한에게 계시로 임한 하나님의 명령은 기록하라는 것이었다. “네가 본 것과 지금 있는 일과 장차 될 일을 기록하라”(계 1:19). “천사가 내게 말하기를 기록하라”(계 19:9). “보좌에 앉으신 이가 이르시되 보라 내가 만물을 새롭게 하노라 하시고 또 이르시되 이 말은 신실하고 참되니 기록하라”(계 21:5). 기록은 변역의 방지, 즉 정확한 내용을 바꾸지 못하게 할 목적으로 이용되었다(계 1:19).

선지자들이 기록한 것들이 모두 이루어질 것임을 예수님이 확인하셨다. “보라 우리가 예루살렘으로 올라가노니 선지자들을 통하여 기록된 모든 것이 인자에게 응하리라 인자가 이방인들에게 넘겨져 희롱을 당하고 능욕을 당하고 침 뱉음을 당하겠으며 그들은 채찍질하고 그를 죽일 것이나 그는 삼 일 만에 살아나리라 하시되 제자들이 이것을 하나도 깨닫지 못하였으니 그 말씀이 감취었으므로 그들이 그 이르신 바를 알지 못하였더라”(눅 18:31-34).

하나님에게는 기록이 의미 없다고 하지만 사람의 몸을 입고 이 땅에 오신 예수님은 기억과 관련하여 부족할 수밖에 없는 사람들을 위하여 사료 인용 차원에서 기록을 적극적으로 활용하셨다. 그는 기록된 말씀의 구현을 위해서 스스로 적극적인 태도를 취하기도 하셨다. “내가 율법이나 선지자를 폐하러 온 줄로 생각하지 말라 폐하러 온 것이 아니요 완전하게 하려 함이라 진실로 너희에게 이르노니 천지가 없어지기 전에는 율법의 일점 일획도 결코 없어지지 아니하고 다 이루리라”(마 5:17-18)는 말씀은 하나님이 남겨주신 기록의 중요성을 잘 보여준다. 아울러 여기에는 기록된 하나님의 예언이나 계시는 모두 다 이루어진다는 확고한 믿음이 있다.

마음에 새길 뿐만 아니라 언제나 눈에 띌 만한 곳에 기록하라고 말씀하시는 것을 보면 하나님은 기록의 중요성에 대해 누구보다 더 잘 알고 계신 분이다. "오늘 내가 네게 명하는 이 말씀을 너는 마음에 새기고 네 자녀에게 부지런히 가르치며 집에 앉았을 때에든지 길을 갈 때에든지 누워 있을 때에든지 일어날 때에든지 이 말씀을 강론할 것이며 너는 또 그것을 네 손목에 매어 기호를 삼으며 네 미간에 붙여 표로 삼고 또 네 집 문설주와 바깥 문에 기록할지니라"(신 6:6-9). 그렇다면 기록의 목적은 무엇일까? 그것은 대를 이어 하나님을 찬양하게 하려는 역사적 효용을 그 목적으로 한다. "이 일이 장래 세대를 위하여 기록되리니 창조함을 받을 백성이 여호와를 찬양하리로다"(시 102:18).

남겨진 기록이 사료라는 점에서 보면 성경에는 사료를 남기거나 철저하게 그것을 이용하려는 태도가 자주 나타난다고 말할 수 있다. 즉 그곳에는 무엇에 관한 기록이 어디에 있다든지,[9] 어떤 기록에 의한다는 서술이 자주 나온다. 예를 들어 '기록된 바'(마 11:10), '기록한 바', '기록되었으되', '기록된 대로', '기록된 것과 같이' 등의 표현은 사료 의존적인 것으로서 핵심적이고도 중요한 역사적 태도이다.

기록과 관련한 표현이 성경, 특히 신약에 많이 나오는 사실에 대해 그것을 읽어본 사람은 쉽게 알 수 있을 것이다. 예수님과 바울이 이런 표현을 자주 사용하는 데서 이들의 역사적 자세 또한 가늠해 볼 수 있다. 예수님은 구약에 기록된 사료에 의지하는 태도를 뚜렷이 보여주셨다(마 4:1-11). 모세와 선지자들이 남긴 글에 대한 구약의 선지자나 신약의 사도들 그리고 그리스도 자신의 의존도는 거의 절대적이라고 할 수 있다. 그리고 기록은 역사가이신 하나님의 기질을 보여줌에 있어서 기억과 깊은 관련을 맺고 있다.

증거, 규례, 법도는 역사를 생각나게 해서 여호와를 경외하게 하는 가운데 복을 받게 하려는 공통의 목적을 갖고 있는 자료들이다. "후일에 네 아들이 네게 묻기를 우리 하나님 여호와께서 명령하신 증거와 규례와 법도가 무슨 뜻이냐 하거든 너는 네 아들에게 이르기를 우리가 옛적에 애굽에서

9) 김봉수, 『영원을 사모하는 마음』(서울: 그리심, 2007), 237의 미주 50, 55, 56; 238의 미주 61.

바로의 종이 되었더니 여호와께서 권능의 손으로 우리를 애굽에서 인도하여 내셨나니 곧 여호와께서 우리의 목전에서 크고 두려운 이적과 기사를 애굽과 바로와 그의 온 집에 베푸시고 우리 조상들에게 맹세하신 땅을 우리에게 주어 들어가게 하시려고 우리를 거기서 인도하여 내시고 여호와께서 우리에게 이 모든 규례를 지키라 명령하셨으니 이는 우리가 우리 하나님 여호와를 경외하여 항상 복을 누리게 하기 위하심이며 또 여호와께서 우리를 오늘과 같이 살게 하려 하심이라"(신 6:20-24). "여호와를 경외하는 것은 사람으로 생명에 이르게 하는 것이라 경외하는 자는 족하게 지내고 재앙을 당하지 아니하느니라"(잠 18:23). "여호와를 경외하는 것은 사람으로 생명에 이르게 하는 것이라 경외하는 자는 족하게 지내고 재앙을 당하지 아니하느니라"(잠 19:23).

'모세의 율법에 기록한 대로' (대하 23:18), '여호와의 율법에 기록한 대로' (대하 31:3), 그리고 '율법에 기록한 대로' (느 10:34, 36)라는 표현은 이스라엘 민족의 사료 의존적 태도와 역사의식을 최대한 반영한다. "이는 모세의 율법책에 기록된 대로 함이라"(대하 25:4). 예루살렘에 모인 이스라엘 자손은 번제를 드릴 때 '모세의 율법에 기록한 대로', 그리고 '기록된 규례대로' 초막절을 지킴으로써 그들이 사료로 남겨진 율법이나 규례에 의존하여 사는 민족임을 보여주었다(스 3:2-3). 예루살렘 성전의 준공 후에 이스라엘 사람들은 '모세의 책에 기록된 대로' 제사장, 레위 사람을 세워 하나님을 섬기게 하였다(스 6:18).

르훔과 심새가 아닥사스다 왕에게 글을 올려 예루살렘 성전의 건축을 방해하려 할 때 쓴 방법은 왕이 역사를 보게 하는 것이었다. "왕은 조상들의 사기를 살펴보시면 그 사기에서 이 성읍은 패역한 성읍이라 예로부터 그 중에서 항상 반역하는 일을 행하여 왕들과 각 도에 손해가 된 것을 보시고 아실지라 이 성읍이 무너짐도 이 때문이니이다"(스 4:15). 이로 인해 예루살렘에서 하나님의 성전 공사가 바사 왕 다리오 제이년까지 중단되었다(스 4:24).

이에 대응한 사람들－닷드내, 스달보스내, 아비삭 사람－의 방식 또한 역사관의 확립과 바른 역사이해를 통한 것이었다. "우리는 천지의 하나님의 종이라 예전에 건축되었던 성전을 우리가 다시 건축하노라 이는 본래 이스라엘의 큰 왕이 건축하여 완공한 것이었으나 우리 조상들이 하늘에 계신 하나님을 노엽게 하였으므로 하나님이 그들을 갈대아 사람 바벨론 왕 느부갓네살의 손에 넘기시매 그가 이 성전을 헐며 이 백성을 사로잡아 바벨론으로 옮겼더니 바벨론 왕 고레스 원년에 고레스 왕이 조서를 내려 하나님의 이 성전을 다시 건축하게 하고 또 느부갓네살이 예루살렘 하나님의 성전 안에서 금, 은 그릇을 옮겨다가 바벨론 신당에 두었던 것을 고레스 왕이 그 신당에서 꺼내어 그가 세운 총독 세스바살이라고 부르는 자에게 내주고 일러 말하되 너는 이 그릇들을 가지고 가서 예루살렘 성전에 두고 하나님의 전을 제자리에 건축하라 하매 이에 이 세스바살이 이르러 예루살렘 하나님의 성전 지대를 놓았고 그 때로부터 지금까지 건축하여 오나 아직도 마치지 못하였다 하였사오니 이제 왕께서 좋게 여기시거든 바벨론에서 왕의 보물전각에서 조사하사 과연 고레스 왕이 조서를 내려 하나님의 이 성전을 예루살렘에 다시 건축하라 하셨는지 보시고 왕은 이 일에 대하여 왕의 기쁘신 뜻을 우리에게 보이소서"(스 5:11-17).

다리오 왕은 사료를 검토함으로써 자신의 국정을 펴 나갔다. "다리오 왕이 조서를 내려 문서창고 곧 바벨론의 보물을 쌓아둔 보물전각에서 조사하게 하여 메대도 악메다 궁성에서 한 두루마리를 찾았으니 거기에 기록하였으되 고레스 왕 원년에 조서를 내려 이르기를 예루살렘에 있는 하나님의 성전에 대하여 이르노니 이 성전 곧 제사 드리는 처소를 건축하되 지대를 견고히 쌓고 그 성전의 높이는 육십 규빗으로, 너비도 육십 규빗으로 하고 큰 돌 세 켜에 새 나무 한 켜를 놓으라 그 경비는 다 왕실에서 내리라 또 느부갓네살이 예루살렘 성전에서 탈취하여 바벨론으로 옮겼던 하나님의 성전 금, 은 그릇들을 돌려보내어 예루살렘 성전에 가져다가 하나님의 성전 안 각기 제자리에 둘지니라 하였더라"(스 6:1-5).

'이사야의 책에 쓴 바' 라는 표현도 사료 의존적 태도를 보여준다. "선지자 이사야의 책에 쓴 바 광야에서 외치는 자의 소리가 있어 이르되 너희는 주의 길을 준비하라 그의 오실 길을 곧게 하라 모든 골짜기가 메워지고 모든 산과 작은 산이 낮아지고 굽은 것이 곧아지고 험한 길이 평탄하여질 것이요 모든 육체가 하나님의 구원하심을 보리라 함과 같으니라"(눅 3:4-6). 세례 요한도 이사야의 글, 즉 사료를 인용하여 자신을 소개하였다. "나는 선지자 이사야의 말과 같이 주의 길을 곧게 하라고 광야에서 외치는 자의 소리로라"(요 1:23).

기록할 뿐만 아니라 기록된 것들이나 남겨진 유물들을 역사적으로 적극 활용하는 것 또한 성경에 나타나는 뚜렷한 특징 가운데 하나이다. 기록되어진 말씀이나 역사적 사례를 인용하는 데 있어서 가장 적극적이었던 성경의 인물을 꼽는다면 아마도 예수님과 바울을 빼놓을 수 없을 것이다. 바꾸어 말하면 신약에서 핵심적 인물이라 할 수 있는 예수님과 바울은 그만큼 역사의식이 강했다는 말이 된다.

예수님은 특히 이사야와 모세를 적절하게 인용하셨다. "이사야가 너희 외식하는 자에 대하여 잘 예언하였도다 기록하였으되 이 백성이 입술로는 나를 공경하되 마음은 내게서 멀도다 사람의 계명으로 교훈을 삼아 가르치니 나를 헛되이 경배하는도다 하였느니라 너희가 하나님의 계명은 버리고 사람의 전통을 지키느니라 또 이르시되 너희가 너희 전통을 지키려고 하나님의 계명을 잘 저버리는도다"(막 7:6-10). "모세는 네 부모를 공경하라 하고 또 아버지나 어머니를 모욕하는 자는 죽임을 당하리라 하였거늘 너희는 이르되 사람이 아버지에게나 어머니에게나 말하기를 내가 드려 유익하게 할 것이 고르반 곧 하나님께 드림이 되었다고 하기만 하면 그만이라 하고 자기 아버지나 어머니에게 다시 아무 것도 하여 드리기를 허락하지 아니하여 너희가 전한 전통으로 하나님의 말씀을 폐하며 또 이같은 일을 많이 행하느니라"(막 7:10-13).

기록된 예언의 성취를 깨닫지 못하는 사람들은 예수님을 안타깝게 하였다. "엘리야가 과연 먼저 와서 모든 것을 회복하거니와 어찌 인자에 대하여 기록하기를 많은 고난을 받고 멸시를 당하리라 하였느냐 그러나 내가 너희에게 이르노니 엘리야가 왔으되 기록된 바와 같이 사람들이 함부로 대우하였느니라"(막 9:12-13). "이에 가르쳐 이르시되 기록된 바 내 집은 만민이 기도하는 집이라 칭함을 받으리라고 하지 아니하였느냐"(막 11:17). "그들의 조상들이 선지자들에게 이와 같이 하였느니라"(눅 6:23)나 "그들의 조상들이 거짓 선지자들에게 이와 같이 하였느니라"(눅 6:26)와 같은 표현들도 역사적 사례에 근거한 것이다.

예수님은 사료를 인용하실 뿐만 아니라 그것의 해석에서 나타나는 오류도 교정해 주셨다. "바리새인들이 예수께 나아와 그를 시험하여 묻되 사람이 아내를 버리는 것이 옳으니이까 대답하여 이르시되 모세가 어떻게 너희에게 명하였느냐 이르되 모세는 이혼 증서를 써주어 버리기를 허락하였나이다 예수께서 그들에게 이르시되 너희 마음이 완악함으로 말미암아 이 명령을 기록하였거니와 창조 때로부터 사람을 남자와 여자로 지으셨으니 이러므로 사람이 그 부모를 떠나서 그 둘이 한 몸이 될지니라 이러한즉 이제 둘이 아니요 한 몸이니 그러므로 하나님이 짝지어 주신 것을 사람이 나누지 못할지니라 하시더라 집에서 제자들이 다시 이 일을 물으니 이르시되 누구든지 그 아내를 버리고 다른 데에 장가 드는 자는 본처에게 간음을 행함이요 또 아내가 남편을 버리고 다른 데로 시집 가면 간음을 행함이니라"(막 10:2-12; 마 19:3-12).

예수님에게 있어서 율법의 적용은 사료를 인용하는 형식으로 나타난다. "네가 계명을 아나니 살인하지 말라, 간음하지 말라, 도둑질하지 말라, 거짓 증언 하지 말라, 속여 빼앗지 말라, 네 부모를 공경하라 하였느니라"(막 10:19). "너희가 성경에 건축자들이 버린 돌이 모퉁이의 머릿돌이 되었나니 이것은 주로 말미암아 된 것이요 우리 눈에 놀랍도다 함을 읽어 보지도 못하였느냐"(막 12:10-11). "너희가 모세의 책 중 가시나무 떨기에 관한 글에 하나님께서 모세에게 이르시되 나는 아브라함의 하나님이요 이삭의 하나님이요 야곱의 하나님이로라 하신 말씀을 읽어보지 못하였느냐"(막 12:26).

"모든 계명 중에 첫째가 무엇이니이까"(막 12:28)라는 한 서기관의 질문에 대한 예수님의 대답 또한 율법이라는 사료에 대한 간단명료한 해석이었다. "첫째는 이것이니 이스라엘아 들으라 주 곧 우리 하나님은 유일한 주시라 네 마음을 다하고 목숨을 다하고 뜻을 다하고 힘을 다하여 주 너의 하나님을 사랑하라 하신 것이요 둘째는 이것이니 네 이웃을 네 자신과 같이 사랑하라 하신 것이라 이보다 더 큰 계명이 없느니라"(막 12:29-31).

광야에서 마귀로부터 시험을 받으신 예수님은 사료의 형태로 주어진 말씀을 들어 그에게 대응하셨다. "예수께서 대답하시되 기록된 바 사람이 떡으로만 살 것이 아니라 하였느니라"(눅 4:4). 또는 "기록되었으되 사람이 떡으로만 살 것이 아니요 하나님의 입으로부터 나오는 모든 말씀으로 살 것이라 하였느니라"(마 4:4). "예수께서 대답하여 이르시되 기록된 바 주 너의 하나님께 경배하고 다만 그를 섬기라 하였느니라"(눅 4:8). "또 기록되었으되 주 너의 하나님을 시험하지 말라 하였느니라"(마 4:7).

재미있는 것은 예수님이 두 번에 걸쳐 사료를 인용하는 태도를 보이자 마귀도 그런 방식으로 대응하였다는 점이다. "기록되었으되 하나님이 너를 위하여 그 사자들을 명하사 너를 지키게 하시리라 하였고 또한 그들이 손으로 너를 받들어 네 발이 돌에 부딪치지 않게 하시리라 하였느니라"(눅 4:10-11). "이르되 네가 만일 하나님의 아들이어든 뛰어내리라 기록되었으되 그가 너를 위하여 그의 사자들을 명하시리니 그들이 손으로 너를 받들어 발이 돌에 부딪치지 않게 하리로다 하였느니라"(마 4:6). "예수께서 대답하여 이르시되 주 너의 하나님을 시험하지 말라 하였느니라"(눅 4:12). "기록되었으되 주 너의 하나님께 경배하고 다만 그를 섬기라 하였느니라"(마 4:10).

여기서 그리스도인들이 주목해야 할 것은 예수님이 사료로 남겨진 성경에 큰 관심을 가지셨으며, 그것에 근거하여 가르치고 사역하셨다는 사실이다. "예수께서 그 자라나신 곳 나사렛에 이르사 안식일에 늘 하시던 대로 회당에 들어가사 성경을 읽으려고 서시매 선지자 이사야의 글을 드리거늘 책을 펴서 이렇게 기록된 데를 찾으시니 곧 주의 성령이 내게 임하셨으니 이는 가난한 자에게 복음을 전하게 하시려고 내게 기름을 부으시고 나를 보내사 포로 된 자에게 자유를, 눈 먼 자에게 다시 보게 함을 전파하며 눌린 자를 자유롭게 하고 주의 은혜의 해를 전파하게 하려 하심이라 하였더라”(눅 4:16-19).

예수님은 사람들의 완악한 마음을 보시고, 이사야의 글을 사료로 인용하시며 한탄하셨다. “이사야의 예언이 그들에게 이루어졌으니 일렀으되 너희가 듣기는 들어도 깨닫지 못할 것이요 보기는 보아도 알지 못하리라 이 백성들의 마음이 완악하여져서 그 귀는 듣기에 둔하고 눈은 감았으니 이는 눈으로 보고 귀로 듣고 마음으로 깨달아 돌이켜 내게 고침을 받을까 두려워함이라 하였느니라 그러나 너희 눈은 봄으로, 너희 귀는 들음으로 복이 있도다 내가 진실로 너희에게 이르노니 많은 선지자와 의인이 너희가 보는 것들을 보고자 하여도 보지 못하였고 너희가 듣는 것들을 듣고자 하여도 듣지 못하였느니라”(마 13:14-17).

그 외에도 예수님은 성경 여러 곳에서 이사야의 글들을 즐겨 사료로 인용하셨다. “외식하는 자들아 이사야가 너희에 관하여 잘 예언하였도다 일렀으되 이 백성이 입술로는 나를 공경하되 마음은 내게서 멀도다 사람의 계명으로 교훈을 삼아 가르치니 나를 헛되이 경배하는도다 하였느니라”(마 15:7-9). 이사야는 자신의 글이 사료로 이용될 뿐만 아니라 자신도 역사적 사례를 인용하여 말하였다. “이는 내게 노아의 홍수와 같도다 내가 다시는 노아의 홍수로 땅 위에 범람하지 못하게 하리라 맹세한 것 같이 내가 네게 노하지 아니하며 너를 책망하지 아니하기로 맹세하였노니 산들이 떠나며 언덕들은 옮겨질지라도 나의 자비는 네게서 떠나지 아니하며 나의 화평의 언약은 흔들리지 아니하리라 너를 긍휼히 여기시는 여호와께서 말씀하셨느니라”(사 54:9-10).

한편 성경에서는 사료로 전해진 모세와 선지자들의 역사를 통해 구원이 이루어지는 것을 볼 수 있다. “그들에게 모세와 선지자들이 있으니 그들에게 들을지니라”(눅 16:29). “모세와 선지자들에게 듣지 아니하면 비록 죽은 자 가운데서 살아나는 자가 있을지라도 권함을 받지 아니하리라”(눅 16:31). 예수님은 모세의 계명을 요약하여 사료로 인용하셨다. “네가 계명을 아나니 간음하지 말라, 살인하지 말라, 도둑질하지 말라, 거짓 증언 하지 말라, 네 부모를 공경하라 하였느니라"(눅 18:20). 모세의 율법은 예수 그리스도께서 즐겨 인용하신 사료 가운데 하나이다(요 7:19, 2-23).

사료에 근거한 예수님의 교훈은 계속해서 나타난다. "그들에게 이르시되 기록된 바 내 집은 기도하는 집이 되리라 하였거늘 너희는 강도의 소굴을 만들었도다"(눅 19:46). "기록된 바 건축자들의 버린 돌이 모퉁이의 머릿돌이 되었느니라 함이 어찜이냐"(눅 20:17). 예수님의 사료 인용은 성경에서 얼마든지 찾아볼 수 있다. "모세가 광야에서 뱀을 든 것 같이 인자도 들려야 하리니 이는 그를 믿는 자마다 영생을 얻게 하려 하심이니라"(요 3:14-15). 예수님은 사료로 존재하는 선지자와 율법을 근거로 요한에 대해 인정하셨다(마 11:13-14).

예수님은 적들의 공격에 대해 주로 사료를 들어 대응하셨다. "죽은 자가 살아난다는 것은 모세도 가시나무 떨기에 관한 글에서 주를 아브라함의 하나님이요 이삭의 하나님이요 야곱의 하나님이시라 칭하였나니 하나님은 죽은 자의 하나님이 아니요 살아 있는 자의 하나님이시라 하나님에게는 모든 사람이 살았느니라"(눅 20:37-38). "율법에 기록된 바 그들이 이유 없이 나를 미워하였다 한 말을 응하게 하려 함이라"(요 15:25)라는 말씀도 사료 의존적 태도를 보여준다.

예수님은 사료에 대한 바른 해석에 대한 모범도 보여주셨다. "옛 사람에게 말한 바 살인하지 말라 누구든지 살인하면 심판을 받게 되리라 하였다는 것(출 20:13)을 너희가 들었으나 나는 너희에게 이르노니 형제에게 노하는 자마다 심판을 받게 되고 형제를 대하여 라가라 하는 자는 공회에 잡혀가게 되고 미련한 놈이라 하는 자는 지옥 불에 들어가게 되리라 그러므로 예물을 제단에 드리려다가 거기서 네 형제에게 원망들을 만한 일이 있는 것이 생각나거든 예물을 제단 앞에 두고 먼저 가서 형제와 화목하고 그 후에 와서 예물을 드리라"(마 5:21-24).

사료에 대한 올바른 해석을 위한 예수님의 시도는 이혼과 관련해서도 이어진다. "간음하지 말라 하였다는 것(출 20:14)을 너희가 들었으나 나는 너희에게 이르노니 음욕을 품고 여자를 보는 자마다 마음에 이미 간음하였느니라"(마 5:27-28). "누구든지 아내를 버리려거든 이혼 증서를 줄 것(신 24:1-4)이라 하였으나 나는 너희에게 이르노니 누구든지 음행한 이유 없이 아내를 버리면 이는 그로 간음하게 함이요 또 누구든지 버림받은 여자에게 장가드는 자도 간음함이니라"(마 5:31-32).

맹세와 관련해서도 이런 해석이 가해졌다. "옛 사람에게 말한 바 헛 맹세를 하지 말고 네 맹세한 것을 주께 지키라 하였다는 것(레 19:12)을 너희가 들었으나 나는 너희에게 이르노니 도무지 맹세하지 말지니 하늘로도 하지 말라 이는 하나님의 보좌임이요 땅으로도 하지 말라 이는 하나님의 발등상임이요 예루살렘으로도 하지 말라 이는 큰 임금의 성임이요 네 머리로도 하지 말라 이는 네가 한 터럭도 희고 검게 할 수 없음이라 오직 너희 말은 옳다 옳다, 아니라 아니라 하라 이에서 지나는 것은 악으로부터 나느니라"(마 5:33-37).

보복과 관련해서도 마찬가지이다. "눈은 눈으로, 이는 이로 갚으라 하였다는 것(레 24:20)을 너희가 들었으나 나는 너희에게 이르노니 악한 자를 대적하지 말라 누구든지 네 오른편 뺨을 치거든 왼편도 돌려 대며 또 너를 고발하여 속옷을 가지고자 하는 자에게 겉옷까지도 가지게 하며 또 누구든지 너로 억지로 오 리를 가게 하거든 그 사람과 십 리를 동행하고 네게 구하는 자에게 주며 네게 꾸고자 하는 자에게 거절하지 말라"(마 5:38-42).

원수를 사랑하는 것에 대해서도 유사한 해석이 이루어진다. "네 이웃을 사랑하고 네 원수를 미워하라 하였다는 것(레 19:18)을 너희가 들었으나 나는 너희에게 이르노니 너희 원수를 사랑하며 너희를 박해하는 자를 위하여 기도하라"(마 5:43-44). 하나님은 그 해를 악인과 선인에게 비추시며 비를 의로운 자와 불의한 자에게 내려주시는 분이며, 우리도 그와 같이 원수까지 사랑하여 하나님의 아들이 되기를 바라신다. 여기서 하나님의 보편주의를 찾아볼 수 있다. 이렇게 해서 하나님이 궁극적으로 바라시는 것은 성도의 온전함이다(마 5:45-48). 결국 예수님의 산상수훈은 사료로 주어진 율법과 선지자들의 글에 대한 재해석이라는 말이 가능해진다. 예수님은 사료에 대한 잘못된 해석을 자주 지적하셨다(마 12:7).

예수님은 사료를 인용하시어 성전의 올바른 기능에 대해 말씀하셨다. "기록된 바 내 집은 기도하는 집이라(사 56:7) 일컬음을 받으리라 하였거늘 너희는 강도의 소굴을 만드는도다"(마 21:13). 아울러 그는 사료에 대해 무지한 것을 책망하기도 하셨다. "그렇다 어린 아기와 젖먹이들의 입에서 나오는 찬미를 온전하게 하셨나이다 함을 너희가 읽어 본 일이 없느냐"(마 21:16). "너희가 성경에 건축자들이 버린 돌이 모퉁이의 머릿돌이 되었나니 이것은 주로 말미암아 된 것이요 우리 눈에 기이하도다 함을 읽어 본 일이 없느냐"(마 21:42).

예수님은 사람들이 잘못 알고 있는 자신과 다윗의 관계성에 대해서도 사료를 근거로 교정해 주셨다. "그들에게 이르시되 사람들이 어찌하여 그리스도를 다윗의 자손이라 하느냐 시편에 다윗이 친히 말하였으되 주께서 내 주께 이르시되 내가 네 원수를 네 발등상으로 삼을 때까지 내 우편에 앉았으라 하셨도다 하였느니라 그런즉 다윗이 그리스도를 주라 칭하였으니 어찌 그의 자손이 되겠느냐"(눅 20:41-44).

이것은 <시편>에 있는 다윗의 노래 중 일부인 "여호와께서 내 주에게 말씀하시기를 내가 네 원수들로 네 발판이 되게 하기까지 너는 내 오른쪽에 앉아 있으라 하셨도다"(시 110:1)라는 말씀을 인용한 것으로서 동일한 사료가 <사도행전>과 <히브리서>에서도 인용되어 있다. "내가 네 원수로 네 발등상이 되게 하기까지 너는 내 우편에 앉아 있으라 하셨도다"(행 2:35). "어느 때에 천사 중 누구에게 내가 네 원수로 네 발등상이 되게 하기까지 너는 내 우편에 앉아 있으라 하셨느냐"(히 1:13).

예수님은 종말의 날에 대하여 '기록된 모든 것을 이루는 형벌의 날'(눅 21:22)이라고 하여 성경적 신앙의 사료 의존적 성격을 잘 보여주셨다. "기록된 바 그는 불법자의 동류로 여김을 받았다 한 말이 내게 이루어져야 하리니 내게 관한 일이 이루어져 감이니라"(눅 22:37). "형벌의 날이 이르렀고 보응의 날이 온 것을 이스라엘이 알지라 선지자가 어리석었고 신에 감동하는 자가 미쳤나니 이는 네 죄악이 많고 네 원한이 큼이니라"(호 9:7).

예수님은 부활하신 후에도 사료에 근거하여 복음을 가르치셨다. "모세와 모든 선지자의 글로 시작하여 모든 성경에 쓴 바 자기에 관한 것을 자세히 설명하시니라”(눅 24:27). “내가 너희와 함께 있을 때에 너희에게 말한 바 곧 모세의 율법과 선지자의 글과 시편에 나를 가리켜 기록된 모든 것이 이루어져야 하리라 한 말이 이것이라 하시고 이에 그들의 마음을 열어 성경을 깨닫게 하시고 또 이르시되 이같이 그리스도가 고난을 받고 제삼일에 죽은 자 가운데서 살아날 것과 또 그의 이름으로 죄 사함을 받게 하는 회개가 예루살렘에서 시작하여 모든 족속에게 전파될 것이 기록되었으니 너희는 이 모든 일의 증인이라”(눅 24:44-48). 제자들을 가리켜 너희는 이 모든 일의 증인이라고 말씀하신 것은 예수 그리스도에 대해 예언된 것들이 모두 다 이루어짐으로써 확인된 복음의 역사를 전하는 자들이 되라는 말이 아닐까? 예수님의 지상 명령은 그가 분부한 모든 것이 사료로 주어진 사실, 그리고 자신이 여전히 임마누엘의 하나님이심을 드러내 보여준다(마 28:20).

위에서 살펴보았듯이 예수님은 역사적 사실을 근거로 가르치셨다. “예수께서 이르시되 다윗이 자기와 및 함께 한 자들이 먹을 것이 없어 시장할 때에 한 일을 읽지 못하였느냐 그가 아비아달 대제사장 때에 하나님의 전에 들어가서 제사장 외에는 먹어서는 안 되는 진설병을 먹고 함께 한 자들에게도 주지 아니하였느냐 또 이르시되 안식일이 사람을 위하여 있는 것이요 사람이 안식일을 위하여 있는 것이 아니니 이러므로 인자는 안식일에도 주인이니라”(막 2:25-27). 예수님이 스스로를 가리켜 ‘안식일의 주인’이라고 말씀하신 것은 당신이 창조주임을 보여주는 것이다(눅 6:5).

예수님은 사료나 역사적 사례를 인용하시는 것을 즐기신 것 같다. “내가 진실로 너희에게 이르노니 심판 날에 소돔과 고모라 땅이 그 성보다 견디기 쉬우리라”(마 10:15). 또 엘리야와 엘리사에 관한 사례 인용도 있다. “내가 참으로 너희에게 이르노니 엘리야 시대에 하늘이 삼 년 육 개월간 닫히어 온 땅에 큰 흉년이 들었을 때에 이스라엘에 많은 과부가 있었으되 엘리야가 그 중 한 사람에게도 보내심을 받지 않고 오직 시돈 땅에 있는 사렙다의 한 과부에게 뿐이었으며 또 선지자 엘리사 때에 이스라엘에 많은 나병환자가 있었으되 그 중의 한 사람도 깨끗함을 얻지 못하고 오직 수리아 사람 나아만뿐이었느니라"(눅 4:25-27). 그는 당신의 죽음과 부활을 말할 때도 요나의 경우를 예로 드셨다(마 16:4).

이처럼 역사적 사례를 들어 말씀하신 예수님을 성경에서 만나는 것은 어려운 일이 아니다. "그 날에 소돔이 그 동네보다 견디기 쉬우리라"(눅 10:12). "화 있을진저 고라신아, 화 있을진저 벳새다야, 너희에게 행한 모든 권능을 두로와 시돈에서 행하였더라면 그들이 벌써 베옷을 입고 재에 앉아 회개하였으리라 심판 때에 두로와 시돈이 너희보다 견디기 쉬우리라"(눅 10:13-14; 마 11:21-24).

예수님의 행적을 통해 그가 사료와 그것의 정확한 해석에 많은 관심을 가지셨음을 확인할 수 있다. "율법에 무엇이라 기록되었으며 네가 어떻게 읽느냐"(눅 10:26). 역사적 사례에 관심이 많은 예수님은 표적을 구하는 사람들에게 요나, 남방 여왕, 니느웨 사람들의 역사를 예로 들어 복음을 전하셨다(눅 11:29-32; 마 12:39-42). "백합화를 생각하여 보라 실도 만들지 않고 짜지도 아니하느니라 그러나 내가 너희에게 말하노니 솔로몬의 모든 영광으로도 입은 것이 이 꽃 하나만큼 훌륭하지 못하였느니라"(눅 12:27). 예수님은 노아의 때와 롯의 때에 있었던 이야기를 현재의 상황과 연결시켜 이야기하는 중에도 역사적 사례를 적극 활용하셨다(눅 17:26-30).

창조를 기억하게 하기 위해 제정된 안식일 규례와 관련해서도 사람들의 잘못된 생각을 교정할 목적으로 예수님은 다윗의 역사적 사례를 인용하셨다. "다윗이 자기 및 자기와 함께 한 자들이 시장할 때에 한 일을 읽지 못하였느냐 그가 하나님의 전에 들어가서 다만 제사장 외에는 먹어서는 안 되는 진설병을 먹고 함께 한 자들에게도 주지 아니하였느냐"(눅 6:3-4; 마 12:3-5). "기록된 바 보라 내가 내 사자를 네 앞에 보내노니 그가 네 앞에서 네 길을 준비하리라 한 것이 이 사람에 대한 말씀이라"(눅 7:27).

마태는 예수님의 사역을 사료로 주어진 <이사야>와 관련지어 해석하였다. "예수께서 말씀으로 귀신들을 쫓아 내시고 병든 자들을 다 고치시니 이는 선지자 이사야를 통하여 하신 말씀에 우리의 연약한 것을 친히 담당하시고 병을 짊어지셨도다 함을 이루려 하심이더라"(마 8:16-17). 그는 비유를 통한 예수님의 가르침에 대해서는 선지자가 이미 기록해 놓은 것임을 보여준다(마 13:35). "이는 선지자를 통하여 하신 말씀을 이루려 하심이라 일렀으되 시온 딸에게 이르기를 네 왕이 네게 임하나니 그는 겸손하여 나귀, 곧 멍에 메는 짐승의 새끼를 탔도다 하라 하였느니라"(마 21:4-5). '성경에 이름과 같이'(요 7:38)와 '성경에 이르기를'(요 7:42)이나 '너희 율법에도'(요 8:17)란 말도 사료 인용을 보여주는 방식이다.

예수님의 사역을 이사야와 관련짓는 마태의 태도는 반복해서 나타난다. "이는 선지자 이사야를 통하여 말씀하신 바 보라 내가 택한 종 곧 내 마음에 기뻐하는 바 내가 사랑하는 자로다 내가 내 영을 그에게 줄 터이니 그가 심판을 이방에 알게 하리라 그는 다투지도 아니하며 들레지도 아니하리니 아무도 길에서 그 소리를 듣지 못하리라 상한 갈대를 꺾지 아니하며 꺼져가는 심지를 끄지 아니하기를 심판하여 이길 때까지 하리니 또한 이방들이 그의 이름을 바라리라 함을 이루려 하심이니라"(마 12:17-21).

바울 또한 예수님이 인용하신 이사야를 인용하여 말하였다. "성령이 선지자 이사야를 통하여 너희 조상들에게 말씀하신 것이 옳도다 일렀으되 이 백성에게 가서 말하기를 너희가 듣기는 들어도 도무지 깨닫지 못하며 보기는 보아도 도무지 알지 못하는도다 이 백성들의 마음이 우둔하여져서 그 귀로는 둔하게 듣고 그 눈은 감았으니 이는 눈으로 보고 귀로 듣고 마음으로 깨달아 돌아오면 내가 고쳐 줄까 함이라 하였으니 그런즉 하나님의 이 구원이 이방인에게로 보내어진 줄 알라 그들은 그것을 들으리라 하더라"(행 28:25-28).

요한은 군병들이 예수님의 옷을 나누어 가진 것에 대해서도 사료 의존적 방식으로 서술하였다(요 19:24). 그는 "성경을 응하게 하려 하사 이르시되 내가 목마르다"(요 19:28)라거나 "이 일이 일어난 것은 그 뼈가 하나도 꺾이지 아니하리라 한 성경을 응하게 하려 함이라 또 다른 성경에 그들이 그 찌른 자를 보리라 하였느니라"(요 19:36)라는 기록을 통해서도 사료 의존적 태도를 보여주었다. 요한은 사료에 나타난 계시를 깨닫지 못하는 자들에 대해 지적하기도 하였다. "그들은 성경에 그가 죽은 자 가운데서 다시 살아나야 하리라 하신 말씀을 아직 알지 못하더라"(요 20:9). 가룟 유다와 관련해서 기록된 '미리 말씀하신 성경이 응하였다'(행 1:16)나 '시편에 기록하였으되'(행 1:20)라는 말은 모두 사료 의존적 태도를 보여준다.

베드로는 성령을 받은 후 제자들 사이에서 일어난 현상과 관련하여 <요엘>을 사료로 인용하여 설명하였다. "말세에 내가 내 영을 모든 육체에 부어 주리니 너희의 자녀들은 예언할 것이요 너희의 젊은이들은 환상을 보고 너희의 늙은이들은 꿈을 꾸리라 그 때에 내가 내 영을 내 남종과 여종들에게 부어 주리니 그들이 예언할 것이요 또 내가 위로 하늘에서는 기사를 아래로 땅에서는 징조를 베풀리니 곧 피와 불과 연기로다 주의 크고 영화로운 날이 이르기 전에 해가 변하여 어두워지고 달이 변하여 피가 되리라 누구든지 주의 이름을 부르는 자는 구원을 받으리라"(행 2:17-21). 여기서 그는 다윗의 글(시 16:8-11; 시 110:1)을 사료로 인용함으로써 예수님과 다윗 사이에 성립하는 주종관계를 보여주었다(행 2:34-35). 또한 그는 선지자들을 사료로 인용하여 그리스도와 관련한 일들이 성취된 예언임을 증거하였다(행 3:18, 21).

모세를 비롯하여 사무엘로부터 모든 선지자의 예언들이 사료로 인용되었다. "주 하나님이 너희를 위하여 너희 형제 가운데서 나 같은 선지자 하나를 세울 것이니 너희가 무엇이든지 그의 모든 말을 들을 것이라"(행 3:22-24). 다윗의 입을 의탁하여 성령으로 한 말씀도 사료로 인용되었다(행 4:25-26). 에디오피아 왕의 내시가 읽은 <이사야>는 사료의 형태로 전해지고 있었다(행 8:32-33). '율법에 기록된 바', '율법에 이른 것 같이'와 같은 표현은 사료로서 율법이 갖는 비중과 함께 역사가적 기질을 잘 보여준다(고전 14:21, 34). 율법이 구약 사료를 말한다면 '성경대로'란 말은 신약 사료를 지칭하는 표현으로 사용되고 있다(고전 15:3, 4).

스데반의 설교(행 7:2-53)는 그 자체가 역사의 요약이며, 아브라함 개인의 역사에서 시작하여 사료를 근거로 정리되어 있다(창 12:1, 5; 출 3:12; 창 37:4; 출 2:11, 12; 수 5:15; 신 18:15). 따라서 그것은 역사를 통해 깨우침을 받으라는 외침으로 볼 수 있다. 스데반의 책망도 역사에 근거하여 이루어졌다. "선지자의 책에 기록된 바 이스라엘의 집이여 너희가 광야에서 사십 년간 희생과 제물을 내게 드린 일이 있었느냐"(행 7:42). 족보에 관한 모든 기록을 다 마친 후에 "이는 다 옛 기록에 의존한 것이라"(대상 4:22)라고 말하는 것은 사료 의존적인 태도를 잘 보여준다. 바울의 설교 또한 역사를 들어 복음을 증거하는 내용으로 되어 있다(행 13:16-41).

바울은 이사야의 글이나 소돔과 고모라 이야기를 역사자료로 인용하였다(롬 9:27-29). 이사야 자신도 그것들을 사례로 인용하였다. 그래서 그는 소돔과 고모라의 역사적 사례를 갖고 말한다. "만군의 여호와께서 우리를 위하여 생존자를 조금 남겨 두지 아니하셨더면 우리가 소돔 같고 고모라 같았으리로다 너희 소돔의 관원들아 여호와의 말씀을 들을지어다 너희 고모라의 백성아 우리 하나님의 법에 귀를 기울일지어다"(사 1:9-10).

소돔과 고모라는 이사야뿐만 아니라 예레미야를 비롯한 다른 선지자들에게도 역사적 교훈이 되었다. "그들은 다 내 앞에서 소돔과 다름이 없고 그 주민은 고모라와 다름이 없느니라"(렘 23:14). "소돔과 고모라와 그 이웃 성읍들이 멸망한 것 같이 거기에 사는 사람이 없으며 그 가운데에 머물러 살 사람이 아무도 없으리라"(렘 49:18). 특히 예레미야는 소돔과 고모라에 대한 남다른 기억을 갖고 있다. "여호와의 말씀이니라 하나님께서 소돔과 고모라와 그 이웃 성읍들을 뒤엎었듯이 거기에 사는 사람이 없게 하며 그 가운데에 머물러 사는 사람이 아무도 없게 하시리라"(렘 50:40). "전에 소돔이 사람의 손을 대지 아니하였는데도 순식간에 무너지더니 이제는 딸 내 백성의 죄가 소돔의 죄악보다 무겁도다"(애 4:6). "만군의 여호와 이스라엘의 하나님이 말하노라 내가 나의 삶을 두고 맹세하노니 장차 모압은 소돔 같으며 암몬 자손은 고모라 같을 것이라"(습 2:9).

'모세가 기록하되'라는 말은 정확하게 사료를 인용하는 태도를 보여준다(롬 10:5). '모세가 이르되'(롬 10:19), '이사야가 매우 담대하여 이르되'(롬 10:20) '다윗이 가로되'(롬 11:9)와 같은 표현들은 모두 역사적 근거가 있는 이야기임을 밝히는 방식이다. 더불어 엘리야, 다윗 등이 단순하게 인용되기도 한다. "너희가 성경이 엘리야를 가리켜 말한 것을 알지 못하느냐 그가 이스라엘을 하나님께 고발하되 주여 그들이 주의 선지자들을 죽였으며 주의 제단들을 헐어 버렸고 나만 남았는데 내 목숨도 찾나이다 하니 그에게 하신 대답이 무엇이냐 내가 나를 위하여 바알에게 무릎을 꿇지 아니한 사람 칠천 명을 남겨 두었다 하셨으니 그런즉 이와 같이 지금도 은혜로 택하심을 따라 남은 자가 있느니라"(롬 11:2-5). "다윗이 이르되 그들의 밥상이 올무와 덫과 거치는 것과 보응이 되게 하시옵고 그들의 눈은 흐려 보지 못하고 그들의 등은 항상 굽게 하옵소서 하였느니라"(롬 11:9-10). '이사야가 가로되'(롬 15:12)라는 표현도 사료 인용을 보여준다.

바울은 사료로 주어진 율법에 대해 단순명료하게 해석하였다. "피차 사랑의 빚 외에는 아무에게든지 아무 빚도 지지 말라 남을 사랑하는 자는 율법을 다 이루었느니라 간음하지 말라, 살인하지 말라, 도둑질하지 말라, 탐내지 말라 한 것과 그 외에 다른 계명이 있을지라도 네 이웃을 네 자신과 같이 사랑하라 하신 그 말씀 가운데 다 들었느니라 사랑은 이웃에게 악을 행하지 아니하나니 그러므로 사랑은 율법의 완성이니라"(롬 13:8-10). 그리고 '기록된 바'(갈 3:10, 13; 4:22, 27)는 그가 사용하는 사료 인용의 대표적 형식이다.

<히브리서> 저자는 구약의 다양한 말씀을 사료로 인용하여 예수 그리스도를 소개하였다(히 1:5-13; 2:6-8, 12-13). 그는 만물의 창조자 하나님, 모세의 이야기, 기타 성경의 이야기를 사료로서 자주 인용한다(히 3:4-19). 여기서는 계속하여 안식일과 관련하여 창조를 말하고(히 4:3-5), 다윗의 글을 사료로 인용한다(히 4:7). 그 외에 여호수아의 인용도 나타나고(히 4:8), 말씀 또한 사료로 인용한다(히 5:5-6).

모세의 행위가 역사적 자료로 인용되기도 한다. "모세가 율법대로 모든 계명을 온 백성에게 말한 후에 송아지와 염소의 피 및 물과 붉은 양털과 우슬초를 취하여 그 두루마리와 온 백성에게 뿌리며 이르되 이는 하나님이 너희에게 명하신 언약의 피라 하고 또한 이와 같이 피를 장막과 섬기는 일에 쓰는 모든 그릇에 뿌렸느니라 율법을 따라 거의 모든 물건이 피로써 정

결하게 되나니 피흘림이 없은즉 사함이 없느니라"(히 9:19-22). 베드로는 '기록하였으되'(벧전 1:16)나 '경(經)에 기록하였으되'(벧전 2:6)라는 말과 함께 사료를 인용하며, 가인이 아벨을 죽인 역사적 실례를 인용하고 있다(요일 3:12).

요한은 예언의 말씀을 읽는 자, 듣는 자, 그 가운데 기록한 것을 지키는 자들에게 복이 있다고 선언하였고(계 1:3), 베드로는 노아, 소돔과 고모라, 롯의 이야기를 사료로 인용하여 경건한 자를 구원하시고, 불의한 자는 심판하시는 것에 대한 실례로 보여주었다. "옛 세상을 용서하지 아니하시고 오직 의를 전파하는 노아와 그 일곱 식구를 보존하시고 경건하지 아니한 자들의 세상에 홍수를 내리셨으며 소돔과 고모라 성을 멸망하기로 정하여 재가 되게 하사 후세에 경건하지 아니할 자들에게 본을 삼으셨으며 무법한 자들의 음란한 행실로 말미암아 고통 당하는 의로운 롯을 건지셨으니 (이는 이 의인이 그들 중에 거하여 날마다 저 불법한 행실을 보고 들음으로 그 의로운 심령이 상함이라) 주께서 경건한 자는 시험에서 건지실 줄 아시고 불의한 자는 형벌 아래에 두어 심판 날까지 지키시며 특별히 육체를 따라 더러운 정욕 가운데서 행하며 주관하는 이를 멸시하는 자들에게는 형벌할 줄 아시느니라"(벧후 2:5-10).

예수님이 나귀를 타신 것도 사료로 존재하는 성경의 내용을 이루려 함이었다. "예수는 한 어린 나귀를 보고 타시니 이는 기록된 바 시온 딸아 두려워하지 말라 보라 너의 왕이 나귀 새끼를 타고 오신다 함과 같더라 제자들은 처음에 이 일을 깨닫지 못하였다가 예수께서 영광을 얻으신 후에야 이것이 예수께 대하여 기록된 것임과 사람들이 예수께 이같이 한 것임이 생각났더라"(요 12:14-16). 요한은 사료 의존적 태도를 지속적으로 유지하고 있다. "이는 선지자 이사야의 말씀을 이루려 하심이라 이르되 주여 우리에게서 들은 바를 누가 믿었으며 주의 팔이 누구에게 나타났나이까 하였더라 그들이 능히 믿지 못한 것은 이 때문이니 곧 이사야가 다시 일렀으되 그들의 눈을 멀게 하시고 그들의 마음을 완고하게 하셨으니 이는 그들로 하여금 눈으로 보고 마음으로 깨닫고 돌이켜 내게 고침을 받지 못하게 하려 함이라 하였음이더라"(요 12:38-40).

역사적 사례의 인용은 소돔과 애굽의 이야기를 통해 <요한계시록>에도 나타난다(계 11:8). 느헤미야도 역사적 사례를 들어 교훈하는 감각을 갖고 있었다. "옛적에 이스라엘 왕 솔로몬이 이 일로 범죄하지 아니하였느냐 그는 많은 나라 중에 비길 왕이 없이 하나님의 사랑을 입은 자라 하나님이 그를 왕으로 삼아 온 이스라엘을 다스리게 하셨으나 이방 여인이 그를 범죄하게 하였나니 너희가 이방 여인을 아내로 맞아 이 모든 큰 악을 행하여 우리 하나님께 범죄하는 것을 우리가 어찌 용납하겠느냐"(느 13:26-27). 왕이 사례를 아는 박사들에게 물은 것은 역사에서 삶의 모범을 찾는 태도이다(에 1:13).

베드로는 선지자가 예언한 말씀과 예수님이 사도들을 통해 명하신 말씀을 기억하게 할 목적으로 기록을 남겼다(벧후 3:2). 그리고 그 기억은 말세를 당한 그리스도인들이 조롱하는 자들에게 기만당하지 않게 하려는 목적을 갖고 있다. 왜냐하면 세상의 종말에는 조롱하는 자들이 자기의 정욕을 따라 행하며, "주께서 강림하신다는 약속이 어디 있느냐 조상들이 잔 후로부터 만물이 처음 창조될 때와 같이 그냥 있다"(벧후 3:3-4)는 말로 미혹할 것이기 때문이다. 그들은 하늘이 옛적부터 있는 것과 땅이 물에서 나와 물로 성립된 것이 하나님의 말씀으로 말미암는다는 창조사관을 고의로 거부하는 자들이다(벧후 3:5).

그 외에도 성경에는 다양한 사료들에 대한 언급과 인용이 나타나고 있어서 그것이 사료의 인용에 적극적인 책이란 사실을 충분히 입증할 수 있다. 그것들을 열거해 보면 아래와 같다. 「유다 왕 역대지략」, 「이스라엘 왕 역대지략」, 「유다 열왕기」, 「이스라엘 열왕기」, 「솔로몬의 실록」, 「사무엘의 글」, 「나단의 글」, 「갓의 글」, 「예후의 글」, 「메대와 바사 왕들의 일기」, 「이사야의 묵시 책」, 「이스라엘 왕조실록」, 「이스라엘 왕들의 행장」, 「이스라엘 열왕기」, 「유다 열왕기」, 「열왕기 주석」, 「다윗 왕의 역대지략」, 「아히야의 예언」, 「잇도의 묵시 책」, 「야살의 책」, 「바사와 메대의 법률」, 「호새의 사기」, 「엘리아십의 아들 요하난 때까지 역대지략」, 「여호와의 전쟁기」 등이다. 그리고 그 외에 「선지자의 책」, 「옛 기록」, 「지난 날의 역사」와 같은 막연한 표현들도 있다.

(3) 기념하라!

기념하는 행위는 기억을 돕는 것으로서 하나님은 이것을 적극적으로 활용하도록 요구하셨다. 무엇을 기념할 것인가? 먼저 '여호와' (신 6:12) 또는 '여호와의 이름' (출 20:24)이며, '안식일' 이다(출 20:8-11; 5:12-15). 여기 나오는 단어들은 하나님의 창조와 구원 그리고 섭리를 기억하게 하려는 목적을 갖고 있다. 특히 안식일과 관련한 두 구절 모두는 하나님이 요구하시는 바가 '역사를 기억하라' 는 말 하나로 정리할 수 있음을 보여준다. 이렇게 해서 "안식일을 기억하여"(출 20:11)와 "너는 기억하라"(신 5:15)라는 말에서 안식일을 기념하는 행위 그리고 유월절을 비롯한 각종 절기들 속에서 당신의 백성이 창조사관과 구원사관 그리고 섭리사관을 유지하기 바라는 하나님의 마음을 읽을 수 있다. 유월절을 비롯해서 성경에 나오는 모든 절기는 역사적 사건들을 배경으로 하여 하나님이 행하신 일들의 연속이라는 개념을 갖는다.

여기서 더욱 중요한 것은 하나님 또는 하나님이 이루신 일들을 기념하는 행위를 통해 그의 백성이 역사 가운데 계신 하나님을 만난다는 사실이다. 하나님의 백성이 하나님을 기념하는 것은 역사에 근거하여 이루어지는 행위이다. 그래서 하나님은 역사를 기억하는 가운데 나타나신다고 말씀하셨다. 당신을 기념하는 모든 곳에서 복을 주시겠다고 하셨으니 당신이 기억되고, 기념되는 것을 얼마나 기뻐하시는지 알 수 있다. "내게 토단을 쌓고 그 위에 네 양과 소로 네 번제와 화목제를 드리라 내가 내 이름을 기념하게 하는 모든 곳에서 네게 임하여 복을 주리라"(출 20:24). "여호와가 말하노라 매월 초하루와 매 안식일에 모든 혈육이 내 앞에 나아와 예배하리라"(사 66:23). "너희 조상들에게 명령함 같이 안식일을 거룩히 할지어다"(렘 17:22).

유월절을 비롯하여 하나님이 명하신 모든 절기는 기념되어야 할 것들로서 하나님의 역사를 잊지 않게 하려는 공통의 목적을 갖고 있다. 따라서 절기들은 여호와 하나님이 지난 날의 역사를 이끄신 바로 그 하나님(역사의 하나님)이라는 사실을 기억나게 하여(신 6:12), 그의 계명에 순종케 함으로써 당신의 백성이 당신과 함께 천대(신 5:10)와 영원토록(신 5:29, 33) 복을 누리게 하려는 하나님의 선물이다.

하나님이 지키라고 명하신 모든 절기는 과거의 일들을 기념하는 것들로서 과거 역사를 오늘에(신 5:1, 3, 24) 되살려서 살아계신 하나님과 더불어 살게 함으로써 영생을 누리게 하려는 하나님의 계획을 보여주는 것들이다. "너는 매년 세 번 내게 절기를 지킬지니라"(출 23:14). "모세의 명령을 따라 매일의 일과대로 안식일과 초하루와 정한 절기 곧 일년의 세 절기 무교절과 칠칠절과 초막절에 드렸더라"(대하 8:13). "아빕월을 지켜 네 하나님 여호와께 유월절을 행하라 이는 아빕월에 네 하나님 여호와께서 밤에 너를 애굽에서 인도하여 내셨음이라"(신 16:1). "너희는 무교절을 지키라 이 날에 내가 너희 군대를 애굽 땅에서 인도하여 내었음이니라 그러므로 너희가 영원한 규례로 삼아 대대로 이 날을 지킬지니라"(출 12:17). "이스라엘 자손에게 말하여 이르라 일곱째 달 열닷샛날은 초막절이니 여호와를 위하여 이레 동안 지킬 것이라"(레 23:34). "칠칠절 곧 맥추의 초실절을 지키고 세말에는 수장절을 지키라"(출 34:22). 하나님은 모든 정한 절기에는 그의 법도와 율례를 지키며, 또 내 안식일을 거룩하게 하라고 요구하신다(겔 44:24).

하나님을 기억나게 하려는 기념행위는 성경 여러 곳에 나타난다. "이 날을 기념하여 여호와의 절기를 삼아 영원한 규례로 대대로 지킬지니라"(출 12:14). "모세가 백성에게 이르되 너희는 애굽 곧 종 되었던 집에서 나온 그 날을 기념하여 유교병을 먹지 말라"(출 13:3). "이것을 책에 기록하여 기념하게 하고 여호수아의 귀에 외워 들리라 내가 아말렉을 없이하여 천하에서 기억도 못 하게 하리라"(출 17:14). "내가 내 이름을 기념하게 하는 모든 곳에서 네게 임하여 복을 주리라"(출 20:24). "아론이 성소에 들어갈 때에는 이스라엘 아들들의 이름을 기록한 이 판결 흉패를 가슴에 붙여 여호와 앞에 영원한 기념을 삼을 것이니라"(출 28:29).

애굽에서 나오던 중에 요단을 건널 때, 여호와께서 여호수아에게 명하여 돌 열둘을 취하여 이스라엘 백성의 숙영지에 두게 한 후에 하신 말씀에도 기념 행위를 통해 하나님을 기억하기를 바라는 마음이 잘 나타난다. "요단 물이 여호와의 언약궤 앞에서 끊어졌나니 곧 언약궤가 요단을 건널 때에 요단 물이 끊어졌으므로 이 돌들이 이스라엘 자손에게 영원히 기념이 되리라"(수 4:7). 이런 성경의 입장은 올바른 역사지식은 하나님의 백성으로 하여금 그를 떠나지 못하게 한다는 사상과 관련이 깊은 것이다(수 24:31).

실제로 솔로몬은 하나님의 역사를 기억하도록 마련된 절기들을 지킴으로써 자신과 백성이 하나님을 잊지 않도록 하였다. "솔로몬이 낭실 앞에 쌓은 여호와의 제단 위에 여호와께 번제를 드리되 모세의 명령을 따라 매일의 일과대로 안식일과 초하루와 정한 절기 곧 일년의 세 절기 무교절과 칠칠절과 초막절에 드렸더라"(대하 8:12-13).

히스기야는 여호와 보시기에 정직하고, 성전을 정결케 한 사람이다. 그러나 그는 무엇보다도 조상들의 하나님을 강조하는 가운데 역사를 통한 깨우침을 자신의 백성들에게 갖도록 하였다(대하 29:5-11). 그는 이스라엘 백성을 역사의식이 있는 사람들로 만들기 위해 그들로 하여금 유월절을 지키게 하였다. "히스기야가 온 이스라엘과 유다에 사람을 보내고 또 에브라임과 므낫세에 편지를 보내어 예루살렘 여호와의 전에 와서 이스라엘 하나님 여호와를 위하여 유월절을 지키라 하니라"(대하 30:1). "왕이 명령을 내려 브엘세바에서부터 단까지 온 이스라엘에 공포하여 일제히 예루살렘으로 와서 이스라엘 하나님 여호와의 유월절을 지키라 하니 이는 기록한 규례대로 오랫동안 지키지 못하였음이더라"(대하 30:5).

히스기야가 유월절을 지키도록 독려하는 가운데 외친 말은 역사의 하나님을 인정하고 그에게 돌아오라는 것이었다. "이스라엘 자손들아 너희는 아브라함과 이삭과 이스라엘의 하나님 여호와께로 돌아오라 그리하면 그가 너희 남은 자 곧 앗수르 왕의 손에서 벗어난 자에게로 돌아오시리라"(대하

30:6). 또 역사로부터 교훈을 얻으라는 것이었다. “너희 조상들과 너희 형제 같이 하지 말라 그들은 그의 조상들의 하나님 여호와께 범죄하였으므로 여호와께서 멸망하도록 버려 두신 것을 너희가 똑똑히 보는 바니라 그런즉 너희 조상들 같이 목을 곧게 하지 말고 여호와께 돌아와 영원히 거룩하게 하신 전에 들어가서 너희 하나님 여호와를 섬겨 그의 진노가 너희에게서 떠나게 하라”(대하 30:7-8). 하나님 앞에 인정받은 요시야에 대해 성경은 아래와 같이 적고 있다. “요시야가 여호와 보시기에 정직히 행하여 그의 조상 다윗의 모든 길로 행하고 좌우로 치우치지 아니하였더라”(왕하 22:2). 그는 역사에서 교훈 얻을 줄 아는 사람이었다(왕하 22:11-13). 따라서 그는 역사의 오류를 반복하려 하지 않았으며(왕하 23:3), 역사에 근거하여 하나님 앞에 인정받는 민족 공동체를 만들기 위해 노력하였다.

그리고 그런 그의 행위를 상징적으로 잘 보여주는 것이 역사를 생각나도록 유월절을 지키게 하는 일이었다. “왕이 뭇 백성에게 명령하여 이르되 이 언약책에 기록된 대로 너희의 하나님 여호와를 위하여 유월절을 지키라 하매 사사가 이스라엘을 다스리던 시대부터 이스라엘 여러 왕의 시대와 유다 여러 왕의 시대에 이렇게 유월절을 지킨 일이 없었더니 요시야 왕 열여덟째 해에 예루살렘에서 여호와 앞에 이 유월절을 지켰더라”(왕하 23:21-23). 그런 요시야에 대한 칭찬은 대단한 것이었다. “요시야와 같이 마음을 다하며 뜻을 다하며 힘을 다하여 모세의 모든 율법을 따라 여호와께로 돌이킨 왕은 요시야 전에도 없었고 후에도 그와 같은 자가 없었더라”(왕하 23:25).

요시야는 종교개혁을 단행하고, 여호와의 전을 정결케 하는 중에 모세가 전한 여호와의 율법책을 발견하였다(대하 34:14). 율법책의 내용을 알게 된 후에 그는 “우리 조상들이 여호와의 말씀을 지키지 아니하고 이 책에 기록된 모든 것을 준행하지 아니하였으므로 여호와께서 우리에게 쏟으신 진노가 크도다”(대하 34:21)라고 말함으로써 역사에서 교훈을 얻으려는 태도를 보였다. 그래서 그 왕은 여호와의 전 안에서 발견한 언약책의 모든 말씀을 읽어 무리의 귀에 들려주고, 자기 처소에 서서 여호와 앞에서 언약을 세우되 마음을 다하고 목숨을 다하여 여호와를 순종하고 그의 계명과 법도와 율례를 지켜 이 책에 기록된 언약의 말씀을 이루리라 하고 예루살렘과 베냐민에 있는 자들이 다 여기에 참여하게 함으로써 예루살렘 주민이 하나님 곧 그의 조상들의 하나님의 언약을 따르게 하였다(대하 34:30-32).

역사의식이 강한 지도자인 요시야는 이스라엘을 역사의식이 강한 민족으로 만드는 방편 중 하나인 유월절을 모든 백성과 함께 지켰다. "요시야가 예루살렘에서 여호와께 유월절을 지켜 첫째 달 열넷째 날에 유월절 어린 양을 잡으니라"(대하 35:1). "너희는 이스라엘 왕 다윗의 글과 다윗의 아들 솔로몬의 글을 준행하여 너희 족속대로 반열을 따라 스스로 준비하고 너희 형제 모든 백성의 족속의 서열대로 또는 레위 족속의 서열대로 성소에 서서 스스로 성결하게 하고 유월절 어린 양을 잡아 너희 형제들을 위하여 준비하되 여호와께서 모세를 통하여 전하신 말씀을 따라 행할지니라"(대하 35:4-6). 왕을 비롯하여 많은 유력자들이 자신의 가축을 유월절 제물로 내놓음으로써 모든 백성이 하나님 앞에서 유월절을 지키되, 모세의 책에 기록된 대로 하였다(대하 35:7-15).

"선지자 사무엘 이후로 이스라엘 가운데서 유월절을 이같이 지키지 못하였고 이스라엘 모든 왕들도 요시야가 제사장들과 레위 사람들과 모인 온 유다와 이스라엘 무리와 예루살렘 주민과 함께 지킨 것처럼은 유월절을 지키지 못하였더라"(대하 35:18)라는 말은 요시야가 매우 의미 깊고 대대적인 유월절 행사를 거행하였음을 보여준다. 에스라도 역사를 기억나게 해서 하나님께 돌아오게 하려는 의도로 유월절을 지켰다(스 6:19-22).

하나님은 신 · 구약을 막론하고 다양한 방식으로 기념하게 하셨다. "잣나무는 가시나무를 대신하여 나며 화석류는 찔레를 대신하여 날 것이라 이것이 여호와의 기념이 되며 영영한 표징이 되어 끊어지지 아니하리라"(사 55:13). "그 면류관은 헬렘과 도비야와 여다야와 스바냐의 아들 헨을 기념하기 위하여 여호와의 전 안에 두라"(슥 6:14). "이것은 너희를 위하는 내 몸이니 이것을 행하여 나를 기념하라"(고전 11:24). "이것을 행하여 마실 때마다 나를 기념하라"(고전 11:25).

하나님의 역사를 보려면 현상의 이면을 보는 것이 매우 중요하다. 말하자면 그 뜻(의미)을 파악하는 것이 필요하다. 성찬예식에서 떡과 포도주를 가지고 기념하는 행위 자체보다는 그것을 먹고 마시는 자를 위하여 찢고 흘리신 그리스도의 살과 피가 더 의미 있는 것이 아닐까? 그리스도의 살과 피 그리고 그 살의 찢어짐과 피 흘림이 의미하는 바가 더 본질적이고 중요한 것이라는 말이다(눅 22:14-20).

성찬예식은 구약의 유월절을 대체하는 것으로서 신약을 대표하는 기념 행위가 되었다. "떡을 가져 감사기도 하시고 떼어 그들에게 주시며 이르시되 이것은 너희를 위하여 주는 내 몸이라 너희가 이를 행하여 나를 기념하라 하시고 저녁 먹은 후에 잔도 그와 같이 하여 이르시되 이 잔은 내 피로 세우는 새 언약이니 곧 너희를 위하여 붓는 것이라"(눅 22:19-20).

그러나 신약시대의 고린도 교회에서 이미 의식이나 형식에 치우친 성만찬이 발생하였다. 그리고 바울은 그것을 호되게 책망하였다. "내가 너희에게 전한 것은 주께 받은 것이니 곧 주 예수께서 잡히시던 밤에 떡을 가지사 축사하시고 떼어 이르시되 이것은 너희를 위하는 내 몸이니 이것을 행하여 나를 기념하라 하시고 식후에 또한 그와 같이 잔을 가지시고 이르시되 이 잔은 내 피로 세운 새 언약이니 이것을 행하여 마실 때마다 나를 기념하라 하셨으니 너희가 이 떡을 먹으며 이 잔을 마실 때마다 주의 죽으심을 그가 오실 때까지 전하는 것이니라 그러므로 누구든지 주의 떡이나 잔을 합당하지 않게 먹고 마시는 자는 주의 몸과 피에 대하여 죄를 짓는 것이니라 사람이 자기를 살피고 그 후에야 이 떡을 먹고 이 잔을 마실지니 주의 몸을 분별하지 못하고 먹고 마시는 자는 자기의 죄를 먹고 마시는 것이니라"(고전 11:23-29).

오웬(John Owen, 1616-1683)은 성찬과 관련하여 "이것을 행하여 나를 기념하라"(고전 11:24)라는 말씀을 근거로 성찬예식은 기념하는 시간이라고 정의하였다. 그는 계속하여 "자기 자신이 죄인임을 깨달은 사람의 마음에는 그리스도의 속죄를 기억하고 기념하는 것보다 더 큰 기쁨이 없습니다. 또한 그리스도의 속죄를 기억하는 것보다 더 크게 하나님을 영화롭게 할 수 있는 방법도 없습니다"[10]라고 말하였다. 말하자면 성찬예식은 우리의 모든 죄를 속량하신 그리스도의 속죄를 기억하는 자리라는 것이다.[11] 정리해 보면 예수님이 성찬을 통해 요구하신 기념행위는 예수 그리스도의 대속의 죽음을 상징하는 떡과 피를 나눔으로써 그 구속행위에 대한 기억을 지속시키려는 목적을 갖고 있다.

그렇다 하더라도 예수 그리스도의 부활 이후 그의 역사로서 또 미래적 소망의 근거로서 교회사를 통해 가장 크게 기념해야 할 것은 아마도 부활절일 것이다. "청년이 이르되 놀라지 말라 너희가 십자가에 못 박히신 나사렛 예수를 찾는구나 그가 살아나셨고 여기 계시지 아니하니라 보라 그를 두었던 곳이니라"(막 16:6). "미리 본 고로 그리스도의 부활을 말하되 그가 음부에 버림이 되지 않고 그의 육신이 썩음을 당하지 아니하시리라"(행 2:31). "성결의 영으로는 죽은 자들 가운데서 부활하사 능력으로 하나님의 아들로 선포되셨으니 곧 우리 주 예수 그리스도시니라"(롬 1:4).

만약에 그리스도의 부활이 없다면 성경적 신앙을 가진 그리스도인들처럼 허망한 사람도 없을 것이다. 성경이 그것을 말하지 않는가? "그리스도께서 죽은 자 가운데서 다시 살아나셨다 전파되었거늘 너희 중에서 어떤 사람들은 어찌하여 죽은 자 가운데서 부활이 없다 하느냐 만일 죽은 자의 부활이 없으면 그리스도도 다시 살아나지 못하셨으리라 그리스도께서 만일 다시 살아나지 못하셨으면 우리가 전파하는 것도 헛것이요 또 너희 믿음도 헛것이며 또 우리가 하나님의 거짓 증인으로 발견되리니 우리가 하나님이 그리스도를 다시 살리셨다고 증언하였음이라 만일 죽은 자가 다시 살아나는 일이 없으면 하나님이 그리스도를 다시 살리지 아니하셨으리라 만일 죽은 자가 다시 살아나는 일이 없으면 그리스도도 다시 살아나신 일이 없었을 터이요"(고전 15:12-16). "만일 죽은 자들이 도무지 다시 살아나지 못하면 죽은 자들을 위하여 세례를 받는 자들이 무엇을 하겠느냐 어찌하여 그들을 위하여 세례를 받느냐"(고전 15:29).

---

10) 존 오웬, 『나를 기념하라(*Sacramental Discourses*)』, 이태복 역 (서울: 지평서원, 2008), 35

11) Ibid.

바울이 그랬던 것처럼 그리스도인들은 모두 그리스도의 부활을 본받아야 하며, 그것을 위해 날마다 그의 부활을 기념해야 한다. "세례들과 안수와 죽은 자의 부활과 영원한 심판에 관한 교훈의 터를 다시 닦지 말고 완전한 데로 나아갈지니라"(히 6:2). 하나님을 찬송할 이유는 그가 예수 그리스도를 죽은 자 가운데서 부활하게 하심으로 말미암아 그리스도인들을 거듭나게 해서 산 소망이 있게 하셨다는 사실에 있다"(벧전 1:3). "물은 예수 그리스도께서 부활하심으로 말미암아 이제 너희를 구원하는 표니 곧 세례라 이는 육체의 더러운 것을 제하여 버림이 아니요 하나님을 향한 선한 양심의 간구니라"(벧전 3:21). "이 첫째 부활에 참여하는 자들은 복이 있고 거룩하도다 둘째 사망이 그들을 다스리는 권세가 없고 도리어 그들이 하나님과 그리스도의 제사장이 되어 천 년 동안 그리스도와 더불어 왕 노릇 하리라"(계 20:6).

(4) 진리로 살아라!

역사가에게 가장 중요한 덕목이 무엇인가 물으면 아마도 진실을 밝혀내려는 열정이라고 말할 수 있을 것이다. 다시 그리스도인에게 필요한 덕목이 어떤 것들인지 물으면 그 대답에도 진실은 빠지지 않을 것이다. 따라서 역사가와 제사장의 삶을 겸하여 살아야 하는 그리스도인에게 있어서 진실은 양보할 수 없는 미덕이 되는 것이다.

정직한 자가 많은 사람들로부터 환영을 받는다고 단정할 수는 없다. 오히려 성경은 정직한 자가 받을 어려움에 대해 말하고 있다. "무리가 성문에서 책망하는 자를 미워하며 정직히 말하는 자를 싫어하는도다"(암 5:10). 그럼에도 불구하고 하나님의 백성은 선이나 정의, 진실과 같은 미덕을 결코 포기할 것이 아니다. "너희는 살려면 선을 구하고 악을 구하지 말지어다 만군의 하나님 여호와께서 너희의 말과 같이 너희와 함께 하시리라 너희는 악을 미워하고 선을 사랑하며 성문에서 정의를 세울지어다 만군의 하나님 여호와께서 혹시 요셉의 남은 자를 불쌍히 여기시리라"(암 5:14-15).

그렇기 때문에 그리스도인은 상황이 아무리 외롭고 힘들어도 거짓보다는 정직을 선택해야 한다. "경건한 자가 세상에서 끊어졌고 정직한 자가 사람들 가운데 없도다 무리가 다 피를 흘리려고 매복하며 각기 그물로 형제를 잡으려 하고 두 손으로 악을 부지런히 행하는도다 그 지도자와 재판관은 뇌물을 구하며 권세자는 자기 마음의 욕심을 말하며 그들이 서로 결합하니 그들의 가장 선한 자라도 가시 같고 가장 정직한 자라도 찔레 울타리보다 더하도다 그들의 파수꾼들의 날 곧 그들 가운데에 형벌의 날이 임하였으니 이제는 그들이 요란하리로다 너희는 이웃을 믿지 말며 친구를 의지하지 말며 네 품에 누운 여인에게라도 네 입의 문을 지킬지어다 아들이 아버지를 멸시하며 딸이 어머니를 대적하며 며느리가 시어머니를 대적하리니 사람의 원수가 곧 자기의 집안 사람이리로다"(미 7:2-6).

성부, 성자, 성령으로 진리이신 하나님은 당신의 백성에게 진실할 것을 요구하신다. 그런데 사람들에게는 정직하게 산다는 것이 결코 쉬운 일은 아니다. 그것은 때로는 생명을 내놓아야 할 정도로 위험한 일일 수도 있다. 하나님은 진실과 정의와 공의를 그 백성에게 요구하신다(렘 4:2). "피 흘리기를 좋아하는 자는 온전한 자를 미워하고 정직한 자의 생명을 찾느니라"(잠 29:10). 이런 이유 때문에 사람 편에서 볼 때 진리의 기준은 당연히 하나님이 되어야 한다.

아래 인용문은 그 점을 명확히 하고 있다. "유신론적 세계관은 이 세상의 진리를 탐구할 때 진리의 통일된 관점을 제시해 준다. 하나님이 이 세상을 창조하셨기 때문에 모든 사물의 지식은 하나님과 관계하고 궁극적으로는 그것을 지으신 하나님의 목적과 관계한다. 그러므로 이 세상의 모든 진리는 서로 분리되거나 파편적이지 않고 하나님을 향하여 통일된 전체(the unified whole)를 형성한다. 하나님은 이 세상과 우주의 모든 진리의 초점이며 우리 인간이 진리를 추구하는 데 있어서 정위해야 할 궁극적인 준거점이다."[12]

---

12) 김영한, 『포스트모던 시대의 세계관』 (서울: 숭실대학교 출판부, 2008), 418.

신실한 그리스도인은 여호와의 목전에서 정직을 행해야 한다. "네가 만일 네 하나님 여호와의 말씀을 듣고 오늘 내가 네게 명하는 그 모든 명령을 지켜 네 하나님 여호와의 목전에서 정직하게 행하면 이같이 되리라"(신 13:18). "주의 법도들로 말미암아 내가 명철하게 되었으므로 모든 거짓 행위를 미워하나이다"(시 119:104). 그리스도인은 그리스도를 향한 진실함과 깨끗함을 견지해야 한다(고후 11:3). 하나님은 모든 사람이 구원을 받으며 진리를 아는 데 이르기를 원하신다(딤전 2:4). 바울은 믿음과 진리 안에서 이방인의 스승이 되었노라고 고백하였다(딤전 2:7). 교회는 살아 계신 하나님의 교회요, 진리의 기둥과 터(딤전 3:15)라고 했다.

히스기야가 하나님 여호와 보시기에 선과 정의와 진실함으로 행하였다는 말씀(대하 31:20)도 있고, 그가 임박한 자신의 죽음을 알게 되었을 때 "내가 진실과 전심으로 주 앞에 행하며 주께서 보시기에 선하게 행한 것을 기억하옵소서"(왕하 20:3)라고 말하여, 자신의 진실함으로 근거로 하나님께 호소하는 것을 볼 수 있다. 그는 하나님 보시기에 선과 정의와 진실하심으로 행하였다(대하 31:20). 여기서 하나님께서 당신의 종들이 진실하기를 원하신다는 사실을 알게 된다. 요시야도 하나님 보시기에 정직하였다(대하 34:2). "여호와의 이름으로 진실한 것 이외에는 아무것도 말하지 말라"(대하 18:15).

욥은 진실했기 때문에 하나님으로부터 인정을 받았다(욥 1:1, 8; 2:3). 그래서 그는 친구들에게 "이제 원하건대 너희는 내게로 얼굴을 돌리라 내가 너희를 대면하여 결코 거짓말하지 아니하리라"(욥 6:28)라고 말하였다. 그는 자신의 정직함을 하나님께서 아시기를 원했다(욥 31:6). 아첨하는 자는 진실하지 못한 자로서 하나님이나 역사 모두로부터 환영받지 못한다. "나는 결코 사람의 낯을 보지 아니하며 사람에게 영광을 돌리지 아니하리니 이는 아첨할 줄을 알지 못함이라 만일 그리하면 나를 지으신 이가 속히 나를 데려가시리로다"(욥 32:21-22). 엘리후는 자신의 진실함과 하나님의 창조와 생명 주심에 대해 말한다. "내 마음의 정직함이 곧 내 말이며 내 입술이 아는 바가 진실을 말하느니라 하나님의 영이 나를 지으셨고 전능자의 기운이 나를 살리시느니라"(욥 33:3-4).

<시편>에서도 정직에 대해 충분히 강조하고 그것을 요구한다. 정직하게 행하며 공의를 실천하며 마음에 진실을 말하라고 했다(시 15:2). "마음이 정직한 자를 위하여 기쁨을 뿌리시는도다"(시 97:11). "거짓을 행하는 자는 내 집 안에 거주하지 못하며 거짓말하는 자는 내 목전에 서지 못하리로다"(시 101:7). "여호와여 구하오니 내가 주 앞에서 진실과 전심으로 행하며 주의 목전에서 선하게 행한 것을 기억하옵소서"(사 38:3). "정직한 자들이 주의 앞에서 살리이다"(시 140:13) 이처럼 시인들의 노래는 진실한 자들이 하나님 앞에 선다는 내용을 포함하고 있다.

하나님의 언약을 잊어버린 자는 사망으로 음부로 기울어지며, 정직한 자는 땅에 거하고 완전한 자는 땅에 남아 있으나 악인은 땅에서 끊어지고 궤휼한 자는 땅에서 뽑힌다(잠 2:17, 21). 정직하라, 정직한 자에게는 여호와의 도가 산성이 된다(잠 10:29). "속이는 저울은 여호와께서 미워하시나 공평한 추는 그가 기뻐하시느니라"(잠 11:1). "정직한 자의 성실은 자기를 인도하거니와 사악한 자의 패역은 자기를 망하게 하느니라"(잠 11:3). "정직한 자의 공의는 자기를 건지려니와 사악한 자는 자기의 악에 잡히리라"(잠 11:6). "성읍은 정직한 자의 축복으로 인하여 진흥하고 악한 자의 입으로 말미암아 무너지느니라"(잠 11:11).

'진실하라' 는 말은 성경에서 가장 강조되는 신앙윤리 중 하나이다. 특히 <잠언>은 교훈을 주는 글로서 진리에 많은 관심을 보인다. "진리를 말하는 자는 의를 나타내어도 거짓 증인은 속이는 말을 하느니라"(잠 12:17). "진실한 입술은 영원히 보존되거니와 거짓 혀는 잠시 동안만 있을 뿐이니라"(잠 12:19). "거짓 입술은 여호와께 미움을 받아도 진실하게 행하는 자는 그의 기뻐하심을 받느니라"(잠 12:22).

정직과 진실에 대해서는 성경, 특히 <잠언>에서 크게 강조하고 있다. "구부러진 말을 네 입에서 버리며 비뚤어진 말을 네 입술에서 멀리 하라 네 눈은 바로 보며 네 눈꺼풀은 네 앞을 곧게 살펴 네 발이 행할 길을 평탄하게 하며 네 모든 길을 든든히 하라 좌로나 우로나 치우치지 말고 네 발을 악에서 떠나게 하라"(잠 4:24-27). "진실한 입술은 영원히 보존되거니와 거짓 혀는 잠시 동안만 있을 뿐이니라"(잠 12:19). "의인은 거짓말을 미워하나 악인은 행위가 흉악하여 부끄러운 데에 이르느니라"(잠 13:5). "정직하게 행하는 자는 여호와를 경외하여도 패역하게 행하는 자는 여호와를 경멸하느니라"(잠 14:2). "신실한 증인은 거짓말을 아니하여도 거짓 증인은 거짓말을 뱉느니라"(잠 14:5). "미련한 자는 죄를 심상히 여겨도 정직한 자 중에는 은혜가 있느니라"(잠 14:9).

진실을 회피하는 것은 적극적인 의미에서의 악이다. "악한 자의 집은 망하겠고 정직한 자의 장막은 흥하리라"(잠 14:11). "악을 도모하는 자는 잘못 가는 것이 아니냐 선을 도모하는 자에게는 인자와 진리가 있으리라"(잠 14:21). "진실한 증인은 사람의 생명을 구원하여도 거짓말을 뱉는 사람은 속이느니라"(잠 14:25). "악인의 제사는 여호와께서 미워하셔도 정직한 자의 기도는 그가 기뻐하시느니라"(잠 15:8). "게으른 자의 길은 가시 울타리 같으나 정직한 자의 길은 대로니라"(잠 15:19). "인자와 진리로 인하여 죄악이 속하게 되고 여호와를 경외함으로 말미암아 악에서 떠나게 되느니라"(잠 16:6). "의로운 입술은 왕들이 기뻐하는 것이요 정직하게 말하는 자는 그들의 사랑을 입느니라"(잠 16:13). "악을 떠나는 것은 정직한 사람의 대로이니 자기의 길을 지키는 자는 자기의 영혼을 보전하느니라"(잠 16:17).

하나님이 원하시는 바는 진실을 말하는 것이다. 악을 악이라 말하고, 의를 의라 말하는 것이 어려운 일이지만 그리스도인 또는 역사가는 이것을 포기하면 안 된다. "악인을 의롭다 하고 의인을 악하다 하는 이 두 사람은 다 여호와께 미움을 받느니라"(잠 17:15). "진리를 사되 팔지는 말며 지혜와 훈계와 명철도 그리할지니라"(잠 23:23). 바울은 자신의 편지에 거짓말이 없음을 밝혔다. "내가 너희에게 쓰는 것은 하나님 앞에서 거짓말이 아니로다"(갈 1:20). 이사야에게 있어서도 거짓은 경계의 대상이다(사 5:18). 성경은 거짓말을 하는 것이 존귀한 자에게 합당하지 않다고 말한다(잠 17:7). "악인을 의롭다 하고 의인을 악하다 하는 이 두 사람은 다 여호와께 미움을 받느니라"(잠 17:15). "악인을 두둔하는 것과 재판할 때에 의인을 억

울하게 하는 것이 선하지 아니하니라"(잠 18:5). 그리고 거짓 증인은 벌을 면하지 못할 것이고, 거짓말을 뱉는 자는 망할 것(잠 19:5, 9)이라고 하였다.

사람의 진실은 하나님의 인정을 인정받아야 한다. "사람의 행위가 자기 보기에는 모두 정직하여도 여호와는 마음을 감찰하시느니라"(잠 21:2). "공의와 정의를 행하는 것은 제사 드리는 것보다 여호와께서 기쁘게 여기시느니라"(잠 21:3). "속이는 말로 재물을 모으는 것은 죽음을 구하는 것이라 곧 불려다니는 안개니라"(잠 21:6). "악인은 의인의 속전이 되고 사악한 자는 정직한 자의 대신이 되느니라"(잠 21:18). "만일 네 입술이 정직을 말하면 내 속이 유쾌하리라"(잠 23:16). "거짓 증인은 패망하려니와 확실히 들은 사람의 말은 힘이 있느니라"(잠 21:28). "악인은 자기의 얼굴을 굳게 하나 정직한 자는 자기의 행위를 삼가느니라"(잠 21:29). "내가 네게 여호와를 의뢰하게 하려 하여 이것을 오늘 특별히 네게 알게 하였노니 내가 모략과 지식의 아름다운 것을 너를 위해 기록하여 네가 진리의 확실한 말씀을 깨닫게 하며 또 너를 보내는 자에게 진리의 말씀으로 회답하게 하려 함이 아니냐"(잠 22:19-21).

속이는 추를 제하고, 진실한 책망으로 사랑을 받는 것이 필요하다. "한결같지 않은 저울 추와 한결같지 않은 되는 다 여호와께서 미워하시느니라"(잠 20:10). "한결같지 않은 저울 추는 여호와께서 미워하시는 것이요 속이는 저울은 좋지 못한 것이니라"(잠 20:23). 이처럼 세상에서 사는 동안 역사가의 비판의식을 갖고, 바른말을 하는 것이 요구된다. "사람을 경책하는 자는 혀로 아첨하는 자보다 나중에 더욱 사랑을 받느니라"(잠 28:23). 거짓말을 멀리하라(잠 30:9). 전도자 또한 거룩한 진리의 말씀을 기록했다고 말한다(전 12:10).

예레미야는 진리가 성읍을 구한다며 진실할 것을 요구하였다(렘 5:1). 에스겔은 사람과 사람 사이에 진실하게 판단하라고 요구했다(겔 18:8). 예레미야는 자기 이익을 얻으려고 송사 곧 고아의 송사를 공정하게 하지 아니하며 빈민의 재판을 공정하게 판결하지 않기 때문에 하나님이 벌하시고, 보복하신다고 말한다(렘 5:28-29). 또 여호와의 눈은 진리를 찾는다고 한다

(렘 5:3). 예레미야의 탄식은 가장 작은 자로부터 큰 자까지 다 탐욕을 부리며 선지자로부터 제사장까지 다 거짓을 행한다는 사실에서 기인한다(렘 6:13; 8:10).

예루살렘 백성들이 하나님을 떠난 이유는 거짓을 고집하기 때문이었다(렘 8:5). 그래서 하나님은 그들에 대해 "정직을 말하지 아니하며 그들의 악을 뉘우쳐서 내가 행한 것이 무엇인고 말하는 자가 없고 전쟁터로 향하여 달리는 말 같이 각각 그 길로 행하도다"(렘 8:6)라고 말씀하셨다. 그러나 선지자와 역사가는 불이익을 감수하면서라도 진실을 말해야 한다. "바벨론 군대는 예루살렘을 에워싸고 선지자 예레미야는 유다의 왕의 궁중에 있는 시위대 뜰에 갇혔으니 이는 그가 예언하기를 여호와의 말씀에 보라 내가 이 성을 바벨론 왕의 손에 넘기리니 그가 차지할 것이며 유다 왕 시드기야는 갈대아인의 손에서 벗어나지 못하고 반드시 바벨론 왕의 손에 넘겨진 바 되리니 입이 입을 대하여 말하고 눈이 서로 볼 것이며 그가 시드기야를 바벨론으로 끌어 가리니 시드기야는 내가 돌볼 때까지 거기에 있으리라 여호와께서 이와 같이 말씀하시니라 너희가 갈대아인과 싸울지라도 승리하지 못하리라 하셨다 하였더니 유다 왕 시드기야가 이르되 네가 어찌하여 이같이 예언하였느냐 하고 그를 가두었음이었더라"(렘 32:2-5).

정직한 자에게는 하나님의 교통하심이 있다(잠 3:32). 그러나 악을 행하는 자는 사악한 입술이 하는 말을 잘 듣고 거짓말을 하는 자는 악한 혀가 하는 말에 귀를 기울인다(잠 17:4). 여호와께서 미워하시는 몇 가지 악이 있으며, 그것들의 공통점은 진실하지 못한 것이다. "여호와께서 미워하시는 것 곧 그의 마음에 싫어하시는 것이 예닐곱 가지이니 곧 교만한 눈과 거짓된 혀와 무죄한 자의 피를 흘리는 손과 악한 계교를 꾀하는 마음과 빨리 악으로 달려가는 발과 거짓을 말하는 망령된 증인과 및 형제 사이를 이간하는 자이니라"(잠 6:16-19). 왜 진실해야 하는가? 정직한 자의 입이 사람을 구하기 때문이다(잠 12:6).

하나님의 사람은 진실하고 정의로우며, 소외당한 자들에게 보편적 사랑을 베풀되 하나님 이외의 신들을 따르지 말아야 한다. "만일 길과 행위를 참으로 바르게 하여 이웃들 사이에 정의를 행하며 이방인과 고아와 과부를 압제하지 아니하며 무죄한 자의 피를 이 곳에서 흘리지 아니하며 다른 신들 뒤를 따라 화를 자초하지 아니하면 내가 너희를 이 곳에 살게 하리니 곧 너희 조상에게 영원무궁토록 준 땅에니라"(렘 7:5-7). 반면에 무익한 거짓말을 의존하고, 도둑질하며 살인하며 간음하며 거짓 맹세하며 바알에게 분향하며, 알지 못하는 다른 신들을 따르면서 하나님의 이름으로 일컬음을 받는 집에 들어와서 구원을 얻었다고 말하는 자들에 대해 하나님은 가증하다고 말씀하셨다(렘 7:8-10).

지혜는 진실함이요, 하나님을 경외함이다. "너희는 들을지어다 내가 가장 선한 것을 말하리라 내 입술을 열어 정직을 내리라 내 입은 진리를 말하며 내 입술은 악을 미워하느니라 내 입의 말은 다 의로운즉 그 가운데에 굽은 것과 패역한 것이 없나니 이는 다 총명 있는 자가 밝히 아는 바요 지식 얻은 자가 정직하게 여기는 바니라 너희가 은을 받지 말고 나의 훈계를 받으며 정금보다 지식을 얻으라 대저 지혜는 진주보다 나으므로 원하는 모든 것을 이에 비교할 수 없음이니라 나 지혜는 명철로 주소를 삼으며 지식과 근신을 찾아 얻나니 여호와를 경외하는 것은 악을 미워하는 것이라 나는 교만과 거만과 악한 행실과 패역한 입을 미워하느니라 내게는 계략과 참 지식이 있으며 나는 명철이라"(잠 8:6-14).

그렇기 때문에 입술로 속이는 사람은 하나님을 두려워하지 않는 자이다(잠 24:28). 하나님의 말씀과 객관적 사실 이 두 가지는 기독교인 역사가나 학자들에게 있어서 어떤 일이 있어도 포기할 수 없는 핵심 요소이다. "정직한 자들의 후손에게 복이 있으리로다"(시 112:2). 그리고 하나님은 정직한 자들에게 선대하시는 분이다(시 125:4). "자기의 이웃을 쳐서 거짓 증거하는 사람은 방망이요 칼이요 뾰족한 화살이니라"(잠 25:18). "거짓말 하는 자는 자기가 해한 자를 미워하고 아첨하는 입은 패망을 일으키느니라"(잠 26:28).

"오직 공의롭게 행하는 자, 정직히 말하는 자, 토색한 재물을 가증히 여기는 자, 손을 흔들어 뇌물을 받지 아니하는 자, 귀를 막아 피 흘리려는 꾀를 듣지 아니하는 자, 눈을 감아 악을 보지 아니하는 자, 그는 높은 곳에 거하리니 견고한 바위가 그의 요새가 되며 그의 양식은 공급되고 그의 물은 끊어지지 아니하리라"(사 33:15-16). 여기 언급된 것들이야말로 역사가와 그리스도인에게 필요한 덕목들이다.

하나님은 진실함으로 장가들겠다는 표현을 사용하여 진실함의 가치를 높이시고 있다. "내가 네게 장가 들어 영원히 살되 공의와 정의와 은총과 긍휼히 여김으로 네게 장가 들며 진실함으로 네게 장가 들리니 네가 여호와를 알리라"(호 2:19-20). 진실 없음에 대한 하나님의 탄식을 들어보라. "여호와께서 이 땅 주민과 논쟁하시나니 이 땅에는 진실도 없고 인애도 없고 하나님을 아는 지식도 없고 오직 저주와 속임과 살인과 도둑질과 간음뿐이요 포악하여 피가 피를 뒤이음이라"(호 4:1-2). "너희가 행할 일은 이웃과 더불어 진리를 말하며 너희 성문에서 진실하고 화평한 재판을 베푸는 것이다"(슥 8:16). 하나님의 말씀은 "오직 너희는 진리와 화평을 사랑할지니라"(슥 8:19)이다.

체포되어 죽기까지 진실을 말하는 세례요한의 자세(마 14:1-12)와 나단 선지자가 다윗 앞에 나서 담대히 책망하는 모습(삼하 12:1-5)은 그리스도인들에게 귀감이 된다. 바울은 자신이 진실을 말한다고 고백하였다. "내가 그리스도 안에서 참말을 하고 거짓말을 아니하노라"(롬 9:1). 누가 "순전하고 진실함의 누룩 없는 떡"(고전 5:8)이 될 것인가? 바울은 그리스도의 진리가 자신 안에 있다고 말했으며(고후 11:10), 자신이 거짓말 하지 않는 것을 하나님이 아시며(고후 11:31), 자신이 참말을 한다고도 했다(고후 12:6). 우리는 진리를 거슬러 아무 것도 할 수 없고 오직 진리를 위할 뿐이라고도 했다(고후 13:8). 또 진리를 믿지 않고 불의를 좋아하는 모든 자들은 심판을 받게 된다고 믿었다(살후 2:12). 아울러 그는 "너희가 서로 거짓말을 하지 말라"(골 3:9)라고 요구하였다.

그리스도의 몸의 지체가 된 자들은 변화를 입어야 한다. 그들에 대한 바울의 요구는 참된 것을 말하며, 진리 안에 거하는 새 사람이 되라는 것이다. "이방인이 그 마음의 허망한 것으로 행함 같이 행하지 말라 그들의 총명이 어두워지고 그들 가운데 있는 무지함과 그들의 마음이 굳어짐으로 말미암아 하나님의 생명에서 떠나 있도다 그들이 감각 없는 자가 되어 자신을 방탕에 방임하여 모든 더러운 것을 욕심으로 행하되 오직 너희는 그리스도를 그같이 배우지 아니하였느니라 진리가 예수 안에 있는 것 같이 너희가 참으로 그에게서 듣고 또한 그 안에서 가르침을 받았을진대 너희는 유혹의 욕심을 따라 썩어져 가는 구습을 따르는 옛 사람을 벗어 버리고 오직 너희의 심령이 새롭게 되어 하나님을 따라 의와 진리의 거룩함으로 지으심을 받은 새 사람을 입으라"(엡 4:18-24).

진리는 그리스도인이 취할 당연한 삶의 모습이다. 주안에서 빛으로 거듭난 자들인 성도는 착함과 의로움과 진실함의 열매로 자신을 드러내야 한다(엡 5:9). 바울은 성도들에게 진리로 허리띠를 띠라고 요구한다(엡 6:14). 그리스도인은 진실하여야 한다(빌 1:10). 그는 아첨의 말이나 탐심의 탈을 쓰지 말아야 한다(살전 2:5). 멸망하는 자들은 진리의 사랑을 받지 아니하여 구원을 얻지 못한다(살후 2:10). 진리를 믿지 않는 자들은 심판을 받는다(살후 2:12). 진리를 믿음으로 구원을 얻게 된다(살후 2:13). 믿는 자들과 진리를 아는 자들을 동격으로 쓰는 사실(딤전 4:3)에 주목할 가치가 있다.

진리와 관련해서 베드로는 어떤 태도를 취했는가? "하나님 앞에서 너희의 말을 듣는 것이 하나님의 말씀을 듣는 것보다 옳은가 판단하라 우리는 보고 들은 것을 말하지 아니할 수 없다"(행 4:19-20). 베드로는 심판과 관련지으면서 사실의 가치에 대해 강조하여 말하였다. "이방인도 산 자와 죽은 자를 심판하기로 예비하신 이에게 사실대로 고한다"(벧전 4:5). 야고보도 진리를 거스려 거짓말하지 말라고 요구하였다(약 3:14).

요한은 진리 또는 거짓이란 말에 대한 깊은 인식을 갖고 있었다(요일 1:6, 8, 10; 2:4, 21, 22). 그는 '진리를 아는 모든 자', '영원히 우리와 함께할 진리', '진리와 사랑 가운데서', '진리에 행하는 자' 등의 표현을 통해 진실의 가치를 높이고 있다(요이 1:1-3). 하나님의 음성에 귀를 기울여보라. "내가 내 자녀들이 진리 안에서 행한다 함을 듣는 것보다 더 기쁜 일이 없도다"(요삼 1:4). 거짓말 하는 자들은 성도들의 발 앞에 절하게 된다

(계 3:9)고도 말했다. '속량함을 받은 십사만 사천' 이나 '속량함을 받아 처음 익은 열매로 하나님과 어린 양에게 속한 자들' 은 거짓말을 하지 않는, 즉 진실한 자들이다(계 14:3-5). 요한은 진실한 자들이 이긴다고 했다(계 17:14). 거룩한 성 예루살렘에는 오직 어린 양의 생명책에 기록된 자들만 들어간다. 반면에 들어가지 못하는 자는 속된 것이나 가증한 일 또는 거짓말하는 자라고 했으니 하나님이 원하시는 진실성을 여기서 볼 수 있다(계 21:27).

하나님이 스스로 진실하시며, 거짓을 싫어하시는 분으로서 당신의 백성에게도 진실할 것을 요구하신다면 객관적 진실을 밝히는 것을 자신의 본분으로 삼는 역사가의 삶은 세상을 바르게 살아가려는 사람들, 그리고 하나님의 존재를 인정하는 그리스도인들에게 더욱 더 절실한 것이다. 역사학의 아버지라고 불리는 헤로도토스는 사실을 밝혀내기 위하여 탐구자의 자세를 견지하였다. 또 근대 역사학의 아버지로 불리는 랑케는 '발생한 그대로의 사실' 을 밝히는 데에 역사가의 책임이 있다고 보았다.

이처럼 랑케가 있었던 그대로의 객관적인 사실을 추구하는 데 역사가의 책무를 두었음에도 불구하고, 있었던 그대로의 역사는 고상한 꿈으로 머물러 있을 수밖에 없다는 것이 역사가들이 공히 인정하는 한계이다. 여기서 주목할 것은 하나님에 대한 성경적 신앙에 근거한 역사관을 갖는 기독교인 역사가의 경우에도 자신이 탐구하고, 서술한 역사에 정관사를 붙일 수 없다는 엄연한 사실이다. 정관사를 소유할 진정한 역사는 과거와 미래까지도 현재로 보실 수 있는 하나님의 것일 뿐이다. 이런 점에서 볼 때 일반 역사가뿐만 아니라 기독교인 역사가 또한 철저하게 겸손한 자세를 유지해야 한다.

역사란 발생한 사실(또는 과거) 자체를 의미하거나 그것에 관한 기록을 의미하는 경우가 많다. 어떤 의미에서 보면 기록은 지나간 사실 자체를 보존하려는 사람의 욕망에서 나온 것일 수도 있다. 그런 점에서 객관적 사실의 보존이나 추구는 역사가나 그리스도인 둘 모두에게 있어서 결코 포기될 수 없는 항목이다. 역사가가 주어진 과거를 객관적 사실이란 차원에서 소중하게 여겨야 한다면, 그리스도인은 하나님이 허락하신 유일한 과거란 점에서 그것을 밝히는 일에 소홀히 할 수가 없는 것이다.

다시 말하면 과거, 즉 역사는 하나님이 어떤 이유에서든 허용하신 사실이란 점에서 신성한 것이다. "스스로 속이지 말라 하나님은 업신여김을 받지 아니하시나니 사람이 무엇으로 심든지 그대로 거두리라 자기의 육체를 위하여 심는 자는 육체로부터 썩어질 것을 거두고 성령을 위하여 심는 자는 성령으로부터 영생을 거두리라"(갈 6:7-8). 인간의 의지와 역할에 의해 하나님이 피동적으로 움직여진다고 보는 생각에 대응해서 일어난 과거의 사실은 하나님의 영역주권 밖의 일이 아니라고 말할 수 있다. 왜냐하면, 하나님의 의지와 허용 없이는 어떤 일도 이루어지지 않기 때문이다. 그렇기 때문에 일어난 과거의 사건들 즉 역사는 신성한 것이다.

"입술을 닫는 자는 악한 일을 이루느니라(He who purses his lips is bent on evil)"(잠 16:30)라는 말씀은 역사가와 그리스도인에게 행함의 용기를 요구하는 말로 들린다. 레비(Primo Michele Levi, 1919-1987)는 나찌즘에 동의한 것에 대한 무죄를 증명하고자 대다수 독일인들이 무지를 이용했다며 그들에 대해 "눈, 귀, 입을 모두 닫고 눈앞에서 무엇이 일어나든지 상관하지 않았다. 때문에 자신은 공범이 아니라는 환상을 만들어낸 것이다"[13]라고 평하였다. 이처럼 비겁하거나 악해서 눈을 감고 입술을 닫게 되는 일은 진리에 대한 열정과 용기가 없는 사람에게 흔히 있는 일이다. "불의한 자는 의인에게 미움을 받고 바르게 행하는 자는 악인에게 미움을 받느니라"(잠 29:27).

그러나 진리를 위해 무엇인가를 포기하고, 또 감수하는 것과 같은 역사가의 자세가 그리스도인에게는 절실하다. 이사야가 무엇을 위해 말한 것인가? "오직 공의롭게 행하는 자, 정직히 말하는 자, 토색한 재물을 가증히 여기는 자, 손을 흔들어 뇌물을 받지 아니하는 자, 귀를 막아 피 흘리려는 꾀를 듣지 아니하는 자, 눈을 감아 악을 보지 아니하는 자, 그는 높은 곳에 거하리니 견고한 바위가 그의 요새가 되며 그의 양식은 공급되고 그의 물은 끊어지지 아니하리라"(사 33:15-16).

---

13) 서경식, 『시대의 증언자 쁘리모 레비를 찾아서(プリーモレーヴィへの旅)』, 박광현 역 (파주: 창비, 2006), 221.

3. 하나님의 역사는 믿음으로 안다

(1) 역사의 왜곡에서 시작하는 죄(罪)

에덴에서 인류의 조상이 처음 죄를 범할 때 발생한 일은 사실의 왜곡이었다. 뱀은 하와에게 다가와 "하나님이 참으로 너희에게 동산 모든 나무의 열매를 먹지 말라 하시더냐"(창 3:1)라고 물었다. 물음 자체에 이미 사실을 왜곡하려는 의도가 있었다. 모든 나무의 열매라니…. 연이은 하와의 대답에도 왜곡이 나타난다. "동산 중앙에 있는 나무의 열매는 먹지도 말고 만지지도 말라 너희가 죽을 까 하노라"(창 3:3)였으니 '만지지도 말라'는 말은 "선악을 알게 하는 나무의 열매는 먹지 말라 네가 먹는 날에는 반드시 죽으리라"(창 2:17)라는 하나님의 말씀과 차이가 있는 것이다. 이처럼 인류가 하나님께 범한 최초의 죄는 사실의 왜곡과 함께 시작되었다.

인류 역사상 첫 번째 살인자로 기록된 가인은 어떠했는가? 그는 동생 아벨을 쳐죽여 놓고(창 4:8), 여호와께서 "네 아우 아벨이 어디 있느냐"(창 4:9)라고 물으셨을 때 곧바로 "내가 알지 못하나이다 내가 내 아우를 지키는 자니이까"(창 4:9)라면서 사실을 왜곡하고, 또 반문하는 뻔뻔스러움을 보여주었다. 이상 두 가지 사례에서 죄는 사실이나 역사의 왜곡과 매우 긴밀한 관계에 있음을 보게 된다.

그러나 하나님은 진실한 역사가 밝혀질 때 가장 기뻐하신다. 그래서 그는 기회만 있으면 '역사를 기억하라'고 요구하신다. 역사를 바로 기억하는 사람은 감사를 드리게 되며, 그것으로 하나님을 영화롭게 함으로써 구원을 얻게 된다. 반면에 하나님이 이끄신 역사를 잊어버리는 사람은 하나님으로부터 멀어지고 엉뚱한 예배와 삶을 선택하게 되어 결과적으로는 찢어지고, 팔리는 자가 된다. "하나님을 잊어버린 너희여 이제 이를 생각하라 그렇지 아니하면 내가 너희를 찢으리니 건질 자 없으리라 감사로 제사를 드리는 자가 나를 영화롭게 하나니 그의 행위를 옳게 하는 자에게 내가 하나님의 구원을 보이리라"(시 50:22-23).

성경은 이스라엘 자손이 여호와의 목전에 악을 행하여 자기들의 하나님 여호와를 잊어버리고 바알들과 아세라들을 섬겼기 때문에 여호와께서 이스라엘에게 진노하사 그들을 메소보다미아 왕 구산 리사다임의 손에 파셨다고 하였다(삿 3:7-8). 그렇다면 하나님은 언제 사람을 찢으시는가? 하나님을 잊을 때이다. 반면에 하나님을 잊고 등진 상태에서 정상을 회복하는 것은 돌아서서 하나님에게로 돌아가고, 그를 잘 아는 것이다.

그래서 하나님의 사람들은 열심히 주를 알아야 하는데, 그 방법 중 하나가 역사를 통해 이루어지는 지식의 증대이다. "오라 우리가 여호와께로 돌아가자 여호와께서 우리를 찢으셨으나 도로 낫게 하실 것이요 우리를 치셨으나 싸매어 주실 것임이라 여호와께서 이틀 후에 우리를 살리시며 셋째 날에 우리를 일으키시리니 우리가 그의 앞에서 살리라 그러므로 우리가 여호와를 알자 힘써 여호와를 알자 그의 나타나심은 새벽 빛 같이 어김없나니 비와 같이, 땅을 적시는 늦은 비와 같이 우리에게 임하시리라"(호 6:1-3). "나는 인애를 원하고 제사를 원하지 아니하며 번제보다 하나님을 아는 것을 원하노라"(호 6:6). 이스라엘 백성과 아론이 금송아지를 만든 사건에서 나타나듯이 하나님은 당신이 이끄신 역사를 부정하거나 왜곡하는 것을 매우 싫어하신다(신 9:11-20).

하나님을 잊는 자[14]의 행위는 어떤 것인가? "네 가운데에 피를 흘리려고 뇌물을 받는 자도 있었으며 네가 변돈과 이자를 받았으며 이익을 탐하여 이웃을 속여 빼앗았으며 나를 잊어버렸도다"(겔 22:12). 하나님을 잊는 것은 곧 사망이다. 그리고 구원의 하나님을 잊지 않기 위해서는 역사를 섭리하신 하나님을 반복적으로 만나야 한다. "그 날에 그 견고한 성읍들이 옛적에 이스라엘 자손 앞에서 버린 바 된 수풀 속의 처소와 작은 산 꼭대

---

14) 독일어 성경에서는 〈시편〉 1편에서와 같이 '악인'을 표기할 때 '행악자(Übeltäter)'라는 말과 함께 '무신론자(Gottloser)'라는 의미의 단어를 자주 사용한다. 무신론이 하나님을 인정하지 않는 근본적인 죄가 된다는 점에서 충분히 이해할 수 있는 현상이다. 사람들은 먼저 하나님의 역사를 왜곡하고, 그 다음에 하나님 자체를 인정하지 않게 됨으로써 하나님 앞에 죄인이 된다.

기의 처소 같아서 황폐하리니 이는 네가 네 구원의 하나님을 잊어버리며 네 능력의 반석을 마음에 두지 아니한 까닭이라"(사 17:9-10).

그러나 신실한 주의 종들은 하나님을 기억하기 위해 노력한다. "여호와여 주께서 심판하시는 길에서 우리가 주를 기다렸사오며 주의 이름을 위하여 또 주를 기억하려고 우리 영혼이 사모하나이다"(사 26:8). 하나님을 잊는 것은 곧 역사를 망각하는 것이요, 따라서 거짓을 신뢰하는 것이 된다(렘 13:25). 하나님이 이끄신 역사를 먼저 잊고, 그 다음 하나님을 잊게 되어, 마침내 헛된 신을 찾아가는 것이 평범한 사람들이 타락하고, 죽음에 이르는 과정이다.

이스라엘의 파멸 원인도 하나님을 잊은 데서 시작되는 헛된 것의 숭배에 있었다. "이는 그들이 자기 하나님 여호와의 언약을 버리고 다른 신들에게 절하고 그를 섬긴 까닭이라"(렘 22:9). "바알로 말미암아 범죄하므로 망하였거늘 이제도 그들은 더욱 범죄하여 그 은으로 자기를 위하여 우상을 부어 만들되 자기의 정교함을 따라 우상을 만들었으며 그것은 다 은장색이 만든 것이거늘 그들은 그것에 대하여 말하기를 제사를 드리는 자는 송아지와 입을 맞출 것이라 하도다"(호 13:1-2).

그런 이유에서 이사야는 역사에 관심도 없고, 무지한 자들에게 화가 있을 것이라고 경고하였던 것이다. "그들이 연회에는 수금과 비파와 소고와 피리와 포도주를 갖추었어도 여호와께서 행하시는 일에 관심을 두지 아니하며 그의 손으로 하신 일을 보지 아니하는도다 그러므로 내 백성이 무지함으로 말미암아 사로잡힐 것이요 그들의 귀한 자는 굶주릴 것이요 무리는 목마를 것이라"(사 5:12-13).

여기서 중요한 것은 이사야가 광야에서 겪은 이스라엘의 역사를 소개함으로써 하나님에 대한 이스라엘 백성들의 기억을 회복시키고자 하였다는 사실이다. "여호와께서 그들을 사막으로 통과하게 하시던 때에 그들이 목마르지 아니하게 하시되 그들을 위하여 바위에서 물이 흘러나게 하시며 바위를 쪼개사 물이 솟아나게 하셨느니라"(사 48:21).

하나님은 역사 속에서 일하신 당신[15]을 망각하고, 다른 신이나 세속사관[16]에 사로잡히면 이스라엘 자손도 버릴 수 있는 분임을 스스로 보여주셨다. "주께서 주의 백성 야곱 족속을 버리셨음은 그들에게 동방 풍속이 가득하며 그들이 블레셋 사람들 같이 점을 치며 이방인과 더불어 손을 잡아 언약하였음이라 그 땅에는 은금이 가득하고 보화가 무한하며 그 땅에는 마필이 가득하고 병거가 무수하며 그 땅에는 우상도 가득하므로 그들이 자기 손으로 짓고 자기 손가락으로 만든 것을 경배하여 천한 자도 절하며 귀한 자도 굴복하오니 그들을 용서하지 마옵소서"(사 1:6-9). "그가 귀고리와 패물로 장식하고 그가 사랑하는 자를 따라가서 나를 잊어버리고 향을 살라 바알들을 섬긴 시일대로 내가 그에게 벌을 주리라 여호와의 말씀이니라"(호 2:13).

하나님, 그러나 의미상으로는 그가 이끄신 역사를 망각하는 사람들에 대한 하나님의 탄식은 깊기만 하다. "처녀가 어찌 그의 패물을 잊겠느냐 신부가 어찌 그의 예복을 잊겠느냐 오직 내 백성은 나를 잊었나니 그 날 수는 셀 수 없거늘…네가 어찌하여 네 길을 바꾸어 부지런히 돌아다니느냐 네가 앗수르로 말미암아 수치를 당함 같이 또한 애굽으로 말미암아 수치를 당할 것이라 네가 두 손으로 네 머리를 싸고 거기서도 나가리니 이는 네가 의지하는 자들을 나 여호와가 버렸으므로 네가 그들로 말미암아 형통하지 못할 것임이라"(렘 2:32-37).

---

15) 하나님은 심판이나 자비와 같은 행위를 통해 역사에 개입하시며, 역사를 구원과 심판이라는 목적을 향해 일직선으로 인도하시고, 자신이 계획한 목적으로 이끌어 가신다는 섭리사상은 기독교 역사관의 두드러진 특징이다. 데이빗 베빙톤, 『역사관의 유형(*Patterns in history*)』, 김진홍, 조호연 역 (서울: IVP, 1997), 291.

16) 성경적 신앙에 근거한 세계관 또는 역사관 이외의 것들은 사람의 타락으로 인해 하나님이 창조하신 피조 세계의 모든 측면을 반영하지 못하고 특정한 측면만을 중심적 차원 내지 절대적인 것으로 부각시켜 현실의 종합적 측면과 부합하지 못한다. 아울러 상대적으로나마 현실을 옳게 반영하는 측면마저도 인간의 타락으로 인해 그 실현과정이 왜곡되기 쉬워서 그들 각각의 세계관이나 역사관은 한계를 내포하며, 위기에 노출되게 된다. 이흥기, "기독교 역사학은 어떻게 가능한가?" 『신앙과 학문』, 제8권 제1호 (2003), 버터필드는 역사를 진행시키는 동인들의 차원에서 역사관을 섭리사관과 세속사관의 둘로 나누는데, 이는 역사의 주인이신 하나님을 기억하느냐, 망각하느냐의 차원에서 나눌 수 있는 것이다.

이스라엘 자손은 그들의 길을 굽게 하며 자기 하나님 여호와를 잊어버렸다(렘 3:21). 거짓을 예언하는 자들은 하나님의 사람들로 하여금 하나님과 그의 역사를 잊게 하려는 데 그들의 목표를 두고 있었다. "그들의 조상들이 바알로 말미암아 내 이름을 잊어버린 것 같이 내 백성으로 내 이름을 잊게 하려 함이로다"(렘 23:27). 얼마나 잘못된 것인가? 서기관들과 바리새인들을 향한 책망을 생각나게 한다. "화 있을진저 외식하는 서기관들과 바리새인들이여 너희는 교인 한 사람을 얻기 위하여 바다와 육지를 두루 다니다가 생기면 너희보다 배나 더 지옥 자식이 되게 하는도다"(마 23:15).

하나님을 잊는 것은 내용적으로 하나님이 하신 일 즉 역사를 망각하는 것과 같은 의미가 된다. "야곱이 애굽에 들어간 후 너희 조상들이 여호와께 부르짖으매 여호와께서 모세와 아론을 보내사 그 두 사람으로 너희 조상들을 애굽에서 인도해 내어 이 곳에 살게 하셨으나 그들이 그들의 하나님 여호와를 잊은지라"(삼상 12:8-9). 느헤미야는 지극히 크고 두려운 주를 기억하라고 요구하였다(느 4:14). 결국 하나님의 백성은 하나님의 역사를 잊음으로써 그를 배반하게 된다(시 78:11-17). 그러나 신실한 하나님의 사람은 "여호와의 일들을 기억하며 주께서 옛적에 행하신 기이한 일을 기억하리이다"(시 77:11)라고 노래한다.

하나님의 역사를 잊는 행위는 결과적으로 하나님을 격동한다(시 78:40 이하). "우리의 조상들이 애굽에 있을 때 주의 기이한 일들을 깨닫지 못하며 주의 크신 인자를 기억하지 아니하고 바다 곧 홍해에서 거역하였나이다"(시 106:7). 죄는 기억을 못하게 한다. 즉 그것은 하나님의 역사를 잊게 만든다. "그 죄악을 항상 여호와 앞에 있게 하사 그들의 기억을 땅에서 끊으소서"(시 109:15). 또한 하나님의 역사를 망각하면 죄를 짓게 된다. "주께서 그들 가운데에서 행하신 기사를 기억하지 아니하고 목을 굳게 하며 패역하여 스스로 한 우두머리를 세우고 종 되었던 땅으로 돌아가고자 하였나이다"(느 9:17). 여기서 느헤미야는 역사를 망각함으로써 범죄하게 되는 것을 정확하게 지적하고 있다.

성경을 통해 알 수 있는 것은 세속을 등지고, 하나님의 섭리에 순응하라는 하나님의 요구가 그의 백성들을 향해 지속적으로 있어 왔다는 사실이다. "무릇 애굽으로 들어가서 거기에 머물러 살기로 고집하는 모든 사람은 이와 같이 되리니 곧 칼과 기근과 전염병에 죽을 것인즉 내가 그들에게 내리는 재난을 벗어나서 남을 자 없으리라"(렘 42:17). "유다의 남은 자들아 여호와께서 너희를 두고 하신 말씀에 너희는 애굽으로 가지 말라 하셨고 나도 오늘 너희에게 경고한 것을 너희는 분명히 알라"(렘 42:19). 하나님의 역사를 망각하는 것은 사람을 세속으로 이끄는 경향이 있다.[17)]

따라서 하나님 즉 하나님의 역사에 대한 망각이나 왜곡은 죽음에 이르는 첩경이라고 말할 수 있다. 역사를 망각하면, 즉 역사를 이끄신 하나님을 버리면 재앙을 받게 된다. "그들이 자기 조상들을 애굽 땅에서 인도하여 내신 자기 하나님 여호와를 버리고 다른 신들에게 붙잡혀서 그것들을 경배하여 섬기므로 여호와께서 이 모든 재앙을 그들에게 내리셨다"(대하 7:22). 모세가 산에 올라간 이후 아론과 그 백성들이 벌인 사건은 죄의 시작이 하나님과 그의 역사에 대한 망각 혹은 왜곡에서 시작하는 것을 분명하게 보여준다.

모세와 함께 애굽에서 탈출하는 과정에서 함께 하나님을 체험하고, 그의 역사를 목격한 사람들로서는 할 수 없는 일을 그들이 벌인 것이다. "백성이 모세가 산에서 내려옴이 더딤을 보고 모여 백성이 아론에게 이르러 말하되 일어나라 우리를 위하여 우리를 인도할 신을 만들라 이 모세 곧 우리를 애굽 땅에서 인도하여 낸 사람은 어찌 되었는지 알지 못함이니라"(출 32:1). 여기서 보면 이스라엘 백성은 모세가 이끈 역사를, 적어도 이 말을 하는 순간까지는 인정하고 있는 것 같다.

---

17) 버터필드가 역사관에 대해 기본적으로 세속사관과 섭리사관이 존재한다고 보았던 것은 이런 상황파악과 관련이 있어 보인다. 역사관을 구분하는 버터필드의 방식에서는 하나님의 섭리 즉 섭리사관을 받아들이지 않는 사람들에게서는 눈에 보이는 하나님에 대한 유혹과 함께 우상이나 영웅사관 아니면 운명론적인 법칙사관으로 기울어지는 경향이 나타난다. 허버트 버터필드, 『크리스천과 역사해석(*Herbert Butterfield: Writings on Christianity and History*)』, 김상신 역 (서울: 대한기독교서회, 1982), 68-69.

그러나 금송아지가 만들어지자 그들의 말은 곧바로 바뀌었다. "아론이 그들의 손에서 금 고리를 받아 부어서 조각칼로 새겨 송아지 형상을 만드니 그들이 말하되 이스라엘아 이는 너희를 애굽 땅에서 인도하여 낸 너희의 신이로다 하는지라"(출 32:4). 여기서 아론은 참된 지도자가 아니다. 그는 지도자의 자리에 앉아 있을 뿐이지, 무지몽매한 백성들과 함께 역사왜곡의 한 가운데 빠지고 말았다.

이스라엘 자손이 이민족의 침입으로 고통당하며, 하나님께 징벌을 받는 이유는 무엇인가? 하나님이 이끄신 역사를 망각함으로써 하나님을 배반하게 되기 때문이다. "이 일은 이스라엘 자손이 자기를 애굽 땅에서 인도하여 내사 애굽의 왕 바로의 손에서 벗어나게 하신 그 하나님 여호와께 죄를 범하고 또 다른 신들을 경외하며 여호와께서 이스라엘 자손 앞에서 쫓아내신 이방 사람의 규례와 이스라엘 여러 왕이 세운 율례를 행하였음이라"(왕하 17:7-8).

이스라엘을 향한 징계와 재앙은 하나님이 이끄신 역사에 대한 망각의 결과이다. "그들이 자기 조상들을 애굽 땅에서 인도하여 내신 자기 하나님 여호와를 버리고 다른 신들에게 붙잡혀서 그것들을 경배하여 섬기므로 여호와께서 이 모든 재앙을 그들에게 내리셨다"(대하 7:22). 그래서 솔로몬은 자신의 백성들로 하여금 역사를 잊지 않게 하려고 모세의 명령을 따라 매일의 일과대로 안식일과 초하루와 정한 절기 곧 일년의 세 절기 무교절과 칠칠절과 초막절에 번제를 드렸다. "솔로몬이 낭실 앞에 쌓은 여호와의 제단 위에 여호와께 번제를 드리되 모세의 명령을 따라 매일의 일과대로 안식일과 초하루와 정한 절기 곧 일년의 세 절기 무교절과 칠칠절과 초막절에 드렸더라"(대하 8:12-13).

그럼에도 이스라엘 백성은 명백하게 역사를 왜곡하였다. 역사가인 누가는 훗날 이 역사의 문제점에 대해 지적하였다. "우리 조상들이 모세에게 복종하지 아니하고자 하여 거절하며 그 마음이 도리어 애굽으로 향하여 아론더러 이르되 우리를 인도할 신들을 우리를 위하여 만들라 애굽 땅에서 우리를 인도하던 이 모세는 어떻게 되었는지 알지 못하노라 하고 그 때에 그들이 송아지를 만들어 그 우상 앞에 제사하며 자기 손으로 만든 것을 기뻐하더니 하나님이 외면하사 그들을 그 하늘의 군대 섬기는 일에 버려두셨으니 이는 선지자의 책에 기록된 바 이스라엘의 집이여 너희가 광야에서 사십 년간 희생과 제물을 내게 드린 일이 있었느냐"(행 7:39-42).

역사를 망각하는 것은 하나님의 진노의 대상이 되며, 왕과 제사장 같은 지도자를 죽이게 만든다. 그리고 지도자들도 경멸의 대상으로 만든다. "여호와께서 시온에서 절기와 안식일을 잊어버리게 하시며 그가 진노하사 왕과 제사장을 멸시하셨도다"(애 2:6). 하나님은 역사를 왜곡한 이스라엘 백성에 대해 부패한 사람으로 판결하고, 죽이기로 작정하셨다. "여호와께서 모세에게 이르시되 너는 내려가라 네가 애굽 땅에서 인도하여 낸 네 백성이 부패하였도다 그들이 내가 그들에게 명령한 길을 속히 떠나 자기를 위하여 송아지를 부어 만들고 그것을 예배하며 그것에게 제물을 드리며 말하기를 이스라엘아 이는 너희를 애굽 땅에서 인도하여 낸 너희 신이라 하였도다"(출 32:7-8).

여기서 하나님이 문제 삼으신 것은 역사의 망각이나 왜곡임을 알 수 있다. 아울러 그런 행위자들은 하나님의 진노와 형벌을 감수해야 한다. "내가 하는 대로 두라 내가 그들에게 진노하여 그들을 진멸하고 너를 큰 나라가 되게 하리라"(출 32:10). 이처럼 진실한 역사를 망각하고, 하나님의 은혜를 저버린 자들에게 대한 하나님의 징벌 의지는 단호한 것이다.

솔제니친(Aleksandr I. Solzhenitsyn, 1918-2008)은 "만일 누군가 지금 나에게 우리 국민 6천만명을 삼켜 버린 그 파괴적인 혁명의 주원인이 무엇인지 간단명료하게 말하게 한다면 나로서는 '사람들이 하나님을 잊어버렸다. 그렇기 때문에 그 모든 일이 발생한 것이다' 라고 반복해서 말할 수밖에 없다"[18]라고 말한 적이 있다. 이것은 과거 인간 개인과 집단의 삶을 통해 은혜로 개입하신 하나님의 역사에 대한 망각을 통탄하는 말이 아닌가?

하나님이 이룩한 사실 또는 역사를 기억하는 동안 사람들은 여호와를

18) 화이트, 『마음을 다하여 하나님 사랑하기』, 28.

섬기며, 그를 떠나지 않는다. 그래서 하나님은 당신의 백성에게 역사를 기억하라고 강조해서 말씀하시는 것이다. "이스라엘이 여호수아가 사는 날 동안과 여호수아 뒤에 생존한 장로들 곧 여호와께서 이스라엘을 위하여 행하신 모든 일을 아는 자들이 사는 날 동안 여호와를 섬겼더라"(수 24:31)라고 말하는 이유가 여기에 있다.

역사의 부정 또는 왜곡은 하나님의 진노와 징벌을 부른다. 성전을 건축한 후 솔로몬은 기도와 간구를 하나님께 드렸다. 하나님은 그것을 들으시겠다고 약속하셨다. 그리고 그 전을 거룩하게 구별하여 당신의 이름을 영영히 그곳에 두겠다고 말씀하셨다. "주께서 전에 말씀하시기를 내 이름이 거기 있으리라 하신 곳 이 성전을 향하여 주의 눈이 주야로 보시오며 주의 종이 이 곳을 향하여 비는 기도를 들으시옵소서"(왕상 8:29). 그러나 그런 사실에도 불구하고 지난 역사(이스라엘 열조를 애굽 땅에서 인도하여 내신 사실)를 잊어버리고, 하나님 여호와를 버리고 다른 신에게 부종하여 그를 숭배하여 섬기면 여호와께서 모든 재앙을 내려 사람들의 조롱거리가 되게 하시겠다고 분명하게 경고하신 것이다.

말하자면 하나님과 역사를 망각한다면 택한 백성 이스라엘이라도 끊어버리고, 당신의 이름을 위하여 친히 거룩하게 구별하신 성전이라도 던져버리겠다는 것이 하나님의 의지이다. "만일 너희나 너희의 자손이 아주 돌아서서 나를 따르지 아니하며 내가 너희 앞에 둔 나의 계명과 법도를 지키지 아니하고 가서 다른 신을 섬겨 그것을 경배하면 내가 이스라엘을 내가 그들에게 준 땅에서 끊어 버릴 것이요 내 이름을 위하여 내가 거룩하게 구별한 이 성전이라도 내 앞에서 던져버리리니 이스라엘은 모든 민족 가운데에서 속담거리와 이야기거리가 될 것이며 이 성전이 높을지라도 지나가는 자마다 놀라며 비웃어 이르되 여호와께서 무슨 까닭으로 이 땅과 이 성전에 이같이 행하셨는고 하면 대답하기를 그들이 그들의 조상들을 애굽 땅에서 인도하여 내신 그들의 하나님 여호와를 버리고 다른 신을 따라가서 그를 경배하여 섬기므로 여호와께서 이 모든 재앙을 그들에게 내리심이라 하리라"(왕상 9:6-9).

하나님은 당신의 이름을 위하여 일하시며, 소망과 구원이 되시면서 당신의 백성 가운데 계신 분이다. “여호와여 우리의 죄악이 우리에게 대하여 증언할지라도 주는 주의 이름을 위하여 일하소서 우리의 타락함이 많으니이다 우리가 주께 범죄하였나이다 이스라엘의 소망이시요 고난 당한 때의 구원자시여 어찌하여 이 땅에서 거류하는 자 같이, 하룻밤을 유숙하는 나그네 같이 하시나이까 어찌하여 놀란 자 같으시며 구원하지 못하는 용사 같으시니이까 여호와여 주는 그래도 우리 가운데 계시고 우리는 주의 이름으로 일컬음을 받는 자이오니 우리를 버리지 마옵소서”(렘 14:7-9). “내가 그들이 거주하는 이방인의 눈 앞에서 그들에게 나타나 그들을 애굽 땅에서 인도하여 내었나니 이는 내 이름을 위함이라 내 이름을 그 이방인의 눈 앞에서 더럽히지 아니하려고 행하였음이라”(겔 20:9).

하나님과 그의 역사에 대한 사람들의 지독한 망각에도 불구하고 다행인 것은 하나님이 스스로 기억하신다는 사실이다. 아브라함과 이삭과 야곱에게 세운 하나님의 언약을 변함이 없는 하나님께서 기억하신다니 참으로 다행한 일이다. “하나님이 그들의 고통 소리를 들으시고 하나님이 아브라함과 이삭과 야곱에게 세운 그의 언약을 기억하사 하나님이 이스라엘 자손을 돌보셨고 하나님이 그들을 기억하셨더라”(출 2:24-25).

배반하며, 잊기를 잘하는 사람들을 기억하시는 자비로운 하나님으로 인해 사람들에게는 멸망으로부터 빠져나올 길이 열리게 된다. “네 하나님 여호와는 자비하신 하나님이심이라 그가 너를 버리지 아니하시며 너를 멸하지 아니하시며 네 조상들에게 맹세하신 언약을 잊지 아니하시리라”(신 4:31). 하나님이 기억하심으로써 구원의 길이 열린다면 백성들의 할 일은 무엇인가? 여호와를 찬송하며, 그의 역사는 전하는 것이다. “너희는 시온에 계신 여호와를 찬송하며 그의 행사를 백성 중에 선포할지어다 피 흘림을 심문하시는 이가 그들을 기억하심이여 가난한 자의 부르짖음을 잊지 아니하시도다”(시 9:11-12).

어떤 일이 있어도, 심지어 젖 먹는 자식을 어미가 혹 잊는다 할지라도 하나님은 역사를 망각하는 백성을 죽게 버려두시지 않겠다니 얼마나 놀랄

만한 일인가? "오직 시온이 이르기를 여호와께서 나를 버리시며 주께서 나를 잊으셨다 하였거니와 여인이 어찌 그 젖 먹는 자식을 잊겠으며 자기 태에서 난 아들을 긍휼히 여기지 않겠느냐 그들은 혹시 잊을지라도 나는 너를 잊지 아니할 것이라"(사 49:14-15).

여호와께서는 이스라엘의 조상들을 쇠풀무 애굽 땅에서 이끌어내던 날에 "너희는 내 목소리를 순종하고 나의 모든 명령을 따라 행하라 그리하면 너희는 내 백성이 되겠고 나는 너희의 하나님이 되리라"(렘 11:4)라는 언약을 주셨다. 그리고 "내가 너희 조상들을 애굽 땅에서 인도하여 낸 날부터 오늘까지 간절히 경계하며 끊임없이 경계하기를 너희는 내 목소리를 순종하라"(렘 11:8)라고 요구하셨다.

여기서 보듯이 하나님은 역사를 들어 이스라엘의 죄를 자주 지적하셨다. 이것은 이스라엘 집과 유다 집이 자기들의 선조의 죄악으로 돌아가서 다른 신들을 따라 섬김으로써 하나님이 그들의 조상들과 맺은 언약을 자주 깨뜨렸기 때문에 생기는 문제이다. "그들이 내 말 듣기를 거절한 자기들의 선조의 죄악으로 돌아가서 다른 신들을 따라 섬겼은즉 이스라엘 집과 유다 집이 내가 그들의 조상들과 맺은 언약을 깨뜨린 것이다"(렘 11:10).

따라서 하나님은 말씀하셨다. "유다 성읍들과 예루살렘 주민이 그 분향하는 신들에게 가서 부르짖을지라도 그 신들이 그 고난 가운데에서 절대로 그들을 구원하지 못하리라"(렘 11:12). 이처럼 이스라엘이 범한 죄의 내용은 역사와 함께 그 안에서 일하신 하나님을 잊어버리고 허망한 것들을 숭배한 것이다. 그러나 역사의 궁극적 의미인 구원[19]은 오직 하나님으로부터

19) 역사는 어떤 목적을 향해 나가는가? 인류의 구원이다. 영원한 생명이 인간에게 주어지는 것이다. 구약성경에 언급되는 다른 나라들은 이스라엘의 운명과 관련될 때만 그 의미를 갖는다. 오늘날의 역사도 하나님의 구원역사와 관련될 때만 의미를 갖게 된다. 인간의 구원, 영원한 생명은 하나님 나라의 도래와 함께 확보된다. 따라서 역사의 궁극적 의미는 하나님 나라에서 찾을 수 있는 것이다. 때로는 황당하고 이해하지 못하는 일들이 우리 앞에서 일어날 수 있다. 그때에 가져야 할 시각이 하나님의 관점이다. 그리고 주어지는 모든 사건들을 하나님의 위대하고 영원하며 영광스런 목적에 비추어 이해하고, 판단하는 것이 그리스도인들에게 필요하다. 마틴 로이드 존스, 『하박국강해-하나님은 아직도 역사를 주관하실까?(*From*

말미암는다. 사람들은 왜 하나님을 잊을까? 안정과 풍요로움이 하나님을 잊게 하는 경향이 있다. "그들이 먹여 준 대로 배가 불렀고 배가 부르니 그들의 마음이 교만하여 이로 말미암아 나를 잊었느니라"(호 13:6). 먼 옛날 호세아의 탄식이 오늘날 신실한 제자들의 것이 되어야 하는 건 아닌지 생각해 보게 된다.

이런 상황에 대해 잘 정리해 놓은 글이 있다. "시편 기자는 '우리의 조상들이 애굽에 있을 때 주의 기이한 일들을 깨닫지 못하며 주의 크신 인자를 기억지 아니하고……그들은 그가 행하신 일을 곧 잊어버리며' 라고 썼다. 느헤미야도 '배불리 먹어 살찌고 주의 큰 복을 즐겼사오나 그들은 순종치 아니하고 주를 거역하며' 라고 생생히 표현했다. 이 '망각' 의 배은망덕이야말로 선민(選民)을 비참한 실패로 이끈 주범이다. 호세아를 통해 하나님은 이스라엘의 실패의 교훈을 친히 리얼하게 요약하셨다. '그들이 먹여 준 대로 배가 불렀고 배가 부르니 그들의 마음이 교만하여 이로 말미암아 나를 잊었느니라.'"[20]

(2) 믿음으로 아는 하나님의 역사

왜 성경적 신앙이 중요한가? "성경은 능히 너로 하여금 그리스도 예수 안에 있는 믿음으로 말미암아 구원에 이르는 지혜가 있게 하느니라 모든 성경은 하나님의 감동으로 된 것으로 교훈과 책망과 바르게 함과 의로 교육하기에 유익하니 이는 하나님의 사람으로 온전하게 하며 모든 선한 일을 행할 능력을 갖추게 하려 함이라"(딤후 3:15-17). 이 말씀에 근거해 본다면 구원의 역사는 당연히 성경을 통해 이해해야 하는 것이다.

성경은 하나님의 역사는 그것을 깨닫는 마음과 보는 눈과 듣는 귀를 하나님으로부터 받지 않고는 보거나 들어도 알 수 없는 것이라고 말한다. "모

Fear to Faith)』, 박영옥 역 (서울: 목회자료사, 2005), 29-32.

20) 기니스, 『회의하는 용기』, 57.

세가 온 이스라엘을 소집하고 그들에게 이르되 여호와께서 애굽 땅에서 너희의 목전에 바로와 그의 모든 신하와 그의 온 땅에 행하신 모든 일을 너희가 보았나니 곧 그 큰 시험과 이적과 큰 기사를 네 눈으로 보았느니라 그러나 깨닫는 마음과 보는 눈과 듣는 귀는 오늘 여호와께서 너희에게 주지 아니하셨느니라"(신 29:2-4).

이런 사실은 이사야 선지자와 신약성경을 통해 다시 확인된다. 즉 눈이 있어도 보지 못하고, 귀가 있어도 듣지 못하는 백성이 있다(사 43:8). "그때에 예수께서 대답하여 이르시되 천지의 주재이신 아버지여 이것을 지혜롭고 슬기 있는 자들에게는 숨기시고 어린 아이들에게는 나타내심을 감사하나이다 옳소이다 이렇게 된 것이 아버지의 뜻이니이다 내 아버지께서 모든 것을 내게 주셨으니 아버지 외에는 아들을 아는 자가 없고 아들과 또 아들의 소원대로 계시를 받는 자 외에는 아버지를 아는 자가 없느니라"(마 11:25-27; 눅 10:22).

한편 그것은 인간적 지혜가 아니라 사람들이 미련하다고 생각하는 방법을 통해서 이루어진다. "형제들아 너희를 부르심을 보라 육체를 따라 지혜로운 자가 많지 아니하며 능한 자가 많지 아니하며 문벌 좋은 자가 많지 아니하도다 그러나 하나님께서 세상의 미련한 것들을 택하사 지혜 있는 자들을 부끄럽게 하려 하시고 세상의 약한 것들을 택하사 강한 것들을 부끄럽게 하려 하시며 하나님께서 세상의 천한 것들과 멸시 받는 것들과 없는 것들을 택하사 있는 것들을 폐하려 하시나니 이는 아무 육체도 하나님 앞에서 자랑하지 못하게 하려 하심이라"(고전 1:25-29).

세상의 지혜로는 불가능하며 하나님의 지혜로만 알 수 있는 것이 있다는 말이다. "우리가 온전한 자들 중에서는 지혜를 말하노니 이는 이 세상의 지혜가 아니요 또 이 세상에서 없어질 통치자들의 지혜도 아니요 오직 은밀한 가운데 있는 하나님의 지혜를 말하는 것으로서 곧 감추어졌던 것인데 하나님이 우리의 영광을 위하여 만세 전에 미리 정하신 것이라 이 지혜는 이 세대의 통치자들이 한 사람도 알지 못하였나니 만일 알았더라면 영광의 주를 십자가에 못 박지 아니하였으리라 기록된 바 하나님이 자기를 사랑하는 자들을 위하여 예비하신 모든 것은 눈으로 보지 못하고 귀로 듣지 못하고 사람의 마음으로 생각하지도 못하였다 함과 같으니라"(고전 2:6-8).

그러나 여기서 반전이 일어난다. 하나님의 일을 알 수 있는 길이 사람에게 열리게 된다. 그리고 그것은 성령으로 말미암는 방식이다. "오직 하나님이 성령으로 이것을 우리에게 보이셨으니 성령은 모든 것 곧 하나님의 깊은 것까지도 통달하시느니라 사람의 일을 사람의 속에 있는 영 외에 누가 알리요 이와 같이 하나님의 일도 하나님의 영 외에는 아무도 알지 못하느니라 우리가 세상의 영을 받지 아니하고 오직 하나님으로부터 온 영을 받았으니 이는 우리로 하여금 하나님께서 우리에게 은혜로 주신 것들을 알게 하려 하심이라"(고전 2:9-12).

이성의 눈으로만 보는 사람들은 믿음의 눈으로 보는 것을 보지 못한다는 것이 성경적 신앙의 원리이며, 가르침이다. 신앙을 배제하고 본다면 믿음에 근거한 행위는 미련한 것이 될 수밖에 없다. "육에 속한 사람은 하나님의 성령의 일들을 받지 아니하나니 이는 그것들이 그에게는 어리석게 보임이요, 또 그는 그것들을 알 수도 없나니 그러한 일은 영적으로 분별되기 때문이라"(고전 2:14).

더군다나 신앙은 개인의 노력이나 공로에 의한 것이 아니라 하나님의 선물로 주어지는 것이다. 그리고 하나님의 역사 속 섭리는 모든 사람이 볼 수 있도록 이성적으로나 객관적으로 드러나는 것이 아닌 경우가 대부분이다. 이사야가 "구원자 이스라엘의 하나님이여 진실로 주는 스스로 숨어 계시는 하나님이시니이다"(사 45:15)라고 외친 이유가 여기에 있다. 하나님은 누구나 볼 수 있게 시원하게 나타나서 해결하는 분이 아니다.

그러나 주께서 우리의 모든 일도 우리를 위하여 이루신다는 것이 선지자의 고백이다(사 26:12). 이 말에 의지해 볼 때 인류의 역사는 곧 하나님의 역사라고 말할 수 있다. 그렇기 때문에 세상의 역사는 궁극적으로 하나님의 역사로서 섭리사관의 지배를 받는다고 봐야 한다. "이는 하나님이 자기 뜻대로 할 마음을 그들에게 주사 한 뜻을 이루게 하시고 그들의 나라를 그 짐승에게 주게 하시되 하나님의 말씀이 응하기까지 하심이라"(계

17:17).

구약에 나오는 이스라엘의 역사는 하나님의 역사가 어떤 것인지를 보여주는 모범이 된다. "그가 애굽의 처음 난 자를 사람부터 짐승까지 치셨도다 애굽이여 여호와께서 네게 행한 표적들과 징조들을 바로와 그의 모든 신하들에게 보내셨도다 그가 많은 나라를 치시고 강한 왕들을 죽이셨나니 곧 아모리인의 왕 시혼과 바산 왕 옥과 가나안의 모든 국왕이로다 그들의 땅을 기업으로 주시되 자기 백성 이스라엘에게 기업으로 주셨도다 여호와여 주의 이름이 영원하시니이다 여호와여 주를 기념함이 대대에 이르리이다 여호와께서 자기 백성을 판단하시며 그의 종들로 말미암아 위로를 받으시리로다"(시 135:8-14).

예레미야도 이스라엘의 역사를 아래와 같이 요약하였다. "사실은 내가 너희 조상들을 애굽 땅에서 인도하여 낸 날에 번제나 희생에 대하여 말하지 아니하며 명령하지 아니하고 오직 내가 이것을 그들에게 명령하여 이르기를 너희는 내 목소리를 들으라 그리하면 나는 너희 하나님이 되겠고 너희는 내 백성이 되리라 너희는 내가 명령한 모든 길로 걸어가라 그리하면 복을 받으리라 하였으나 그들이 순종하지 아니하며 귀를 기울이지도 아니하고 자신들의 악한 마음의 꾀와 완악한 대로 행하여 그 등을 내게로 돌리고 그 얼굴을 향하지 아니하였으며 너희 조상들이 애굽 땅에서 나온 날부터 오늘까지 내가 내 종 선지자들을 너희에게 보내되 끊임없이 보내었으나 너희가 나에게 순종하지 아니하며 귀를 기울이지 아니하고 목을 굳게 하여 너희 조상들보다 악을 더 행하였느니라"(렘 7:22-26).

그런 이유 때문에 하나님은 그들에 대하여 "너희는 너희 하나님 여호와의 목소리를 순종하지 아니하며 교훈을 받지 아니하는 민족이라 진실이 없어져 너희 입에서 끊어졌다"(렘 7:28)라고 말할 것을 예레미야에게 명령하셨다. 이스라엘이 선민(選民)으로 자처했지만 하나님께 순종하지 않고, 교훈도 받지 않으며, 진실도 내지 않는 자들이 되었다는 것이다.

여기서 먼저 한 가지 제안하고 싶은 것이 있다. 즉 교회사는 섭리사이고, 일반사는 섭리사가 아니라는 식의 생각은 접어두자는 것이다. 일반사가 하나님의 섭리에 의해 이끌려지지 않는다면 하나님은 진정한 역사의 주관자가 될 수 없기 때문이다. 하나님의 역사는 세상의 모든 역사관으로 설명되는 역사의 진리들이 있다면 그것들을 모두 포함한다. 따라서 일반적으로 다루어지는 교회사는 그 중의 한 부분이고, 하나님의 역사는 모든 요인들이 합력하여 선을 이루는 방식으로 발전하는 역사가 된다.

애굽 군대가 뒤쫓아 오고, 앞에는 홍해가 가로놓여 있는 절박한 상황에서 모세는 말하였다. "너희는 두려워하지 말고 가만히 서서 여호와께서 오늘 너희를 위하여 행하시는 구원을 보라 너희가 오늘 본 애굽 사람을 영원히 다시 보지 아니하리라"(출 14:13). 다윗은 자신과 자신의 아들 솔로몬이 하나님의 도움으로 무난히 왕위에 앉게 되자 고백하였다. "다윗이 여호와께서 자기를 세우사 이스라엘 왕으로 삼으신 것과 그의 백성 이스라엘을 위하여 그 나라를 높이신 것을 알았더라"(삼하 5:12). "이스라엘의 하나님 여호와를 찬송하리로다 여호와께서 오늘 내 왕위에 앉을 자를 주사 내 눈으로 보게 하셨도다"(왕상 1:48).

이런 예는 신약에서도 얼마든지 찾아볼 수 있다. "말씀하실 때에 열둘 중의 하나인 유다가 왔는데 대제사장들과 백성의 장로들에게서 파송된 큰 무리가 칼과 몽치를 가지고 그와 함께 하였더라 예수를 파는 자가 그들에게 군호를 짜 이르되 내가 입맞추는 자가 그이니 그를 잡으라 한지라 곧 예수께 나아와 랍비여 안녕하시옵니까 하고 입을 맞추니 예수께서 이르시되 친구여 네가 무엇을 하려고 왔는지 행하라 하신대 이에 그들이 나아와 예수께 손을 대어 잡는지라 예수와 함께 있던 자 중의 하나가 손을 펴 칼을 빼어 대제사장의 종을 쳐 그 귀를 떨어뜨리니 이에 예수께서 이르시되 네 칼을 도로 칼집에 꽂으라 칼을 가지는 자는 다 칼로 망하느니라 너는 내가 내 아버지께 구하여 지금 열두 군단 더 되는 천사를 보내시게 할 수 없는 줄로 아느냐 내가 만일 그렇게 하면 이런 일이 있으리라 한 성경이 어떻게 이루어지겠느냐 하시더라 그 때에 예수께서 무리에게 말씀하시되 너희가 강도를 잡는 것 같이 칼과 몽치를 가지고 나를 잡으러 나왔느냐 내가 날마다 성전에 앉아 가르쳤으되 너희가 나를 잡지 아니하였도다 그러나 이렇게 된 것은 다 선지자들의 글을 이루려 함이니라 하시더라"(마 26:47-56).

대제사장, 공회, 이름 모를 증인들 이 모든 사람들의 참여로 말미암아 어떻게든 역사에서 이루어지는 것은 하나님의 계획이다(마 26:59-68). "새벽에 모든 대제사장과 백성의 장로들이 예수를 죽이려고 함께 의논하고 결박하여 끌고 가서 총독 빌라도에게 넘겨 주니라"(마 27:1-2). 이처럼 역사를 발전시키는 어떤 부분적인 원인도 하나님의 뜻을 이루기 위한 요소나 도구가 될 뿐이다.

그래서 결국 일이나 역사는 하나님이 이루어 가신다고 말할 수 있다. 하나님의 역사를 보는 사람들은 그의 백성 또는 제자이다. "주께서 행하신 일을 주의 종들에게 나타내시며 주의 영광을 그들의 자손에게 나타내소서"(시 90:16). 그렇게 때문에 하나님과의 관계에서 사람이 할 일은 감사와 찬송을 드리는 것뿐이다. "여호와여 주께서 행하신 일로 나를 기쁘게 하셨으니 주의 손이 행하신 일로 말미암아 내가 높이 외치리이다(시 92:4).

원칙적으로 사람은 하나님의 일, 즉 역사를 알아낼 수가 없다. "여호와여 주께서 행하신 일이 어찌 그리 크신지요 주의 생각이 매우 깊으시니이다 어리석은 자도 알지 못하며 무지한 자도 이를 깨닫지 못하나이다"(시 92:5-6). "내가 하나님의 모든 행사를 살펴 보니 해 아래에서 행해지는 일을 사람이 능히 알아낼 수 없도다 사람이 아무리 애써 알아보려고 할지라도 능히 알지 못하나니 비록 지혜자가 아노라 할지라도 능히 알아내지 못하리로다"(전 8:17).

성경은 세상의 역사가 하나님의 것이라는 점을 여러 부분을 통해 나타내 보여준다. 하나님의 목표를 이루기 위해 그가 섭리하시기에 하나님의 역사는 위대하다. "하나님이여 주의 의가 또한 지극히 높으시니이다 하나님이여 주께서 큰 일을 행하셨사오니 누가 주와 같으리이까"(시 71:19). 또한 하나님은 홀로 역사를 이루시는 분이다(시 72:18). "주께서 내게 말씀하시고 또 친히 이루셨사오니 내가 무슨 말씀을 하오리이까"(사 38:15).

따라서 하나님의 백성은 그의 역사를 전파해야 한다. "주의 모든 행적을 전파하리이다"(시 73:28). "사람들이 주의 기이한 일들을 전파하나이다"(시 75:1). "그가 행하신 기이한 사적을 후대에 전하리로다 역사를 후대에 전하라"(시 78:4). 표면적으로 볼 때, 사람이 하는 일도 결국은 하나님이 하게 하심으로 가능하다. "주 우리 하나님의 은총을 우리에게 내리게 하사 우리의 손이 행한 일을 우리에게 견고하게 하소서 우리의 손이 행한 일을 견고하게 하소서"(시 90:17). "뭇 나라 가운데에서 말하기를 여호와께서 그들을 위하여 큰 일을 행하셨다 하였도다 여호와께서 우리를 위하여 큰 일을 행하셨으니 우리는 기쁘도다"(시 126:2-3).

믿음으로 모든 세계가 하나님의 말씀으로 지어진 줄 아는 것과 마찬가지로 기독교적 역사이해와 관련한 역사의 시작과 섭리, 종말에 대한 인식은 믿음에 근거한다. 따라서 그 앎은 거울로 보는 것 같이 희미하게 그리고 부분적으로 아는 것이 된다. 그러나 그것은 얼굴과 얼굴을 대하여 보는 것이나 온전히 알게 되는 것(고전 13:12)을 기대하게 한다. "믿음은 모든 사람의 것이 아님이라"(살후 3:2). 이처럼 택함 받은 자들만이 믿음을 소유하니 이것은 오직 하나님의 선물이다.

그리스도인의 믿음은 얼마나 클까, 또는 얼마나 보잘 것 없는 것일까? 겨자씨 한 알 만큼의 믿음만 있어도 산을 옮긴다 했는데 과연 그리스도인들은 산은 고사하고 작은 것 하나라도 그들의 기도를 통해 옮길 수 있는가?…또 이방인에게서 발견한 믿음을 가리켜 예수께서 말씀하시길 그만한 믿음을 이스라엘 사람들에게서 찾아보지 못했다고도 하셨는데…그렇다면 오늘날 그리스도인들의 믿음은 얼마나 작은 것이란 말인가?

하나님은 정확하게 가르쳐 주셨다. "너희에게 겨자씨 한 알만한 믿음이 있었더라면 이 뽕나무더러 뿌리가 뽑혀 바다에 심기어라 하였을 것이요 그것이 너희에게 순종하였으리라"(눅 17:6). "이르시되 너희 믿음이 작은 까닭이니라 진실로 너희에게 이르노니 만일 너희에게 믿음이 겨자씨 한 알 만큼만 있어도 이 산을 명하여 여기서 저기로 옮겨지라 하면 옮겨질 것이요 또 너희가 못할 것이 없으리라"(마 17:20) "예수께서 들으시고 놀랍게 여겨 따르는 자들에게 이르시되 내가 진실로 너희에게 이르노니 이스라엘 중 아무에게서도 이만한 믿음을 보지 못하였노라"(마 8:10). "예수께서 들으시고 그를 놀랍게 여겨 돌이키사 따르는 무리에게 이르시되 내가 너희에게 이르노니 이스라엘 중에서도 이만한 믿음은 만나보지 못하였노라 하시더라"(눅 7:9).

예수께서는 믿음이 없거나 부족한 자들을 위한 배려로 당신의 하시는 일, 즉 역사를 통해 하나님을 믿거나 알게 되기를 원하신다. "내 아버지께서 이제까지 일하시니 나도 일한다"(요 5:17)라는 말씀처럼 역사는 하나님께서 이루시지만 철저하게 당신의 사람들을 통해 이루어진다. 그래서 주님과 빌립 사이에 아래와 같은 대화가 가능했던 것이다. "예수께서 이르시되 빌립아 내가 이렇게 오래 너희와 함께 있으되 네가 나를 알지 못하느냐 나를 본 자는 아버지를 보았거늘 어찌하여 아버지를 보이라 하느냐 내가 아버지 안에 거하고 아버지는 내 안에 계신 것을 네가 믿지 아니하느냐 내가 너희에게 이르는 말은 스스로 하는 것이 아니라 아버지께서 내 안에 계셔서 그의 일을 하시는 것이라 내가 아버지 안에 거하고 아버지께서 내 안에 계심을 믿으라 그렇지 못하겠거든 행하는 그 일로 말미암아 나를 믿으라"(요 14:1-10). 하나님의 일(works of God)은 하나님의 역사(history of God)이다.

하나님을 보지 못하는 사람들에게는 그의 일, 즉 역사를 통해서라도 그를 알아갈 기회가 주어져야 한다. 에스겔은 되어진 일, 즉 역사를 통해 여호와를 알게 된다고 말했다. "에스겔이 너희에게 표징이 되리니 그가 행한 대로 너희가 다 행할지라 이 일이 이루어지면 내가 주 여호와인 줄을 너희가 알리라"(겔 24:24). "이스라엘 족속아 나는 너희가 각기 행한 대로 심판하리라"(겔 33:20). "내가 그들이 행한 모든 가증한 일로 말미암아 그 땅을 황무지와 공포의 대상이 되게 하면 그 때에 내가 여호와인 줄을 그들이 알리라 하라"(겔 33:29). 결국 하나님의 일은 역사로 남아 있게 된다. "그의 행위를 모세에게, 그의 행사를 이스라엘 자손에게 알리셨도다"(시 103:7).

기독교적 역사이해의 이런 특징 때문에 기독교인 역사가는 언제나 겸손해야 한다. 그리스도인이라고 해도 하나님께서 역사 속에서, 역사를 통하여 어떻게 행동하시는지 다 안다고 말할 수는 없기 때문이다. 달리 말하면 한 사람의 그리스도인이 성경적 관점에서 역사를 이해할 수는 있으나 그가 그 문제에 대해 명확한 답을 찾았다라고 말할 수는 없는 것이다.[21] 하나님은 당신이 창조하신 세상에서 숨어서 일하시고, 역사는 하나님을 직접 드러내는 특별계시가 아니다. 그것은 하나님과 그의 뜻을 알려주는 일반계시의 방편들 중 하나일 뿐이다.[22]

여기서 "하나님의 임재는 종종 숨겨져 있으며, 우리가 그것을 찾아 발견해야 하기 때문에 신학적 성찰은 힘든 훈련입니다. 세상의 시끄럽고 떠들썩한 소리들은 우리로 하여금 하나님의 부드럽고 온화하며 사랑스런 음성을 듣지 못하게 합니다. 그러나 기독교 지도자는 사람들이 이 음성을 듣고 위로와 평안을 얻을 수 있게끔 돕기 위해 부름을 받았습니다"[23]라는 나우웬의 말에 주목하는 것은 의미가 있다.

하나님의 사랑을 입은 자에게도 계시나 예언에 관해 아는 것은 부분적일 수밖에 없다. 즉 믿음을 근거로 역사를 통해 하나님을 알아가는 지식은 청동 거울로 보는 것처럼 희미하다. 그러나 그리스도인들에게는 미래의 소망이 있다. "이사야가 이르되 이새의 뿌리 곧 열방을 다스리기 위하여 일어나시는 이가 있으리니 열방이 그에게 소망을 두리라 하였느니라 소망의 하나님이 모든 기쁨과 평강을 믿음 안에서 너희에게 충만하게 하사 성령의 능력으로 소망이 넘치게 하시기를 원하노라"(롬 15:12-13). 따라서 미래가 있는 역사관을 가지라고 말할 수 있다. "네 마음으로 죄인의 형통을 부러워

---

21) 스탠포드 리드, 『기독교 역사관(*A Christian View of History*)』, IVP 편집부 역 (서울: IVP, 1995)을 참조하라.

22) 특별계시의 방편은 성경(聖經)이고, 일반계시의 방편은 자연(自然), 이성(理性), 역사(歷史)로 정리된다. 총회(합동)에서 발간한 성경통신대학 교재는 〈로마서〉 1장 20절을 근거로 "일반계시는 자연 만물과 인류 역사를 통하여 하나님의 솜씨와 권능이 나타나는 것을 뜻한다"고 정의하고 있다. 밀라드 J. 에릭슨, 『서론(*An Introduction to Christian Theology*)』, 김광열 역 (서울: 기독교문서선교회, 1993), 251-331; 대한 예수교 장로회 총회, 『기초교리학』 (서울: 대한 예수교 장로회 총회 교육국, 2002), 14.

23) 헨리 나우웬, 『예수님의 이름으로(*In the Name of Jesus*)』, 두란노출판부 옮김 (서울: 두란노, 2008), 67.

하지 말고 항상 여호와를 경외하라 정녕히 네 장래가 있겠고 네 소망이 끊어지지 아니하리라"(잠 23:17-18).

그리스도인에게는 온전한 앎의 때가 있을 것이고, 얼굴과 얼굴을 대하여 볼 날과 주께서 자신을 아신 것같이 자신이 온전히 알게 되는 날이 올 것을 소망한다. "우리는 부분적으로 알고 부분적으로 예언하니 온전한 것이 올 때에는 부분적으로 하던 것이 폐하리라 내가 어렸을 때에는 말하는 것이 어린 아이와 같고 깨닫는 것이 어린 아이와 같고 생각하는 것이 어린 아이와 같다가 장성한 사람이 되어서는 어린 아이의 일을 버렸노라"(고전 13:9-11).

그런 이유에서 바울은 그리스도인들에게 인내로 기다릴 것을 부탁하였다. "그런즉 믿음, 소망, 사랑, 이 세 가지는 항상 있을 것인데 그 중의 제일은 사랑이라"(고전 13:13). 그는 사랑의 이름으로 겸손하고 바른, 그리고 온전한 앎이 있는 미래를 소망하는 그리스도인 역사가의 모습을 요구하고 있다. 영원을 사모하는 마음, 보이지 않는 것을 인내로 기다리는 소망이 사람으로 하여금 하나님을 닮은 역사가로 살게 만든다고 믿기 때문이다. 하나님은 만세의 왕이요, 보이지 않고 홀로 하나이신 분이다. "영원하신 왕 곧 썩지 아니하고 보이지 아니하고 홀로 하나이신 하나님께 존귀와 영광이 영원무궁하도록 있을지어다 아멘"(딤전 1:17). 소망을 살아 계신 하나님께 두는 것이 필요하다. 하나님은 모든 사람, 특히 믿는 자들의 구주가 되신다. "이를 위하여 우리가 수고하고 힘쓰는 것은 우리 소망을 살아 계신 하나님께 둠이니 곧 모든 사람 특히 믿는 자들의 구주시라"(딤전 4:10). "오직 나는 여호와를 우러러보며 나를 구원하시는 하나님을 바라보나니 나의 하나님이 나에게 귀를 기울이시리로다"(미 7:7).

더러운 이(利)를 위하여 부득이함으로 하지 말고, 하나님의 뜻을 좇아 즐거운 마음으로 맡겨진 자들에게 주장하는 자세가 아니라 본이 되는 자세로 하나님의 일을 감당해야 한다. 그에 대한 상은 종말(목자장이 나타나실 때)에 있을 것이다. "너희 중에 있는 하나님의 양 무리를 치되 억지로 하지 말고 하나님의 뜻을 따라 자원함으로 하며 더러운 이득을 위하여 하지 말고 기꺼이 하며 맡은 자들에게 주장하는 자세를 하지 말고 양 무리의 본이 되라 그리하면 목자장이 나타나실 때에 시들지 아니하는 영광의 관을 얻으리라"(벧전 5:2-4).

아울러 그리스도인들은 믿음에 근거한 종말사관을 가진 자로서 거룩한 행실과 경건함으로 하나님의 날이 임하기를 사모하는 자가 되어야 한다. 그들은 하나님의 약속대로 새 하늘과 새 땅을 바라보는 자들이다. "이 모든 것이 이렇게 풀어지리니 너희가 어떠한 사람이 되어야 마땅하냐 거룩한 행실과 경건함으로 하나님의 날이 임하기를 바라보고 간절히 사모하라 그 날에 하늘이 불에 타서 풀어지고 물질이 뜨거운 불에 녹아지려니와 우리는 그의 약속대로 의가 있는 곳인 새 하늘과 새 땅을 바라보도다"(벧후 3:11-13).

그리스도인들은 그들이 가진 종말사관에도 불구하고 세상에서의 삶을 함부로 살 수가 없다. 그리고 그 이유는 거기서 사는 동안 사람들 앞에서 자신이 보여준 행위들이 하나님 앞에서 그의 운명을 결정짓는 근거 자료가 된다는 사실에 있다. "누구든지 사람 앞에서 나를 시인하면 나도 하늘에 계신 내 아버지 앞에서 그를 시인할 것이요 누구든지 사람 앞에서 나를 부인하면 나도 하늘에 계신 내 아버지 앞에서 그를 부인하리라"(마 10:32-33).

하나님은 역사적 사실을 놓고 이스라엘 백성 그리고 그들의 후손들에게 논쟁할 것을 제안하셨다. "너희 조상들이 내게서 무슨 불의함을 보았기에 나를 멀리 하고 가서 헛된 것을 따라 헛되이 행하였느냐 그들이 우리를 애굽 땅에서 인도하여 내시고 광야 곧 사막과 구덩이 땅, 건조하고 사망의 그늘진 땅, 사람이 그 곳으로 다니지 아니하고 그 곳에 사람이 거주하지 아니하는 땅을 우리가 통과하게 하시던 여호와께서 어디 계시냐 하고 말하지 아니하였도다 내가 너희를 기름진 땅에 인도하여 그것의 열매와 그것의 아름다운 것을 먹게 하였거늘 너희가 이리로 들어와서는 내 땅을 더럽히고 내 기업을 역겨운 것으로 만들었으며 제사장들은 여호와께서 어디 계시냐 말하지 아니하였으며 율법을 다루는 자들은 나를 알지 못하며 관리들도 나에게 반역하며 선지자들은 바알의 이름으로 예언하고 무익한 것들을 따랐느니라 그러므로 내가 다시 싸우고 너희 자손들과도 싸우리라"(렘 2:5-9).

예레미야의 논박은 아모스와 미가에게까지 이어지고 있다. "이스라엘 족속아 너희가 사십 년 동안 광야에서 희생과 소제물을 내게 드렸느냐"(암 5:25). "내 백성아 내가 무엇을 네게 행하였으며 무슨 일로 너를 괴롭게 하였느냐 너는 내게 증언하라 내가 너를 애굽 땅에서 인도해 내어 종 노릇하는 집에서 속량하였고 모세와 아론과 미리암을 네 앞에 보냈느니라 내 백성아 너는 모압 왕 발락이 꾀한 것과 브올의 아들 발람이 그에게 대답한 것을 기억하며 싯딤에서부터 길갈까지의 일을 기억하라 그리하면 나 여호와가 공의롭게 행한 일을 알리라 하실 것이니라"(미 6:3-5).

믿음으로 보면 예수 그리스도는 심판 날에 담대할 수 있는 근거가 되신다. "아버지가 아들을 세상의 구주로 보내신 것을 우리가 보았고 또 증언하노니 누구든지 예수를 하나님의 아들이라 시인하면 하나님이 그의 안에 거하시고 그도 하나님 안에 거하느니라 하나님이 우리를 사랑하시는 사랑을 우리가 알고 믿었노니 하나님은 사랑이시라 사랑 안에 거하는 자는 하나님 안에 거하고 하나님도 그의 안에 거하시느니라 이로써 사랑이 우리에게 온전히 이루어진 것은 우리로 심판 날에 담대함을 가지게 하려 함이니 주께서 그러하심과 같이 우리도 이 세상에서 그러하니라"(요일 4:14-17).

사람들을 구원하기 위해 사람의 몸을 입고, 세상에 오신 예수님은 제자들을 가리켜 세상의 소금이라 말씀하셨고, 세상을 위해 맛을 제공하여야 함을 가르쳐 주셨다. 맛을 잃은 소금은 사람에게 밟힐 뿐이라고 말한다. "너희는 세상의 소금이니 소금이 만일 그 맛을 잃으면 무엇으로 짜게 하리요 후에는 아무 쓸 데 없어 다만 밖에 버려져 사람에게 밟힐 뿐이니라"(마 5:13). 또한 세상의 빛이라고 말씀하시니 그리스도인의 존재 가치는 세상을 위한다는 데에 있다. 예수님은 분명하게 "너희 빛이 사람 앞에 비치게 하여 그들로 너희 착한 행실을 보고 하늘에 계신 너희 아버지께 영광을 돌리게 하라"(마 5:16)라고 가르쳐 주셨다.

믿음에 근거한 역사이해와 일반적인 이해 사이에는 뚜렷한 차이점이 있다. 아래 인용한 글은 그런 차이점을 인식한 그리스도인 역사가의 신앙적 고백이다. "역사 속에서 우리는 하나님의 섭리를 발견한다. 현상계의 이면에서 작용하는 창조주의 보이지 않는 손길을 발견한다. 신앙을 가지고 역사를 연구하는 사람은 비신자들이 볼 수 없는 역사 조류의 깊은 저변을 본다. 크리스챤 역사학도가 된 것도 하나님의 뜻일 것이다. 나는 이 사명을 지금도 겸허하게 또 감사하게 수락하고 나를 부르신 소명에 합당한 역사학도가 되려고 노력하고 있다."[24)]

4. 성경의 위인들은 역사감각이 탁월하다

(1) 모세의 지도력과 역사감각

"옛날을 기억하라 역대의 연대를 생각하라 네 아버지에게 물으라 그가 네게 설명할 것이요 네 어른들에게 물으라 그들이 네게 말하리로다"(신 32:7). 이것보다 더 강하게 역사를 통해 배우라고 말하는 방법이 달리 있을까? 그런 식으로 하나님은 모세를 통해 역사를 배우라고 요구하신 것이다. 그는 역사의 기억이 갖는 가치를 알기에 노래를 부르게 하여, 이스라엘 자손의 기억을 도우려 하셨다(신 31:22).

모세는 누구인가? 그는 역사의식이 탁월했던 히브리인으로 태어났다. 그리고 역사의 하나님인 여호와를 만남으로써 역사감각이 특별했던 이스라엘 민족의 지도자가 된 사람이다. 모세에게 남다른 축복이 있었다면 그것은 아마도 역사의 하나님 즉 여호와를 만난 일일 것이다. 시간과 관련해서 하나님의 성격을 잘 보여주는 단어들 가운데 하나가 영원의 개념을 포함하는 것으로서 '여호와' 라는 명칭이다.

하나님은 모세에게 반복해서 말씀하셨다. "나는 스스로 있는 자이니라 또 이르시되 너는 이스라엘 자손에게 이같이 이르기를 스스로 있는 자(I am Who I am)가 나를 너희에게 보내셨다 하라 하나님이 또 모세에게 이

---

24) 이원설, "신앙과 사학연구," 기독교와 문화연구모임 편, 『지성과 신앙』(서울: 성광문화사, 1982), 20.

르시되 너는 이스라엘 자손에게 이같이 이르기를 너희 조상의 하나님 여호와 곧 아브라함의 하나님, 이삭의 하나님, 야곱의 하나님께서 나를 너희에게 보내셨다 하라 이는 나의 영원한 이름이요 대대로 기억할 나의 칭호니라"(출 3:14-15). 심지어 아브라함과 이삭과 야곱에게도 전능한 하나님으로는 나타났지만 여호와로는 그들에게 알리지 않았다고 말씀하셨다(출 6:3). 여호와란 이름에서 '영원'과 '자존'은 시간의 지배를 초월하시는 역사의 하나님인 여호와께만 해당하는 말이다.

모세의 글에는 '아브라함과 이삭과 야곱의 하나님'이 하나님과 이스라엘의 역사성을 보여주는 표현방식으로 자주 나타난다(출 2:24; 6:3, 8; 33:1; 신 1:8; 6:10; 29:13; 34:4). 그리고 그는 '조상'이란 말을 여러 번 사용함으로써 자신이 의지하는 하나님의 역사성을 강조하였다(출 3:6, 13; 6:14, 25; 레 25:41; 26:39, 40). 이상의 두 가지 표현방식은 이스라엘이 갖는 남다른 역사성을 보여주는 근거가 될 만한 것들이다.

모세가 기록한 글들을 보면 하나님의 절대적 섭리에 따라 역사가 진행한다는 의식이 충만하다. 따라서 그는 철저하게 섭리사관의 신봉자라고 말할 수 있다. "너희는 두려워하지 말고 가만히 서서 여호와께서 오늘 너희를 위하여 행하시는 구원을 보라 너희가 오늘 본 애굽 사람을 영원히 다시 보지 아니하리라 여호와께서 너희를 위하여 싸우시리니 너희는 가만히 있을지니라"(출 14:13-14). 사실 모세는 백성들 앞에서 이 말을 하기 전에 자기 자신이 하나님으로부터 이런 말을 직접 들었다. "여호와께서 모세에게 이르시되 이제 내가 바로에게 하는 일을 네가 보리라 강한 손으로 말미암아 바로가 그들을 보내리라 강한 손으로 말미암아 바로가 그들을 그의 땅에서 쫓아내리라"(출 6:1).

모세에게는 강한 섭리사관에서 나올 수 있는 태도로서 사람 편에서 볼 때 부끄러운 역사도 기억해야 한다는 정신이 있었다. "너는 광야에서 네 하나님 여호와를 격노하게 하던 일을 잊지 말고 기억하라 네가 애굽 땅에서 나오던 날부터 이 곳에 이르기까지 늘 여호와를 거역하였으되 호렙 산에서 너희가 여호와를 격노하게 하였으므로 여호와께서 진노하사 너희를 멸하려 하셨느니라"(신 9:7-8). 이스라엘의 지도자나 국가의 패배는 결코 부끄러운 것이 아니다. 역사의 운행에 있어서 하나님에게 실패란 없기 때문이다.

하나님이 섭리하신 역사를 기억하는 것은 미래에 하나님을 신뢰하는 근거[25]가 된다. 그러나 이스라엘은 하나님을 잘 믿지 않았고(신 1:30-32; 3:21), 하나님은 기회만 있으면 역사를 생각나게 하시려 했다는 것이 모세의 생각이다(신 2:7; 3:24). 이스라엘이 스스로 목격한 역사를 잊어버리는 것을 하나님은 원치 않으신다. 왜냐하면 그것은 오래도록 기억되고 후손들에게 전해져야 할 하나님의 역사이기 때문이다(신 4:9). 그것을 위해 하나님은 친히 말씀하시고, 또 기록으로 남기게 하신 것이다(신 4:10-13). "여호와께서 두 돌판을 내게 주셨나니 그 돌판의 글은 하나님이 손으로 기록하신 것이요"(신 9:10). 모세는 기록을 중요하게 생각하는 사람이었다(신 31:24-26).

모세는 여호와의 말씀을 기록했고(출 24:4), 시내산 위에서 하나님이 친히 쓰신 돌판도 받았으며(출 31:18; 32:15-16), 하나님으로부터 기록하라는 명령을 받기도 했다(출 34:27). 그가 받은 기록하라는 명령은 당대 이스라엘뿐만 아니라 후대에도 전해져서 하나님을 기억하게 하고, 그의 백성으로 살게 하려는 목적을 갖는 것이었다. "오늘 내가 네게 명하는 이 말씀을… 네 집 문설주와 바깥 문에 기록할지니라"(신 6:6-9; 11:18-20). "이 율법의 모든 말씀을 그 위에 기록하라…그 돌들 위에 분명하고 정확하게 기록할지니라"(신 27:3-8). 하나님은 자주 모세에게 기록할 것을 요구하셨고, 그는 그 명령에 순종하였으며, 적극적으로 기록하는 일에 참여하였다(신 28:58-59; 30:9). 그리고 하나님이 기록하게 하신 율법은 정기적으로 이스라엘의 남녀노소 그리고 유아와 타국인까지 모두에게, 당대는 물론 대대로 학습할

---

25) 이스라엘 백성이 광야에서 경험한 사십 년 동안의 일들은 가나안에서 이루어질 미래의 삶과 관련해서 중요한 의미를 갖는다. 말하자면 역사 체험이 근거가 되어 하나님과 이스라엘 백성 사이의 관계가 공고히 되는 것이다. 여기서 광야에서 살았던 사십 년 동안 도시의 삶을 통해 유약해진 한 세대가 사라지고, 연대의식이 강한 새로운 세대가 외적에 대항하여 자신을 보호하고 주장할 힘을 가진 이스라엘 민족을 등장했다고 보는 할둔의 해석이 시선을 끈다. 이븐 할둔, 『역사서설(*al Muqaddimah*)』, 김호동 역 (서울: 까치, 2003), 148.

역사자료가 되었다(신 31:9-13).

창조사관과 섭리사관의 주체가 되시는 하나님을 잊어버리고, 하나님이 아닌 것을 추구하는 것은 궁극적으로 파멸과 허망함을 가져온다. "자기를 지으신 하나님을 버리고 자기를 구원하신 반석을 업신여겼도다"(신 32:15). "그들이 하나님이 아닌 것으로 내 질투를 일으키며 허무한 것으로 내 진노를 일으켰으니 나도 백성이 아닌 자로 그들에게 시기가 나게 하며 어리석은 민족으로 그들의 분노를 일으키리로다"(신 32:21).

여호와 하나님은 비교할 신이 없으며, 죽이고 살리는 것이나 상하고 낫게 하는 것을 당신 뜻대로 하시는 분이다. 말하자면 하나님은 섭리사관의 주인이다(신 32:39). 따라서 그가 이끄신 역사와 말씀을 기억하고 따르는 것이 구원, 즉 삶과 역사의 의미를 준다(신 32:47). 모세는 하나님의 영원하신 존재와 섭리에 대해 말하였다(신 33:27).

그럼에도 모세는 "내가 너를 바로에게 보내어 너에게 내 백성 이스라엘 자손을 애굽에서 인도하여 내게 하리라"(출 3:10)라는 말에 나타나듯이 사람이 전면에 나서서 하나님의 대리자 또는 도구로서 일한다는 의식 또한 분명하게 갖고 있었다. 말하자면 하나님의 역사를 이루어 가는 과정에서 사람들이 담당해야 할 책임이나 역할이 있다는 것이다. 모세가 그들을 인도했다는 식으로 말해서 하나님의 섭리 외에 그것을 이루어 가는 도구인 사람 또는 종들의 역할에 대해 적극적으로 묘사하고 있는 것이다. 이런 표현은 하나님도 사용하시며(출 3:12; 33:1), 모세나 이스라엘 백성 또한 그것을 당연하게 생각하였다(출 3:11; 32:1, 23). 모세는 하나님의 기억에 호소할 수 있는 지도자였다. 그래서 그는 주의 종 아브라함과 이삭과 이스라엘을 기억해 달라고 기도하였고, 하나님은 그 기도에 응답해 주셨다(출 32:13-14). 하나님에게 기억에 근거하여 호소하고, 하나님은 그 기도에 응답해 주셨으니 역사를 기억하는 것이 가져오는 유익이 아닐까 생각해 본다.

역사가 가르쳐준 교훈들 중에 중요한 것 하나는 그것이 반복된다는 사실이다. 하나님은 역사를 망각하고, 부정하는 이스라엘의 행위에 대해 안타까워하시며 징벌을 작정하셨다(민 14:11, 22). 그에 대응한 모세의 방법은 역사적 사실을 근거로 하나님께 호소하는 것이었다. "모세가 여호와께 여짜오되 애굽인 중에서 주의 능력으로 이 백성을 인도하여 내셨거늘…구하옵나니 주의 인자의 광대하심을 따라 이 백성의 죄악을 사하시되 애굽에서부터 지금까지 이 백성을 사하신 것 같이 사하시옵소서"(민 14:13-19).

모세는 첫 번째 유월절의 집전자가 되었으며, 그것은 하나님과 당신의 백성 사이에 역사적인 기억을 통해 깊은 유대가 이어지기를 원하시어 하나님이 제정하신 기념일이다. 모세가 기록한 하나님의 말씀을 보자. "너희는 이 날을 기념하여 여호와의 절기를 삼아 영원한 규례로 대대로 지킬지니라"(출 12:14). 하나님에 대한 기억을 위해 유월절 기념은 이어져야 했다. "해마다 절기가 되면 이 규례를 지킬지니라"(출 13:10). 애굽에서 나온 이후 두 번째 유월절을 지키는 모습에서 과거의 일을 기념하는 역사적 행위의 중요성과 가치를 인식하고 활용하는 역사의식이 충만한 하나님의 종 모세를 보게 된다(민 9:1-5).

아말렉과의 치열한 전쟁 후에 모세는 하나님의 말씀에 순종하여 기록하는 일을 담당하게 된다. "여호와께서 모세에게 이르시되 이것을 책에 기록하여 기념하게 하고 여호수아의 귀에 외워 들리라"(출 17:14). 역사에 있어서 기록이 차지하는 비중은 너무나 크다. 그런데 "여호와께서 시내 산 위에서 모세에게 이르시기를 마치신 때에 증거판 둘을 모세에게 주시니 이는 돌판이요 하나님이 친히 쓰신 것이더라"(출 31:18)라는 말씀처럼 하나님은 친히 기록하신 것을 모세에게 주시는가 하면, 또 그에게 기록할 것을 명령하시기도 하였다. "여호와께서 이 모든 말씀을 산 위 불 가운데, 구름 가운데, 흑암 가운데에서 큰 음성으로 너희 총회에 이르신 후에 더 말씀하지 아니하시고 그것을 두 돌판에 써서 내게 주셨느니라"(신 5:22).

모세는 자신의 장인 이드로에게 출애굽과 관련한 역사, 즉 일종의 구술사(口述史)를 들려주었다. 그가 전한 역사는 하나님이 이스라엘과 함께 하신 섭리와 구원의 역사였다(출 18:1). 그래서 이드로는 "여호와를 찬송하리로다 너희를 애굽 사람의 손에서와 바로의 손에서 건져내시고 백성을 애굽 사람의 손 아래에서 건지셨도다"(출 18:10)라고 외치게 된 것이다.

모세는 하나님으로부터 돌비를 전달받기 전에 창조주 하나님을 기억하기 위해, 안식일을 지키도록 요구받았다.(출 31:12-18). "너는 기억하라 네가 애굽 땅에서 종이 되었더니 너의 하나님 여호와가 강한 손과 편 팔로 너를 거기서 인도하여 내었나니 그러므로 너의 하나님 여호와가 너를 명하여 안식일을 지키라 하느니라"(신 5:15). 이런 과정 속에서 모세는 하나님이 원하시는 역사의식의 소유자로 점점 더 확고하게 서 가는 사람이 되었다. 모세가 탁월한 역사감각의 소유자라는 사실은 그가 없을 때 아론과 백성들이 보여준 비역사적 태도에 의해서도 입증된다.

아론과 그 백성은 모세가 하나님을 만나러 산에 오르기 위해 자신들의 눈 앞에서 사라지자 모세는 물론 하나님마저 잊어버리고 말았다. 먼저 그들은 역사에 대해 불신하기 시작했다. "우리를 위하여 우리를 인도할 신을 만들라 이 모세 곧 우리를 애굽 땅에서 인도하여 낸 사람은 어찌 되었는지 알지 못함이니라"(출 31:1). 그리고 다음 단계에서는 역사를 망각하고, 부정하며 하나님 앞에 범죄하게 되었다. 아론은 백성에게서 금으로 된 물건들을 모아 금송아지를 만들었다.[26] 그리고 그들은 함께 "이스라엘아 이는 너희를 애굽 땅에서 인도하여 낸 너희의 신이로다"(출 32:4)라고 말하였다. 역사왜곡으로 하나님을 배반하고 그의 진노의 대상이 된 자기 백성을 위해 모세는 하나님께서 자기 조상들에게 하셨던 약속, 즉 그들과 함께하신 역사를 기억해 달라고 요구했으니, 이것은 철저하게 역사를 이용하는 태도이다. 그는 하나님의 기억에 대해 확신하고 있었다. "네 하나님 여호와는 자비하신 하나님이심이라…네 조상들에게 맹세하신 언약을 잊지 아니하시리라"(신 4:31).

---

26) 이방 신에 대한 숭배는 고대 이집트 신화에 나오는 숭배 대상이었던 소(牛)인 아피스(Apis)를 생각하게 된다. 고대 이집트인들은 많은 동물을 신으로 숭배했는데, 아피스는 고왕국(古王國) 수대인 멤피스(Memphis)의 시신(市神) 프타(Ptah, 창조의 신으로서 그리스 로마 신화의 헤파이스토스와 같음)의 상징 동물이었다. 그것은 이집트 전역, 특히 프타 신전이 있는 멤피스에서 사육되거나 숭배되었다. 데이비드 M. 롤, 『시간의 풍상(*A Test of Time*)』, 김석희 역 (서울: 해냄, 2003), 67-90.

여기서 모세의 질책에 대해 아론이 어떤 태도를 취했는가 보자. 그것은 전혀 지도자답지 못한 것이었다. 그는 자신이 백성과 함께 범한 죄를 백성들의 탓으로 돌리고 있다. 그는 그들이 "우리를 위하여 우리를 인도할 신을 만들라 이 모세 곧 우리를 애굽 땅에서 인도하여 낸 사람은 어찌 되었는지 알 수 없노라"(출 32:23)라고 했기 때문에 금송아지를 만들게 되었다고 말했다.

그러나 모세의 자세는 어떠했는가? "슬프도소이다 이 백성이 자기들을 위하여 금 신을 만들었사오니 큰 죄를 범하였나이다 그러나 이제 그들의 죄를 사하시옵소서 그렇지 아니하시오면 원하건대 주께서 기록하신 책에서 내 이름을 지워 버려 주옵소서"(출 32:31-32). 백성을 위해 그는 자기의 가장 소중한 것을 던지고 있다. 모세는 하나님과의 동역이나 책임의식이 강했다. 그래서 그는 하나님의 관점으로 이스라엘 백성을 가리켜 '네가 인도해 낸 네 백성'(신 9:12)이라는 표현을 사용하였다.

하나님의 명을 받들어 모세가 자기 백성들에게 시행하도록 요구한 각종 규례와 제사(번제, 소제, 화목제, 속제죄, 속건제, 번제, 소제, 제사장, 음식, 산후 결례, 문둥병, 유출병, 성, 사회 질서, 절기, 대상, 안식년, 희년, 서원 등)는 하나님에 대한 기억을 유지함으로써 하나님과 자기 백성과의 밀접한 관계가 유지되기를 바라는 하나님과 모세의 마음을 보여준다. 그래서 모세는 하나님의 명령이라는 형식을 빌려 이것을 요구한 것이다(레 3:17; 6:22; 10:9; 16:29, 31, 34; 17:7; 23:14, 21, 31, 41; 24:3, 9).

모세는 영원한 규례의 강조를 통해 하나님의 영원성과 역사성을 생각나게 하기를 원했다. 그래서 그는 하나님이 이스라엘 백성의 하나님이 되려고 그들을 애굽 땅에서 친히 인도하여 내신 여호와라고 말한다(레 11:45; 19:36; 22:33; 23:43; 25:38, 55; 26:13, 45). 모세는 이와 함께 안식일과 유월절을 지킴으로써 하나님에 대해 정확한 기억을 유지하기 위해 노력하였다(레 19:3; 출 31:12-18).

히브리 민족의 지도자인 모세가 오경을 통해 보여주는 보편사관의 의미는 크다. 이스라엘을 위한 각종 제사와 규례를 말하는 책들에서 타국인을 배려하는 모습을 발견하는 것은 전혀 의외일 수도 있기 때문이다. 그런데 모세는 타국인과 관련해서 하나님의 생각을 "너희와 함께 있는 거류민을 너희 중에서 낳은 자 같이 여기며 자기 같이 사랑하라 너희도 애굽 땅에서 거류민이 되었었느니라 나는 너희의 하나님 여호와이니라"(레 19:34)라고 적고 있다.

모세는 이스라엘 민족에게 있어 가장 큰 규례이며 민족해방과 관련이 있는 유월절 규례와 관련해서도 이스라엘 중에 사는 타국인에게도 동등하게 적용함으로써 보편사적 관점을 보여준다. "만일 타국인이 너희 중에 거류하여 여호와 앞에 유월절을 지키고자 하면 유월절 율례대로 그 규례를 따라서 행할지니 거류민에게나 본토인에게나 그 율례는 동일할 것이니라"(민 9:14). "백성의 남녀와 어린이와 네 성읍 안에 거류하는 타국인을 모으고… 네 하나님 여호와 경외하기를 배우게 할지니라"(신 31:12-13).

모세의 글에서 보편사관을 찾아보는 것은 어려운 일이 아니다. "너희 중에 거류하는 타국인이나 너희 중에 대대로 있는 자나 누구든지 여호와께 향기로운 화제를 드릴 때에는…너희에게나 너희 중에 거류하는 타국인에게나 같은 법도, 같은 규례이니라"(민 15:14-16). "이스라엘 자손의 온 회중과 그들 중에 거류하는 타국인도 사함을 받을 것은 온 백성이 부지중에 범죄하였음이니라"(민 15:26). "이스라엘 자손 중 본토 소생이든지 그들 중에 거류하는 타국인이든지 누구든 부지중에 범죄한 자에 대한 법이 동일하거니와 본토인이든지 타국인이든지 고의로 무엇을 범하면 누구나 여호와를 비방하는 자니 그의 백성 중에서 끊어질 것이라"(민 15:29-30). "암송아지의 재를 거둔 자도 자기의 옷을 빨 것이며 저녁까지 부정하리라 이는 이스라엘 자손과 그중에 거류하는 외인에게 영원한 율례니라"(민 19:10). 이처럼 규례와 관련해서 보편주의는 잘 나타나고 있다.

이런 보편성은 도피성이나 송사에서도 나타난다 "이 여섯 성읍은 이스라엘 자손과 타국인과 이스라엘 중에 거류하는 자의 도피성이 되리니 부지중에 살인한 모든 자가 그리로 도피할 수 있으리라"(민 35:15). "송사를 들을 때에 쌍방 간에 공정히 판결할 것이며 그들 중에 있는 타국인에게도 그리 할 것이라"(신 1:16).

모세는 하나님은 당신의 백성을 위해 스스로 기억하시는 하나님, 구원하시는 하나님이라는 구원사관을 소개하였다. "너희 땅에서 너희가 자기를 압박하는 대적을 치러 나갈 때에는 나팔을 크게 불지니 그리하면 너희 하나님 여호와가 너희를 기억하고 너희를 너희의 대적에게서 구원하시리라"(민 10:9-10).

역사의식과 함께 탁월한 지도력을 하나님으로부터 받은 모세지만 이스라엘이라는 한 국가를 통치해야 하는 중압감을 감당하기는 어려웠던 것 같다. 따라서 그는 하나님께 호소하였고(민 11:10-14), 하나님은 칠십인 장로를 세워 주셨다. 그리고 하나님은 그 칠십인에게도 신을 부어주시겠다고 약속하셨다(민 11:16-17). 그렇게 해서 하나님의 세움을 받은 장로들에게 여호와의 신이 임하였다(민 11:25-28). 그리고 엘닷과 메닷의 예언과 관련해서 여호수아가 금하기를 요구했을 때 모세는 "네가 나를 두고 시기하느냐 여호와께서 그의 영을 그의 모든 백성에게 주사 다 선지자가 되게 하시기를 원하노라"(민 11:29)라고 대응하였다. 이렇게 말함으로써 그는 동역자들의 인격과 신적 능력을 존중하는 모습을 보여준다. 말하자면 역할 분담에 기초한 만인제사장[27]이나 민주주의의 원형[28]을 보여준 것이다.

하나님은 다양한 방식으로 모세에게 명령하는 가운데 역사적인 방법을 활용하여 당신과 당신의 백성 사이의 관계를 공고히 하기를 원하셨으며, 모세는 충실하게 이것을 따랐다. 하나님은 당신의 백성이 옷단 끝의 술을 보면서라도 자기를 기억하기를 원하셨다(민 15:38-39). "너희가 내 모든 계명을 기억하고 행하면 너희의 하나님 앞에 거룩하리라 나는 여호와 너희 하나님이라 나는 너희의 하나님이 되려고 너희를 애굽 땅에서 인도해 내었느니라 나는 여호와 너희의 하나님이니라"(민 15:40-41). 또 하나님은 불탄 자들이 드렸던 놋 향로를 쳐서 제단을 싸서 기념물을 만들게 하셨다(민

27) 김봉수, 『페트루스 다미아니와 중세의 교회개혁운동』(서울: 그리심, 2005), 129의 각주 98을 참고하라.

28) 이원설, 『기독교 세계관과 역사발전』(서울: 혜선, 1995), 134-135를 참고하라.

16:36-40).

그 외에도 모세는 하나님의 명을 받들어 아론의 싹 난 지팡이를 통해 역사적 사실을 생각나게 하셨으며, 그것을 통해 하나님에 대해 원망하는 말을 그치게 하였다(민 17:5, 10). 하나님은 자신과 관련해서 어떤 형상도 만들지 말라고 말씀하셨던 분이다(출 20:4). 그럼에도 그는 당신을 기념하고, 또 기념물들을 보존하여 당신과 당신의 역사를 이스라엘 백성이 잊지 않고, 기억하기를 바라신 것이다. 이런 사실을 잘 알고 순종했던 모세의 책들은 그렇기 때문에 역사의식이 투철하게 되었다.

하나님은 당신의 역사에 대한 기억이 당대인들뿐만 아니라 후손들에게도 이어지기를 바라신다. "후일에 네 아들이 네게 묻기를 우리 하나님 여호와께서 명령하신 증거와 규례와 법도가 무슨 뜻이냐 하거든…우리가 그 명령하신 대로 이 모든 명령을 우리 하나님 여호와 앞에서 삼가 지키면 그것이 곧 우리의 의로움이니라 할지니라"(신 6:20-25).

그래서 모세는 하나님이 광야에서 지내는 사십년 동안 당신이 돌보셨던 구체적인 일들에 대해 그의 백성이 기억하기를 바라신다고 썼던 것이다. "네 하나님 여호와께서 이 사십 년 동안에 네게 광야 길을 걷게 하신 것을 기억하라…이 사십 년 동안에 네 의복이 해어지지 아니하였고 네 발이 부르트지 아니하였느니라"(신 8:2-4).

모세는 나머지 이스라엘 백성과 상관없이 민족의 역사에 대해 바른 이해를 하고 있었다. "우리 조상들이 애굽으로 내려갔으므로 우리가 애굽에 오래 거주하였더니 애굽인이 우리 조상들과 우리를 학대하였으므로 우리가 여호와께 부르짖었더니 우리 소리를 들으시고 천사를 보내사 우리를 애굽에서 인도하여 내셨나이다"(민 20:15-16).

한편 모세는 하나님의 말씀에 순종하는 가운데 구원사와 관련하여 예수 그리스도가 중심에 계심을 보여주는 일을 주도하게 되었다. "여호와께서 모세에게 이르시되 불뱀을 만들어 장대 위에 매달아라 물린 자마다 그것을 보면 살리라 모세가 놋뱀을 만들어 장대 위에 다니 뱀에게 물린 자가 놋뱀을 쳐다본즉 모두 살더라"(민 21:8-9).

지난 날의 역사를 돌아보면서 교훈을 얻는 것은 역사의 중요한 기능에 포함된다. 모세는 역사를 통해 여호와와 역사의 하나님을 생각하라고 말한다. "네가 있기 전 하나님이 사람을 세상에 창조하신 날부터 지금까지 지나간 날을 상고하여 보라…어떤 신이 와서 시험과 이적과 기사와 전쟁과 강한 손과 편 팔과 크게 두려운 일로 한 민족을 다른 민족에게서 인도하여 낸 일이 있느냐…이것을 네게 나타내심은 여호와는 하나님이시요 그 외에는 다른 신이 없음을 네게 알게 하려 하심이니라"(신 4:32-35). "나는 너를 애굽 땅, 종 되었던 집에서 인도하여 낸 네 하나님 여호와라"(신 5:6).

모세는 하나님이 자기 백성의 기억 속에 남아 있기를 원하신다는 사실을 알고 있었다. "너는 조심하여 너를 애굽 땅 종 되었던 집에서 인도하여 내신 여호와를 잊지 말고 네 하나님 여호와를 경외하며 그를 섬기며 그의 이름으로 맹세할 것이니라"(신 6:12-13).

모세의 글에는 바른 역사에 대한 기억이 그 백성에게 하나님의 신실하심과 능력에 대한 믿음을 가지고 두려움 없이 전진하는 근거가 된다는 정신이 있다. "그들을 두려워하지 말고 네 하나님 여호와께서 바로와 온 애굽에 행하신 것을 잘 기억하되 네 하나님 여호와께서 너를 인도하여 내실 때에 네가 본 큰 시험과 이적과 기사와 강한 손과 편 팔을 기억하라 네 하나님 여호와께서 네가 두려워하는 모든 민족에게 그와 같이 행하실 것이요" (신 7:18-19).

하나님이 이스라엘 백성에게 기억의 중요성을 강조하시는 것이 모세의 책들에 나타나는 일관된 입장이다. "너희는 애굽에서 나오는 길에서 네 하나님 여호와께서 미리암에게 행하신 일을 기억할지니라"(신 24:9). "너는 애굽에서 종 되었던 일과 네 하나님 여호와께서 너를 거기서 속량하신 것을 기억하라"(신 24:18). "너는 애굽 땅에서 종 되었던 것을 기억하라"(신 24:22). 반면에 하나님과 그의 역사에 대한 기억상실은 다른 신들에 대한 관심이나 숭배 그리고 그것에 대한 대가로 형벌이 임하게 된다(신 12:30-13:18).

모세는 십일조를 통해 레위인, 객, 고아, 과부를 돌보는 일(신 14:28-29; 26:13), 그리고 칠 년마다 면제하는 규례 시행의 근거를 역사에서 찾았다.

"너는 애굽 땅에서 종 되었던 것과 네 하나님 여호와께서 너를 속량하셨음을 기억하라"(신 15:15). 이런 시각은 유월절(신 16:1-8), 칠칠절(신 16:9-12), 초막절(신 16:13-17)을 기념할 때도 똑같이 나타난다. 말하자면 그에게는 역사 의존적 태도가 있었던 것이다.

유월절과 관련해서 살펴보자. "이는 네가 애굽 땅에서 급히 나왔음이니 이같이 행하여 네 평생에 항상 네가 애굽 땅에서 나온 날을 기억할 것이니라"(신 16:3)라고 말하여 유월절 기념의 주된 목적이 하나님의 역사를 기억하는 데 있음을 보여준다. 칠칠절과 관련해서도 하나님은 애굽에서 살았던 종으로서의 삶을 기억하고, 보편적 관점에서 이스라엘 중에 거하는 모든 사람을 포함하는 가운데 절기를 지키라고 요구하셨다. "너는 애굽에서 종 되었던 것을 기억하고 이 규례를 지켜 행할지니라"(신 16:12).

하나님의 역사를 깨닫는 데는 하나님의 도우심이 필요하다. "여호와께서 애굽 땅에서 너희의 목전에 바로와 그의 모든 신하와 그의 온 땅에 행하신 모든 일을 너희가 보았나니 곧 그 큰 시험과 이적과 큰 기사를 네 눈으로 보았느니라 그러나 깨닫는 마음과 보는 눈과 듣는 귀는 오늘 여호와께서 너희에게 주지 아니하셨느니라"(신 29:2-4). 하나님의 역사를 제대로 이해하기 위해서는 성령의 도우심이 필요하다는 말이다. 역사적 사실에 대해서는 사람이 알 수 있어도 그 깊은 뜻과 참된 의미는 하나님만이 아신다는 것이다(신 29:29).

이 말을 이해함에 있어서는 아래 성구들이 도움이 될 것이다. "이 백성에게 이르기를 너희가 듣기는 들어도 깨닫지 못할 것이요 보기는 보아도 알지 못하리라"(사 6:9; 행 28:25-26). "보혜사 곧 아버지께서 내 이름으로 보내실 성령 그가 너희에게 모든 것을 가르치고 내가 너희에게 말한 모든 것을 생각나게 하리라"(요 14:26). "진리의 성령이 오시면 그가 너희를 모든 진리 가운데로 인도하시리니 그가 스스로 말하지 않고 오직 들은 것을 말하며 장래 일을 너희에게 알리시리라"(요 16:13).

모세는 역사를 통해 반성하는 백성을 받아주시는 하나님에 대해 소개하였다. "내가 네게 진술한 모든 복과 저주가 네게 임하므로 네가 네 하나님 여호와로부터 쫓겨간 모든 나라 가운데서 이 일이 마음에서 기억이 나거든…네 하나님 여호와께서 거기서 너를 모으실 것이며 거기서부터 너를 이끄실 것이라"(신 30:1-4).

모세는 '하나님의 염려는 당신의 백성이 모략이 없는 국민이요 지혜가 없는 자들이 되어 종말을 생각지 못하는 존재가 되는 데 있다' 고 말한다. 그는 "그들은 모략이 없는 민족이라 그들 중에 분별력이 없도다 만일 그들이 지혜가 있어 이것을 깨달았으면 자기들의 종말을 분별하였으리라"(신 32:28-29)라고 말하여 종말사관을 분명하게 의식하고 있음을 보여준다. 모세는 후계자를 준비하고, 스스로 물러날 준비를 할 정도의 종말의식을 갖고 있었다(민 27:16-23).

모세의 글에 나타나는 이런 종말의식은 개인은 물론 세대에 대해서도 적용된다. 여리고 맞은편 요단 가까운 모압 평지에서 이루어진 인구조사에서는 한 세대가 가고 새로운 세대가 오는 당연한 사실이 잘 나타난다. "모세와 제사장 아론이 시내 광야에서 계수한 이스라엘 자손은 한 사람도 들지 못하였으니 이는 여호와께서 그들에게 대하여 말씀하시기를 그들이 반드시 광야에서 죽으리라 하셨음이라 이러므로 여분네의 아들 갈렙과 눈의 아들 여호수아 외에는 한 사람도 남지 아니하였더라"(민 26:64-65).

모세는 요단까지의 지나온 여정에 대해 세밀한 역사를 기록하여 역사적 사실을 최대한 정확하게 남기려는 역사가의 자세를 보여주었다(민 33:1-49). 그는 자신이 죽은 뒤에 이스라엘 민족을 새롭게 둘러쌀 환경으로서 이방 종교나 우상숭배에 대해 강력하게 경고하며, 하나님 중심의 역사관을 유지하는 가운데 하나님만 기억할 것을 요구하였다(민 33:52-56). 그가 주도했던 규례의 제정도 하나님에 대한 기억 그리고 그것에 근거한 순종을 목표로 한 것이었다(민 35:9-36:13).

<신명기>의 마지막 부분을 보면 모세는 떠났고, 이스라엘 자손만이 지상에 남게 된다. 그리고 그 후에 이스라엘에는 모세와 같은 선지자가 다시 일어나지 않았다고 한다. 그는 여호와께서 대면하여 알던 역사상 유일한 사람이다. 그럼에도 하나님의 역사를 이루어 감에 있어서 그는 하나님의 종

또는 도구에 불과한 것을 성경이 잘 보여준다. 모세는 하나님이 그를 애굽 땅에 보내셨고, 또 그로 하여금 이적과 기사와 모든 큰 권능과 위엄을 행하게 하셨기 때문에 이스라엘 목전에서 그것을 행할 수 있었던 사람이다(신 34:10-12). 따라서 출애굽의 역사는 하나님이 섭리하신 하나님의 역사일 뿐이라고 말할 수 있다.

(2) 솔로몬의 지혜와 역사감각

<전도서>에 나타난 솔로몬의 역사의식은 성경에 있는 역사사상을 압축하여 표현하고 있다는 점에서 그 가치를 높게 평가할 수 있다. 솔로몬의 역사사상은 창조사관, 섭리사관, 종말사관, 보편사관, 직선사관, 구원사관, 사람의 역사적 지위와 같은 것들을 그 내용으로 삼고 있다.[29)]

솔로몬은 <전도서> 첫 부분부터 "헛되고 헛되며 헛되고 헛되니 모든 것이 헛되도다"(전 1:2)라고 말함으로써 지상에서 영위되는 인생의 모든 것들이 기본적으로 의미 없고 궁극적이지 못하다는 것을 선언한다. 그는 헛됨(meaninglessness)의 범위와 관련하여 사람이 사는 동안 갖고 싶고, 누리고 싶어 하는 모든 것들을 그 범주에 포함시키고 있다(전 1:14). 심지어 그는 자신이 좋은 군주가 되기 위해 무던히도 기도하며 구했던 지혜를 통해 얻는 것들조차도 헛된 것으로 여기고 있다(전 2:15, 19). 세상을 사는 동안 사람들이 귀하다고 생각하여 추구하는 모든 것이 헛되다는 생각이 <전도서> 전반에 깔려 있다.

솔로몬은 <전도서> 전체를 통해 '헛되다', '허무하다'와 같은 말을 구약 전체에 나오는 30회보다 더 많게 40회나 사용하고 있다. 그리고 세상의 그 어떤 것으로도 이 허무를 극복하지 못한다는 것이 그의 생각이다. 사람은 본래 허무한 존재이다. "나의 때가 얼마나 짧은지 기억하소서 주께서 모

---

29) 〈전도서〉를 중심으로 한 솔로몬의 역사의식에 대해서는 김봉수, "전도서에 나타난 지혜와 역사의식," 『영원을 사모하는 마음』, 76-111을 보라.

든 사람을 어찌 그리 허무하게 창조하셨는지요"(시 89:47).

다른 한편 솔로몬이 이해하는 인간 세상은 한 세대가 가고 한 세대가 오는 순환의 고리가 연속되는 특징도 갖고 있다. 이것은 사람이 살아가면서 헛되다고 느낄 만한 환경을 조성하는 요인이 된다. "이미 있던 것이 후에 다시 있겠고 이미 한 일을 후에 다시 할지라 해 아래에는 새 것이 없나니 무엇을 가리켜 이르기를 보라 이것이 새 것이라 할 것이 있으랴 우리가 있기 오래 전 세대들에도 이미 있었느니라"(전 1:9-10). 돌고 도는 무의미한 순환의 연속이 마치 목적론적이고 구원사적인 기독교 역사관에 정면으로 배치된다는 느낌을 준다.

그런데 이보다 더 서글픈 생각을 갖게 만드는 것은 사람들의 세대가 서로 기억하지 못한다는 것이다. "이전 세대들이 기억됨이 없으니 장래 세대도 그 후 세대들과 함께 기억됨이 없으리라"(전 1:11). 하나님은 당신을 기억하라고 당신의 백성들에게 요구하셨는가? 사람이든 하나님이든 누군가의 기억으로부터 사라져 간다는 것은 견디기 힘든 일이다.

이쯤에서 솔로몬의 본심에 대해 말해 보면 어떨까? 그는 지금까지 말한 헛됨, 순환, 잊혀가는 것 등에 자신이 사로잡혀 있지 않다는 것을 보여준다. 그리고 그가 그 모든 헛된 것 즉 무의미를 극복하기 위해 제시하는 방법은 하나님 중심 역사관을 회복하라는 것이다. 뢰빗트(Karl Löwith, 1897-1973)가 말한 것처럼 역사관의 차원에서 볼 때 목적(purpose)과 의미(meaning)는 서로 간에 동의어가 될 수 있다.[30] 특히 기독교 역사관에 있어서는 더욱 더 그렇다. 목적도 없고, 끝없이 반복되는 삶에서 어떤 의미를 찾을 수 있겠는가?

즉 솔로몬의 역사의식은 사람의 생명이 이 세상에서의 것으로 끝난다 할지라도 그에게 삶의 목적이나 의미가 있다면 그렇지 못한 사람에 비해 극악한 상황 속에서 살아남을 확률이 훨씬 높다는 이유에서 '삶의 의미'를

30) 칼 뢰빗트, 『역사의 의미(*Meaning in History*)』, 이석우 역 (서울: 탐구당, 1990).

강조하거나[31] 역사발전에서 목적과 의미를 동일한 것으로 보는 가운데 세계사와 구원사를 각각 역사와 의미로 정리하면서 목적과 의미를 같은 뜻으로 사용하는 태도와 유사한 것을 보여준다. 요컨대 솔로몬은 시간적 존재인 사람 그리고 그가 땅에서 누리는 모든 것이 헛됨을 지적한 후에 영원하신 신적 존재인 창조주를 기억함으로써 영원에 잇대어 살아가는 존재가 되라고 요청한다. 말하자면 유한한 존재로서 겪게 되는 인간적 허무를 하나님의 영원한 것으로 극복하라는 말이다.

"하나님이 모든 것을 지으시되 때를 따라 아름답게 하셨고 또 사람들에게는 영원을 사모하는 마음을 주셨느니라 그러나 하나님이 하시는 일의 시종을 사람으로 측량할 수 없게 하셨도다"(전 3:11)라는 말을 함으로써 그는 자신의 역사관에 있어 핵심적인 내용을 밝힌다. 하나님 즉 때를 따라 역사를 창조하시는 창조주께서 사람들에게 영원을 사모하는 마음을 주셨다는 것이다. 역사의식이라는 말로 번역되기에 적합한 영원을 사모하는 마음[32]을 하나님이 사람에게 주심으로써 영생 즉 시간적 존재가 영원한 존재로 바뀔 수 있는 기회 또한 사람에게 허락되는 것이다.

"너는 청년의 때에 너의 창조주를 기억하라"(전 12:1)라는 솔로몬의 선언은 <전도서> 전체의 주제가 되는 동시에 헛됨과 무의미의 순환이라는 고리를 끊는 위대한 선언인 것이다. 사학사에서 흔히 말하는 유대 · 기독교의 직선사관에 의한 순환사관의 극복에 해당하는 순간을 솔로몬과 함께 체험하는 느낌이 든다. 재미있게도 솔로몬은 청년 시절을 가리켜 곤고한 날이 이르기 전, 나는 아무 낙이 없다고 할 해들이 가깝기 전이라고 말한다. 그래서 사람이 취할 본분은 하나님을 경외하고 그의 명령을 지키는 것이다

---

31) 빅터 프랭클, 『태초에 의미가 있었다(*Im Anfang war der Sinn*)』, 김영철 역 (왜관: 분도출판사, 2006); 『삶의 의미를 찾아서(*The Will to Meaning*)』, 이시형 역 (파주: 청아출판사, 2005) 등의 저서를 보라.

32) 이것은 과거와 현재와 미래가 연속되는 영원을 의미하는 말로 널리 사용된다. 김희보는 "시간의 흐름과 관련이 있는 영원의 의미로 보는 것"이 당연하며, "이 말의 뜻은 하나님께서 사람들의 마음에 과거, 현재, 그리고 미래, 즉 다시 말하면 영원을 생각하는 마음을 주셨다는 것"이라고 했다. 김희보, 『구약전도서주해』 (서울: 총신대출판부, 1998), 147-150.

(전 12:13).

솔로몬은 창조자를 인정하는 '신앙의 눈'이 없이는 그 누구도 '역사의 의미'를 찾아낼 수 없다고 보는 것이다. 그는 창조자이신 하나님만이 아는 시작과 끝 즉 역사의 목적이나 의미에 대해 인간들이 알게 됨으로써 허무주의가 극복될 수 있다고 생각하였다. 말하자면 솔로몬이 제시한 방법은 창조주에 대한 인정 즉 믿음을 통한 것이다.

청년 시절[33]에 또는 어떤 집단에서든지 청년들이 창조주요, 역사의 섭리주가 되시는 여호와 하나님께 사로잡히는 것이 중요하다는 의미가 아닐까 생각해 본다. 생명의 창조주 되시는 하나님이 피조물인 사람들에게 다시 영생을 허락하신다는 사실 이것보다 더 분명하게 창조사관을 표현할 수 있는 방법이 달리 있을까?

여기서 솔로몬이 하나님에 대한 호칭으로 '창조자'를 선택한 것도 중요한 의미가 있다. 그는 '창조자'를 사용함으로써 자신이 믿는 하나님을 삼위일체 하나님으로 이해할 근거를 제공하였기 때문이다. "하나님이 이르시되 우리의 형상을 따라 우리의 모양대로 우리가 사람을 만들고 그들로 바다의 물고기와 하늘의 새와 가축과 온 땅과 땅에 기는 모든 것을 다스리게 하자"(창 1:26).[34]

한편 솔로몬은 하나님이 정해 놓으신 때 또는 시절에 대해 민감함을 보였다. '하나님의 섭리에 의한 때의 정함', '하나님의 하시는 일의 시종을 사람으로 측량할 수 없게 하심', '그가 굽게 하신 것을 곧게 할 자가 없음', '모든 행사를 살펴보심', '의인이나 지혜자의 행하는 일이 다 하나님의 손에 있음', '만사를 성취하시는 하나님의 일' 등의 표현을 통해 섭리

---

33) 아모스 선지자는 젊음이 있다고 다 되는 것은 아니라고 말한다. 하나님과 하나님의 말씀이 없으면 청춘도 절망할 수밖에 없다는 것이다. "내가 기근을 땅에 보내리니 양식이 없어 주림이 아니며 물이 없어 갈함이 아니요 여호와의 말씀을 듣지 못한 기갈이라 사람이 이 바다에서 저 바다까지, 북쪽에서 동쪽까지 비틀거리며 여호와의 말씀을 구하려고 돌아다녀도 얻지 못하리니 그 날에 아름다운 처녀와 젊은 남자가 다 갈하여 쓰러지리라"(암 8:11-13).

34) 삼위 하나님의 공동 창조사역에 관해서는 최용준, 『세계관은 삶이다』(서울: CUP, 2008), 46-49를 보라.

사관이 잘 나타나고 있다(전 3:11; 7:13; 8:17; 9:1; 11:5).

이처럼 강하게 나타나는 섭리사관으로 인해 솔로몬의 글에 영웅사관[35]을 배격하는 태도가 나타나는 것은 당연하다(전 2:14-16, 21; 5:8-9; 9:11-12). 물론 그렇다고 해서 그가 사람에 대해 존중하지 않거나 그의 역사적 역할을 인정하지 않는 것은 아니다. 그는 사람의 지위와 역할을 여러 곳에서 인정하였다(전 2:10; 8:12-13; 10:10). 그가 인정하는 사람의 역할은 '때'와 관련해서 특히 잘 나타난다(전 3:1-18). 때는 하나님의 것과 사람의 것으로 나누어진다. 즉 역사를 하나님과 사람의 역할에 의해 진행되어 가는 이야기로 설명하는 것이 가능하다. 그리고 '기억하라'는 말에서 사람에게 주어진 특별한 가치를 찾을 수 있다.

왜냐하면 이 단어는 하나님이 우리를 강요하지 않는다는 것을 상기시키기 때문이다. 하나님은 계시로 우리 인간을 위압하지 않는다. 하나님은 철저하게 신중하다. 기억하라. 당신은 하나님을 잊을 수 없으며 한쪽으로 제쳐놓을 수 없으며 관심을 끌 수도 없다. 하나님은 노발대발해서 찾아와 당신을 강요하여 자신을 고려하게 한다거나 무릎을 꿇게 한다거나 당신의 시각을 꽉 채워 무섭게 한다거나 억지로 복종케 하지 않는다. 그렇다. 하나님은 숨어 있고 인내한다.

성경적 종말사관은 인간 개인이나 집단에게 있어서 하나님의 구원이 목적 곧 의미가 됨으로써 그 삶의 과정을 헛되지 않게 만들어야 한다고 가르친다. 솔로몬을 이것과 다르지 않은 역사관을 오래 전에 제시함으로써 성경시대에는 물론 오늘에 이르기까지 건전한 신앙을 가진 그리스도인들로부터도 공감을 얻을 만한 역사철학을 제공하게 되었다. "모든 목적은 이룰 때가 있다"(전 3:1)는 말과 "의인과 악인을 하나님이 심판하시리니 이는 모든 목적과 모든 일이 이룰 때가 있음이라"(전 3:17)라는 두 구절은 종말사관

---

35) 고대 그리스의 신화적 전통에서는 영웅(ἥρως)이란 말이 부모 중 어느 한 쪽이 신인 반신반인(半神半人)의 존재를 의미하였다. 따라서 이 개념에서 보면 영웅숭배는 너무나 쉽게 종교적이거나 신앙적인 행위로 바뀔 가능성이 큰 것이다. 그리스 영웅 신화의 특징과 배경과 관련해서는 이진성, 『그리스 신화의 이해』(서울: 아카넷, 2004), 227-344를 보라.

이 내용적으로는 목적사관이 된다는 사실을 보여준다는 점에서 의미가 있다. “일의 끝이 시작보다 낫다”(전 7:8)라는 표현도 종말에 대해 암시한다. 그 외에 “사람이 자기 영원한 집으로 돌아간다”(전 12:5)는 말도 종말사관이나 목적사관에 대해 보여준다.

종말사관의 특징은 구원과 심판, 즉 영생과 영벌이라는 최후의 사건을 경험하게 한다는 점에서 이것과 관련하여 심판에 대한 솔로몬의 입장을 살펴볼 필요가 있다. 그는 “악인은 잘 되지 못하며 장수하지 못하고 그 날이 그림자와 같으리니 이는 하나님 앞에 경외하지 아니함이니라”(전 8:13)라고 말하여 궁극적인 인과응보(또는 심판)가 하나님에 대한 경외 여부에 따라서 있을 것임을 말한다. 따라서 솔로몬에게서는 인과응보의 개념이 전적으로 배제된다고 볼 수 없다. 즉 세상의 역사는 인간적 안목이나 이성의 관점, 아니면 도덕사관을 충족시킬 만한 일들로 가득 차 있지 않다고 해서 인간 행위에 대한 궁극적 평가마저 부정하는 것은 아니라는 말이다. 그는 “모든 행위와 은밀한 일을 선악간에 심판하시리라”(전 12:14)는 말로 종말적 인과응보를 인정하기 때문이다.

이와 함께 솔로몬은 직접적인 표현은 많이 하지 않지만 창조로부터 종말을 향해 흘러가는 시간의 흐름이란 내용을 통해 직선사관의 개념을 보여준다. 창조, 종말, 영원 등의 표현을 통해 그의 역사의식이 거시사관의 성격을 갖고 있다는 점도 파악할 수 있다. 창조주, 하나님의 보편적 섭리, 종말의 심판, 여러 세대에 관한 통찰 등에서 솔로몬이 생각하는 역사는 큰 틀의 역사가 된다는 것이다(전 1:4, 10-11; 3:11, 14; 12:5).

다음으로 솔로몬의 역사관에서는 구원사관의 특징을 찾아볼 수 있다. 그는 전체적으로 ‘영원을 사모하는 마음’이 먼저 있다는 사실을 인정하며, 창조자에 대한 기억을 요구하는 가운데 구원사관의 특징을 보여준다. 그렇기 때문에 그의 역사관은 구원사관의 특징을 갖는다고 말할 수 있다. 그는 ‘헛되다(meaningless)’라는 개념에서 출발하여 구원이라는 목적(Purpose is Meaning)을 향해 가는 구원사관을 보여주는 것이다.

‘과거와 현재 그리고 미래의 사람들이 겪는 것이 일반’(전 1:9-11), ‘지혜자와 우매자로서 인간들이 당하는 일이 일반'(전 2:14, 16), '사람과 짐승이 일반으로 흙으로 돌아감'(전 3:19-20), '땅의 이익은 뭇사람을 위한 것'(전 5:9), '어떤 사람이든 하나님의 분복을 받아 수고함으로 즐거워하게 하심'(전 5:19), '모든 사람의 결국이 같음'(전 7:2), '의인과 악인, 깨끗한 자와 깨끗지 않은 자, 제사를 드리는 자와 드리지 않는 자, 선인과 죄인, 맹세하는 자와 맹세하기를 두려워하는 자 이 모든 사람의 결국이 일반'(전 9:2-3), '시기와 우연이 모든 자에게 임함'(전 9:11)과 같은 표현들은 솔로몬의 역사관이 다분히 보편사관의 특징을 갖는 것임을 보여준다.

이상에서 다룬 역사관의 특징들과 함께 솔로몬의 역사의식을 더 돋보이게 하는 것은 시간이나 시대에 대해 그가 가졌던 강한 자각이다. "범사에 기한이 있고 천하 만사가 다 때가 있나니 날 때가 있고 죽을 때가 있으며 심을 때가 있고 심은 것을 뽑을 때가 있으며 죽일 때가 있고 치료할 때가 있으며 헐 때가 있고 세울 때가 있으며 울 때가 있고 웃을 때가 있으며 슬퍼할 때가 있고 춤출 때가 있으며 돌을 던져 버릴 때가 있고 돌을 거둘 때가 있으며 안을 때가 있고 안는 일을 멀리 할 때가 있으며 찾을 때가 있고 잃을 때가 있으며 지킬 때가 있고 버릴 때가 있으며 찢을 때가 있고 꿰맬 때가 있으며 잠잠할 때가 있고 말할 때가 있으며 사랑할 때가 있고 미워할 때가 있으며 전쟁할 때가 있고 평화할 때가 있느니라"(전 3:1-8).

위에서 살펴본 솔로몬의 강한 시간의식은 곧바로 과거, 현재, 미래의 각 시제와 관련한 표현들과 연결되고, 원형적인 시대구분까지 보여준다. 이렇게 해서 그의 글에 자주 보이는 단어인 '때'는 시간이나 시점을 가리키는 말로서 학문성, 특히 역사학이라는 특정한 학문과 솔로몬 사이의 깊은 관련성을 생각하게 한다. 즉 <전도서>에 나타나는 시간에 대한 강한 자각이 기독교적 역사의식 또는 역사관의 한 특징으로 이해될 수 있다는 말이다. 물론 이것은 <전도서>뿐만 아니라 신 · 구약 성경 전반을 통해 일관되게 나타나는 현상이다. 이처럼 솔로몬은 시간에 대한 자각과 함께 과거, 현재, 미래의 시제에 대해 많은 언급을 하였다.

솔로몬은 인간의 역사적 무지와 관련해서 사람이 하나님의 뜻을 온전히 알지 못하는 가운데 생겨날 수 있는 '하나님에 대한 경외', 즉 인간의 겸손을 위해 그것이 필요하다고 보는 입장이다(전 3:14; 5:7; 7:18; 8:12-13; 12:13). 이 불가지론은 "그런즉 깨어 있으라 너희는 그 날과 그 때를 알지 못하느니라"(마 25:13)라는 말씀에 근거하여 종말의 시기를 알지 못하게 하여 사람들에게 경각심을 주려는 의도에서 나온 것으로 볼 수도 있다.

이것을 역사이해에 적용하는 가운데 리드는 아래와 같이 정리해 놓았다. "그리스도인조차도 하나님께서 역사 속에서, 역사를 통하여 어떻게 행동하시는가를 모른다.…결과적으로 한 사람의 그리스도인이 성경의 조망 아래 역사를 이해하고자 시도할 수는 있으나 결코 '나는 그 문제에 대해 확답을 얻었다' 라고 말할 수는 없다."[36] 이 말은 기독교 역사이해에 있어서는 성경에 기초한 믿음의 원리가 고스란히 적용된다는 것을 보여준다. 물론 이 믿음의 원리는 <전도서>에 나타난 저자의 역사의식이나 세계관에도 직·간접으로 투영되어 있다.

'창조자를 기억하라' 는 말은 '하나님의 말씀을 인정하고 받아들이라' 는 말로 이해해도 될 것 같다. 왜냐하면 하나님에 대한 기억은 하나님과 그의 말씀인 성경을 인정하는 데서 시작하기 때문이다. 말하자면 솔로몬은 인간의 이성보다 하나님에 대한 신앙의 가치를 더 소중하게 생각한 것으로 보인다. 그러나 하나님은 사람을 기억이나 생각을 통해 당신에게 가까이 가는 존재로 만드셨다. 당신이 인격자인 것처럼 그의 인격을 닮은 존재로 지어진 사람 또한 인격자로 살아야 할 이유가 여기 있다.

<전도서>에는 '반복', 특히 역사적 현상으로서 '유형적 반복' 의 개념이나 인식이 자주 나타난다. 즉 솔로몬은 역사의 흐름에 빗대어 왕조나 국가의 유한성에 대해 말했다. "이미 있던 것이 다시 있겠고 이미 한 일을 후에 다시 할찌라 해 아래는 새것이 없나니 무엇을 가리켜 이르기를 보라 이것이 새것이라 할 것이 있으랴 우리 오래 전 세대에도 이미 있었느니라"(전 1:9-10). 또 "이미 있는 무엇이든지 오래 전부터 그 이름이 칭한 바 되

36) 리드, 『기독교 역사관』, 1-2.

었으며 사람이 무엇인지도 이미 안 바 되었다"(전 6:10)라는 표현도 나온다. 여러 곳에서 역사의 반복에 대해 언급하던 솔로몬은 "하나님은 이미 지난 것을 다시 찾으신다(God will call the past to account)"(전 3:15)라는 말로 하나님이 가지신 위대한 역사가의 속성을 보여준다.

(3) 다니엘의 신앙과 역사감각

바벨론 왕 느부갓네살이 성전의 기구들을 시날 땅 자기 신의 보고에 들인 것은 주께서 유다 왕 여호야김과 그것들을 그의 손에 붙였기에 가능한 일이었다(단 1:1-2). 여기서 철저한 섭리사관을 보게 된다. 다니엘은 하나님의 섭리를 나타내는 것으로서 성경에 많이 나오는 "누구의 손에 붙였다"라는 표현을 즐겨 사용하였다.

느부갓네살 왕은 흠이 없고 용모가 아름다우며 모든 지혜를 통찰하며 지식에 통달하며 학문에 익숙하여 왕궁에 설 만한 소년을 데려오게 하였고 그들에게 갈대아 사람의 학문과 언어를 가르치게 하였으며, 또 왕이 지정하여 그들에게 왕의 음식과 그가 마시는 포도주에서 날마다 쓸 것을 주어 삼년을 기르게 하였고, 그 후에 그들이 왕 앞에 서도록 조치하였다(단 1:3-4).

문제는 왕이 지정하여 먹게 한 진미와 포도주가 하나님의 사람인 다니엘과 그의 친구들을 하나님 앞에서 더럽히는 일이었다는 사실이다(단 1:5, 8). 따라서 그들은 그것을 거절하기로 작정하고 음식과 관련하여 자기들의 방식을 환관장에게 제안하였다. 다니엘은 뜻을 정하여 왕이 정한 식사를 거절하게 되었고, 다니엘과 그의 친구들을 책임진 환관장을 통해 하나님의 섭리가 나타나기 시작하였다. "하나님이 다니엘로 하여금 환관장에게 은혜와 긍휼을 얻게 하신지라"(단 1:9). 하나님이 환관장을 통해 다니엘에게 은혜를 베풀도록 한 것이다. 다른 선지자들이 그렇듯이 다니엘은 '하나님이… 하신지라'의 표현을 쓰고 있다.

섭리사관을 적극 반영하는 이 표현은 본문에 자주 나온다. 더불어 학문과 지혜까지 하나님이 주셨다고 한다. "하나님이 이 네 소년에게 학문을 주시고 모든 서적을 깨닫게 하시고 지혜를 주셨으니 다니엘은 또 모든 환상과 꿈을 깨달아 알더라 왕이 말한 대로 그들을 불러들일 기한이 찼으므로 환관장이 그들을 느부갓네살 앞으로 데리고 가니 왕이 그들과 말하여 보매 무리 중에 다니엘과 하나냐와 미사엘과 아사랴와 같은 자가 없으므로 그들을 왕 앞에 서게 하고 왕이 그들에게 모든 일을 묻는 중에 그 지혜와 총명이 온 나라 박수와 술객보다 십 배나 나은 줄을 아니라"(단 1:17-20).

성경에는 다니엘이 고레스 원년까지 있었다고 말하는데, 이것은 하나님의 도우심 가운데 왕에게 의지하지 않고도 여러 왕을 거치면서 하나님의 역사를 위해 섬길 수 있었다는 것을 밝히려는 저자의 의지를 반영하고 있는 것 같다. "다니엘은 고레스 왕 원년까지 있으니라"(단 1:21). 말하자면 섭리사관에 따른 역사발전을 보여주려는 방식으로 생각되는 것이다.

느부갓네살 왕의 꿈과 관련하여 갈대아인들은 비록 자신들의 목숨을 구하기 위해 둘러댄 말이기는 하지만 진실을 말하였다. "갈대아인들이 왕 앞에 대답하여 이르되 세상에는 왕의 그 일을 보일 자가 한 사람도 없으므로 어떤 크고 권력 있는 왕이라도 이런 것으로 박수에게나 술객에게나 갈대아인들에게 물은 자가 없었나이다 왕께서 물으신 것은 어려운 일이라 육체와 함께 살지 아니하는 신들 외에는 왕 앞에 그것을 보일 자가 없나이다"(단 2:10-11).

그렇다면 느부갓네살의 꿈은 어디서 왔다고 봐야 하는가? 아마도 그 꿈을 해석할 수 있는 하나님이 아니었을까 생각하게 된다. 왜냐하면 갈대아 술사들은 "왕께서 물으신 것은 어려운 일이라 육체와 함께 살지 아니하는 신들 외에는 왕 앞에 그것을 보일 자가 없나이다"라고 대답했으니 말이다. 그들의 말대로 오직 하나님만이 느부갓네살의 꿈에 관해 말하실 수 있는 것이었다. 그러나 하나님은 당신의 선지자인 다니엘을 통해서 그것을 해석하게 하셨다. 다니엘은 그 일을 해결하기 위해 친구들에게 말하고, 그들로 하여금 하나님께 간구하게 하였다. 여기서 주목할 것은 다니엘이 친구들에게 하나님께 기도하게 했다는 점이다. 다니엘에게는 그 일을 해결할 분은 살아 계신 하나님뿐이라는 섭리사관이 있었다. 그들의 기도는 응답되었고,

다니엘은 은밀한 일에 대해 환상으로 볼 수 있었다. “하늘에 계신 하나님이 이 은밀한 일에 대하여 불쌍히 여기사 다니엘과 친구들이 바벨론의 다른 지혜자들과 함께 죽임을 당하지 않게 하시기를 그들로 하여금 구하게 하니라 이에 이 은밀한 것이 밤에 환상으로 다니엘에게 나타나 보이매 다니엘이 하늘에 계신 하나님을 찬송하니라”(단 2:18-19).

하나님은 때와 계절을 바꾸실 수 있는 세상의 창조자요 주인으로 묘사되고 있다. 왕들을 세우기도 하고, 폐하기도 하시며 지혜자와 총명한 자에게 지혜를 주신다니 역사의 주인이라고 말하지 않을 수 없다. 무소부재, 전지전능하신 하나님에 대한 언급도 있다. “영원부터 영원까지 하나님의 이름을 찬송할 것은 지혜와 능력이 그에게 있음이로다 그는 때와 계절을 바꾸시며 왕들을 폐하시고 왕들을 세우시며 지혜자에게 지혜를 주시고 총명한 자에게 지식을 주시는도다 그는 깊고 은밀한 일을 나타내시고 어두운 데에 있는 것을 아시며 또 빛이 그와 함께 있도다 나의 조상들의 하나님이여 주께서 이제 내게 지혜와 능력을 주시고 우리가 주께 구한 것을 내게 알게 하셨사오니 내가 주께 감사하고 주를 찬양하나이다 곧 주께서 왕의 그 일을 내게 보이셨나이다”(단 2:20-23).

은밀한 것은 지혜자나 술객이나 박수나 점쟁이가 아니라 오직 하늘에 계신 하나님이 나타내실 수 있다. 그래서 느부갓네살 앞에 선 다니엘은 당당하게 자신의 하나님을 소개할 수 있었다. “왕이 물으신 바 은밀한 것은 지혜자나 술객이나 박수나 점쟁이가 능히 왕께 보일 수 없으되 오직 은밀한 것을 나타내실 이는 하늘에 계신 하나님이시라 그가 느부갓네살 왕에게 후일에 될 일을 알게 하셨나이다”(단 2:27-28). 다니엘은 분명하게 영웅사관뿐만 아니라 허탄한 신들이나 신앙의 문제와 한계를 지적했던 것이다.

다니엘은 섭리사관을 견지하면서 미래의 일까지 보여주고 가르쳐 줄 분은 하나님뿐이라는 것을 말해 주었다. “왕이여 왕이 침상에서 장래 일을 생각하실 때에 은밀한 것을 나타내시는 이가 장래 일을 왕에게 알게 하셨사오며 내게 이 은밀한 것을 나타내심은 내 지혜가 모든 사람보다 낫기 때문이 아니라 오직 그 해석을 왕에게 알려서 왕이 마음으로 생각하던 것을 왕에게 알려 주려 하심이니이다"(단 2:29-30). 여기서 특별히 주목해야 할 것은 다니엘 자신이 우쭐하는 영웅적 태도를 넘어서서 온전히 하나님이 하신다는 입장을 밝혔다는 것이다.

다니엘은 느부갓네살 왕이 본 신상이 금, 은, 놋, 쇠, 그리고 쇠와 진흙으로 구성되어 있음과 그것을 돌이 쳐부수는 것에 대해서도 섭리사관으로 설명하였다. "왕이여 왕은 여러 왕들 중의 왕이시라 하늘의 하나님이 나라와 권세와 능력과 영광을 왕에게 주셨고 사람들과 들짐승과 공중의 새들, 어느 곳에 있는 것을 막론하고 그것들을 왕의 손에 넘기사 다 다스리게 하셨으니 왕은 곧 그 금 머리니이다…이 여러 왕들의 시대에 하늘의 하나님이 한 나라를 세우시리니 이것은 영원히 망하지도 아니할 것이요 그 국권이 다른 백성에게로 돌아가지도 아니할 것이요 도리어 이 모든 나라를 쳐서 멸망시키고 영원히 설 것이라 손대지 아니한 돌이 산에서 나와서 쇠와 놋과 진흙과 은과 금을 부서뜨린 것을 왕께서 보신 것은 크신 하나님이 장래 일을 왕께 알게 하신 것이라 이 꿈은 참되고 이 해석은 확실하니이다"(단 2:37-45).

다니엘의 설명을 들은 왕은 이것을 알려주시는 분이 하나님이라는 사실을 다니엘이 분명히 밝혔음에도 그에게 절하고 예물과 향품을 주게 하였다(단 2:46). 이처럼 보이는 하나님을 쉽게 만들고 영웅사관에 사로잡히는 일은 사람들이 흔히 빠져드는 상황이다. 그러면서 그는 다니엘에게 "너희 하나님은 참으로 모든 신들의 신이시요 모든 왕의 주재시로다 네가 능히 이 은밀한 것을 나타내었으니 네 하나님은 또 은밀한 것을 나타내시는 이시로다"(단 2:47)고백하였다. 여기서 왕이 다니엘을 통해 하나님을 알게 되었음을 보게 된다. 이렇게 해서 다니엘과 그의 세 친구들은 각각 왕궁과 지방에서 다스리게 되었다(단 2:49).

여기서 다시 주목하고 싶은 것이 하나 있다. 다니엘이 동역자인 자신의 친구들을 세우기 위하여 왕에게 의뢰한 일이다. "왕이 또 다니엘의 요구대로 사드락과 메삭과 아벳느고를 세워 바벨론 지방의 일을 다스리게 하였고 다니엘은 왕궁에 있었더라"(단 2:49). 사람은 누구라도 동역자 없이는 일할 수 없다. 사람들은 역사를 이룸에 있어 하나님의 동역자도 되고 사람들 간에도 서로 동역자가 되어야 한다.

다니엘을 통해 하나님을 만날 수밖에 없었던 느부갓네살은 곧이어 아첨하고 시기하는 자들로 말미암아 신상을 만들고, 거기 절하게 함으로써 본의 아니게 다니엘의 세 친구를 위기상황으로 내몰았다. 보이는 하나님의 유혹을 그가 넘어서지 못했던 것이다. 참소하는 자들의 말에는 영웅사관과 허탄한 우상숭배가 드러난다. "이제 몇 유다 사람 사드락과 메삭과 아벳느고는 왕이 세워 바벨론 지방을 다스리게 하신 자이거늘 왕이여 이 사람들이 왕을 높이지 아니하며 왕의 신들을 섬기지 아니하며 왕이 세우신 금 신상에게 절하지 아니하나이다"(단 3:12).

사드락과 메삭과 아벳느고, 이 세 사람의 탁월성을 인정하는 왕이기에 "이제라도…내가 만든 신상 앞에 엎드려 절하면 좋거니와 너희가 만일 절하지 아니하면 즉시 너희를 맹렬히 타는 풀무불 가운데에 던져 넣을 것이니 능히 너희를 내 손에서 건져낼 신이 누구이겠느냐"(단 3:15)라고 그들에게 다그쳤다. "너희 하나님은 참으로 모든 신들의 신이시요 모든 왕의 주재시로다"(단 2:47)라고 고백하던 모습은 어디론가 사라져버렸다.

지엄한 왕의 다그침에도 다니엘의 세 친구는 섭리사관을 믿었기에 당당하게 말할 수 있었다. "느부갓네살이여 우리가 이 일에 대하여 왕에게 대답할 필요가 없나이다 왕이여 우리가 섬기는 하나님이 계시다면 우리를 맹렬히 타는 풀무불 가운데에서 능히 건져내시겠고 왕의 손에서도 건져내시리이다 그렇게 하지 아니하실지라도 왕이여 우리가 왕의 신들을 섬기지도 아니하고 왕이 세우신 금 신상에게 절하지도 아니할 줄을 아옵소서"(단 3:16-18).[37] 하나님이 왕의 손에서 건져내실 수 있음을 믿는다는 것이고, 혹 자신들이 생각했던 방식으로 문제가 해결되지 않더라도, 말하자면 하나님이

37) 이들이 더 좋은 부활을 얻고자 하여 현세에서의 죽음에 대해 용기를 가질 수 있었다는 해석에 동의한다. 그러나 그들의 고백은 이스라엘의 역사와 개인적 삶의 경험에 근거하여 하나님에 대해 갖게 된 지식과 무관하지 않다. 박윤선, 『성경주석 에스겔서 · 다니엘서』 (서울: 영음사, 1982), 384.

행동하지 않거나 침묵하셔도 우상에 절하는 것으로 살아 계신 하나님을 부인하는 죄를 지지 않겠다는 것이다.

다니엘의 세 친구가 불 가운데서도 살아 있음을 본 느부갓네살 왕은 그들을 불러내면서 하나님에 대해 '지극히 높으신 하나님' 이라고 했다. "지극히 높으신 하나님의 종 사드락, 메삭, 아벳느고야 나와서 이리로 오라"(단 3:26). 다시금 그가 하나님의 속성에 대해 부분적으로나마 바른 고백을 하는 것 같다.

한편 왕은 세 친구들로 인해 구원사관에 대해 확신에 찬 고백을 하였다. "사드락과 메삭과 아벳느고의 하나님을 찬송할지로다 그가 그의 천사를 보내사 자기를 의뢰하고 그들의 몸을 바쳐 왕의 명령을 거역하고 그 하나님 밖에는 다른 신을 섬기지 아니하며 그에게 절하지 아니한 종들을 구원하셨도다 그러므로 내가 이제 조서를 내리노니 각 백성과 각 나라와 각 언어를 말하는 자가 모두 사드락과 메삭과 아벳느고의 하나님께 경솔히 말하거든 그 몸을 쪼개고 그 집을 거름터로 삼을지니 이는 이같이 사람을 구원할 다른 신이 없음이니라 하더라"(단 3:28-29). 그는 그들의 구원이 하나님이기에 가능했으며, 그와 같은 구원을 이룰 다른 신은 없다고 선언하였다.

이런 왕의 생각은 곧바로 행동으로 이어졌다. 그는 조서를 내리면서 지극히 높으신 하나님이 내게 행하신 이적과 놀라운 일에 자신이 놀라고 감탄한다는 것을 다시 확인하였다. "느부갓네살 왕은 천하에 거주하는 모든 백성들과 나라들과 각 언어를 말하는 자들에게 조서를 내리노라 원하노니 너희에게 큰 평강이 있을지어다 지극히 높으신 하나님이 내게 행하신 이적과 놀라운 일을 내가 알게 하기를 즐겨 하노라 참으로 크도다 그의 이적이여, 참으로 능하도다 그의 놀라운 일이여, 그의 나라는 영원한 나라요 그의 통치는 대대에 이르리로다"(단 4:4:1-3). 여기서 느부갓네살이 섭리사관에 근거한 하나님의 역사를 전하는 것을 즐거워한다고 말하고, 하나님의 나라가 영원한 나라라고 말함으로써 성경적 종말사관에 입각해 있음을 볼 수 있다. 또 그는 하나님의 섭리가 이끌어가는 일이 대대로 이어질 것이라고 고백하였다.

나무 꿈을 꾼 후에 해석을 못하고 두려워하고 있던 느부갓네살(단 4:4-16)에게 다니엘은 섭리사관에 근거하여 해석해 주었다. "지극히 높으신 이가 사람의 나라를 다스리시며 자기의 뜻대로 그것을 누구에게든지 주시며 또 지극히 천한 자를 그 위에 세우시는 줄을 사람들이 알게 하려 함이라"(단 4:17). 그는 다니엘에게 "너 벨드사살아 그 해석을 밝히 말하라 내 나라 모든 지혜자가 능히 내게 그 해석을 알게 하지 못하였으나 오직 너는 능히 하리니 이는 거룩한 신들의 영이 네 안에 있음이라"(단 4:18)라고 말함으로써 그를 통하여 하나님을 보는 입장을 여전히 보여준다.

다니엘은 꿈을 해석하면서 "곧 지극히 높으신 이가 명령하신 것이 내 주 왕에게 미칠 것이라"(단 4:24)라고 말함으로써 강대한 왕이요, 자신의 생사여탈권까지 갖고 있음에도 그 앞에서 하나님의 섭리를 인정하며, 왕이 달가워하지 않을 내용까지 모두 말한다. "왕이 사람에게서 쫓겨나서 들짐승과 함께 살며 소처럼 풀을 먹으며 하늘 이슬에 젖을 것이요 이와 같이 일곱 때를 지낼 것이라 그 때에 지극히 높으신 이가 사람의 나라를 다스리시며 자기의 뜻대로 그것을 누구에게든지 주시는 줄을 아시리이다 또 그들이 그 나무뿌리의 그루터기를 남겨 두라 하였은즉 하나님이 다스리시는 줄을 왕이 깨달은 후에야 왕의 나라가 견고하리이다 그런즉 왕이여 내가 아뢰는 것을 받으시고 공의를 행함으로 죄를 사하고 가난한 자를 긍휼히 여김으로 죄악을 사하소서 그리하시면 왕의 평안함이 혹시 장구하리이다 하니라"(단 4:25-27).

느부갓네살은 개인이든 집단이든 영웅사관으로는 안 된다는 것을 절절히 깨달았다. "땅의 모든 사람들을 없는 것 같이 여기시며 하늘의 군대에게든지 땅의 사람에게든지 그는 자기 뜻대로 행하시나니 그의 손을 금하든지 혹시 이르기를 네가 무엇을 하느냐고 할 자가 아무도 없도다"(단 4:35). 그는 이런 깨달음이 있은 후에 자신에게 일어난 일을 아래와 같이 말함으로써 영웅사관을 섭리사관에 종속시키고 있다. "그 때에 내 총명이 내게로 돌아왔고 또 내 나라의 영광에 대하여도 내 위엄과 광명이 내게로 돌아왔고 또 나의 모사들과 관원들이 내게 찾아오니 내가 내 나라에서 다시 세움을 받고 또 지극한 위세가 내게 더하였느니라"(단 4:36). 느부갓네살은 하나님의 섭리가 모두 이루어지며, 영웅사관은 필히 실패한다는 사실을 지적한 후 자신의 생을 마감하였다. "그러므로 지금 나 느부갓네살은 하늘의 왕을 찬양하며 칭송하며 경배하노니 그의 일이 다 진실하고 그의 행하심이 의로우시므로 교만하게 행하는 자를 그가 능히 낮추심이라"(단 4:37).

벨사살이 어려운 상황에 있게 되자 왕에게 도움을 준 사람은 역사를 기억하고 있는 태후였다. "왕이여 만수무강 하옵소서 왕의 생각을 번민하게 하지 말며 얼굴빛을 변할 것도 아니니이다 왕의 나라에 거룩한 신들의 영이 있는 사람이 있으니 곧 왕의 부친 때에 있던 자로서 명철과 총명과 지혜가 신들의 지혜와 같은 자니이다 왕의 부친 느부갓네살 왕이 그를 세워 박수와 술객과 갈대아 술사와 점쟁이의 어른을 삼으셨으니 왕이 벨드사살이라 이름하는 이 다니엘은 마음이 민첩하고 지식과 총명이 있어 능히 꿈을 해석하며 은밀한 말을 밝히며 의문을 풀 수 있었나이다 이제 다니엘을 부르소서 그리하시면 그가 그 해석을 알려 드리리이다"(단 5:10-12). 이처럼 기억은 인생을 살아가는 데 있어 중요한 가치를 지닌다.

느부갓네살 왕 앞에 불려온 다니엘은 세속적 관점에서 경제지상주의나 영웅주의에 관심이 없음을 밝히고, 느부갓네살과 관련해서 나타난 섭리사관에 대해 말하였다. "왕의 예물은 왕이 친히 가지시며 왕의 상급은 다른 사람에게 주옵소서 그럴지라도 내가 왕을 위하여 이 글을 읽으며 그 해석을 아뢰리이다 왕이여 지극히 높으신 하나님이 왕의 부친 느부갓네살에게 나라와 큰 권세와 영광과 위엄을 주셨고 그에게 큰 권세를 주셨으므로 백성들과 나라들과 언어가 다른 모든 사람들이 그의 앞에서 떨며 두려워하였으며 그는 임의로 죽이며 임의로 살리며 임의로 높이며 임의로 낮추었더니 그가 마음이 높아지며 뜻이 완악하여 교만을 행하므로 그의 왕위가 폐한 바 되며 그의 영광을 빼앗기고 사람 중에서 쫓겨나서 그의 마음이 들짐승의 마음과 같았고 또 들나귀와 함께 살며 또 소처럼 풀을 먹으며 그의 몸이 하늘 이슬에 젖었으며 지극히 높으신 하나님이 사람 나라를 다스리시며 자기의 뜻대로 누구든지 그 자리에 세우시는 줄을 알기에 이르렀나이다"

(단 5:17-21).

다니엘은 아버지 시대의 역사를 통해 교훈을 받았음에도 불구하고 그것을 가볍게 여긴 벨사살을 책망하였다. "벨사살이여 왕은 그의 아들이 되어서 이것을 다 알고도 아직도 마음을 낮추지 아니하고 도리어 자신을 하늘의 주재보다 높이며 그의 성전 그릇을 왕 앞으로 가져다가 왕과 귀족들과 왕후들과 후궁들이 다 그것으로 술을 마시고 왕이 또 보지도 듣지도 알지도 못하는 금, 은, 구리, 쇠와 나무, 돌로 만든 신상들을 찬양하고 도리어 왕의 호흡을 주장하시고 왕의 모든 길을 작정하시는 하나님께는 영광을 돌리지 아니한지라"(단 5:22-23).

벨사살이 죽은 후에 메대 사람 다리오는 자신이 육십이 세에 통치하게 되자(단 5:30-31) 다니엘을 세 명의 총리 중 하나로 세워 일을 시켰다. 그러나 그에 대해 모함할 거리를 찾던 총리와 방백들은 율법 즉 금령을 정하여 삼십일 동안에 누구든지 왕 외의 어떤 신에게나 사람에게 무엇을 구하면 사자 굴에 던져 넣기로 하는 안을 왕에게 제안하였고, 왕은 조서에 어인을 찍어 금령을 내게 되었다(단 6:7-9). 그러자 다니엘은 이 조서에 왕의 도장이 찍힌 것을 알고도 자기 집에 돌아가서는 윗방에 올라가 예루살렘으로 향한 창문을 열고 전에 하던 대로 하루 세 번씩 무릎을 꿇고 기도하며 그의 하나님께 감사하였다(단 6:10).

모함하려 했던 무리들은 다니엘을 고발하였고, 왕은 "네가 항상 섬기는 너의 하나님이 너를 구원하시리라"(단 6:16)라는 말과 함께 그를 사자 굴에 던지게 되었다. 왕이 다니엘을 얼마나 아꼈는지 그는 밤이 새도록 금식하고 그 앞에 오락을 그치고 잠자기를 마다했다고 한다. 그리고 그는 새벽에 일어나 급히 사자 굴로 가서(단 6:18-19) "살아 계시는 하나님의 종 다니엘아 네가 항상 섬기는 네 하나님이 사자들에게서 능히 너를 구원하셨느냐"(단 6:20)라고 슬피 소리질러 물었다.

다니엘은 하나님의 보호하심 가운데 자신이 무사했음을 왕에게 보고했고(단 6:21-23), 왕은 참소했던 자들을 그들의 처자와 함께 사자 굴에 던지고(단 6:24), 조서를 내렸다. "내 나라 관할 아래에 있는 사람들은 다 다니엘의 하나님 앞에서 떨며 두려워할지니 그는 살아 계시는 하나님이시요 영원히 변하지 않으실 이시며 그의 나라는 멸망하지 아니할 것이요 그의 권세는 무궁할 것이며 그는 구원도 하시며 건져내기도 하시며 하늘에서든지 땅에서든지 이적과 기사를 행하시는 이로서 다니엘을 구원하여 사자의 입에서 벗어나게 하셨음이라"(단 6:26-27). 이어서 성경은 "이 다니엘이 다리오 왕의 시대와 바사 사람 고레스 왕의 시대에 형통하였더라"(단 6:28)라고 적고 있다. 이렇게 해서 역사는 영웅사관을 넘어서서 섭리사관의 지배 아래 있음을 보여준다.

이상을 보자 그것을 기록하는 다니엘에게서 기록의 중요성을 인식하는 역사가의 모습을 볼 수 있다(단 7:1). 이것은 뒤에 나오는 "오직 내가 먼저 진리의 글에 기록된 것으로 네게 보이리라"(단 10:21)는 말과 함께 이해하면 좋을 것 같다. 또 그가 환상을 보고 해석하는 가운데서 '옛적부터 항상 계신 이' (단 7:9, 13, 22)라는 말을 반복함으로써 하나님의 역사성에 대해 보여준다. 하나님 그리고 성도들의 나라가 영원하리라(단 7:14, 18, 27)는 말에서 영원으로 이어지는 역사의식을 볼 수 있다.

"모든 백성과 나라들과 다른 언어를 말하는 모든 자들이 그를 섬기게"(단 7:14)했다는 말은 결국 모든 나라가 하나님의 섭리 아래 있음을 보여준다. 무엇보다도 여기에 언급되는 나라들이 앗수르(앗시리아), 메대, 바사(페르시아), 애굽(이집트), 헬라(그리스)라는 점에서 다니엘이 다루는 세계가 보편적임을 알 수 있다. 즉 그에게는 보편사관이 있었다.

하나님은 당신의 이름을 위하여 스스로 일하신다는 말도 섭리사관을 보여준다. "주여 들으소서 주여 용서하소서 주여 귀를 기울이시고 행하소서 지체하지 마옵소서 나의 하나님이여 주 자신을 위하여 하시옵소서"(단 9:19). 그리고 "그의 마지막은 홍수에 휩쓸림 같을 것이며 또 끝까지 전쟁이 있으리니 황폐할 것이 작정되었느니라"(단 9:26)와 "이미 정한 종말까지 진노가 황폐하게 하는 자에게 쏟아지리라"(단 9:27) 그리고 '정한 때 끝에 관한 관한 것' (단 8:17, 19)이란 표현들을 통해 역사는 종말을 향해 달려간다는 종말사관의 일단까지 보여준다.

(4) 하박국의 당혹과 역사감각

짧은 내용이지만 역사와 관련해서 <하박국>만큼 그렇게 재미있게 역사의식을 보여주는 책도 흔하지는 않다. 이 책은 선지자 하박국의 불만으로 시작된다는 점에서 우선 흥미롭다. "여호와여 내가 부르짖어도 주께서 듣지 아니하시니 어느 때까지리이까 내가 강포로 말미암아 외쳐도 주께서 구원하지 아니하시나이다 어찌하여 내게 죄악을 보게 하시며 패역을 눈으로 보게 하시나이까 겁탈과 강포가 내 앞에 있고 변론과 분쟁이 일어났나이다 이러므로 율법이 해이하고 정의가 전혀 시행되지 못하오니 이는 악인이 의인을 에워쌌으므로 정의가 굽게 행하여짐이니이다"(합 1:2-4).

폭력이 난무하고, 질서가 무너져서 세상은 엉망이 되어가는데, 어찌하여 하나님은 신실한 종들의 기도에 응답하시지 않는지 답답하고 죽을 지경이라는 것이다. 그것은 역사를 통해 많은 하나님의 백성들이 처했던 상황인 것 같다. 그리고 대부분의 사람들이 이 투정에 공감할 수도 있다. 사람들은 보통 그렇게 기도하고, 그렇게 사니까 말이다.

그러나 하나님의 응답은 엉뚱하게도 정말 이상한 것이었다. 즉 하나님은 당신의 역사를 이룰 것이며, 그 방법에 대해서는 이른바 하나님의 백성들이 믿지 않는 것이 될 것이라는 내용으로 되어 있었다. 사납고 성급한 백성 곧 땅이 넓은 곳으로 다니며 자기의 소유가 아닌 거처들을 점령하는 갈대아 사람을 하나님의 도구로 사용하시겠다는 것이다(합 1:6).[38]

사람을 잡아들이고, 전쟁을 즐겨 일으키는 자들인 그들이 어떻게 하나님의 도구, 아니 그의 종이 될 수 있단 말인가? 자기 기도가 응답되지 않는다고 생각하는 그리스도인들이 흔히 제기하는 종류의 질문이다. 그들은 자기들의 힘을 자기들의 신으로 삼는 자들이니(합 1:11) 하박국이 하나님 앞에 이의를 제기할 만하다. 그는 영존하시는 하나님께서 그들을 모르실리 없고, 정결해서 악을 차마 보지 못하시며 패역을 차마 보지 못하시는 하나님이

---

38) 로이드 존스, 『하박국강해』, 28-29.

어떻게 거짓된 자들을 내버려두고, 악인이 의로운 사람을 삼키는데도 잠잠히 계시느냐(합 1:12-13)고 외쳤던 것이다. 신실한 하나님의 백성들이 사는 이 세상을 주권자 없는 곤충들의 세계처럼 엉망이 되도록 버려두실 거냐(합 1:14)고 물었던 것이다.

그에 대한 하나님의 응답은 "이 묵시를 기록하여 판에 명백히 새기되 달려가면서도 읽을 수 있게 하라 이 묵시는 정한 때가 있나니 그 종말이 속히 이르겠고 결코 거짓되지 아니하리라 비록 더딜지라도 기다리라 지체되지 않고 반드시 응하리라 보라 그의 마음은 교만하며 그 속에서 정직하지 못하나 의인은 그의 믿음으로 말미암아 살리라"(합 2:2-4)라는 것이었다. 의인은 믿음으로 살 것이니 더딜지는 몰라도 반드시 하나님의 예언이 이루어지기 때문이라는 것이다.

반면에 하나님은 갈대아 사람에 대해 정확하게 알고 계셨다. 여러 나라를 노략하였고, 사람의 피를 흘렸으며, 땅과 성읍과 그 안의 모든 주민에게 강포를 행한 나라가 그들의 나라였다. 그래서 하나님은 하박국의 입을 빌려 "재앙을 피하기 위하여 높은 데 깃들이려 하며 자기 집을 위하여 부당한 이익을 취하는 자에게 화 있을진저 네가 많은 민족을 멸한 것이 네 집에 욕을 부르며 네 영혼에게 죄를 범하게 하는 것이 되었도다"(합 2:9-10)라고 말씀하신 것이다.

결국은 하나님의 심판을 통해 그의 뜻이 이루어진다는 것을 가르쳐 주기 위해 하나님은 그들의 죄를 하나씩 적고 있다. "민족들이 불탈 것으로 수고하는 것과 나라들이 헛된 일로 피곤하게 되는 것이 만군의 여호와께로 말미암음이 아니냐 이는 물이 바다를 덮음 같이 여호와의 영광을 인정하는 것이 세상에 가득함이니라"(합 2:13-14). 이웃에게 술을 마시게 하되 자기의 분노를 더하여 그에게 취하게 하고 그 하체를 드러내려 하고, 레바논에 강포를 행한 것과 짐승을 죽인 것 곧 사람의 피를 흘리며 땅과 성읍과 그 안의 모든 주민에게 강포를 행한 것이 하나님께 다 기억되어 있었던 것이다(합 2:15, 17).

그러나 그들이 징계를 받아야 할 더 확실한 이유는 그들이 허탄한 우상의 숭배자가 됨으로써 역사의 섭리자이신 하나님을 모독한 것이다. "새긴 우상은 그 새겨 만든 자에게 무엇이 유익하겠느냐 부어 만든 우상은 거짓 스승이라 만든 자가 이 말하지 못하는 우상을 의지하니 무엇이 유익하겠느냐 나무에게 깨라 하며 말하지 못하는 돌에게 일어나라 하는 자에게 화 있을진저 그것이 교훈을 베풀겠느냐 보라 이는 금과 은으로 입힌 것인즉 그 속에는 생기가 도무지 없느니라"(합 2:18-19). 살아 계신 하나님 아니면 사람이나 허탄한 우상 중 하나에 자신을 걸 수밖에 없는 것이 사람이다.

그런 잘못된 신관(神觀)에 대해 하나님의 사람이 외칠 말은 "오직 여호와는 그 성전에 계시니 온 땅은 그 앞에서 잠잠할지니라 하시니라"(합 2:20)이다. 세상을 창조하시고, 섭리하시면 종말로 이끄실 하나님 앞에서 온 세상은 할 말이 없을 것이다. 역사를 시작하고, 진행시키시며, 그 종말의 시점을 확정하시는 여호와 하나님 앞에서 무슨 말을 할 것인가?

마침내 하박국은 놀라서 하나님을 찬양하게 된다. "여호와여 내가 주께 대한 소문을 듣고 놀랐나이다 여호와여 주는 주의 일을 이 수년 내에 부흥하게 하옵소서 이 수년 내에 나타내시옵소서 진노 중에라도 긍휼을 잊지 마옵소서"(합 3:1). 그는 "그의 영광이 하늘을 덮었고 그의 찬송이 세계에 가득하도다 그의 광명이 햇빛 같고 광선이 그의 손에서 나오니 그의 권능이 그 속에 감추어졌도다"라고 노래하였다(합 3:3).

하박국의 노래는 다음의 내용으로 계속 이어진다. 예부터 하나님은 땅을 진동하시며, 여러 나라를 전율시키고, 산들도 무너뜨리는 분이다. 강과 바다 그리고 산들이 하나님 앞에서 쪼개지고 소리 지르는 일은 하나님의 능력에 따른 것이다. 하나님의 광채로 말미암아 해와 달이 멈출 정도이다. 하나님은 하고자 하시면 땅을 두르기도 하시고, 여러 나라를 밟기도 하신 분이다(합 3:6-12).

그러나 "주께서 주의 백성을 구원하시려고, 기름 부음 받은 자를 구원하시려고 나오사 악인의 집의 머리를 치시며 그 기초를 바닥까지 드러내셨나이다"(합 3:13)라는 고백과 함께 하박국의 노래는 반전되고 있다. 자기를 적대하는 자들이 회오리바람처럼 이르러 흩으려 하며 가만히 가난한 자 삼키기를 즐거워한다 해도 오직 주께서 그들의 전사의 머리를 그들의 창으로 찌르셨고, 주께서 말을 타시고 바다의 파도를 밟으셨다는 것이다(합 3:14-15).

하박국은 예언을 듣고 하나님의 섭리에 자신을 맡기려 했지만 닥쳐올 환난으로 인해 떨지 않을 수는 없었다. "내가 들었으므로 내 창자가 흔들렸고 그 목소리로 말미암아 내 입술이 떨렸도다 무리가 우리를 치러 올라오는 환난 날을 내가 기다리므로 썩이는 것이 내 뼈에 들어왔으며 내 몸은 내 처소에서 떨리는도다"(합 3:16).

그래서 그의 노래 마지막 부분은 하나님의 섭리사관에 대한 확신으로 고조되고 있다. "비록 무화과나무가 무성하지 못하며 포도나무에 열매가 없으며 감람나무에 소출이 없으며 밭에 먹을 것이 없으며 우리에 양이 없으며 외양간에 소가 없을지라도 나는 여호와로 말미암아 즐거워하며 나의 구원의 하나님으로 말미암아 기뻐하리로다 주 여호와는 나의 힘이시라 나의 발을 사슴과 같게 하사 나를 나의 높은 곳으로 다니게 하시리로다"(합 3:17-19).

이상에서 본 것처럼 역사의 유일한 주인은 하나님이고, 하나님은 당신의 방식으로, 당신의 때에 당신의 역사를 이루신다는 것이 <하박국>에 가득 찬 정신이다. 또 그렇기 때문에 여러 가지 관점에 따라 역사가 기록되고, 해석될 수도 있으나 궁극적으로는 단 하나의 역사, 즉 하나님의 역사만이 남는 것이다.

(5) 바울의 종말론과 역사감각

역사의식이 강했던 바울이 기억, 기록, 기념과 같은 요소를 간과할 수 없었던 것은 당연한 일이다. 먼저 그는 기억하지 못하는 것을 책망함에 있어서 예수님과 똑같은 태도를 보여주었다. "내가 너희와 함께 있을 때에 이 일을 너희에게 말한 것을 기억하지 못하느냐"(살후 2:5). 반면에 기억은 칭찬의 이유가 된다. "너희가 모든 일에 나를 기억하고 또 내가 너희에게 전하여 준 대로 그 전통을 너희가 지키므로 너희를 칭찬하노라"(고전 11:2; 막 8:18; 마 16:10 참조). "내가 전한 복음대로 다윗의 씨로 죽은 자 가운데서 다시 살아나신 예수 그리스도를 기억하라"(딤후 2:8).

예수님이 그랬던 것처럼 바울은 사료를 충분히 활용한 사람이다. 먼저 그는 '기록된바' (롬 1:17; 고전 1:19, 31; 갈 3:10, 13), '기록한바' (롬 3:10; 15:4), '기록된 것' (롬 4:23; 고전 9:10), '기록하되' (롬 10:5), '기록되었으되' (롬 14:11), '기록한 말씀' (고전 4:6), '기록하였으니' (고전 9:9)와 같이 기록에 의존한 표현을 자주 사용하였다.

바울은 자신의 글을 쓰기 위해 모세오경, 역사서, <시편>, 지혜서, 선지서와 같은 옛 자료들을 인용하였다. 그리고 '모세가 기록하되' (롬 10:5), '모세가 이르되' (롬 10:19), '이사야가 매우 담대하여 이르되' (롬 10:20), '다윗이 가로되' (롬 11:9), '이사야가 가로되' (롬 15:12), "성경이 무엇을 말하느냐"(갈 4:30)와 같은 표현들은 그가 사료를 직접 인용할 때 쓰던 것들이다.

바울은 이사야의 글이나 소돔과 고모라 이야기를 역사자료로 인용할 뿐만 아니라(롬 9:27-29; 행 28:25-27 참조) 사료로 주어진 율법에 대해서도 단순명료하게 해석하며, '모세의 율법' (행 13:39)이나 '선지자들을 통하여 말씀하신 것' (행 13:40)과 같이 다양한 호칭을 부여하였다. 누가는 바울이 아침부터 저녁까지 강론하여 하나님의 나라를 증언하고, 모세의 율법과 선지자의 말을 가지고 예수에 대하여 권했다고 적었다(행 28:23).

바울은 역사를 기억하기 위한 기념행위와 관련해서도 그냥 지나치지 않았다. 그는 성만찬을 통해 예수 그리스도의 탄생, 죽음, 부활을 그가 오실 때까지 기념하라는 말씀이 지켜져야 한다는 사실을 잘 알고 있었다. "내가 너희에게 전한 것은 주께 받은 것이니 곧 주 예수께서 잡히시던 밤에 떡을 가지사 축사하시고 떼어 이르시되 이것은 너희를 위하는 내 몸이니 이것을 행하여 나를 기념하라…주의 몸을 분별하지 못하고 먹고 마시는 자는 자기의 죄를 먹고 마시는 것이니라"(고전 11:23-29).

바울은 성경에 일반적으로 나타나는 것처럼 진실하신 하나님 그리고 당신의 백성에게 진실할 것을 요구하시는 하나님에 어울리는 태도를 보여줌으로써 역사가의 자세를 견지하였다. 또 "우리는 진리를 거슬러 아무 것도 할 수 없고 오직 진리를 위할 뿐이"(고후 13:8)이라고 말하여 진실 혹은 진리에 대해 강조하였다. 그는 그리스도인들이 마지막 때를 기다리는 자들로서 '진리의 사랑을 받지 아니함' (살후 2:10)이나 '거짓 것을 믿게 하심' (살후 2:11), 그리고 '진리를 믿지 않는 것' (살후 2:12)이란 말들로 잘못된 길에 대해 경각심을 불러일으킨다. 아울러 '하나님의 택함', '성령의 거룩하게 하는 것' 과 '진리에 대한 믿음' 을 통한 구원(살후 2:13)에 대해서도 말하였다.

그는 성경적 신앙에 근거하여 진리에 도달할 수 있다고 보았다. "너는 이것을 알라 말세에 고통하는 때가 이르러 사람들이 자기를 사랑하며 돈을 사랑하며 자랑하며 교만하며…여러 가지 욕심에 끌린 바 되어 항상 배우나 끝내 진리의 지식에 이를 수 없느니라…성경은 능히 너로 하여금 그리스도 예수 안에 있는 믿음으로 말미암아 구원에 이르는 지혜가 있게 하느니라"(딤후 3:1-15).

바울은 그 자신 또한 진실을 말한다고 고백하였다. "내가 그리스도 안에서 참말을 하고 거짓말을 아니하노라"(롬 9:1). 그는 그리스도의 진리가 자신 안에 있다고 말했으며(고후 11:10), 자신이 거짓말 하지 않는 것을 하나님이 아시며(고후 11:31), 자신은 참말을 한다고도 했다(고후 12:6). 바울은 자신의 편지에 거짓말이 없음을 밝힌다. 그리고 그는 "진리가 예수 안에 있는 것 같이…하나님을 따라 의와 진리의 거룩함으로 지으심을 받은 새 사람을 입으라"(엡 4:18-24)라고 요구하였다. 그는 그리스도인은 진실하여야 하며(엡 6:14; 빌 1:10), 아첨의 말이나 탐심의 탈도 쓰지 말라고 하였다(살전 2:5). 아울러 그는 진리를 믿지 않는 자들에 대한 심판(살후 2:12)과 진리를 믿음으로 구원을 얻는 것에 대해 말하였다(살후 2:13).

바울은 하나님의 역사를 바로 알기 위해서는 믿음이 전제되어야 한다는 것을 알았다. 그리스도인이 불신자나 일반 역사가와 다른 이유는 일반 역사뿐만 아니라 보이지 않는 것으로서 영원으로 이어지는 섭리와 구원의 역사를 그가 다룰 수 있다는 데에 있다. 그것은 영원하며(고후 4:18), 그것의 근거는 종말신앙이나 종말사관이다(고후 5:1). 이렇게 해서 바울의 생각은 허무하게 끝나버릴 역사를 극복하며, '영원을 사모하는 마음' 과 '창조자에 대한 기억' 이라는 솔로몬의 결론(전 3:11; 12:1)으로 향한다.

즉 하나님의 역사를 이해하기 위해서는 선물로 주어지는 믿음이 있어야 한다는 것이 바울의 생각이었다. "성령이 선지자 이사야를 통하여 너희 조상들에게 말씀하신 것이 옳도다…너희가 듣기는 들어도 도무지 깨닫지 못하며 보기는 보아도 도무지 알지 못하는도다 이 백성들의 마음이 우둔하여져서 그 귀로는 둔하게 듣고 그 눈은 감았으니 이는 눈으로 보고 귀로 듣고 마음으로 깨달아 돌아오면 내가 고쳐 줄까 함이라"(행 28:25-27).

이렇게 해서 바울의 역사관은 믿음에 기초해 있다고 볼 수 있다(고후 5:7). 따라서 그것에 근거한 해석은 거울을 통해 보는 것처럼 희미하다. 말하자면 거기에는 그리스도를 따라서 몸을 떠나기까지는 온전히 알 수 없는 부분이 있는 것이다(고후 5:8). 그래서 바울은 사람의 이성 또는 능력만으로는 하나님의 역사를 온전히 알 수 없다고 보았다.

반면에 그는 하나님의 역사와 관련해서 "깊도다 하나님의 지혜와 지식의 풍성함이여, 그의 판단은 헤아리지 못할 것이며 그의 길은 찾지 못할 것"(롬 11:33)이라고 선언한다. 그런데 이 내용은 하나님의 하시는 일의 시종을 사람으로 측량할 수 없게 하셨다는 솔로몬의 말과 거의 일치한다. 하나님 또는 그의 하시는 일, 즉 역사에 대해 모두 알 수 없다는 바울의 인식을 "마땅히 생각할 그 이상의 생각을 품지 말고 오직 하나님께서 각 사람에게 나누어 주신 믿음의 분량대로 지혜롭게 생각하라"(롬 12:3)라는 말과 함께 이해해도 될 것 같다. 이상에서 요구되는 것은 믿음을 통한 하나님의 역사에 대한 이해, 그리고 그런 역사이해를 하는 사람의 겸손함이다.

한편 믿음과 관련해서 바울은 먼저 들음이 있어야 한다는 입장을 취했다. "믿음은 들음에서 나며 들음은 그리스도의 말씀으로 말미암았느니라"(롬 10:17). 그리스도의 말씀은 그가 역사 속에 임하심으로 말미암아 사람들에게 역사로 들려지게 되었다. 또 많은 믿음의 선진들의 역사가 그리스도인들을 격려한다. 따라서 여기서 믿음의 원천이 되는 이야기는 다름 아닌 하나님께서 주인 되신 역사, 즉 하나님의 역사라고 말할 수 있다.

바울은 이 비밀에 대해 "기록된 바 하나님이 자기를 사랑하는 자들을 위하여 예비하신 모든 것은 눈으로 보지 못하고 귀로 듣지 못하고 사람의 마음으로 생각하지도 못하였다"(고전 2:9)라고 말함으로써 그리스도를 못 박은 자들의 무지에 대해 한탄하였다. 그러나 그는 곧바로 그것을 깨닫는 방법에 대해 말하였다. "오직 하나님이 성령으로 이것을 우리에게 보이셨으니 성령은 모든 것 곧 하나님의 깊은 것까지도 통달하시느니라"(고전 2:10). 여기서 바울은 '사람의 지혜가 가르친 말'과 '성령의 가르치신 것'을 대비시키고(고전 2:13), "육에 속한 사람은 하나님의 성령의 일들을 받지 아니하나니 이는 그것들이 그에게는 어리석게 보임이요, 또 그는 그것들을 알 수도 없나니 그러한 일은 영적으로 분별되기 때문이라"(고전 2:14)라고 결론지었다.

그런데 사람의 지혜는 하나님 앞에서 헛된 것이다. 따라서 사람을 자랑할 이유는 있을 수가 없다. 다만 그리스도의 소유 된 것을 인정하고 예수 그리스도 중심의 관점으로 사람과 역사를 이해하는 것이 필요하다(고전 3:18-23). 그래서 세상을 살아가는 동안 함부로 판단할 수도 없는 것이다(고전 4:5). 여전히 드러나지 않은 것이 많기 때문이다. 그리스도인이 믿음과 계시를 통해 안다고 해도 늘 신중해야 한다. 그래서 바울은 "기록된 말씀 밖으로 넘어가지 말라"(고전 4:6)라고 경계하는 것이다.

믿음으로 아는 특권에 대해서도 바울은 경계를 늦추지 않았다. "우리는 부분적으로 알고 부분적으로 예언하니 온전한 것이 올 때에는 부분적으로 하던 것이 폐하리라…우리가 지금은 거울로 보는 것 같이 희미하나 그 때에는 얼굴과 얼굴을 대하여 볼 것이요 지금은 내가 부분적으로 아나 그 때에는 주께서 나를 아신 것 같이 내가 온전히 알리라"(고전 13:9-13). 세상에서 사람이 이해하고 아는 것은 지극히 제한되어 있다. 역사는 물론 믿음과 관련한 일에 대해서도 육신을 입은 사람의 모든 인식은 부분적이며, 결정적인 것이 되지 못한다.

하나님의 사랑을 입은 자에게도 계시나 예언에 관해 아는 것은 부분적일 수밖에 없다. 즉 믿음을 근거로 역사를 통해 하나님을 알아가는 지식은 희미하다. 그러나 그리스도인들에게는 미래의 소망이 있다. "이사야가 이르되 이새의 뿌리 곧 열방을 다스리기 위하여 일어나시는 이가 있으리니 열방이 그에게 소망을 두리라 하였느니라 소망의 하나님이 모든 기쁨과 평강을 믿음 안에서 너희에게 충만하게 하사 성령의 능력으로 소망이 넘치게 하시기를 원하노라"(롬 15:12-13).

바울은 세상과 하늘에 속한 자를 구분해서 말하였다. 땅의 일을 생각하는 자들, 그래서 세상 역사의 종말과 함께 모든 것이 끝난다고 생각하며 사는 자들은 그리스도 십자가의 원수로 행하게 된다. 그들은 역사의 궁극적 의미를 발견하지 못해서 허무를 느끼며 멸망에 처하게 된다고 보았다. 반면에 시민권이 하늘에 있는 자, 즉 영원을 사모하며 사는 그리스도인은 거기서 오셔서 구원을 이루시는 분으로서 영원하신 예수 그리스도를 기다리는 종말사관을 갖고 영광의 몸의 형체와 같이 변하는 삶의 목적이나 의미를 갖고 산다고 했다(빌 3:18-20).

시간에 대한 민감성 또한 성경 속 인물이나 그리스도인들과 관련하여 중요한 요소이며, 바울은 그것에 대해 크게 드러내 보여주고 있다. 바울은 하나님은 율법의 지배 아래 있는 자들을 속량하시고, 사람들에게 아들의 명분을 얻게 하시려고 그리스도를 사람의 아들로, 여자에게, 그리고 율법 아래 나게 하신 것은 때가 찼을 때였다고 한다(갈 4:4-5). 그에게 있는 시간에 대한 민감성을 볼 수 있다. 그는 하나님과 사람 모두가 시간을 의식하는 역사적 존재로 서술하고 있다.

'시기' 나 '때' 에 대한 강한 자각은 역사의식을 반영하는 것으로서 바울이 보여주는 뚜렷한 특징들 가운데 하나이다. "너희가 이 시기를 알거니와 자다가 깰 때가 벌써 되었으니 이는 이제 우리의 구원이 처음 믿을 때보다 가까웠음이라"(롬 13:11). 시간관념은 역사의식에서 크고도 중요한 요소이다. 바울은 과거사에 대해 신앙적으로 회고하면서 종말과 관련한 '때' 에 대해 많이 언급하였다.

그는 아담부터 그리스도까지의 이야기를 구속사적으로 요약한 뒤에(고전 15:3-22), '그리스도 강림하실 때(then, when he comes)' 로 시작하여(고전 15:23) '복종하게 하실 때(when he has done this)' 로 끝나는 데까지(고전 15:28) 여섯 개 구절에서 '때' 라는 단어를 다섯 번이나 사용하였다. 그런데 이것은 솔로몬이 말한 것(전 3:1-8)을 반복하는 느낌마저 준다. 그래서 여기서는 그리스도인이 생래적으로 갖게 되는 시간에 대한 특별한 자각이 나타나는 것을 볼 수 있다. "하나님께서 미리 정하신 언약을 사백삼십 년 후에 생긴 율법이 폐기하지 못하고 그 약속을 헛되게 하지 못하리라"(갈 3:17)라는 말에서도 시간에 대한 강한 자각을 확인한다. 바울은 위에서 다룬 역사의식 외에 성경적 역사관의 특징들을 뚜렷하게 보여준다. 따라서 그의 역사의식을 보기 위해서는 그 특징들을 차례로 살펴볼 필요가 있다.

먼저 그는 루스드라에서 자신과 바나바를 헤르메스(Hermes)와 제우스(Zeus)로 섬기려는 자들에게 그것을 헛된 일로 정의하고, 천지와 바다와 그 가운데 만물을 지으시고 살아 계신 하나님을 소개함으로써 창조사관을 드러내 보여주었다(행 14:15). 바울은 아덴에 가서도 다양한 신을 섬기고 있던 사람들에게 창조사관을 근거로 하나님을 전하였다. 그는 우주와 그 가운데 있는 만물을 지으신 하나님을 '천지의 주재' 로 소개하였다(행 17:24).

바울은 '영원부터 만물을 창조하신 하나님' (엡 3:9)이라는 말로써 창조사관에 대한 지지를 보였다. 그는 세상 만물의 궁극적 기원이 하나님께 있다고 보았다. "이는 만물이 주에게서 나오고 주로 말미암고 주에게로 돌아감이라"(롬 11:36). "만물이 그에게서 창조되되 하늘과 땅에서 보이는 것들과 보이지 않는 것들과 혹은 왕권들이나 주권들이나 통치자들이나 권세들이나 만물이 다 그로 말미암고 그를 위하여 창조되었고 또한 그가 만물보다 먼저 계시고 만물이 그 안에 함께 섰느니라"(골 1:16-17). "새 사람을 입었으니 이는 자기를 창조하신 이의 형상을 따라 지식에까지 새롭게 하심을 입은 자니라"(골 3:10). 바울에게는 '만물을 살게 하신 하나님' (딤전 6:13)이라는 개념의 창조사관이 있었다.

바울은 자신의 행위와 관련해서 "만일 하나님의 뜻이면 너희에게 돌아오리라”(행 18:21)라고 말함으로써 섭리사관을 지지하였다. 그는 하나님을 가리켜 “모든 일을 그의 뜻의 결정대로 일하시는 이”(엡 1:11)라고 하였으며, 심는 이나 물 주는 이는 아무 것도 아니로되 오직 자라게 하시는 이는 하나님뿐이라고 말하였다(고전 3:7). 그는 사역은 여러 가지나 모든 것을 모든 사람 가운데서 이루시는 하나님은 같다고도 하였다(고전 12:6). 그에게 있어 하나님은 죽은 자를 다시 살리시는 분이며(고후 1:9), 살아 계신 하나님이다(고후 3:3).

그는 구원을 이루시고, 보증으로 성령을 주신 이를 하나님으로 보았다(고후 5:5). 또 때가 차매 그 아들을 보내시고, 여자에게서 나게 하시고, 율법 아래 나게 하시어 율법 아래에 있는 자들을 속량하시고, 믿는 자들로 아들의 명분을 얻게 하신 하나님이라고 말하여 섭리사관을 주장하였다(갈 4:4-5). 그래서 그는 스스로를 가리켜 하나님의 뜻으로 말미암아 그리스도 예수의 사도 된 바울이라고 말할 수 있었다(엡 1:1; 딤후 1:1).

구원은 하나님의 계획과 능력으로 이루어진다는 점에서 섭리사관의 지배를 받는다고 볼 수 있다. “창세 전에 그리스도 안에서 우리를 택하사 우리로 사랑 안에서 그 앞에 거룩하고 흠이 없게 하시려고 그 기쁘신 뜻대로 우리를 예정하사 예수 그리스도로 말미암아 자기의 아들들이 되게 하셨으니…우리는 그리스도 안에서 그의 은혜의 풍성함을 따라 그의 피로 말미암아 속량 곧 죄 사함을 받았느니라 이는 그가 모든 지혜와 총명을 우리에게 넘치게 하사 그 뜻의 비밀을 우리에게 알리신 것이요…모든 일을 그의 뜻의 결정대로 일하시는 이의 계획을 따라 우리가 예정을 입어 그 안에서 기업이 되었으니 이는 우리가 그리스도 안에서 전부터 바라던 그의 영광의 찬송이 되게 하려 하심이라…우리 주 예수 그리스도의 하나님, 영광의 아버지께서 지혜와 계시의 영을 너희에게 주사 하나님을 알게 하시고 너희 마음의 눈을 밝히사 그의 부르심의 소망이 무엇이며 성도 안에서 그 기업의 영광의 풍성함이 무엇이며 그의 힘의 위력으로 역사하심을 따라 믿는 우리에게 베푸신 능력의 지극히 크심이 어떠한 것을 너희로 알게 하시기를 구하노라”(엡 1:4-19).

바울에게 있어서 하나님은 한 분 만유의 아버지이다. 또 그는 만유 위에 계시고 만유를 통일하시고 만유 가운데 계신다(엡 4:6). 그리고 바울은 내게 말씀하신 그대로 되리라고 하나님을 믿는 섭리론자였다(행 27:25). 그가 진실한 의미에서 섭리론자가 되는 이유는 사람들이 어떤 의도에서 하든 전파되는 것은 그리스도이기 때문에 자신은 기뻐할 수 있다고 말하는 데서 찾아볼 수 있다(빌 1:15-18). 그에게서는 공권력이 하나님의 일을 이루기 위해 악한 행위를 다스리는 하나님의 도구인 것이다(롬 13:4).

섭리사관에 대한 바울의 신념은 <빌립보서>를 통해 강하게 나타난다. "너희 안에서 착한 일을 시작하신 이가 그리스도 예수의 날까지 이루실 줄을 우리는 확신하노라"(빌 1:6). 그는 그리스도인들 안에서 행하시는 이는 하나님이라고 말하고(빌 2:13), 성령의 도움에 의해(빌 1:19), 하나님으로부터 오며(빌 1:28), 두렵고 떨림으로 그리스도인들이 이루어 가고(빌 2:12), 궁극적으로 예수 그리스도께서 이루시는(빌 3:20) 구원을 말함으로써 섭리사관을 지지하였다.

섭리사관에 철저한 바울은 영웅사관을 극복하는 모습을 보여준다. 물론 그도 세상의 정치지도자의 역할과 업적에 대해 인정하는 자세를 갖고 있었다(행 24:3). 그러나 그는 진리의 문제와 관련해서는 권력이나 영웅주의와 맞설 수 있는 사람이었다. "베스도 각하여 내가 미친 것이 아니요 참되고 온전한 말을 하나이다"(행 26:25). 아울러 그는 스스로에 대해서도 겸손한 자세를 취함으로써 영웅사관을 극복하였다. "맨 나중에 만삭되지 못하여 난 자 같은 내게도 보이셨느니라"(고전 15:8).

사도 바울에 대해서는 그가 공간적으로나 시간적으로 세계 전체를 통치하며, 구원하시려는 계획을 하나님이 갖고 계시다는 것을 확신했다는 점에서 보편사관의 지지자라고 말할 수 있다. 그는 민족주의적 성향을 갖고 있었던 베드로[39]와는 어느 정도 대비되는 가운데, '이방인의 사도'[40]로 불릴

---

39) 베드로 또한 고넬료의 세례(행 10:1-48)나 예루살렘에 있던 할례자들의 힐난에 대한 답변(행 11:1-18), 그리고 예루살렘 공회에서 했던 설명(행 15:1-11)을 통해 복음 자체

만큼 세계화된 인물로 활동하였다.

이유가 무엇이든 바울에 대해 하나님의 역사가 갖는 보편사관의 특징을 잘 드러내는 인물로 인식하는 데는 문제가 없다. 그가 이방인을 위한 사도였다는 인식은 먼저 주님과 주변 사람들의 증언을 통해서 확인이 된다. 예수님은 그에 대해 말씀하셨다. "이 사람은 내 이름을 이방인과 임금들과 이스라엘 자손들에게 전하기 위하여 택한 나의 그릇이라"(행 9:15). "내가 너를 이방의 빛으로 삼아 너로 땅 끝까지 구원하게 하리라"(행 13:47). "떠나가라 내가 너를 멀리 이방인에게로 보내리라"(행 22:21). 이방인들 또한 그를 자신들의 사도로 알고 받아들였다. "이방인들이 듣고 기뻐하여 하나님의 말씀을 찬송하며 영생을 주시기로 작정된 자는 다 믿더라"(행 13:48).

바울 자신도 이방인들이 복음으로 말미암아 그리스도 예수 안에서 함께 상속자가 되고 함께 지체가 되고 함께 약속에 참여하는 자가 되며, 측량할 수 없는 그리스도의 풍성함을 이방인에게 전하게 하시고, 영원부터 만물을 창조하신 하나님 속에 감추어졌던 비밀의 경륜이 어떠한 것을 드러내게 하시려고 자신을 부르셨다는 생각을 스스로 갖고 있었다(엡 3:6-9).

그래서 바울은 "헬라인이나 야만인이나 지혜 있는 자나 어리석은 자에게 다 내가 빚진 자라"(롬 1:14)라고 말하며, 자신이 이방인의 사도인 것을 인정하였다. 그는 "복음은 모든 믿는 자에게 구원을 주시는 하나님의 능력으로서 첫째는 유대인에게요 또한 헬라인에게로다"(롬 1:16)라고 말함으로써 보편사관을 분명하게 보여주었다. 바울은 이 표현을 <로마서> 전체에서 삼십 번 이상 사용하였다(롬 1:5-16:26).[41] "주께서 내 곁에 서서 나에

가 갖는 구원의 보편적 성격을 충분히 받아들였다. 따라서 사도들의 대표라 할 수 있는 이 두 사람에게 있어서 할례의 유무는 더 이상 중요한 문제가 아니었다.

40) 위젤(Elie Wiesel)의 책 제목처럼 "이방인은 없다"라고 외치고 싶었던 것이 혹 바울의 입장은 아니었을지 생각해 보게 된다. 엘리 위젤 · 리처드 D. 헤프너, 『이방인은 없다(*Conversation with Elie Wiesel*)』, 정혜정 역 (서울: 산해, 2003).

41) 〈로마서〉 15장 7-13절을 12장 1절에서 15장 13절에 이르는 글의 결론으로 봐서 그 제목을 "모든 사람을 환영하라"로 잡은 것은 적절하다. 그러나 그것을 〈로마서〉는 물론 바울의 글 전체의 주제로 삼아도 될 정도로 그에게 있어서 보편주의는 일관된 것이다. 이한수, 『복음은 구원을 주시는 하나님의 능력』 (서울: 이레서원, 2008), 1452-1454.

게 힘을 주심은 나로 말미암아 선포된 말씀이 온전히 전파되어 모든 이방인이 듣게 하려 하심이니 내가 사자의 입에서 건짐을 받았느니라"(딤후 4:17).

성경 본문을 그대로 옮기면 아래와 같다. "이 그릇은 우리니 곧 유대인 중에서뿐 아니라 이방인 중에서도 부르신 자니라 호세아의 글에도 이르기를 내가 내 백성 아닌 자를 내 백성이라, 사랑하지 아니한 자를 사랑한 자라 부르리라 너희는 내 백성이 아니라 한 그 곳에서 그들이 살아 계신 하나님의 아들이라 일컬음을 받으리라 함과 같으니라"(롬 9:24-26). 하나님의 역사는 보편사로서 특정한 지역이나 민족, 그리고 시대에 국한되지 않으며, 전 인류와 시대를 포함한다. 바울에게는 그런 생각이 지배하고 있었다.

"하나님은 모든 사람이 구원을 받으며 진리를 아는 데 이르기를 원하시느니라"(딤전 2:4). "하나님은 다만 유대인의 하나님이시냐 또한 이방인의 하나님은 아니시냐 진실로 이방인의 하나님도 되시느니라"(롬 3:29). 보편사관에 대한 이런 언급은 얼마든지 많이 있다. "오직 부르심을 받은 자들에게는 유대인이나 헬라인이나 그리스도는 하나님의 능력이요 하나님의 지혜니라"(고전 1:24). "그리스도 예수 안에서는 할례나 무할례나 효력이 없으되 사랑으로써 역사하는 믿음뿐이니라"(갈 5:6). 바울은 이런 정신을 갖고 측량할 수 없는 그리스도의 풍성함을 이방인에게 전하는 도구로 쓰임 받았다(엡 3:8).

바울에게 있어서 구원은 이스라엘과 이방을 구별하지 않는다. "이스라엘과 이방인들에게서 내가 너를 구원하여 그들에게 보내어 그 눈을 뜨게 하여 어둠에서 빛으로, 사탄의 권세에서 하나님께로 돌아오게 하고 죄 사함과 나를 믿어 거룩하게 된 무리 가운데서 기업을 얻게 하리라 하더이다 아그립바 왕이여 그러므로 하늘에서 보이신 것을 내가 거스르지 아니하고 먼저 다메섹과 예루살렘에 있는 사람과 유대 온 땅과 이방인에게까지 회개하고 하나님께로 돌아와서 회개에 합당한 일을 하라"(행 26:17-20).

모든 사람에게 구원의 문은 열려 있으며, 그들은 동등하게 인격적인 대우를 받을 권리를 갖고 있다. 그리고 그것은 사람들을 구별하는 어떤 요인에 의해서도 박탈당하지 않는 보편적 권리이다. "유대인에게나 헬라인에게나 하나님의 교회에나 거치는 자가 되지 말고 나와 같이 모든 일에 모든 사람을 기쁘게 하여 자신의 유익을 구하지 아니하고 많은 사람의 유익을 구하여 그들로 구원을 받게 하라"(고전 10:32-33). "주 안에는 남자 없이 여자만 있지 않고 여자 없이 남자만 있지 아니하니라 이는 여자가 남자에게서 난 것 같이 남자도 여자로 말미암아 났음이라 그리고 모든 것은 하나님에게서 났느니라"(고전 11:11-12).

하나님께서 아브라함에게 약속하신 복은 그리스도를 통해 이방인에게도 미친다는 것이 바울의 생각이었다. "그리스도 예수 안에서 아브라함의 복이 이방인에게 미치게 하고 또 우리로 하여금 믿음으로 말미암아 성령의 약속을 받게 하려 함이라"(갈 3:14). "이 복음은 천하 만민에게 전파된 바요 나 바울은 이 복음의 일꾼이 되었노라"(골 1:23). "하나님이 그들로 하여금 이 비밀의 영광이 이방인 가운데 얼마나 풍성한지를 알게 하려 하심이라"(골 1:27). "거기에는 헬라인이나 유대인이나 할례파나 무할례파나 야만인이나 스구디아인이나 종이나 자유인이 차별이 있을 수 없나니 오직 그리스도는 만유시요 만유 안에 계시니라"(골 3:11).

바울은 보통의 유대인들과 달리 이방인에게도 구원의 문이 열려 있으며, 그 구원은 소망이 되는 것으로서 그리스도로부터 말미암는다는 구원사관을 보여주었다. "유대인은 주 예수와 선지자들을 죽이고 우리를 쫓아내고 하나님을 기쁘시게 하지 아니하고 모든 사람에게 대적이 되어 우리가 이방인에게 말하여 구원받게 함을 그들이 금하여 자기 죄를 항상 채우매 노하심이 끝까지 그들에게 임하였느니라"(살전 2:15-16).

이처럼 회심 이후에 바울의 삶을 강하게 지배한 요소들 중에는 보편사관이 있었다. "이 복음은 모든 믿는 자에게 구원을 주시는 하나님의 능력이 됨이라 먼저는 유대인에게요 그리고 헬라인에게로다"(롬 1:16). 바울은 아브라함의 역사적 사례를 토대로 믿음으로 의롭게 된다는 사실을 말하고, 다윗의 역사를 근거로 값없이 의롭게 여김을 받는 사람의 행복에 관해 말한다(롬 4:1-8). 계속하여 바울은 아브라함의 개인적 삶의 역사를 오직 믿음의 의로 구원 받는 원리를 통해 그가 모든 사람, 많은 민족의 조상이 되었음을 선언함으로써 보편사관을 보여준다(롬 4:9-22). 이를 위해 모든 사람을 위한다거나 이방인의 스승이란 표현도 있다(딤전 1:15, 2:7).

바울에게 있어 자신의 회심은 평생 잊을 수 없는 사건이었다. 그것이 그의 삶은 물론 역사관에도 영향을 끼쳤다고 봐야 한다. 그는 기회만 있으면 이방인과 유대인의 구원을 함께 말함으로써 보편사관을 보여준다(행 26:8-18). 그의 보편사관은 죄 그리고 믿음으로 구원이라는 은혜 모두와 관련해서 동일하게 나타난다. 먼저 모든 사람이 죄 아래 있다는 사실은 "그러면 어떠하냐 우리는 나으냐 결코 아니라 유대인이나 헬라인이나 다 죄 아래에 있다고 우리가 이미 선언하였느니라"(롬 3:9)라는 그의 말에서 찾아볼 수 있다.

구원과 관련해서 바울은 예수 그리스도가 주인 되시며, 유대인이나 헬라인 누구든지 그의 이름을 부르는 자는 구원을 받는다는 보편사관을 갖고 있었다. "네가 만일 네 입으로 예수를 주로 시인하며 또 하나님께서 그를 죽은 자 가운데서 살리신 것을 네 마음에 믿으면 구원을 받으리라 사람이 마음으로 믿어 의에 이르고 입으로 시인하여 구원에 이르느니라 성경에 이르되 누구든지 그를 믿는 자는 부끄러움을 당하지 아니하리라 하니 유대인이나 헬라인이나 차별이 없음이라 한 분이신 주께서 모든 사람의 주가 되사 그를 부르는 모든 사람에게 부요하시도다 누구든지 주의 이름을 부르는 자는 구원을 받으리라"(롬 10:9-13).

바울은 이방인들이 하나님께 영광을 돌리게 하려고 예수님이 할례의 수종자가 되셨다고 말하였다(롬 15:5-9). 그렇다면 이방인에 대한 그의 사랑이 얼마나 큰 것인가? 여기서 그리스도인들이 가져야 할 보편사관이 드러난다. '이방인'(롬 15:9, 16, 18)은 사도 바울이 존재하는 이유이며, 그리스도인이 갖는 보편사관의 근거인 것이다. 복음 또한 온 천하에서 열매를 맺음으로써 보편사관의 지배를 받는다(골 1:5-6).

보편사관은 평등주의를 지향하며, 남녀노소를 비롯한 사람들 사이의 어떤 관계에서도 차별을 용납하지 않는다. "예수 그리스도를 믿음으로 말미암아 모든 믿는 자에게 미치는 하나님의 의니 차별이 없느니라"(롬 3:22). "유대인이나 헬라인이나 차별이 없음이라 한 분이신 주께서 모든 사람의 주가 되사 그를 부르는 모든 사람에게 부요하시도다"(롬 10:12). "헬라인이나 유대인이나 할례파나 무할례파나 야만인이나 스구디아인이나 종이나 자유인이 차별이 있을 수 없나니 오직 그리스도는 만유시요 만유 안에 계시니라 하나님의 의니 차별이 없느니라"(골 3:11). "주 안에는 남자 없이 여자만 있지 않고 여자 없이 남자만 있지 아니하니라 이는 여자가 남자에게서 난 것 같이 남자도 여자로 말미암아 났음이라"(고전 11:11-12). 구원 얻는 자들에게나 망하는 자들에게나 하나님 앞에서 그리스도의 향기이다(고후 2:15).

보편사관과 함께 바울의 역사의식을 가장 뚜렷하게 특징지은 것이 종말사관이다. 이런 사실을 전제로 그의 역사감각을 검토해 보는 것은 의미가 있다. 특히 그의 종말론은 아우구스티누스(Augustinus of Hippo, 354-430)에게 영향을 끼치는 가운데 성경 이후 시대의 기독교 역사철학에 확고한 토대를 제공하였다는 점에서 그 역사적 가치를 인정하지 않을 수 없는 것이다.[42)]

"우리가 소망으로 구원을 얻었으매 보이는 소망이 소망이 아니니 보는 것을 누가 바라리요"(롬 8:24)라는 말은 "모든 것이 헛되도다"(전 1:2)라는 구약의 말씀을 생각나게 한다. 즉 인간의 허무를 극복하려면 창조주, 섭리주, 심판주를 인정함으로써 소망을 가져야 한다는 솔로몬의 말과 보이지 않는 방법을 통해 소망을 얻는다는 바울의 말 사이에 사상적 연관성이 나타난다는 것이다.

바울의 종말론을 보면 우선 그는 하나님의 종말적 심판에 대한 인식을 갖고 있었다. "우리가 다 하나님의 심판대 앞에 서리라"(롬 14:10)나 "우리는 각인이 자기 일을 하나님께 직고하리라"(롬 14:12)라는 말씀은 인과

---

42) 바울의 역사관, 특히 종말사관에 대해서는 게할더스 보스, 『바울의 종말론(*The Pauline Eschatology*)』(서울: 엠마오, 1993)를 보라.

응보의 형태로 미래에 있을 심판에 대한 분명한 인식을 반영한다. 따라서 심판의 내용은 영생 혹은 그것에 대비되는 환난과 곤고이다. 악을 행하는 자에게는 유대인, 헬라인을 막론하여 환난과 곤고가 임하고, 선을 행하는 자에게는 유대인과 헬라인을 막론하고 영광과 존귀와 평강이 있다는 것이다(롬 2:1-10). 이런 내용은 다시 확인된다. "이는 우리가 다 반드시 그리스도의 심판대 앞에 나타나게 되어 각각 선악 간에 그 몸으로 행한 것을 따라 받으려 함이라"(고후 5:10).

그리스도인들의 삶에 막대한 영향을 끼치는 종말사관과 관련해서 바울은 "우리 주여 오시옵소서(maraċna qaċ)"(고전 16:22)라고 말하였다. 이것은 '제2의 임마누엘'을 기다리는 느낌마저 준다. 그는 위대하신 하나님과 구주 예수 그리스도께서 영광스럽게 나타나실 그 복된 희망의 날을 기다리자고 제안하는 것이다. 따라서 여기서는 세상의 종말과 새롭게 임할 나라를 기다리라는 신약의 다른 말씀들(빌 4:5; 딛 2:13; 계 22:20)과 마찬가지로 그리스도의 재림과 종말에 대해 고대하는 그리스도인들의 간절함을 보여주는 경향이 나타난다.

아울러 무엇에든지 참되며, 경건하며, 옳으며, 정결하며, 사랑 받을 만하며, 칭찬 받을 만하다는 그의 말은 그리스도인들에게 종말사관을 가진 자로서 유한한 세상 행복에 만족하지 말고 영원이신 하나님께 영광을 돌리며, 영원한 것을 기대하는 가운데 그리스도와 사람들의 고난에 동참하라는 요구로 들린다(빌 4:8, 14, 20).

바울은 종말의 시기와 관련해서 성경이 일반적으로 말하듯이 그 때와 시기는 알 수 없다고 말하였다. 그러나 그는 "때와 시기에 관하여는 주의 날이 도적 같이 이를 것이기에 쓸 것이 없다"(살전 5:1, 2)라고 말하면서도 "형제들아 너희는 어두움에 있지 아니하매 그 날이 도적 같이 너희에게 임하지 못한다"(살전 5:4)라고 하였다. 즉 믿는 자와 믿지 않는 자들 사이에 종말에 대한 인식의 정도에 차이가 있다는 것이다.

또 바울은 예수 그리스도의 부활을 근거로 구원의 보장이 되는 그리스도에 대해 말하고, 그리스도인들이 소유하는 종말적 소망을 가지고 위로와 격려를 보냈다. 그는 부활하신 그리스도를 기억하고(딤후 2:8), 의인과 악인의 부활이 있을 것을 기대하며 소망을 갖고 사는 것이 그리스도인들의 종말사관이라고 생각하였다(행 24:14-15). 그래서 그는 "당신들은 하나님이 죽은 사람을 살리심을 어찌하여 못 믿을 것으로 여기나이까"(행 26:8)라고 물었던 것이다. 말하자면 그는 사람은 자신에 대한 하나님의 자비와 사랑으로 말미암아 예수 그리스도의 영광이 나타나기를 기다리며, 영생을 소망하는 존재로 살아갈 수 있다는 것이다(딛 2:13; 3:4, 7).

종말의 양상에 관한 바울의 인식은 어떤 것이었나? 그는 "그 후에는 마지막이니 그가 모든 통치와 모든 권세와 능력을 멸하시고 나라를 아버지 하나님께 바칠 때라"(고전 15:24)라고 하였다. 또 그는 '말세의 고통하는 때' 나 '바른 교훈을 받지 않고, 사욕을 좇아 스승을 많이 두며, 허탄한 이야기를 좇는 때' (딤후 4:3)라고 말하면서 심판을 강조하였다. 그리고 종말에는 주님이 의로운 재판장이 되신다는 것이 그의 생각이었다(딤후 4:8).

데살로니가 교인들에게 보낸 바울의 두 번째 편지는 역사에 대한 기독교적 관점 특히 종말의 양상을 잘 서술해 놓았다. 그것은 그리스도의 재림(살후 1:3-12)과 적그리스도(살후 2:1-12)에 관해 언급하였다. 그리고 여기서 하나님은 역사의 하나님으로서 자신을 가리켜 아브라함의 하나님, 이삭의 하나님, 야곱의 하나님으로 스스로 칭하신 분이다. 더불어 이 편지는 역사가 재림, 부활, 심판, 하나님의 나라로 구성되어 있는 계획된 종말, 즉 대단원에 이를 것이라는 식으로 종말의 핵심 내용을 다루고 있다.

바울에게 있어 구원은 믿음으로 얻는다는 구원사관이 있었다(행 14:9). "성경은 능히 너로 하여금 그리스도 예수 안에 있는 믿음으로 말미암아 구원에 이르는 지혜가 있게 하느니라"(딤후 3:15). 여기서 솔로몬이 말했던 허무를 극복하는 목적으로서 구원이 있는 종말사관(빌 2:16)을 보게 된다. 따라서 종말에 구원이 확보되는가, 그렇지 못한가는 삶의 여정 자체를 의미있게 하거나 없게 만드는 요소가 된다.

아덴에서 외친 바울의 말은 이런 점을 의식하는 가운데 나온 말로 들린다. 사람들은 무엇 때문에 신앙이나 종교생활을 하는가? 신 또는 영생의 추구가 아닐까? "아덴 사람들아 너희를 보니 범사에 종교심이 많도다…알지 못하는 신에게라고 새긴 단도 보았으니 그런즉 너희가 알지 못하고 위하는 그것을 내가 너희에게 알게 하리라"(행 17:23). 삶의 여정이 끝난 시점에 자신이 기대했던 구원의 소망이 헛된 것으로 판명난다면 얼마나 허무하겠는가?

'신' 또는 '영원' 으로도 표현되는 구원을 찾아 나서는 것은 아덴 사람들만의 문제가 아니다. 개인 또는 집단의 종말을 맞게 되었을 때, 자신이 믿고 의지하던 것이 영생의 개념을 포함하는 구원을 보장해 주지 못한다면 솔로몬이 반복해서 외치던 '헛되다(meaningless)' 는 고백이 그의 것이 될 수밖에 없는 처지에 있는 것이 모든 사람들의 경우에 해당한다. 그래서 바울의 구원사관은 거의 언제나 구원의 상대 개념인 멸망을 동반한다(고후 2:15). "하나님의 뜻대로 하는 근심은 후회할 것이 없는 구원에 이르게 하는 회개를 이루는 것이요 세상 근심은 사망을 이루는 것이니라"(고후 7:10). 그와 함께 그것의 상대 개념인 헛된 말(딛 1:10), 허탄한 이야기(딛 1:14), 헛된 것(딛 3:9)이 있다.

세상에서의 육체적인 죽음을 맛보아야 할 사람들에게는 부활이 전제되지 않는 한 소망이 있을 수 없다. 따라서 부활은 바울의 구원사관에 있어서 핵심적인 사항이 된다. "…만일 죽은 자의 부활이 없으면 그리스도도 다시 살아나지 못하셨으리라 그리스도께서 만일 다시 살아나지 못하셨으면 우리가 전파하는 것도 헛것이요 또 너희 믿음도 헛것이며 또 우리가 하나님의 거짓 증인으로 발견되리니 우리가 하나님이 그리스도를 다시 살리셨다고 증언하였음이라…그리스도께서 다시 살아나신 일이 없으면 너희의 믿음도 헛되고 너희가 여전히 죄 가운데 있을 것이요 또한 그리스도 안에서 잠자는 자도 망하였으리니 만일 그리스도 안에서 우리가 바라는 것이 다만 이 세상의 삶뿐이면 모든 사람 가운데 우리가 더욱 불쌍한 자이리라…아담 안에서 모든 사람이 죽은 것 같이 그리스도 안에서 모든 사람이 삶을 얻으리라"(고전 15:12-22).

바울은 그리스도가 곧 구원이라고 말함으로써 역사의 의미, 즉 구원을 그에게서 찾았다(갈 1:4). 말하자면 구원의 복음은 그리스도로 말미암는다는 것이다. "내가 전한 복음은 사람의 뜻을 따라 된 것이 아니니라 이는 내가 사람에게서 받은 것도 아니요 배운 것도 아니요 오직 예수 그리스도의 계시로 말미암은 것이라"(갈 1:11-12). 예수 그리스도 곧 역사의 의미가 되는 것이다.[43)]

바울은 예수 그리스도를 통해 얻는 구원의 방식은 이성을 초월한다고 보았다. "십자가의 도가 멸망하는 자들에게는 미련한 것이요 구원을 받는 우리에게는 하나님의 능력이라"(고전 1:18). "하나님의 지혜에 있어서는 이 세상이 자기 지혜로 하나님을 알지 못하므로 하나님께서 전도의 미련한 것으로 믿는 자들을 구원하시기를 기뻐하셨도다"(고전 1:21). "너희는 하나님으로부터 나서 그리스도 예수 안에 있고 예수는 하나님으로부터 나와서 우리에게 지혜와 의로움과 거룩함과 구원함이 되셨으니 기록된 바 자랑하는 자는 주 안에서 자랑하라 함과 같게 하려 함이라"(고전 1:30-31). 바울은 자신이 전한 말을 굳게 지키고 헛되이 믿지 아니함으로써 구원을 받으리라는 확신을 갖고 있었다(고전 15:2).

바울이 생각하는 구원은 오직 예수 그리스도로 말미암은 것이다. "우리는 그리스도 안에서 그의 은혜의 풍성함을 따라 그의 피로 말미암아 속량 곧 죄 사함을 받았느니라"(엡 1:7). "허물로 죽은 우리를 그리스도와 함께 살리셨고 (너희는 은혜로 구원을 받은 것이라)"(엡 2:5). 또한 그것은 오직 은혜요, 선물이다(엡 2:8-9). 하나님의 뜻과 은혜로 말미암는 것이다. "하나님이 우리를 구원하사 거룩하신 소명으로 부르심은 우리의 행위대로 하심이 아니요 오직 자기의 뜻과 영원 전부터 그리스도 예수 안에서 우리에게 주신 은혜대로 하심이라"(딤후 1:9). "내가 택함 받은 자들을 위하여 모든 것을 참음은 그들도 그리스도 예수 안에 있는 구원을 영원한 영광과 함께

---

43) 그리스도인들의 구원사와 관련하여 아래의 책 제목만으로도 시사하는 바가 크다고 본다. Hendrikus Berkhof, *Christ The Meaning of History* (Michigan: Baker Book House, 1962)를 참조하라.

받게 하려 함이라"(딤후 2:10).

사람의 구원은 하나님의 사랑, 예수 그리스도의 은혜, 그리고 성령의 새롭게 하심으로 말미암아 이루어진다. "우리 구주 하나님의 자비와 사람 사랑하심이 나타날 때에 우리를 구원하시되 우리가 행한 바 의로운 행위로 말미암지 아니하고 오직 그의 긍휼하심을 따라 중생의 씻음과 성령의 새롭게 하심으로 하셨나니 우리 구주 예수 그리스도로 말미암아 우리에게 그 성령을 풍성히 부어 주사 우리로 그의 은혜를 힘입어 의롭다 하심을 얻어 영생의 소망을 따라 상속자가 되게 하려 하심이라"(딛 3:4-7).

바울이 믿는 한에 있어서 하나님은 구주 되신 예수 그리스도시며(딛 1:4), 구주 되신 하나님이시다(딛 2:10). 그리고 그것은 모든 사람에게 구원을 주시는 하나님의 은혜 외에는 구원의 다른 길이 없다는 것을 포함하는 말도 된다(딛 2:11). 따라서 그것을 깨닫는 사람에게는 찬양이 있을 뿐이다. "주께서 나를 모든 악한 일에서 건져내시고 또 그의 천국에 들어가도록 구원하시리니 그에게 영광이 세세무궁토록 있을지어다 아멘"(딤후 4:18).

이 외에도 바울에게는 거시사관과 직선사관이 있었음을 부인할 수 없다. 먼저 바울은 '영세 전부터', '영원하신 하나님', '세세 무궁하도록'이라는 말들을 갖고 하나님의 영원성에 대해 말하는데, 이것을 통해 솔로몬의 역사의식과 유사한 면을 보여준다(롬 16:25-27). 또 세계의 종말, 그리고 영원으로 이어지는 구조적 특징을 보여줌으로써 큰 틀의 역사이해를 가져온다. 따라서 바울에게 거시사관의 특징이 있었다고 말하는 데는 어려움이 없다. "영원부터 만물을 창조하신 하나님 속에 감추어졌던 비밀의 경륜이 어떠한 것을 드러내게 하려 하심이라"(엡 3:9). "영원부터 우리 주 그리스도 예수 안에서 예정하신 뜻대로 하신 것이라"(엡 3:11).

이와 더불어 성경 전반을 통해 나타나는 직선사관의 개념을 바울의 글들에서 찾아볼 수 있다. 성경의 일반적인 관찰에서 나타나듯이 창조로부터 종말을 향해 달려가는 역사발전의 구조상 바울이 직선사관을 받아들인 것으로 봐도 될 것 같다. 특히 창조에서 출발하여 종말에 초점을 맞추고 전진하는 그의 역사관의 특징이 직선사관을 담지하고 있다는 생각을 갖게 한다.

반면에 바울은 자신의 글을 통해 직선사관과 충돌하는 또 다른 형태의 역사발전의 구조를 상정할 만한 특이 사항을 보여주지 않는다.

다음으로 바울의 글들에서는 계시의 절정이며, 역사의 중심인 예수 그리스도의 개념을 충분히 반영하고 있다. 아브라함이 믿음으로 의롭게 여김을 받은 원리(약 2:23)가 예수 그리스도를 죽은 자 가운데서 살리신 이를 믿는 자들에게도 똑같이 적용된다. 그래서 예수님의 내어 주심은 사람의 범죄와, 그리고 그의 부활은 사람이 의롭다 함을 인정받는 것과 관련이 있다(롬 4:25). 즉 예수 그리스도의 죽음으로 하나님과 화목하게 된 사람은 그의 사심으로 구원을 얻는다(롬 5:10). 다시 말하면 사람들은 예수님을 통해 영생에 이를 수 있으니 그가 구원사의 핵심 존재가 되는 것은 당연하다(롬 5:21).

바울은 계시와 역사에서 예수 그리스도가 중심이 된다는 사실도 잘 알고 있었다. "내가 너희 중에서 예수 그리스도와 그가 십자가에 못 박히신 것 외에는 아무 것도 알지 아니하기로 작정하였음이라"(고전 2:2). 예수님은 당신 자신을 가리켜 나를 본 사람은 하나님을 본 것이라고 하시어 당신이 계시의 절정임을 보여주셨다. "나를 본 자는 아버지를 보았거늘 어찌하여 아버지를 보이라 하느냐"(요 14:9).

이런 생각이 바울에게도 있었다. "그리스도 예수께서 죄인을 구원하시려고 세상에 임하셨다"(딤전 1:15) "하나님과 사람 사이에 중보자도 한 분이시니 곧 사람이신 그리스도 예수라"(딤전 2:5). 여기 있는 '세상에 임하셨다', '중보', '사람이신 그리스도' 이 세 단어는 세상 즉 역사 가운데 임하신 하나님 예수 그리스도에 대해, 그리고 하나님과 피조물인 인간 사이를 화목하게 하는 예수 그리스도의 역할에 대해 특히 잘 보여준다.

이렇게 해서 세계사는 예수 그리스도를 기점으로 기원전(Before Christ), 기원후(*Anno Domini*)로 나누어지게 되었다. 아래 나타나는 바울의 표현이 이것을 잘 보여준다. 말하자면 그는 '지나간 세대'(행 14:16), '알지 못하던 시대'(행 17:30)라는 말과 '이제는' 이란 말을 대비시키면서 계시의 절정이신 예수 그리스도를 보여준다. 그는 복음이 증거된 이후에 해

당하는 시대와 관련해서 "이제는 우리 구주 그리스도 예수의 나타나심으로 말미암아 나타났으니 그는 사망을 폐하시고 복음으로써 생명과 썩지 아니할 것을 드러내신지라"(딤후 1:10)라고 말하였다.

이런 바울의 입장은 반복적으로 나타난다. "이제는 나타내신 바 되었으며 영원하신 하나님의 명을 따라 선지자들의 글로 말미암아 모든 민족이 믿어 순종하게 하시려고 알게 하신 바 그 신비의 계시를 따라 된 것이니 이 복음으로 너희를 능히 견고하게 하실 지혜로우신 하나님께 예수 그리스도로 말미암아 영광이 세세무궁하도록 있을지어다 아멘"(롬 16:26-27). 바울은 예수 그리스도께서 만세와 만대로부터 감취었던 비밀을 푸는 열쇠라고 말하였다(골 1:23). 말하자면 그는 그리스도를 영광의 소망이시요 역사 속에 감추어진 하나님의 비밀 즉 계시의 절정으로 본 것이다(골 1:26-2:3).

인류의 역사 가운데 임하신 예수 그리스도에 대해 아래 표현보다 더 적절하게 묘사한 것을 달리 찾기는 어려울 것이다. "그는 근본 하나님의 본체시나 하나님과 동등됨을 취할 것으로 여기지 아니하시고 오히려 자기를 비워 종의 형체를 가지사 사람들과 같이 되셨고 사람의 모양으로 나타나사 자기를 낮추시고 죽기까지 복종하셨으니 곧 십자가에 죽으심이라"(빌 2:6-8). 하나님이 '종의 형체', '사람의 모양'을 가짐으로써 사람들의 역사 가운데, 사람들이 이해할 만한 역사적 존재로 임하신 사실은 은혜요, 기적이다. 그는 본래 보이지 아니하시는 하나님의 형상이다(골 1:14).

하나님의 직접 계시가 예수 그리스도를 통해 이루어졌으니 계시의 절정이라는 말이 어울리는 것이다. "그는 보이지 아니하는 하나님의 형상이시요 모든 피조물보다 먼저 나신 이시니 만물이 그에게서 창조되되 하늘과 땅에서 보이는 것들과 보이지 않는 것들과 혹은 왕권들이나 주권들이나 통치자들이나 권세들이나 만물이 다 그로 말미암고 그를 위하여 창조되었고 또한 그가 만물보다 먼저 계시고 만물이 그 안에 함께 섰느니라"(골 1:15-17). 그러나 그 하나님은 사람의 몸을 입고 이 땅에 오셨다. "미쁘다 모든 사람이 받을 만한 이 말이여 그리스도 예수께서 죄인을 구원하시려고 세상에 임하셨다"(딤전 1:15).

역사를 섭리하시는 진리의 하나님은 유대 땅의 지배자가 로마 황제 가이사 아구스도(Caesar Augustus, B.C. 27－A.D. 14)였던 시절에 사람의 몸을 입은 예수 그리스도로 역사 가운데 오셨다(눅 2:1). 그리고 바울은 구원사가 예수 그리스도를 중심으로 진행한다는 생각도 갖고 있었다(살전 1:1, 3; 2:14; 5:9, 18, 23, 28). 예수님은 세상에서 십자가에 못 박혀 죽었으나 부활하신 후에 승천하셨으며, 당신을 대신해서 성령을 보내주셨다. 그리고 그는 미래의 어느 날 복음이 땅 끝까지 전파되고, 세상의 종말이 오면 다시 오셔서(살전 5:23), 역사의 과정을 종결시키는 가운데 자신의 통치를 완성하실 것이다.

역사의 의미와 관련해서 바울은 소망이란 말을 사용하였는데, 그것의 근거 또한 예수 그리스도이다. 여기서 내용적으로 예수님이 중심에 계신 것을 보게 된다. "그 때에 너희는 그리스도 밖에 있었고…세상에서 소망이 없고 하나님도 없는 자이더니 이제는 전에 멀리 있던 너희가 그리스도 예수 안에서 그리스도의 피로 가까워졌느니라…그러므로 이제부터 너희는 외인도 아니요 나그네도 아니요 오직 성도들과 동일한 시민이요 하나님의 권속이라 너희는 사도들과 선지자들의 터 위에 세우심을 입은 자라 그리스도 예수께서 친히 모퉁잇돌이 되셨느니라"(엡 2:12-20)

바울의 글들에서는 역사의 진정한 의미를 그리스도에게서 찾으려는 태도가 지속적으로 나타난다. "우리는 그리스도 안에서 그의 은혜의 풍성함을 따라 그의 피로 말미암아 속량 곧 죄 사함을 받았느니라"(엡 1:7). "그가 모든 지혜와 총명을 우리에게 넘치게 하사 그 뜻의 비밀을 우리에게 알리신 것이요 그의 기뻐하심을 따라 그리스도 안에서 때가 찬 경륜을 위하여 예정하신 것이니 하늘에 있는 것이나 땅에 있는 것이 다 그리스도 안에서 통일되게 하려 하심이라"(엡 1:8-10).

부활은 바울이 예수님의 정체성을 이해하는 데 핵심 요소이다. 그것은 역사의 중심이신 예수 그리스도, 그리고 그를 믿는 그리스도인들의 미래사를 위한 근거가 된다. "성결의 영으로는 죽은 자들 가운데서 부활하사 능력으로 하나님의 아들로 선포되셨으니 곧 우리 주 예수 그리스도시니라"(롬

1:4). “나는 그들이 이단이라 하는 도를 따라 조상의 하나님을 섬기고 율법과 선지자들의 글에 기록된 것을 다 믿으며 그들이 기다리는 바 하나님께 향한 소망을 나도 가졌으니 곧 의인과 악인의 부활이 있으리라 함이니이다”(행 24:14-15). “당신들은 하나님이 죽은 사람을 살리심을 어찌하여 못 믿을 것으로 여기나이까”(행 26:8).

이 외에 바울에게는 동료 그리스도인들을 하나님의 형상과 동역자로 보는 시각이 있었다. “네가 어찌하여 네 형제를 비판하느냐 어찌하여 네 형제를 업신여기느냐”(롬 14:10). “우리는 하나님의 동역자들이요 너희는 하나님의 밭이요 하나님의 집이니라”(고전 3:4-9). 하나님의 동역자라는 의식은 사람을 생각하고 판단하는 존재로 격상시킨다. 이것과 관련해서 바울은 하나님의 뜻대로 하는 근심을 요구하였다. 그것은 구원과 회개를 가져오는 것으로서 창조자를 생각나게 하고 또 영원을 사모하게 만드는 반면, 세상 근심은 허무를 느끼게 하고, 궁극적으로 사망에 이르게 한다는 것(고후 7:10-11)이 바울의 생각이었다. 그래서 역사적 실존인 사람은 평생 고민하며 살아야 하는 존재가 되었는지도 모를 일이다.[44]

바울은 빌레몬에게 쓴 편지에서 노예와 주인의 관계에 있었던 오네시모와 빌레몬 사이에, 그리고 자신과 빌레몬 사이에도 인격적으로 존중하는 태도가 있기를 바랐다. “그를 내게 머물러 있게 하여 내 복음을 위하여 갇힌 중에서 네 대신 나를 섬기게 하고자 하나 다만 네 승낙이 없이는 내가 아무 것도 하기를 원하지 아니하노니 이는 너의 선한 일이 억지 같이 되지 아니하고 자의로 되게 하려 함이라…이 후로는 종과 같이 대하지 아니하고 종 이상으로 곧 사랑 받는 형제로 둘 자라 내게 특별히 그러하거든 하물며 육신과 주 안에서 상관된 네게랴 그러므로 네가 나를 동역자로 알진대 그를 영접하기를 내게 하듯 하고 그가 만일 네게 불의를 하였거나 네게 빚진 것이 있으면 그것을 내 앞으로 계산하라”(몬 1:13-18).

---

44) 그런 점에서 볼 때 포퍼(Karl Raimund Popper, 1902–1994)의 책 제목이 시사해 주는 바가 크다고 생각한다. 칼 포퍼, 『삶은 문제해결의 연속이다(*Alles Leben ist Problemlösen*)』, 허형은 역 (서울: 부글books, 2006)를 참조하라.

전반적으로 볼 때 하나님의 위대한 종으로 구약에 모세가 있다면 신약에는 바울이 있다고 말할 수 있다. 그는 하나님의 특별한 선택을 받은 사람으로서 예수님 이후 가장 강력한 영향을 기독교 세계에 미친 인물이다. 그런데 누가는 그와 관련해서 '하나님이 바울의 손으로 놀라운 능력을 행하게 하셨다'(행 19:11)고 기록하였다. 이것은 모세의 경우와 마찬가지로 바울이 행한 모든 일은 하나님이 행하게 하신 섭리의 결과라는 말로서 역사는 오직 하나님의 역사만이 있을 뿐이라는 사실을 뒷받침해 주는 것이다.

Ⅲ. 성경에 나타난 역사관의 독특성

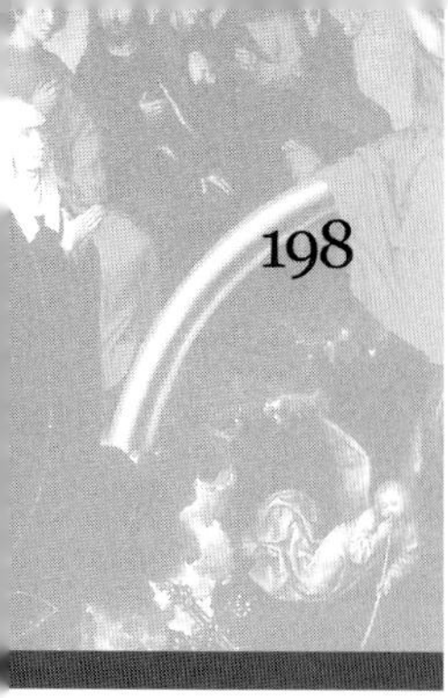

Ⅲ. 성경에 나타난 역사관의 독특성

성경에서 찾아볼 수 있는 역사관의 특징들을 정리해 본다면 창조사관, 섭리사관, 보편사관, 종말사관, 구원사관, 거시사관, 직선사관, 그리고 계시의 절정이며, 역사의 중심인 예수 그리스도 외에 하나님의 형상이며, 동역자인 사람이 될 것이다. 그리고 이것은 일반적으로 이야기되는 기독교 세계관의 내용과 크게 다르지 않으며, 성경에 풍부하게 나타나 있다.

창조사관은 하나님이 하늘과 땅과 바다, 그리고 그 가운데 있는 보이는 것과 보이지는 않는 모든 것들, 특별히 사람과 시간까지 창조하셨다는 사실(느 9:6)에서 출발한다. 섭리사관은 역사의 시작과 과정, 그리고 마지막까지 모든 내용이 하나님의 계획과 섭리에 따라 이루어지는 것을 의미한다(사 14:27; 겔 12:28). 보편사관은 하나님의 섭리와 주권이 세상 모든 영역에 미치는 것을 말하며, 그것은 특히 구원이나 하나님의 도구의 범위에 있어서 상상을 초월할 정도로 포괄적인 의미를 갖는다(사 54:5, 8). 종말사관은 사람 개인과 집단 그리고 세상의 끝이 정해져 있는 것을 의미한다. 그래서 역사의식이 있는 사람은 이 종말을 전제하고 자신의 삶을 영위한다(시 39:4). 구원사관은 하나님이 인류 역사를 통해 사람을 구원하시려는 계획을 예수 그리스도를 주인공으로 하는 구원사를 통해 마침내 이루시는 것을 의미한다(행 16:31). 거시사관은 태초의 창조로부터 출발하여 종말에 이르는 거대한 역사구조로 인하여 성경이나 그리스도인들이 갖게 되는 역사관의 특징을 말한다. 직선사관은 성경 전체에 깔려 있는 것으로서 역사가 창조에서 종말을 향해 나가게 됨으로써 드러나는 역사관의 특징이다.

하나님은 일반계시와 특별계시의 다양한 방편을 통해 인류에게 당신을 알리셨지만, 무엇보다 확실한 최고의 방법은 직접 사람이 되어 알리신 성육신의 방법이다. "본래 하나님을 본 사람이 없으되 아버지 품 속에 있는 독생하신 하나님이 나타내셨느니라"(요 1:18). 예수 그리스도는 당신의 성육신을 통해 오실 예수님을 기다리는 세대, 임마누엘 예수님과 함께 한 세대, 그리고 재림의 예수님을 기다리는 세대로 나눔으로써 당신 자신이 계시의 절정이 되셨을 뿐만 아니라 역사의 중심 또한 되셨다.

아울러 하나님은 사람을 당신의 형상대로 만드심으로써 그를 당신의 대리자로 삼아 세상을 관리하게 하셨다. 그렇게 해서 사람은 하나님과 함께 역사를 창조해 나가는 가운데 동역할 뿐만 아니라 다른 사람들과도 협력하여 하나님의 역사를 이루어 가는 너무나 소중한 존재이다. "하나님을 사랑하는 자 곧 그의 뜻대로 부르심을 입은 자들에게는 모든 것이 합력하여 선을 이루느니라"(롬 8:28).

1. 창조사관(創造史觀)

창조사관은 하나님의 전능성과 함께 지금도 살아 계셔서 섭리하심을 동시에 받아들이는 창조신앙[1]에 근거한다. 그리고 그것은 기독교 역사관의 특징들 중에 가장 기본적인 것이 되면서 역사의 시작과 관련되어 있기 때문에 더욱 더 중요하다. 그래서 사도신경은 "전능하사 천지를 만드신 하나님 아버지를 내가 믿사오며"라는 말로 시작하고 있는 것이다. '주께서 만

1) 창조는 성경적 세계관과 삶의 출발점이다. 그리고 전 우주는 전능하신 하나님에 의해 설계되고, 또 그대로 이루어진 것이다. 나아가 이 우주는 동일하신 하나님의 섭리를 통하여 다스려지며, 마지막 날에는 그분이 이 세상을 심판하시며 새롭게 하실 것이다. 최용준, 『세계관은 삶이다』(서울: CUP, 2008), 71.

물을 지으셨다' 는 말과 '만물이 주의 뜻대로 있었다' 는 말에서 창조사관을, 그리고 만물은 지으심을 받았다는 말에서 하나님 이외의 모든 만물의 피조물 됨을 본다(계 4:11).

느헤미야는 그것에 대해 보다 더 구체적으로 '하늘과 하늘들의 하늘과 일월 성신과 땅과 땅 위의 만물과 바다와 그 가운데 모든 것을 지으시고 다 보존하시는 분' (느 9:6)으로 말하였다. 하나님은 만물의 창조자이실 뿐만 아니라 당신의 뜻도 나타내 보이신다. "보라 산들을 지으며 바람을 창조하며 자기 뜻을 사람에게 보이며 아침을 어둡게 하며 땅의 높은 데를 밟는 이는 그의 이름이 만군의 하나님 여호와시니라"(암 4:13).

하나님은 진정 세상과 그 가운데 있는 만물의 창조자가 되심으로써 섭리와 심판의 주관자가 또한 되신다. 창조주로서 살아 계신 하나님은 기독교 역사의 출발점이자 종착점이다. "기독교는 최종적인 가치를 하나님의 절대주권에 두고 있다. 기독교 세계관은 그러므로 유신론적 삼위일체 하나님론에 근거한다. 그러므로 이슬람의 유일신론과는 다르다. 범신론적 구조를 지니고 있는 단일론과도 다르다. 정신과 물질, 신과 세상을 분리시키는 이원론과도 다르다. 창조주 하나님은 모든 존재뿐만 아니라 가치와 소망, 목적의 원천이다. 인간도 그의 존재와 존재근거와 삶의 가치와 목적을 자기 자신이나 환경이나 역사 속에서 찾을 수 없고 오로지 창조주와의 관계에서 찾아야 한다. 그러므로 하나님은 기독교 세계관의 알파와 오메가이다."[2)]

따라서 하나님은 당신이 창조자이신 것을 잊고, 스스로를 높이고 의지하는 사람들을 견디지 못하신다. "보라 숯불을 불어서 자기가 쓸 만한 연장을 제조하는 장인도 내가 창조하였고 파괴하며 진멸하는 자도 내가 창조하였은즉 너를 치려고 제조된 모든 연장이 쓸모가 없을 것이라 일어나 너를 대적하여 송사하는 모든 혀는 네게 정죄를 당하리니 이는 여호와의 종들의 기업이요 이는 그들이 내게서 얻은 공의니라 여호와의 말씀이니라"(사

---

2) 김영한, 『포스트모던 시대의 세계관』(서울: 숭실대학교 출판부, 2008), 407-408.

54:16-17). "이스라엘은 자기를 지으신 이를 잊어버리고 왕궁들을 세웠으며 유다는 견고한 성읍을 많이 쌓았으나 내가 그 성읍들에 불을 보내어 그 성들을 삼키게 하리라"(호 8:14).

하나님 중심 역사관과 관련하여 가장 중요한 문제 중 하나가 창조사관이다. 따라서 창조주 하나님을 중심으로 하는 창조사관과 더불어 성경적 역사관의 나머지 특징들을 받아들이는 것이 필요하다. 이스라엘의 민족적 독특성은 이런 역사의식과 깊은 관련이 있다. "너희는 이같이 그들에게 이르기를 천지를 짓지 아니한 신들은 땅 위에서, 이 하늘 아래에서 망하리라 하라 여호와께서 그의 권능으로 땅을 지으셨고 그의 지혜로 세계를 세우셨고 그의 명철로 하늘을 펴셨으며 그가 목소리를 내신즉 하늘에 많은 물이 생기나니 그는 땅 끝에서 구름이 오르게 하시며 비를 위하여 번개치게 하시며 그 곳간에서 바람을 내시거늘 사람마다 어리석고 무식하도다 은장이마다 자기의 조각한 신상으로 말미암아 수치를 당하나니 이는 그가 부어 만든 우상은 거짓 것이요 그 속에 생기가 없음이라 그것들은 헛 것이요 망령되이 만든 것인즉 징벌하실 때에 멸망할 것이나 야곱의 분깃은 이같지 아니하시니 그는 만물의 조성자요 이스라엘은 그의 기업의 지파라 그 이름은 만군의 여호와시니라"(렘 10:11-16).

칼빈(John Calvin, 1509-1564) 이래로 개혁주의 신학자들은 하나님께 가장 위대한 영광과 상상 가능한 최대의 위엄을 돌렸고, 전능하신 그분을 우주의 위대하신 창조자요 지배자로 보았다. 그들은 모든 것을 하나님의 작정에 의해 존재하는 것으로 보았고, 그들의 지속적인 현존을 하나님의 섭리로 보았다. 말하자면 개혁주의 신학자들은 우리 앞에 우리가 보는 세상과 우리 위에 초월하여 보이지 않는 많은 놀라운 일들은 하나님의 영광의 표현들이라고 믿는다. 따라서 미묘하고 섬세한 자연의 탐구가 곧 창조주 하나님을 찬양하는 일이 된다.[3)]

---

3) 조엘 카펜터, "칼빈주의와 기독교 대학의 미래," 『한국 기독교 대학의 정체성』, 백석저널, 창간호 (2002), 163.

하나님이 창조주라는 사실 때문에 거짓 신에 대한 숭배는 하나님을 모독하는 것이 된다. 예레미야를 통해 그가 하시는 말씀을 보라. "너희는 다른 신을 따라다니며 섬기거나 경배하지 말며 너희 손으로 만든 것으로써 나의 노여움을 일으키지 말라 그리하면 내가 너희를 해하지 아니하리라 하였으나 너희가 내 말을 순종하지 아니하고 너희 손으로 만든 것으로써 나의 노여움을 일으켜 스스로 해하였느니라 여호와의 말씀이니라 그러므로 만군의 여호와께서 이와 같이 말씀하시니라 너희가 내 말을 듣지 아니하였느니라 보라 내가 북쪽 모든 종족과 내 종 바벨론의 왕 느부갓네살을 불러다가 이 땅과 그 주민과 사방 모든 나라를 쳐서 진멸하여 그들을 놀램과 비웃음 거리가 되게 하며 땅으로 영원한 폐허가 되게 할 것이라 여호와의 말씀이니라"(렘 25:6-9).

에스겔도 그와 유사한 말을 전하였다. "그들이 그 화려한 장식으로 말미암아 교만을 품었고 또 그것으로 가증한 우상과 미운 물건을 만들었은즉 내가 그것을 그들에게 오물이 되게 하여 타국인의 손에 넘겨 노략하게 하며 세상 악인에게 넘겨 그들이 약탈하여 더럽히게 하고 내가 또 내 얼굴을 그들에게서 돌이키리니 그들이 내 은밀한 처소를 더럽히고 포악한 자도 거기 들어와서 더럽히리라"(겔 7:20-22).

창조주를 모욕하는 우상숭배는 이스라엘이나 이방인 모두에게 하나님의 진노를 가져온다. "이스라엘 족속과 이스라엘 가운데에 거류하는 외국인 중에 누구든지 나를 떠나고 자기 우상을 마음에 들이며 죄악의 걸림돌을 자기 앞에 두고 자기를 위하여 내게 묻고자 하여 선지자에게 가는 모든 자에게는 나 여호와가 친히 응답하여 그 사람을 대적하여 그들을 놀라움과 표징과 속담 거리가 되게 하여 내 백성 가운데에서 끊으리니 내가 여호와인 줄을 너희가 알리라"(겔 14:7-8).

창조의 하나님을 모독한 결과 실제적인 징벌이 있게 되었다. "이제 내가 이 모든 땅을 내 종 바벨론의 왕 느부갓네살의 손에 주고 또 들짐승들을 그에게 주어서 섬기게 하였나니 모든 나라가 그와 그의 아들과 손자를 그 땅의 기한이 이르기까지 섬기리라 또한 많은 나라들과 큰 왕들이 그 자신을 섬기리라 여호와의 말씀이니라 바벨론의 왕 느부갓네살을 섬기지 아니하며 그 목으로 바벨론의 왕의 멍에를 메지 아니하는 백성과 나라는 내가 그들이 멸망하기까지 칼과 기근과 전염병으로 그 민족을 벌하리라"(렘 27:6).

하나님이 이방의 지도자 느부갓네살을 사용하시어 응징한 것은 허탄한 신을 섬김으로써 창조주를 욕되게 하였기 때문이다. "만군의 여호와 이스라엘의 하나님께서 이와 같이 말씀하시되 보라 내가 내 종 바벨론의 느부갓네살 왕을 불러오리니 그가 그의 왕좌를 내가 감추게 한 이 돌들 위에 놓고 또 그 화려한 큰 장막을 그 위에 치리라 그가 와서 애굽 땅을 치고 죽일 자는 죽이고 사로잡을 자는 사로잡고 칼로 칠 자는 칼로 칠 것이라 내가 애굽 신들의 신당들을 불지르리라 느부갓네살이 그들을 불사르며 그들을 사로잡을 것이요 목자가 그의 몸에 옷을 두름 같이 애굽 땅을 자기 몸에 두르고 평안히 그 곳을 떠날 것이며 그가 또 애굽 땅 벧세메스의 석상들을 깨뜨리고 애굽 신들의 신당들을 불사르리라"(렘 43:10-13).

그러나 다음 단계에서 하나님은 당신의 도구로 쓰신 바벨론 왕과 그의 나라를 징벌하시겠다고 말씀하신다. 그런데 그 이유가 재미있게도 세속적인 영웅사관에 사로잡혀 하나님을 모독한 것이라고 한다. 창조주 하나님의 분노가 그들을 사른다는 것이다. "칠십 년이 끝나면 내가 바벨론의 왕과 그의 나라와 갈대아인의 땅을 그 죄악으로 말미암아 벌하여 영원히 폐허가 되게 하되 내가 그 땅을 향하여 선언한 바 곧 예레미야가 모든 민족을 향하여 예언하고 이 책에 기록한 나의 모든 말을 그 땅에 임하게 하리라 그리하여 여러 민족과 큰 왕들이 그들로 자기들을 섬기게 할 것이나 나는 그들의 행위와 그들의 손이 행한 대로 갚으리라"(렘 25:12-14).

하나님은 여호와를 향한 교만 때문에 징계한다는 것을 선지자를 통해 분명하게 말씀하셨다. "활 쏘는 자를 바벨론에 소집하라 활을 당기는 자여 그 사면으로 진을 쳐서 피하는 자가 없게 하라 그가 일한 대로 갚고 그가 행한 대로 그에게 갚으라 그가 이스라엘의 거룩한 자 여호와를 향하여 교만하였음이라"(렘 50:29-30). "너희 눈 앞에서 그들이 시온에서 모든 악을 행한 대로 내가 바벨론과 갈대아 모든 주민에게 갚으리라 여호와의 말씀이니라”(렘 51:24). “여호와는 보복의 하나님이시니 반드시 보응하시리로다”(렘 51:56).

계속하여 예레미야는 “주의 보복을 내가 보리이다”(렘 11:20)라고 말하였다. 하나님은 사람들의 행위를 감찰하신다. 말하자면 하나님은 사람들의 행위를 살펴보시므로 그들은 하나님 앞에서 숨지 못하며, 그들의 죄악도 감추지 못한다(렘 16:17). 그리고 하나님은 행한 대로 보응하신다. “여호와여 주께서 그들의 손이 행한 대로 그들에게 보응하사 그들에게 거만한 마음을 주시고 그들에게 저주를 내리소서 주께서 진노로 그들을 뒤쫓으사 여호와의 하늘 아래에서 멸하소서”(애 3:64-66).

하나님의 보응은 잘못된 신관(神觀)에 근거하여 창조주이며, 역사를 이끄신 하나님을 배반한 데 따른 것이다. 하나님이 이끄신 역사에 대한 배은망덕으로 말미암는 것이다. “애굽 땅에서 인도하여 올리신 모든 족속에 대하여 이르시기를 내가 땅의 모든 족속 가운데 너희만을 알았나니 그러므로 내가 너희 모든 죄악을 너희에게 보응하리라”(암 3:1-2). 하나님을 잊고, 스스로를 믿으며 자랑하는 가운데 발전시킨 모든 것은 무너지고 만다. “내가 이스라엘의 모든 죄를 보응하는 날에 벧엘의 제단들을 벌하여 그 제단의 뿔들을 꺾어 땅에 떨어뜨리고 겨울 궁과 여름 궁을 치리니 상아 궁들이 파괴되며 큰 궁들이 무너지리라 여호와의 말씀이니라”(암 3:14-15).

“우주와 심지어 보이지 아니하는 것들이 시작이 되는 창조 사실을 믿고 전능하신 창조자를 생각하는 일은 피조된 이성적(합리적) 존재들에게는 당연하고 옳은 일”[4]이라는 말은 하나님을 알아감에 있어서 일반계시의 방편들인 이성이나 역사의 중요성을 잘 보여준다. 그러나 기본적으로 창조사관의 근거는 믿음이다. “믿음으로 모든 세계가 하나님의 말씀으로 지어진 줄을 우리가 아나니 보이는 것은 나타난 것으로 말미암아 된 것이 아니니라”(히 11:3).

---

4) 이승구, 『사도신경』(서울: SFC, 2008), 37.

역사는 하나님의 창조[5]에서 시작되었다(골 1:15-20). 그리고 이 하나님의 창조는 무로부터 이루어지는 유의 창조(*creatio ex nihilo*)이다. 이 개념은 고대의 어떤 민족과도 비교할 수 없는 것으로서 이스라엘 민족에게서만 생겨난 성격이 강하다. 아울러 그것은 기독교와의 관련성을 통해 유대 · 기독교적 세계관이란 명칭을 얻게 되었다. 따라서 그것을 "이러한 세계관은 세계의 어느 다른 종교나 사상에서도 찾아볼 수 없는 유일하고도 독특한 세계관"[6]이라고 말할 수 있다.

창조의 범위에 있어서 하나님은 모든 것을 창조하셨다. "나 여호와가 말하노라 내 손이 이 모든 것을 지었으므로 그들이 생겼느니라"(사 66:2). 그러나 하나님의 창조에서 특별히 주목해 볼 것이 있다. 먼저는 사람의 창조이고, 다음으로는 시간을 비롯한 보이지 않는 것들의 창조가 있었다는 점이다. 그러나 사람들은 보이는 것에 집착하는 경향이 강하다. "여호와의 불이 내려서 번제물과 나무와 돌과 흙을 태우고 또 도랑의 물을 핥은지라 모든 백성이 보고 엎드려 말하되 여호와 그는 하나님이시로다 여호와 그는 하나님이시로다"(왕상 18:38-39).

그러나 눈에 보이는 것만을 추구하는 것은 보통 사람들이 하는 일이다. 그래서 예수님은 아래와 같이 지적하였다. "너희는 표적과 기사를 보지 못하면 도무지 믿지 아니하리라"(요 4:48). 많은 사람들은 표적을 보고 예수

---

5) 창조는 성부, 성자, 성령 삼위 하나님의 공동사역으로 이루어졌다. 성자 예수님은 하나님이 세상을 창조하실 때 중보자로 계셨다(잠 8:22-31). 요한은 예수님이 태초에 하나님과 함께 창조에 참여하셨다고 기록하고 있다(요 1:1-3). 그는 예수 그리스도는 창조의 근본(계 3:14)이라고도 했다. 바울도 창조자이신 예수 그리스도를 언급하고 있다(골 1:16-18). 〈히브리서〉에도 그것을 입증하는 구절이 있다(히 1:2-3). 성령의 창조사역과 관련해서는 〈창세기〉 1장 2절, 2장 7절, 〈욥기〉 33장 4절에 나타나는 성령에 관한 말들 외에 〈창세기〉 1장 26절에 사용된 것으로서 하나님에 대한 복수형 명칭이 삼위의 공동 창조사역의 근거가 된다. 즉 하늘과 땅 그리고 사람과 시간을 포함하여 그 가운데 있는 보이는 것과 보이지 않는 것 모두를 의미하는 만물의 창조이다. 하나님이 창조하신 만물을 어떻게 나눌 수 있을까? 만물을 영적 존재인 천사와 인간 그리고 자연과 문화의 네 개로 나눈 후, 이것을 다시 인식 가능한 방식으로 자연, 인간 문화, 사회로 구분하여 이해하는 경우가 있다. 최용준, 『세계관은 삶이다』, 46-48; 송인규, 『새로 쓴 기독교, 세계, 관』 (서울: IVP, 2008), 31-64.

6) 최용준, 『세계관은 삶이다』, 40-41.

님을 따랐다(요 6:2, 14, 30). "하늘이여 위로부터 공의를 뿌리며 구름이여 의를 부을지어다 땅이여 열려서 구원을 싹트게 하고 공의도 함께 움돋게 할지어다 나 여호와가 이 일을 창조하였느니라"(사 45:8).

시간의 창조자요, 역사의 주인 되시는 하나님, 그래서 역사는 오직 하나님의 역사만이 있을 뿐이다.[7] 역사는 하나님의 창조에서 시간과 함께 시작되었다. "태초에 하나님이 천지를 창조하시니라"(창 1:1). 여기서 보듯이 이 세상 만물의 궁극적 기원은 하나님에게 있다. "이는 만물이 주에게서 나오고 주로 말미암고 주에게로 돌아감이라 그에게 영광이 세세에 있을지어다 아멘"(롬 11:36). 이처럼 하나님은 바울이 기록한 말씀을 통해 당신의 전능하심과 절대주권을 보여주신다. 만물은 창조된 모든 것, 즉 인간과 자연 및 우주를 포함하는 넓은 의미를 갖는다. 그런데 구약에서 하나님은 "나는 만물을 지은 여호와라"(사 44:24)라고 했고, 신약에서는 예수님이 만물의 창조자로 묘사되었다(요 1:3; 골 1:16-18).

하나님은 땅과 하늘을 지으시고, 그 가운데 있는 모든 것들을 만드셨다. "너희는 천지를 지으신 여호와께 복을 받는 자로다"(시 115:15). "나의 도움은 천지를 지으신 여호와에게서로다"(시 121:2). "우리의 도움은 천지를 지으신 여호와의 이름에 있도다"(시 124:8). "천지를 지으신 여호와께서 시온에서 네게 복을 주실지어다"(시 134:3). "주 여호와여 주께서 큰 능력과 펴신 팔로 천지를 지으셨사오니 주에게는 할 수 없는 일이 없으시니이다"(렘 32:17).

하나님은 당신의 작품인 빛, 물, 풀, 채소, 나무, 해, 달, 별, 새, 짐승을 만드신 후 그것들을 보시며 좋아하셨다(창 1:3-23). 그리고 성경은 다시 "하나님이 이르시되 땅은 생물을 그 종류대로 내되 가축과 기는 것과 땅의 짐승을 종류대로 내라 하시니 그대로 되니라 하나님이 땅의 짐승을 그 종류대로, 가축을 그 종류대로, 땅에 기는 모든 것을 그 종류대로 만드시니

7) 성경적 역사의식과 시간의 창조나 성격에 관해서는 김형태 · 이원설, 『하나님 중심 세계관과 교육』(대전: 글누리, 2008), 125-138을 보라.

하나님이 보시기에 좋았더라"(창 1:24-25)라고 적고 있다. 여기에 창조사관이 진화론과 정면으로 대립하는 근본 이유가 있다. 그 종류대로 만드셨다고 했으니 말이다.

이것뿐만 아니라 하나님은 삼라만상을 지으셨다. "내가 헐벗은 산에 강을 내며 골짜기 가운데에 샘이 나게 하며 광야가 못이 되게 하며 마른 땅이 샘 근원이 되게 할 것이며 내가 광야에는 백향목과 싯딤 나무와 화석류와 들감람나무를 심고 사막에는 잣나무와 소나무와 황양목을 함께 두리니 무리가 보고 여호와의 손이 지으신 바요 이스라엘의 거룩한 이가 이것을 창조하신 바인 줄 알며 함께 헤아리며 깨달으리라"(사 41:18-20). 이처럼 하나님은 하늘과 그 가운데 있는 물건이며 땅과 그 가운데에 있는 물건이며 바다와 그 가운데 있는 물건을 각기 그 종류대로 창조하신 분이기 때문에 하나님의 창조사관을 말할 수 있다(계 10:6).

하나님은 무엇으로 세상을 만드셨을까? 하나님은 지혜로 세상을 창조하셨다. "여호와께서는 지혜로 땅에 터를 놓으셨으며 명철로 하늘을 견고히 세우셨고 그의 지식으로 깊은 바다를 갈라지게 하셨으며 공중에서 이슬이 내리게 하셨느니라"(잠 3:19-20). "대저 여호와께서 이같이 말씀하시되 하늘을 창조하신 이 그는 하나님이시니 그가 땅을 지으시고 그것을 만드셨으며 그것을 견고하게 하시되 혼돈하게 창조하지 아니하시고 사람이 거주하게 그것을 지으셨으니 나는 여호와라 나 외에 다른 이가 없느니라"(사 45:18).

한편 하나님은 특별한 행위를 통해 사람을 영적인 존재로 만드셨다. "여호와 하나님이 땅의 흙으로 사람을 지으시고 생기를 그 코에 불어넣으시니 사람이 생령이 되니라"(창 2:7). "하나님의 영이 나를 지으셨고 전능자의 기운이 나를 살리시느니라"(욥 33:4). 여호와는 하늘을 펴시며 땅의 터를 세우시며 사람 안에 심령을 지으신 분이다(슥 12:1).

시인들이 하나님의 인간 창조를 크게 노래하는 데 주목해 보자. "내 이름으로 불려지는 모든 자 곧 내가 내 영광을 위하여 창조한 자를 오게 하라 그를 내가 지었고 그를 내가 만들었느니라"(시 43:7). "그(여호와)는 우리를 지으신 이요 우리는 그의 것이니 그의 백성이요 그의 기르시는 양이로다"(시 100:3). '주의 손이 나를 만들고 세우셨다'고 했다(시 119:73). 시인의 노래는 이어진다. "내가 주께 감사하옴은 나를 지으심이 심히 기묘하심이라 주께서 하시는 일이 기이함을 내 영혼이 잘 아나이다 내가 은밀한 데서 지음을 받고 땅의 깊은 곳에서 기이하게 지음을 받은 때에 나의 형체가 주의 앞에 숨겨지지 못하였나이다 내 형질이 이루어지기 전에 주의 눈이 보셨으며 나를 위하여 정한 날이 하루도 되기 전에 주의 책에 다 기록이 되었나이다"(시 139:14-16).

하늘을 창조하여 펴시고 땅과 그 소산을 내시며 땅 위의 백성에게 호흡을 주시며 땅에 행하는 자에게 영을 주시는 하나님 여호와(사 42:5)는 "내가 땅을 만들고 그 위에 사람을 창조하였으며 내가 내 손으로 하늘을 펴고 하늘의 모든 군대에게 명령하였노라"(사 45:12)라고 말씀하셨다. 이처럼 이사야는 하나님이 세상과 함께 사람을 창조하셨다고 말하였다.

성경을 보면 하나님은 사람을 함께 사는 존재로 만드셨다. 그래서 사회도 필요하고, 결혼도 필요한 것이다. "여호와 하나님이 이르시되 사람이 혼자 사는 것이 좋지 아니하니 내가 그를 위하여 돕는 배필을 지으리라"(창 2:18). 사람을 남자와 여자로 창조하신 하나님은 그런 이유에서 그들이 타락 후에도 '내가 창조한 사람'(창 6:7)이라고 친히 말씀하셨다. "하나님이 이르시되 우리의 형상을 따라 우리의 모양대로 우리가 사람을 만들고 그들로 바다의 물고기와 하늘의 새와 가축과 온 땅과 땅에 기는 모든 것을 다스리게 하자 하시고 하나님이 자기 형상 곧 하나님의 형상대로 사람을 창조하시되 남자와 여자를 창조하시고 여호와 하나님이 아담에게서 취하신 그 갈빗대로 여자를 만드시고 그를 아담에게로 이끌어 오시니 아담이 이르되 이는 내 뼈 중의 뼈요 살 중의 살이라 이것을 남자에게서 취하였은즉 여자라 부르리라 하니라"(창 2:22-23).[8]

---

8) Und Gott der Herr baute ein Weib aus der Rippe, die er vom Menschen nahm, und brachte sie zu ihm. Da sprach der Mensch: Das ist doch Bein von meinem Bein und Fleisch von meinem Fleisch; man wird sie Männin heißen, darum daß sie vom

남자와 여자로 창조된 사람은 동거하며 하나님의 창조명령을 수행하며 살았다. "하나님이 그들에게 복을 주시며 하나님이 그들에게 이르시되 생육하고 번성하여 땅에 충만하라, 땅을 정복하라, 바다의 물고기와 하늘의 새와 땅에 움직이는 모든 생물을 다스리라 하시니라"(창 1:28). 그러나 하나님과 사람은 분명히 구별되어야 한다. 사람이 하나님의 피조물인 것은 부인 못할 사실이다(욥 4:17; 10:3, 8, 9, 18).

하나님은 사람이 세상에서 사는 동안 무엇을 하게 하셨는가? 하나님은 사람이 세상을 사는 동안 땀 흘리며 일하는 존재로 만드셨다. "네가 흙으로 돌아갈 때까지 얼굴에 땀을 흘려야 먹을 것을 먹으리니 네가 그것에서 취함을 입었음이라"(창 3:19). 이런 사실을 솔로몬보다 더 잘 이해한 사람은 아마도 없을 것이다. "사람이 먹고 마시며 수고하는 것보다 그의 마음을 더 기쁘게 하는 것은 없나니 내가 이것도 본즉 하나님의 손에서 나오는 것이로다"(전 2:24). "마음을 다하며 지혜를 써서 하늘 아래에서 행하는 모든 일을 연구하며 살핀즉 이는 괴로운 것이니 하나님이 인생들에게 주사 수고하게 하신 것이라"(전 1:13). "네 헛된 평생의 모든 날 곧 하나님이 해 아래에서 네게 주신 모든 헛된 날에 네가 사랑하는 아내와 함께 즐겁게 살지어다 그것이 네가 평생에 해 아래에서 수고하고 얻은 네 몫이니라"(전 9:9). "이에 내가 희락을 찬양하노니 이는 사람이 먹고 마시고 즐거워하는 것보다 더 나은 것이 해 아래에는 없음이라 하나님이 사람을 해 아래에서 살게 하신 날 동안 수고하는 일 중에 그러한 일이 그와 함께 있을 것이니라"(전 8:15).

하나님은 사람의 종말이 어떠하도록 창조하셨을까? 육신은 흙으로 돌아가게 되어 있다. 다시 말해 사람은 마지막에 흙으로 돌아가는 육신을 가진 존재라는 것이다. "너는 흙이니 흙으로 돌아갈 것이니라"(창 3:19). 다 흙으로 말미암았으므로 다 흙으로 돌아가나니 다 한 곳으로 간다고 했다(전

Manne genommen ist. 루터가 번역한 독일어 성경에서는 남자를 의미하는 단어인 'Mann'에 '안' 이나 '속' 을 의미하는 전치사 'in' 을 덧붙여 이루어진 단어인 'Männin' 을 사용하여 원어가 갖는 '남자 속에서 나온 존재인 여자' 의 의미가 잘 나타나게 하였다.

3:20). 결국 사람의 몸은 흙으로 돌아간다. "모든 육체가 다 함께 죽으며 사람은 흙으로 돌아가리라"(욥 34:15). "그의 호흡이 끊어지면 흙으로 돌아가서 그 날에 그의 생각이 소멸하리로다"(시 146:4).

그러나 그것은 두려워할 일이 아니다. 사람은 하나님의 걸작품으로서 의 사명자이며 대리인이다. "두려워하지 말라 내가 너와 함께 하여 네 자손을 동쪽에서부터 오게 하며 서쪽에서부터 너를 모을 것이며 내가 북쪽에게 이르기를 내놓으라 남쪽에게 이르기를 가두어 두지 말라 내 아들들을 먼 곳에서 이끌며 내 딸들을 땅 끝에서 오게 하며 내 이름으로 불려지는 모든 자 곧 내가 내 영광을 위하여 창조한 자를 오게 하라 그를 내가 지었고 그를 내가 만들었느니라"(사 43:5-7).

창조사관과 관련하여서는 믿음이 중요한데, 그 이유는 믿음이 없이는 하나님의 세계 창조를 받아들일 수 없기 때문이다. "믿음으로 모든 세계가 하나님의 말씀으로 지어진 줄을 우리가 아나니 보이는 것은 나타난 것으로 말미암아 된 것이 아니니라"(히 11:3). 이 말씀은 창조사관은 믿음에 근거해서만 받아들여지는 것임을 보여준다.

역대기 기자는 자연계의 창조와 관련해서 "여호와께서는 하늘을 지으셨도다"(대상 16:26)라고 말하였다. 이사야도 여러 번에 걸쳐 하나님의 창조를 밝혔다. "너희는 눈을 높이 들어 누가 이 모든 것을 창조하였나 보라 주께서는 수효대로 만상을 이끌어 내시고 그들의 모든 이름을 부르시나니 그의 권세가 크고 그의 능력이 강하므로 하나도 빠짐이 없느니라"(사 40:26). 그에게 하나님은 '영원하신 하나님 여호와, 땅 끝까지 창조하신 이' (사 40:28)이다. 또 '하늘을 창조하여 펴시고 땅과 그 소산을 내시며 땅 위의 백성에게 호흡을 주시며 땅에 행하는 자에게 영을 주시는 하나님 여호와' (사 42:5)이다.

아울러 이사야는 땅과 사람의 창조에 대해 구체적으로 말하였다. "내가 땅을 만들고 그 위에 사람을 창조하였으며 내가 내 손으로 하늘을 펴고 하늘의 모든 군대에게 명령하였노라"(사 45:2). "내 손이 땅의 기초를 정하였고 내 오른손이 하늘을 폈나니 내가 그들을 부르면 그것들이 일제히 서느니라"(사 48:13).

예레미야도 땅과 그 위에 있는 사람과 짐승의 창조에 대해 말하였다. "나는 내 큰 능력과 나의 쳐든 팔로 땅과 지상에 있는 사람과 짐승들을 만들고 내가 보기에 옳은 사람에게 그것을 주었노라"(렘 27:5). 이처럼 역대기와 선지자들의 글이 일관되게 하나님의 창조를 말하고 있는 것을 볼 수 있다.

<욥기> 또한 하나님의 창조에 대해 분명하게 말하였다. 하나님은 홀로 하늘을 펴시며 바다 물결을 밟으시며 북두성과 삼성과 묘성과 남방의 밀실을 만드셨다(욥 9:8-9). 하나님의 창조는 <욥기>의 중요한 주제가 된다. "하나님의 영이 나를 지으셨고 전능자의 기운이 나를 살리시느니라"(욥 33:4). "그는 왕에게라도 무용지물이라 하시며 지도자들에게라도 악하다 하시며 고관을 외모로 대하지 아니하시며 가난한 자들 앞에서 부자의 낯을 세워주지 아니하시나니 이는 그들이 다 그의 손으로 지으신 바가 됨이라"(욥 34:18-19). "나를 지으신 하나님은 어디 계시냐고 하며 밤에 노래를 주시는 자가 어디 계시냐고 말하는 자가 없구나"(욥 35:10). "그가 모든 사람의 손에 표를 주시어 모든 사람이 그가 지으신 것을 알게 하려 하심이라"(욥 37:7). "이제 소 같이 풀을 먹는 베헤못을 볼지어다 내가 너를 지은 것 같이 그것도 지었느니라"(욥 40:15).

<시편>에서는 만물의 창조와 관련해서 적극적으로 다루었다. 하나님의 자연계시를 가장 아름답게 노래하는 시가 <시편> 19편이다. 일반계시 중 하나인 자연에서 하나님의 지으신 솜씨를 얼마나 멋지게 찾아낼 수 있는지 이 본문이 보여준다. "하늘이 하나님의 영광을 선포하고 궁창이 그의 손으로 하신 일을 나타내는도다 날은 날에게 말하고 밤은 밤에게 지식을 전하니 언어도 없고 말씀도 없으며 들리는 소리도 없으나 그의 소리가 온 땅에 통하고 그의 말씀이 세상 끝까지 이르도다 하나님이 해를 위하여 하늘에 장막을 베푸셨도다 해는 그의 신방에서 나오는 신랑과 같고 그의 길을 달리기 기뻐하는 장사 같아서 하늘 이 끝에서 나와서 하늘 저 끝까지 운행함이여 그의 열기에서 피할 자가 없도다"(시 19:1-6).

신약의 사도들도 하나님의 창조를 인정하였다. 사도들은 하나님을 가리켜 '대주재여 천지와 바다와 그 가운데 만물을 지은 이'(행 4:23-24)라고 말하였다. 요한도 하나님의 만물 창조를 분명하게 밝혔다. "우리 주 하나님이여 영광과 존귀와 권능을 받으시는 것이 합당하오니 주께서 만물을 지으신지라 만물이 주의 뜻대로 있었고 또 지으심을 받았나이다"(계 24:1).

하나님을 더듬어 찾아 발견하는 것은 창조된 세계 안에서 얻는 하나님에 대한 지식의 속성으로 생각해 볼 수 있다. "우주와 그 가운데 있는 만물을 지으신 하나님께서는 천지의 주재시니 손으로 지은 전에 계시지 아니하시고 또 무엇이 부족한 것처럼 사람의 손으로 섬김을 받으시는 것이 아니니 이는 만민에게 생명과 호흡과 만물을 친히 주시는 이심이라 인류의 모든 족속을 한 혈통으로 만드사 온 땅에 살게 하시고 그들의 연대를 정하시며 거주의 경계를 한정하셨으니 이는 사람으로 혹 하나님을 더듬어 찾아 발견하게 하려 하심이로되 그는 우리 각 사람에게서 멀리 계시지 아니하도다"(행 17:24-27).

"하나님을 알 만한 것이 그들 속에 보임이라 하나님께서 이를 그들에게 보이셨느니라 창세로부터 그의 보이지 아니하는 것들 곧 그의 영원하신 능력과 신성이 그가 만드신 만물에 분명히 보여 알려졌나니 그러므로 그들이 핑계하지 못할지니라"(롬 1:19-20). 이 말씀을 보면 그리스도인이든 불신자든 자신이 보는 것들에서 하나님을 찾을 필요가 있다. "네가 많은 것을 볼지라도 유의하지 아니하며 귀가 열려 있을지라도 듣지 아니하는도다"(사 42:20).

세상의 모든 피조물은 그것을 만드신 분을 위해 존재한다. 만물이 그에게서 창조되되 하늘과 땅에서 보이는 것들과 보이지 않는 것들과 혹은 왕권들이나 주권들이나 통치자들이나 권세들이나 만물이 다 그로 말미암고 그를 위하여 창조되었다(골 1:16). "하늘이 주의 것이요 땅도 주의 것이라 세계와 그 중에 충만한 것을 주께서 건설하셨나이다 남북을 주께서 창조하셨으니 다볼과 헤르몬이 주의 이름으로 말미암아 즐거워하나이다"(시 89:11-12). "바다도 그의 것이라 그가 만드셨고 육지도 그의 손이 지으셨도다"(시 95:5). "주께서 옛적에 땅의 기초를 놓으셨사오며 하늘도 주의 손으로 지으신 바니이다"(시 102:25).

하나님은 보이는 것은 물론 보이지 않는 것도 창조하셨다. 보이지 않는 것들 가운데 특기할 만한 것은 아우구스티누스가 말한 시간의 창조이다. 이것은 역사가 시간의 흐름과 함께 발전한다는 점에서 특히 중요하다. 아덴에서 사람들이 '알지 못하는 신에게' 라고 쓴 것을 본 후에 바울은 시간과 관련이 있는 연대를 정하신 하나님에 대해 소개하기를 원하였다(행 17:23).

따라서 그는 창조사관을 강하게 피력하였다. "우주와 그 가운데 있는 만물을 지으신 하나님께서는 천지의 주재시니 손으로 지은 전에 계시지 아니하시고 또 무엇이 부족한 것처럼 사람의 손으로 섬김을 받으시는 것이 아니니 이는 만민에게 생명과 호흡과 만물을 친히 주시는 이심이라 인류의 모든 족속을 한 혈통으로 만드사 온 땅에 살게 하시고 그들의 연대를 정하시며 거주의 경계를 한정하셨으니 이는 사람으로 혹 하나님을 더듬어 찾아 발견하게 하려 하심이로되 그는 우리 각 사람에게서 멀리 계시지 아니하도다"(행 17:24-27). 시편기자는 이것을 지지하였다. "여호와께서 달로 절기를 정하심이여 해는 그 지는 때를 알도다"(시 104:19).

아우구스티누스는 시간의 창조와 관련해서 아래와 같이 말하였다. "시간조차도 당신께서 만드신 것이오니 당신이 만드시기 전에는 아무 시간도 지나갈 수가 없었습니다. 그러므로 천지가 창조되기 이전에 시간이 없었다면 어찌하여 그들이 묻기를 '당신이 그때(*tunc*) 무엇을 하고 계셨습니까' 라고 합니까? 왜냐하면 시간이 없을 때에 '그때' 란 있을 수 없기 때문입니다."[9] 성경에 나타나고, 아우구스티누스에 의해 정리된 시간관은 하나님의 창조에 의해 그것이 시작되었으며, 하나님의 섭리에 의해 계속 진행되다가 하나님이 정하신 목표, 곧 시간의 끝이라 할 수 있는 종말을 향해 나간다는 것이다.[10]

---

9) 선한용, 『시간과 영원』 (서울: 대한기독교서회, 1998), 66-67; 소광희, 『시간의 철학적 성찰』 (서울: 문예출판사, 2001), 79-80과 이종환과 "창조와 시간에 대한 아우구스티누스의 해석," 『기독교철학』, 제3호 (2006), 69-101을 참조하라.

하나님은 당신을 계시하실 때 점진적으로 하셨다. 그리고 여기서 하나님의 계시와 관련한 시간이나 역사의 중요성이 나타난다.[11] 한편 하나님은 시간의 지배를 초월하신다. 그는 시간을 만드시고 다스리시며, 당신의 목적을 위해 그것을 사용하시는 주인이다. 또 그렇기 때문에 하나님은 시간의 주인으로서 그 안에 갇힐 수가 없다.[12]

머나먼 창조의 이야기를 다룰 때 유한한 사람의 입장에서는 믿음으로 시작할 수밖에 없다는 문제가 생긴다. 따라서 성경적 신앙이 창조사관을 가져온다고 말할 수 있다. 하늘과 땅의 창조도 중요하지만 역사의 한 주체로서 사람 그리고 시간의 맥락에서 발전하는 역사라는 사실을 감안하면, 사람과 시간의 창조는 역사이해에 있어서 특히 중요하다. 이상에서 말한 시간의 창조와 관련지어 손봉호는 한글 성경에 가장 먼저 나오는 단어인 '태초'를 기독교만의 시간관념이라고 정의하였다.[13]

성경의 창조사관은 안식일 제정에서 잘 나타난다. "안식일을 기억하여 거룩하게 지키라 엿새 동안은 힘써 네 모든 일을 행할 것이나 일곱째 날은 네 하나님 여호와의 안식일인즉 너나 네 아들이나 네 딸이나 네 남종이나 네 여종이나 네 가축이나 네 문안에 머무는 객이라도 아무 일도 하지 말라 이는 엿새 동안에 나 여호와가 하늘과 땅과 바다와 그 가운데 모든 것을 만들고 일곱째 날에 쉬었음이라 그러므로 나 여호와가 안식일을 복되게 하여 그 날을 거룩하게 하였느니라"(출 20:8-11). 여기에는 하나님의 창조를 기억나게 하려는 것으로서 하나님의 창조주 되심에 근거한 창조사관의 강조가 나타난다.[14]

---

10) 강성열, "시간과 자연, 그리고 생태학," 『창조과학학술대회 논문집』 (2004), 1-22.

11) 이승구, 『사도신경』, 23-24 참조.

12) 웨인 그루뎀, 『조직신학 (상)』, 노진준 역 (서울: 은성, 1997), 237.

13) 손봉호, 『생각을 담아 세상을 보라』 (서울: 노잉힘, 2008), 87-91.

14) 하나님 이외의 모든 우상들은 인간이 피조물을 인위적으로 절대화한 허상에 불과하다. 그것은 하나님께서 혐오하는 행위이다. 그런 이유로 십계명의 금령 중에 그것이 가장 먼저 나와 있는 것으로 보인다. 최용준, 『세계관은 삶이다』, 39-40.

오직 하나님만이 미래 일을 알려주시는 참 신이다. “장차 당할 일을 우리에게 진술하라 또 이전 일이 어떠한 것도 알게 하라 우리가 마음에 두고 그 결말을 알아보리라 혹 앞으로 올 일을 듣게 하며 뒤에 올 일을 알게 하라 그리하면 너희가 신들인 줄 우리가 알리라 또 복을 내리든지 재난을 내리든지 하라 우리가 함께 보고 놀라리라 보라 너희는 아무것도 아니며 너희 일은 허망하며 너희를 택한 자는 가증하니라”(사 41:22-24). 우상은 허망하고 무익하기 때문에 거기서 구원을 얻을 수 없다(사 44:9-17).

요나의 고백에서도 창조사관을 찾아볼 수 있다. “무리가 그에게 이르되 청하건대 이 재앙이 누구 때문에 우리에게 임하였는가 말하라 네 생업이 무엇이며 네가 어디서 왔으며 네 나라가 어디며 어느 민족에 속하였느냐 하니 그가 대답하되 나는 히브리 사람이요 바다와 육지를 지으신 하늘의 하나님 여호와를 경외하는 자로라”(욘 1:8-9). ‘히브리 사람’, ‘창조주를 경외하는 사람’ 을 어떻게 담당하는 일이다.

신약의 바울도 그런 모습을 보여주었다. “여러분이여 어찌하여 이러한 일을 하느냐 우리도 여러분과 같은 성정을 가진 사람이라 여러분에게 복음을 전하는 것은 이런 헛된 일을 버리고 천지와 바다와 그 가운데 만물을 지으시고 살아 계신 하나님께로 돌아오게 함이라”(행 14:15). 창조주가 아닌 어떤 우상 숭배나 이교 신앙 또는 무신론이 사람에게 주는 것은 진정한 소망이 될 수 없다. 그런 것들은 그런 점에서 모두 헛된 것들이라는 것이다(왕상 16:13, 26, 33).

구약의 유대 종교는 고대 동방지역에서는 세계의 본질이나 기원 에 대한 물음에 대해 초자연적인 힘에 의지하지 않고, 자연주의적 결론에 도달했던 그리스 세계와는 달리 절대적 능력을 가진 신에 대한 믿음이 그 문명의 기저에 깔려 있었다.[15] 그것은 보편적이고 영원한 존재로서 만물을 창조하고, 지배하시는 하나님에 대한 믿음을 갖고 있었다. 그리고 그것은 구원의 미래로 가는 길을 가리킴과 동시에 역사와 끊임없이 대화하는 가운데[16] 신약시

---

15) 조한욱, 『서양 지성과의 만남 1』(광명시: 꿈이있는세상, 2007), 17과 21.

대를 지나 오늘에 이르기까지 기독교 전통으로 살아 있다.

이런 저런 이유에서 그것들을 함께 묶어 종교의 유대 · 기독교적 전통이라고 말하는데, 그것에 기초하여 섭리사관, 직선사관, 목적사관 외에 영원의 개념을 포함하는 역사사상이 발전해 나왔다. 많은 사람들이 하나님의 일에 대해 물었다.(요 6:28). 그리고 성경은 그것에 대해 간단히 정리해 주었다. "하나님께서 보내신 이를 믿는 것이 하나님의 일이니라"(요 6:29).

창조교리는 반틸(Cornelius Van Til, 1895-1987)이 역사를 해석하거나 역사가들을 분석하는 데 있어서 매우 중요한 역할을 하고 있다. 그 이유는 역사는 하나님이 창조 행위 안에 부여한 궁극적 의미를 가지고서만 해석될 수 있거나 해석되어야 한다는 점에 있다. 그는 지상에서 계속되는 사람의 역사는 그것의 의미를 이 근원적 창조행위에서 끌어내야 한다는 것이다.[17)]

따라서 반틸에게 있어서 창조교리는 성경에 계시된 하나님에 관한 교리로부터 독립되어 있지 않다. 그는 창조의 하나님은 당신의 창조를 통치하시고, 당신의 형상을 따라 만드신 사람과 언약적 관계 안에 들어오신 주권적 존재라고 보았다. 그렇기 때문에 사람은 거룩한 형상을 지녔으며, 주권자와의 이 언약적 관계를 누리게 된다. 인간은 하나님의 뜻 안에서 지상의 인간적 삶과 그 자신의 목적이라는 둘 모두의 의미를 발견할 능력과 의무를 부여받았다는 것이 그의 생각이었다.[18)]

말하자면 반틸은 창조의 정점에서 출발하면서 하나님의 형상인 사람은 이 사실로 말미암아 그를 알거나 그의 뜻을 행할 수 있다고 본 것이다. 그러나 그는 하나님과 그 자신, 그리고 그의 세계에 대해 사람이 가진 지식은 '유추적(analogical)'이라고 보았다. 여기서 그는 아우구스티누스나 칼빈과 마찬가지로 사람은 그가 하나님을 아는 것과 동일한 행위에 의해서만 스스

---

16) 칼 에를리히, 『유대교(*Understanding Judaism*)』, 최창모 역 (서울: 유토피아, 2008), 12-13.

17) C. Gregg Singer, "The Problem of Historical Interpretation," Gary North ed., *Foundations of Christian Scholarship: Essays in the Van Til Perspective* (Vallecito, CA: Ross House Books, 1976), 64.

18) Ibid.

로를 알 수 있다는 사실을 크게 강조하였다.[19] 그런데 이것은 그리스도인들에게 있어 창조사관이 갖는 중요성과 의미를 반영하는 말이다.

2. 섭리사관(攝理史觀)

역사의 모든 영역은 하나님의 주권 아래 있다. 그래서 카이퍼는 우리 정신세계의 단 한 부분도 다른 부분으로부터 밀봉되어 차단되어 있지 않은 이유와 관련해서 "우리 인간 실존의 모든 영역 가운데서 단 일 인치의 땅이라도 모든 것 위에 주관하시는 그리스도께서 '내 것이다!' 라고 주장하지 않는 부분은 하나도 없기 때문이다" 라고 말하였다. 아울러 그는 "창조주께서 창조 세계 안에 포함되어 있는 하나님의 뜻을 밝혀낼 능력과 책임을 인류에게 주셨다" 고 말했는데, 이것은 있는 그대로 역사에 적용할 수 있는 말이다.[20]

성경적 관점에서 볼 때 역사는 '하나님의 뜻', '주의 뜻', 또는 '그의 뜻' 이란 말로 표현되는 것이 이루어지는 과정이라는 점에서 섭리사관의 지배 아래 있다고 말할 수 있다. 그래서 세상에서는 오직 하나님의 역사만이 이루어진다고도 할 수 있다. "만군의 여호와께서 경영하셨은즉 누가 능히 그것을 폐하며 그의 손을 펴셨은즉 누가 능히 그것을 돌이키랴" (사 14:27). 세상의 역사에서는 결국 하나님의 계획이 이루어진다. "여호와여 주는 나의 하나님이시라 내가 주를 높이고 주의 이름을 찬송하오리니 주는 기사를 옛적에 정하신 뜻대로 성실함과 진실함으로 행하셨음이라" (사 25:1).

하나님은 다른 누구도 아닌 당신 자신을 위해 역사를 이루신다. "나는 나를 위하며 나를 위하여 이를 이룰 것이라 어찌 내 이름을 욕되게 하리요 내 영광을 다른 자에게 주지 아니하리라" (사 48:11). "주 여호와의 말씀에 나의 말이 하나도 다시 더디지 아니할지니 내가 한 말이 이루어지리라 나

19) Ibid.
20) 카펜터, "칼빈주의와 기독교 대학의 미래," 162.

주 여호와의 말이니라"(겔 12:28). "들의 모든 나무가 나 여호와는 높은 나무를 낮추고 낮은 나무를 높이며 푸른 나무를 말리고 마른 나무를 무성하게 하는 줄 알리라 나 여호와는 말하고 이루느니라"(겔 17:24). "내가 네게 보응하는 날에 네 마음이 견디겠느냐 네 손이 힘이 있겠느냐 나 여호와가 말하였으니 내가 이루리라"(겔 22:14).

역사를 통해 이루어지는 계획은 세상이 시작되기 전에 하나님이 세우신 것이다. "창세 전에 그리스도 안에서 우리를 택하사 우리로 사랑 안에서 그 앞에 거룩하고 흠이 없게 하시려고 그 기쁘신 뜻대로 우리를 예정하사 예수 그리스도로 말미암아 자기의 아들들이 되게 하셨으니 이는 그가 사랑하시는 자 안에서 우리에게 거저 주시는 바 그의 은혜의 영광을 찬송하게 하려는 것이라"(엡 1:4).

하나님의 뜻대로 행하는 자라야 하나님 나라에 들어간다는 말은 하나님의 섭리가 존중되어야 함을 보여주는 것이다(마 7:21). "그는 뜻이 일정하시니 누가 능히 돌이키랴 그의 마음에 하고자 하시는 것이면 그것을 행하시나니 그런즉 내게 작정하신 것을 이루실 것이라 이런 일이 그에게 많이 있느니라"(욥 23:13-14). 예수 그리스도는 여호와께서 기뻐하시는 뜻을 성취하실 분(사 53:10)으로 묘사되었다.

올바른 역사이해를 위해서는 영웅사관보다 하나님의 섭리와 은총에 대해 깨닫는 것이 더욱 필요하다. '사람의 영광을 하나님의 영광보다 더 사랑하는 것'은 영웅사관에 다름 아니다(요 12:43). 하나님을 신뢰하고 의지해야지 자신을 믿어서는 안 된다. 즉 영웅사관을 극복하라는 것이다(잠 3:5). 영웅사관은 "토기장이를 어찌 진흙 같이 여기겠느냐 지음을 받은 물건이 어찌 자기를 지은 이에게 대하여 이르기를 그가 나를 짓지 아니하였다 하겠으며 빚음을 받은 물건이 자기를 빚은 이에게 대하여 이르기를 그가 총명이 없다 하겠느냐"(사 29:16)라는 말씀 앞에서 무너져 내려야 한다.

영웅사관은 섭리사관에 비길 것이 못된다. "내 생각이 너희의 생각과 다르며 내 길은 너희의 길과 다름이니라 여호와의 말씀이니라 이는 하늘이 땅보다 높음 같이 내 길은 너희의 길보다 높으며 내 생각은 너희의 생각보다 높음이니라"(사 55:8-9). 이처럼 영웅사관을 극복하기 위해서는 철저하게 하나님의 관점으로 보는 것이 필요하다.

역사의식 또는 역사관의 차원에서 보면 신을 신이 아닌 것과 바꾸고, 영광을 무익한 것으로 바꾸는 일, 그리고 생수의 근원이 되는 하나님을 버리고, 스스로 물을 저축하지 못할 웅덩이를 파는 일은 하나님 중심의 섭리사관을 버리고, 인간 중심의 영웅사관이나 법칙사관에 붙들리는 인생을 의미하는 것으로 보인다. "어느 나라가 그들의 신들을 신 아닌 것과 바꾼 일이 있느냐 그러나 나의 백성은 그의 영광을 무익한 것과 바꾸었도다"(렘 2:11). "내 백성이 두 가지 악을 행하였나니 곧 그들이 생수의 근원되는 나를 버린 것과 스스로 웅덩이를 판 것인데 그것은 그 물을 가두지 못할 터진 웅덩이들이니라"(렘 2:13).

구체적인 사건들이 하나님의 섭리에 의해 발생한다. "여호와께서 이와 같이 말씀하시되 보라 내가 너로 너와 네 모든 친구에게 두려움이 되게 하리니 그들이 그들의 원수들의 칼에 엎드러질 것이요 네 눈은 그것을 볼 것이며 내가 온 유다를 바벨론 왕의 손에 넘기리니 그가 그들을 사로잡아 바벨론으로 옮겨 칼로 죽이리라 내가 또 이 성읍의 모든 부와 그 모든 소득과 그 모든 귀중품과 유다 왕들의 모든 보물을 그 원수의 손에 넘기리니 그들이 그것을 탈취하여 바벨론으로 가져가리라"(렘 20:4-5).

성경의 가장 두드러진 서술 특징 가운데 하나는 역사의 전면에 나타나는 인물이나 자연 현상의 배후에서 실질적으로 역사하시는 하나님을 중심으로 기술한다는 점이다. 사람들은 자주 거짓되고 헛된 것을 숭상하나(욘 2:8) 실제로 일하시는 분은 하나님이시고, 궁극적으로 이루어지는 것은 하나님의 뜻이라는 말이다. <요나>에서 요나를 바다에 던진 사건과 관련해서 요나의 요청이 그를 바다에 던지게 했다고 말할 수 있다(욘 1:12). 또 사공들이 그를 던졌다고 말할 수도 있다(욘 1:15). 그러나 주님, 즉 여호와 하나님이 그를 바다에 던지게 한 사실(욘 2:3)을 누가 부인할 수 있겠는가? 여기서 요나는 하나님에 대한 불순종으로 인해 어쩔 수 없이 바다에 던지라고 요청한 입장에 있었다. 그리고 사공들은 요나가 바다에 빠지는 사건을 주도

한 존재가 아니다. 그들은 단지 도구였을 뿐이다.

모든 역사의 진행은 섭리사관에 근거하기 때문에 역사의 주인은 하나님이라고 말할 수 있다. 그래서 영웅사관은 저주의 대상이요, 섭리사관은 복의 근거가 된다. "무릇 사람을 믿으며 육신으로 그의 힘을 삼고 마음이 여호와에게서 떠난 그 사람은 저주를 받을 것이라…그러나 무릇 여호와를 의지하며 여호와를 의뢰하는 그 사람은 복을 받을 것이라"(렘 17:5-7).

느부갓네살 왕 앞에 불려온 다니엘은 세속적 관점에서 경제지상주의나 영웅주의에 관심이 없음을 밝히고, 그 왕과 관련해서 나타난 섭리사관에 대해 말하였다. "왕의 예물은 왕이 친히 가지시며 왕의 상급은 다른 사람에게 주옵소서 그럴지라도 내가 왕을 위하여 이 글을 읽으며 그 해석을 아뢰리이다 왕이여 지극히 높으신 하나님이 왕의 부친 느부갓네살에게 나라와 큰 권세와 영광과 위엄을 주셨고 그에게 큰 권세를 주셨으므로 백성들과 나라들과 언어가 다른 모든 사람들이 그의 앞에서 떨며 두려워하였으며 그는 임의로 죽이며 임의로 살리며 임의로 높이며 임의로 낮추었더니 그가 마음이 높아지며 뜻이 완악하여 교만을 행하므로 그의 왕위가 폐한 바 되며 그의 영광을 빼앗기고 사람 중에서 쫓겨나서 그의 마음이 들짐승의 마음과 같았고 또 들나귀와 함께 살며 또 소처럼 풀을 먹으며 그의 몸이 하늘 이슬에 젖었으며 지극히 높으신 하나님이 사람 나라를 다스리시며 자기의 뜻대로 누구든지 그 자리에 세우시는 줄을 알기에 이르렀나이다"(단 5:17-21).

성경 여러 곳에서 영웅사관과 관련한 언급이 나타나지만 앗수르 왕인 랍사게를 통하여 표출되는 것을 대표적인 경우로 봐도 될 것 같다. 성경에서 지적하는 사람의 잘못은 하나님의 의를 모르고 자기 의를 세우려고 힘쓰는 가운데 하나님의 의를 복종치 아니 한 것이다(롬 10:3). 그러나 사람의 존재는 무엇인가? "인간의 생명은 잠간 보이다가 없어지는 안개니라"(약 4:14).[21]

---

21) 공권력을 수행하는 사람들에 대해서도 그런 생각을 갖게 된다. "각 사람은 위에

랍사게는 자기 무리가 이룬 정복활동의 역사를 영웅사관으로 해석하고, 히스기야와 하나님을 조롱하며 말하였다(왕하 18:27-35). "너희는 유다의 왕 히스기야에게 이같이 말하여 이르기를 네가 믿는 네 하나님이 예루살렘을 앗수르 왕의 손에 넘기지 아니하겠다 하는 말에 속지 말라 앗수르의 여러 왕이 여러 나라에 행한 바 진멸한 일을 네가 들었나니 네가 어찌 구원을 얻겠느냐 내 조상들이 멸하신 여러 민족 곧 고산과 하란과 레셉과 들라살에 있는 에덴 족속을 그 나라들의 신들이 건졌느냐 하맛 왕과 아르밧 왕과 스발와임 성의 왕과 헤나와 아와의 왕들이 다 어디 있느냐 하라 하니라"(왕하 19:10-13).

반면에 히스기야는 하나님 중심의 가치관으로 살았고(대하 31:21), 영웅사관과 섭리사관을 명확하게 구분하여 알았으며, 결국은 하나님의 역사가 기록되리라는 확신을 갖고 있었다(대하 32:7-8). 그러나 앗수르 왕 산헤립의 영웅사관은 지극히 인간중심적이었다. 그는 과거의 치적을 들추며 영웅사관을 맘껏 뽐내었다. "나와 내 조상들이 이방 모든 백성들에게 행한 것을 너희가 알지 못하느냐 모든 나라의 신들이 능히 그들의 땅을 내 손에서 건져낼 수 있었느냐"(대하 32:13).

그는 심지어 하나님의 이름을 들어 조롱하기까지 하였다. "내 조상들이 진멸한 모든 나라의 그 모든 신들 중에 누가 능히 그의 백성을 내 손에서 건져내었기에 너희 하나님이 능히 너희를 내 손에서 건지겠느냐"(대하 32:14). 이렇게 해서 그는 히스기야가 갖고 있는 섭리사관은 물론 그것의 주체가 되시는 하나님까지 능멸하였다(대하 32:15).

있는 권세들에게 복종하라 권세는 하나님으로부터 나지 않음이 없나니 모든 권세는 다 하나님께서 정하신 바라 그러므로 권세를 거스르는 자는 하나님의 명을 거스름이니 거스르는 자들은 심판을 자취하리라 다스리는 자들은 선한 일에 대하여 두려움이 되지 않고 악한 일에 대하여 되나니 네가 권세를 두려워하지 아니하려느냐 선을 행하라 그리하면 그에게 칭찬을 받으리라 그는 하나님의 사역자가 되어 네게 선을 베푸는 자니라 그러나 네가 악을 행하거든 두려워하라 그가 공연히 칼을 가지지 아니하였으니 곧 하나님의 사역자가 되어 악을 행하는 자에게 진노하심을 따라 보응하는 자니라"(롬 13:1-4). 그러나 그들은 엄연히 하나님의 뜻을 이루는 도구들임에 틀림이 없다.

역사관은 그 영향력이나 감염력이 대단하다. "산헤립의 신하들도 더욱 여호와 하나님과 그의 종 히스기야를 비방하였으며 그들이 예루살렘의 하나님을 비방하기를 사람의 손으로 지은 세상 사람의 신들을 비방하듯 하였더라"(대하 32:16-19). 신앙적 차원에서 다른 어떤 것보다 역사관의 정립이 절실한 이유가 여기에 있다.

영웅사관에 사로잡힌 자들이 섭리사관을 조롱하는 것에 대해 히스기야가 보인 반응은 선지자 이사야와 함께 하늘을 향해 부르짖는 것이었다. 하나님의 사람 히스기야와 이사야의 기도는 하나님의 섭리사관을 체험하는 방식으로 응답이 이루어졌다. "여호와께서 한 천사를 보내어 앗수르 왕의 진영에서 모든 큰 용사와 대장과 지휘관들을 멸하신지라 앗수르 왕이 낯이 뜨거워 그의 고국으로 돌아갔더니 그의 신의 전에 들어갔을 때에 그의 몸에서 난 자들이 거기서 칼로 죽였더라 이와 같이 여호와께서 히스기야와 예루살렘 주민을 앗수르 왕 산헤립의 손과 모든 적국의 손에서 구원하여 내사 사면으로 보호하시매 여러 사람이 예물을 가지고 예루살렘에 와서 여호와께 드리고 또 보물을 유다 왕 히스기야에게 드린지라 이 후부터 히스기야가 모든 나라의 눈에 존귀하게 되었더라"(대하 32:21-23).

앗수르 왕의 글은 영웅사관을 보여주는 반면에 이사야와 히스기야의 글은 섭리사관의 전형을 보여주는 것처럼 보인다. 여기서 영웅사관과 관련하여 아래 있는 말에 주목할 필요가 있다. "의심할 바 없이, 무신론과 세속주의는 자신들을 '엘리트'라고 여기는 사람들의 주된 철학입니다."[22]

영웅사관뿐만 아니라 개인적으로나 집단적으로 사람이 역사를 발전시키거나 해결할 수 있다고 믿는 모든 영웅주의는 성경적 신앙에 기초한 섭리사관에 배치된다. 눈이 높은 자가 낮아지며 교만한 자가 굴복되고 여호와께서 홀로 높임을 받으며, 모든 교만한 자와 거만한 자와 자고한 자가 낮아지며, 여호와께서 홀로 높임을 받아야 한다(사 2:11-17). 그래서 우상과 인생은 버려지고, 사람이 의지할 대상에서 제외되어야 한다. 우상들은 온전히

22) 데이비드 A. 로버트슨, 『스스로 있는 신(*THE DAWKINS LETTERS*)』, 전현주 역 (서울: 사랑플러스, 2008), 36.

없어지며, 인생은 의지할 바가 되지 못한다. 따라서 의미 없는 우상 숭배와 영웅사관을 배격하라는 것이다. "우상들은 온전히 없어질 것이며…너희는 인생을 의지하지 말라"(사 2:18-22).[23]

성경에 나타난 섭리사관은 영웅사관을 배척하는 가운데 객관적이고 진실한 역사서술에 영향을 끼치게 된다. 그리고 마침내 하나님의 섭리가 역사를 이끈다는 정신이 지배한다. "여호와께서 므낫세와 그의 백성에게 이르셨으나 그들이 듣지 아니하므로 여호와께서 앗수르 왕의 군대 지휘관들이 와서 치게 하시매 그들이 므낫세를 사로잡고 쇠사슬로 결박하여 바벨론으로 끌고 간지라"(대하 33:10-11). 그러나 므낫세가 회개하자 다시 예루살렘으로 오게 해서 왕을 삼으신 분도 하나님이다(대하 33:12). 결국 섭리사관이 승리한 것이다.

에스라는 율법에 익숙한 자로서 '하나님 여호와의 도우심' (스 7:6)이나 '하나님의 선한 손의 도우심' (스 7:9; 8:18)과 같은 표현을 즐겨 사용하였다. 여기서 보듯이 하나님의 역사를 진정으로 이해하려면 역사를 이해하는 사람 자신을 객관화시키는 일이 먼저 있어야 한다. 즉 사람이 중심에 있는 영웅사관이 아니라 하나님의 섭리를 받아들이는 섭리사관이 전제됨으로써 하나님의 역사를 제대로 이해할 수 있는 것이다.

1830년에 고대 니느웨의 폐허 속에서 원기둥 하나를 발견하였는데, 거

---

23) 이사야는 영웅사관에 사로잡힌 자의 구체적인 운명에 대해 기록함으로써 섭리사관의 우월성에 대해 보여준다. "여호와께서 이같이 말씀하시되 너희가 들은 바 앗수르 왕의 종들이 나를 능욕한 말로 말미암아 두려워하지 말라 보라 내가 영을 그의 속에 두리니 그가 소문을 듣고 그의 고국으로 돌아갈 것이며 또 내가 그를 그의 고국에서 칼에 죽게 하리라 하셨느니라"(사 37:6-7). "너희의 구속자요 이스라엘의 거룩한 이 여호와가 말하노라 너희를 위하여 내가 바벨론에 사람을 보내어 모든 갈대아 사람에게 자기들이 연락하던 배를 타고 도망하여 내려가게 하리라"(사 43:14). 이상에서 보듯이 하나님은 인류 역사에 깊이 그리고 구체적으로 개입하신다. 이사야는 하나님께서 이스라엘 역사에 구체적으로 개입하신 사실을 드러내 보여주기를 원했다. "나는 여호와 너희의 거룩한 이요 이스라엘의 창조자요 너희의 왕이니라 나 여호와가 이같이 말하노라 바다 가운데에 길을, 큰 물 가운데에 지름길을 내고 병거와 말과 군대의 용사를 이끌어 내어 그들이 일시에 엎드러져 일어나지 못하고 소멸하기를 꺼져가는 등불 같게 하였느니라"(사 43:15-17).

기에는 앗수르의 산헤립 왕이 유다의 히스기야 왕을 물리친 기록이 새겨져 있다. 그런데 그 기록은 성경(왕하 2:19)에 기록된 앗수르 군대가 예루살렘에서 패한 일에 대해서는 다루지 않고 있다.[24] 그렇다면 이것를 어떻게 이해해야 할까? 위의 두 가지 사료 중 어느 하나에 왜곡이나 거짓이 있을 가능성이 있다고 봐야 한다. 따라서 두 자료 가운데 어떤 것이 더 신빙성이 있을까에 대해 생각해 보는 역사가의 안목이 필요하다.

성경의 자료에는 일반적으로 이스라엘 왕의 패배나 부끄러운 모습들이 하나님의 징계 차원에서 가감 없이 기록되어 있다. 자신의 승리만을 기록한 기록자의 기록과 자신의 패배까지도 기록하는 기록자의 기록 중에 어떤 것을 더 신뢰할 수 있을까? 이스라엘 민족이 이런 서술 태도를 갖게 된 것은 하나님이 역사의 주인이라는 섭리사관에 따른 것이다. 그들은 처음부터 인간 중심의 영웅사관을 배격하는 입장에 있었다. 따라서 그들은 특정한 왕이나 영웅과 같은 인물이 패배한다고 해도 그것이 치명적인 것이 아니라는 입장을 취하는 전통 가운데 있었다. 하나님에게 잘못하여 징계를 받고, 그의 도구에 의해 어려움을 당하게 되면 다시 뉘우치고 돌아와서 용서받으면 된다. 아울러 그들의 생각에는 아무리 위대한 인간도 신이 될 수 없으며, 그래서 그의 실수와 잘못이 용서되는 전통이 나타난다.

특정한 요소를 역사발전의 핵심적 요인으로 보는 다양한 역사관들은 하나님의 섭리에 의해 발전하는 역사에 단지 부분적으로 기여하는 요소들을 지나치게 과대평가하는 경향이 있다. 그런데 그런 요인들은 궁극적인 목적을 이루기 위해 하나님이 사용하시는 도구를 의미할 뿐이다. 기독교 역사관 외에 우리가 아는 대부분의 역사관은 역사발전과 관련하여 특정한 요인을 강조하는 가운데 나머지 요인들을 배제하거나 지나치게 과소평가하는 경향이 있다. 그러나 다양한 역사관에 대해서는 "어떤 길은 사람이 보기에 바르나 필경은 사망의 길이니라"(잠 14:12)라는 말로 이해하는 것도 의미가 있으리라 생각한다.

---

24) 로이 스완스트롬, 『역사란 무엇인가』, 홍치모 역 (서울: 성광문화사, 1982), 36-37.

이것과 관련해서 바울은 어떻게 말하였는가? "오직 주 예수 그리스도로 옷 입고 정욕을 위하여 육신의 일을 도모하지 말라"(롬 13:14). 영웅사관이나 세속사관들 대부분은 바울이 말한 것처럼 정욕이나 육신의 일과 어울린다는 느낌을 갖게 된다. 그리고 많은 사람들은 육체를 따라 자랑하듯이(고후 11:18) 인간적이고 세속적인 역사관에 사로잡혀 살고 있다.

반면에 하나님의 백성의 자세와 관련해서는 호세아의 말에서 지침을 얻을 수 있을 것 같다. 그는 "우리가 앗수르의 구원을 의지하지 아니하며 말을 타지 아니하며 다시는 우리의 손으로 만든 것을 향하여 너희는 우리의 신이라 하지 아니하오리니 이는 고아가 주로 말미암아 긍휼을 얻음이니이다"(호 14:3)라고 말하여 하나님의 섭리에 맡길 것을 요구하였다.

역사를 공부하던 중에 예수그리스도를 만난 한 역사학도의 글에는 그리스도와의 만남이 그의 역사관에 가져온 큰 변화가 잘 나타나 있다. "모든 역사서술에는 일정한 신념이나 가치관이 자리잡고 있다는 생각에는 변함이 없었다. 그러나 신앙을 가지게 되면서 계급해방이나 민족해방을 나름대로 최고의 가치로 받아드리고 '싸우며' 닦아왔던 스스로의 '의'가 얼마나 위선적이고 허술한 것인지 인정할 수밖에 없었다. '끝없는 이기심과 탐욕으로 얼룩져 있는 기득권층'을 상대하기는커녕 나 한사람의 이기심과 탐욕을 이겨내기도 버거웠었다. 하나님의 최후 심판까지는 가지 않더라도 '죄 없는 자가 먼저 돌로 치라'는 말씀 한마디는 소수 선각자와 민중이 재판관이 되는 '역사의 심판대'를 회의하게 만들고 있었다. 더욱이 정죄와 판단, 분석의 대상이었던 사람으로 두고 '적'까지도 사랑하라는 명령 앞에서는 역사 연구의 가장 기본적인 전제라 할 수 있는 '인간관' 자체가 변해야 될 것 같다는 혼란을 겪을 수밖에 없었다. 또한 전지자이신 하나님 앞에서 누구도 자신의 연구결과 절대적으로 '객관적이고 공정한' 지식이라 내어놓을 수 없으리라는 것도 자명했다."[25]

---

25) 이홍기, "기독교 역사학은 어떻게 가능한가?" 『신앙과 학문』, 제 8권 제1호 (2003), 38.

악을 처단하는 것은 필요하지만 영웅사관의 극복 차원에서 보면 사람의 할 일은 모든 사람으로 더불어 최대한 평화하는 것이다. "너희가 친히 원수를 갚지 말고 하나님의 진노하심에 맡기라 기록되었으되 원수 갚는 것이 내게 있으니 내가 갚으리라"(롬 12:19)는 것이 주님의 말씀이다. 바울의 강조는 계속된다. "네가 어찌하여 네 형제를 비판하느냐 어찌하여 네 형제를 업신여기느냐 우리가 다 하나님의 심판대 앞에 서리라"(롬 14:10).

사람으로서는 도저히 생각할 수 없는 일들을 하시니 하나님만이 홀로 주가 되신다. "오직 우리 하나님은 하늘에 계셔서 원하시는 모든 것을 행하셨나이다"(시 115:3). 하나님의 섭리는 자연 현상을 통해서도 철저하게 이루어진다. "안개를 땅 끝에서 일으키시며 비를 위하여 번개를 만드시며 바람을 그 곳간에서 내시는도다"(시 135:7). "하늘은 기뻐하고 땅은 즐거워하며 모든 나라 중에서는 이르기를 여호와께서 통치하신다 할지로다"(대상 16:31). 사람들은 역사를 추진하는 여러 가지 원인(원동력)들에 대해 말하지만 성경의 관점에서 보면 역사는 궁극적으로 하나님의 뜻이 이루어지는 장소이며, 따라서 섭리사관이 설득력을 갖는다. 역사발전과 관련해서 자주 초조해 하고 불만을 터뜨리는 사람들의 입장과 무관하게 하나님은 궁극적으로 당신의 뜻을 이루시고야 만다.

앞에서도 말했듯이 하나님은 자기 이름을 위하여 일하시는 분이다(시 23:3). "이스라엘 족속아 내가 이렇게 행함은 너희를 위함이 아니요 너희가 들어간 그 여러 나라에서 더럽힌 나의 거룩한 이름을 위함이라 여러 나라 가운데에서 더럽혀진 이름 곧 너희가 그들 가운데에서 더럽힌 나의 큰 이름을 내가 거룩하게 할지라 내가 그들의 눈 앞에서 너희로 말미암아 나의 거룩함을 나타내리니 내가 여호와인 줄을 여러 나라 사람이 알리라"(겔 36:22-23).

다윗은 섭리사관에 따른 역사이해를 통해 자신과 이스라엘을 향한 하나님의 특별한 간섭과 은혜에 대해 알고 있었다. "다윗이 다시 주께 무슨 말을 하오리이까 주께서는 주의 종을 아시나이다 여호와여 주께서 주의 종을 위하여 주의 뜻대로 이 모든 큰 일을 행하사 이 모든 큰 일을 알게 하셨나이다 여호와여 우리 귀로 들은 대로는 주와 같은 이가 없고 주 외에는 하나님이 없나이다 땅의 어느 한 나라가 주의 백성 이스라엘과 같으리이까 하나님이 자기 백성을 구속하시려고 나가사 크고 두려운 일로 말미암아 이름을 얻으시고 애굽에서 구속하신 자기 백성 앞에서 모든 민족을 쫓아내셨사오며 주께서 주의 백성 이스라엘을 영원히 주의 백성으로 삼으셨사오니 여호와여 주께서 그들의 하나님이 되셨나이다"(대상 17:18-22).

다윗은 철저한 섭리사관의 신봉자였다. 그래서 그는 하나님께서 이방 민족을 자신의 손에 붙여서 여호와와 그 백성 앞에 복종하게 하셨다고 스스로 말할 수 있었다(대상 22:18). 솔로몬이 감당한 일을 보고 스바 여왕은 하나님의 섭리사관에 대해 감탄하며 고백하였다. "당신의 하나님 여호와를 송축할지로다 하나님이 당신을 기뻐하시고 그 자리에 올리사 당신의 하나님 여호와를 위하여 왕이 되게 하셨도다 당신의 하나님이 이스라엘을 사랑하사 영원히 견고하게 하시려고 당신을 세워 그들의 왕으로 삼아 정의와 공의를 행하게 하셨도다"(대하 9:8).

'왕의 손에 붙이시리이다' (대하 18:5)나 '왕의 손에 넘기시리이다' (대하 18:11, 14)라는 표현은 쉽게 영웅사관에 사로잡힐 수 있는 인간 지도자에게 하나님을 의식하게 함으로써 섭리사관을 받아들이게 하는 데 유익하다. "이 전쟁은 너희에게 속한 것이 아니요 하나님께 속한 것이니라"(대하 20:15). "이 전쟁에는 너희가 싸울 것이 없나니 대열을 이루고 서서 너희와 함께 한 여호와가 구원하는 것을 보라"(대하 20:17).

'갈대아인의 손에 붙인 바 되었다' 는 말은 하나님이 이방인도 도구로 쓰시는 것을 보여준다(렘 32:24, 25, 36, 43). "여호와께서 이와 같이 말씀하시니라 보라 내가 이 성을 갈대아인의 손과 바벨론의 느부갓네살 왕의 손에 넘길 것인즉 그가 차지할 것이라"(렘 32:28). "내가 그들의 원수의 손과 그들의 생명을 찾는 자의 손에 넘기리니 그들의 시체가 공중의 새와 땅의 짐승의 먹이가 될 것이며 또 내가 유다의 시드기야 왕과 그의 고관들을 그의 원수의 손과 그의 생명을 찾는 자의 손과 너희에게서 떠나간 바벨론 왕의 군대의 손에 넘기리라"(렘 34:20-21).

군대의 대소에 상관없이 승리가 하나님의 뜻에 달려 있다는 점은 섭리사관을 잘 보여준다. 그것은 성경 및 역사 자체를 지배하는 가장 강력한 힘이 무엇인지를 보여준다. "아람 군대가 적은 무리로 왔으나 여호와께서 심히 큰 군대를 그들의 손에 넘기셨으니 이는 유다 사람들이 그들의 조상들의 하나님 여호와를 버렸음이라 이와 같이 아람 사람들이 요아스를 징벌하였더라"(대하 24:24). "하나님은 능히 돕기도 하시고 능히 패하게도 하시나이다"(대하 25:8).

사람은 잘 되면 교만하여지고, 하나님을 잊는 경향이 강하게 나타난다. 거기서 영웅사관이 대두한다(대하 26:16). "무례하고 교만한 자를 이름하여 망령된 자라 하나니 이는 넘치는 교만으로 행함이니라"(잠 21:24). 그러나 그리스도인에게는 영웅사관을 극복하는 지혜가 필요하다. "자기의 마음을 믿는 자는 미련한 자요 지혜롭게 행하는 자는 구원을 얻을 자니라"(잠 28:26).

느헤미야는 역사의식 특히 섭리사관의 구체적인 적용이 어떻게 나타나는지 잘 묘사하였다. '내 하나님의 선한 손이 나를 도우시므로 왕이 허락하고 군대 장관과 마병을 보내어 나와 함께 하게 하시기로' (느 2:8-9)라든지 '내 하나님께서 예루살렘을 위해 무엇을 할 것인지 내 마음에 주신 것' (느 2:12), '하나님의 선한 손이 나를 도우신 일' (느 2:18), '하늘의 하나님이 우리를 형통하게 하시리니' (느 2:20), '하나님이 그들의 꾀를 폐하셨으므로', '우리 하나님이 우리를 위하여 싸우시리라' (느 4:20), '가나안 사람들과 그들의 왕들과 본토 여러 족속들을 그들의 손에 넘겨 임의로 행하게 하시매' (느 9:24), '주께서 그들을 대적의 손에 넘기사' (느 9:27), '그들을 원수들의 손에 버려 두사 원수들에게 지배를 당하게 하시다가' (느 9:28), '그들이 듣지 아니하므로 열방 사람들의 손에 넘기시고도' (느 9:30)와 같은 표현에 섭리사관이 집중적으로 나타난다.

욥은 철저하게 섭리사관을 지지하였다. "내가 모태에서 알몸으로 나왔사온즉 또한 알몸이 그리로 돌아가올지라 주신 이도 여호와시요 거두신 이도 여호와시오니 여호와의 이름이 찬송을 받으실지니이다"(욥 1:21). 섭리사관은 그 개념상 크고, 오묘한 일을 행하시는 하나님을 포함한다. 그래서 역사의 주관자인 하나님이 나타나게 되는 것이다.

하나님이 하시는 일은 원칙적으로 사람이 할 수 없는 크고 기이한 일이다. 그럼에도 사람으로서는 하나님의 역사를 보고 이해하기가 쉽지는 않다. "그는 마음이 지혜로우시고 힘이 강하시니 그를 거슬러 스스로 완악하게 행하고도 형통할 자가 누구이랴 그가 진노하심으로 산을 무너뜨리시며 옮기실지라도 산이 깨닫지 못하며 그가 땅을 그 자리에서 움직이시니 그 기둥들이 흔들리도다 그가 해를 명령하여 뜨지 못하게 하시며 별들을 가두시도다 그가 홀로 하늘을 펴시며 바다 물결을 밟으시며 북두성과 삼성과 묘성과 남방의 밀실을 만드셨으며 측량할 수 없는 큰 일을, 셀 수 없는 기이한 일을 행하시느니라"(욥 9:4-10).

하나님의 섭리사관은 누구도 간섭할 수 없다는 점에서 절대적이다. "하나님이 빼앗으시면 누가 막을 수 있으며 무엇을 하시나이까 하고 누가 물을 수 있으랴"(욥 9:12). "세상이 악인의 손에 넘어갔고 재판관의 얼굴도 가려졌나니 그렇게 되게 한 이가 그가 아니시면 누구냐"(욥 9:24). 하나님만이 진정한 역사의 주관자, 섭리자이다. 그는 민족들을 크게도 하시고 다시 멸하기도 하시며 민족들을 널리 퍼지게도 하시고 다시 끌려가게도 하시며 만민의 우두머리들의 총명을 빼앗으시고 그들을 길 없는 거친 들에서 방황하게 하시며 빛 없이 캄캄한 데를 더듬게 하시며 취한 사람 같이 비틀거리게 하시는 분이다(욥 12:9-25). 애굽, 바벨론과 같이 하나님의 섭리는 국가와 지역, 믿는 자와 믿지 않는 자들의 구별을 넘어 보편적으로 영향을 끼친다(겔 30:8-26).

하나님의 섭리는 정확하다. "하나님이 그 길을 아시며 있는 곳을 아시나니 이는 그가 땅 끝까지 감찰하시며 온 천하를 살피시며 바람의 무게를 정하시며 물의 분량을 정하시며 비 내리는 법칙을 정하시고 비구름의 길과 우레의 법칙을 만드셨음이라"(욥 28:23-26). "하나님은 놀라운 음성을 내시며 우리가 헤아릴 수 없는 큰 일을 행하시느니라"(욥 37:5). "눈을 명하여 땅에 내리라 하시며 적은 비와 큰 비도 내리게 명하시느니라"(욥 37:6).

섭리사관으로 말미암아 칼빈주의 관점에서 보는 역사의 원천은 하나님이다. 하나님은 역사 안에서 자신의 주권으로, 창조, 섭리, 구원과 심판을 이루신다고 보기 때문이다. 하나님의 역사는 인간에게 행하신 그분의 기이한 일이다(시 107:8, 15, 21, 31). 그리고 그것은 찬송의 이유가 된다. 하나님의 하시는 일(역사)을 정직하게 바라보는 자는 기뻐하게 되며, 악인은 입을 다물게 된다(시 107:42). 그래서 지혜로운 자는 하나님의 역사에 주의하여 그분의 사랑을 깨닫게 된다(시 107:43).

개혁주의가 '오직 성경(*sola scriptura*)' 의 정신을 갖는 것이라면 개혁신앙을 가진 사람의 모든 삶(직업, 학문, 세계관 등)은 성경에서 그 근거를 찾아야 한다.[26] 그런 차원에서 역사를 보는 관점이나 눈도 성경의 정신에 의해서 결정되어야 한다. 자연스럽게 그렇게 되어야 한다. 이것은 칼빈이 그렇게도 강조하던 '하나님의 절대주권' 이나 '역사의 주인 되신 하나님' 이란 말로 바꾸어 표현할 수 있다. 역사관의 원리를 가감 없이 성경에서 구하라는 이것이 바로 성경중심주의이고 개혁주의이며, 칼빈주의이다. "하나님의 말씀은 다 순전하며 하나님은 그를 의지하는 자의 방패시니라 너는 그의 말씀에 더하지 말라 그가 너를 책망하시겠고 너는 거짓말하는 자가 될까 두려우니라"(잠 30:5-6).

칼빈주의는 역사 안에서 하나님의 의지, 예정, 선택, 섭리, 통치에 대해 무제한적인 신뢰를 보낸다. 결국 역사는 궁극적으로 '하나님의 역사' 란 말로 귀결된다. 하나님 없는 역사란 존재부터가 되지 않는 것이다. 사람들의 노력에 상관없이 하나님은 당신의 뜻과 역사를 이루신다. "어찌하여 이방 나라들이 분노하며 민족들이 헛된 일을 꾸미는가 세상의 군왕들이 나서며 관원들이 서로 꾀하여 여호와와 그의 기름 부음 받은 자를 대적하며 우리가 그들의 맨 것을 끊고 그의 결박을 벗어 버리자 하는도다 하늘에 계신 이가 웃으심이여 주께서 그들을 비웃으시리로다"(시 2:1-4).

---

26) 김영한은 개혁주의의 열한가지 특징 가운데 하나로 하나님 말씀을 든다. "개혁신학 사상은 신구약 성서를 신앙과 사고와 행위의 최고 규범과 권위가 되는, 살아계신 하나님의 말씀으로 받아들인다." 김영한, 『개혁신학이란 무엇인가? -열한 가지 특징을 중심으로-』(서울: 한국기독학생회출판부, 1995), 42.

섭리사관을 생각할 때는 특별은총과 함께 일반은총의 영역까지 포함해서 생각해야 한다. "이스라엘의 거룩하신 이 곧 이스라엘을 지으신 여호와께서 이같이 이르시되 너희가 장래 일을 내게 물으며 또 내 아들들과 내 손으로 한 일에 관하여 내게 명령하려느냐 내가 땅을 만들고 그 위에 사람을 창조하였으며 내가 내 손으로 하늘을 펴고 하늘의 모든 군대에게 명령하였노라 내가 공의로 그(고레스)를 일으킨지라 그의 모든 길을 곧게 하리니 그가 나의 성읍을 건축할 것이며 사로잡힌 내 백성을 값이나 갚음이 없이 놓으리라 만군의 여호와의 말이니라 하셨느니라"(사 45:11-13).

하나님은 역사를 통해 이미 많은 것을 나타내 보이셨다. 그리고 하나님은 당신의 계획을 가지고 계시며, 궁극에는 당신이 기뻐하시는 것을 이루신다. "너희 패역한 자들아 이 일을 기억하고 장부가 되라 이 일을 마음에 두라 너희는 옛적 일을 기억하라 나는 하나님이라 나 외에 다른 이가 없느니라 나는 하나님이라 나 같은 이가 없느니라 내가 시초부터 종말을 알리며 아직 이루지 아니한 일을 옛적부터 보이고 이르기를 나의 뜻이 설 것이니 내가 나의 모든 기뻐하는 것을 이루리라 하였노라 내가 동쪽에서 사나운 날짐승을 부르며 먼 나라에서 나의 뜻을 이룰 사람을 부를 것이라 내가 말하였은즉 반드시 이룰 것이요 계획하였은즉 반드시 시행하리라"(사 46:8-11).

하나님이 당신의 하실 일을 미리 가르쳐 주는 것은 당신이 일하신 것을 사람이나 신상 등 다른 것의 탓으로 돌리는 것을 막기 위함이다. "내가 예로부터 처음 일들을 알게 하였고 내 입에서 그것들이 나갔으며 또 내가 그것들을 듣게 하였고 내가 홀연히 행하여 그 일들이 이루어졌느니라 내가 알거니와 너는 완고하며 네 목은 쇠의 힘줄이요 네 이마는 놋이라 그러므로 내가 이 일을 예로부터 네게 알게 하였고 일이 이루어지기 전에 그것을 네게 듣게 하였느니라 그것을 네가 듣게 하여 네가 이것을 내 신이 행한 바요 내가 새긴 신상과 부어 만든 신상이 명령한 바라 말하지 못하게 하였느니라"(사 48:3-5). "주 여호와께서는 자기의 비밀을 그 종 선지자들에게 보이지 아니하시고는 결코 행하심이 없으시리라"(암 3:7). "여호와께서 이르시되 내가 하려는 것을 아브라함에게 숨기겠느냐"(창 18:17). "여호와의 친밀하심이 그를 경외하는 자들에게 있음이여 그의 언약을 그들에게 보이시리로다"(시 25:14).

이스라엘과 앗수르 사이의 역사에서 결정적인 판단은 하나님께 달려 있었다. "내가 바벨론의 왕의 멍에를 꺾었느니라 내가 바벨론의 왕 느부갓네살이 이 곳에서 빼앗아 바벨론으로 옮겨 간 여호와의 성전 모든 기구를 이 년 안에 다시 이 곳으로 되돌려 오리라 내가 또 유다의 왕 여호야김의 아들 여고니야와 바벨론으로 간 유다 모든 포로를 다시 이 곳으로 돌아오게 하리니 이는 내가 바벨론의 왕의 멍에를 꺾을 것임이라"(렘 28:2-4). "내가 쇠 멍에로 이 모든 나라의 목에 메워 바벨론의 왕 느부갓네살을 섬기게 하였으니 그들이 그를 섬기리라 내가 들짐승도 그에게 주었느니라"(렘 28:14).

다니엘과 그의 친구들의 삶과 관련해서는 하나님의 섭리가 명확하게 드러난다. 다니엘은 뜻을 정하여 왕이 정한 식사를 거절하게 되었고, 다니엘과 그의 친구들을 책임진 환관장을 통해 하나님의 섭리가 나타나기 시작하였다. "하나님이 다니엘로 하여금 환관장에게 은혜와 긍휼을 얻게 하신지라"(단 1:9). "하나님이 이 네 소년에게 학문을 주시고 모든 서적을 깨닫게 하시고 지혜를 주셨으니 다니엘은 또 모든 환상과 꿈을 깨달아 알더라 왕이 말한 대로 그들을 불러들일 기한이 찼으므로 환관장이 그들을 느부갓네살 앞으로 데리고 가니 왕이 그들과 말하여 보매 무리 중에 다니엘과 하나냐와 미사엘과 아사랴와 같은 자가 없으므로 그들을 왕 앞에 서게 하고 왕이 그들에게 모든 일을 묻는 중에 그 지혜와 총명이 온 나라 박수와 술객보다 십 배나 나은 줄을 아니라"(단 1:17-20).

느부갓네살은 왕의 조서를 내리면서 확인하였다. "느부갓네살 왕은 천하에 거주하는 모든 백성들과 나라들과 각 언어를 말하는 자들에게 조서를 내리노라 원하노니 너희에게 큰 평강이 있을지어다 지극히 높으신 하나님이 내게 행하신 이적과 놀라운 일을 내가 알게 하기를 즐겨 하노라 참으로 크도다 그의 이적이여, 참으로 능하도다 그의 놀라운 일이여, 그의 나라는 영원한 나라요 그의 통치는 대대에 이르리로다"(단 4:4:1-3). 여기서 느부갓네살은 섭리사관에 근거한 하나님의 역사 전하기를 즐거워하며, 하나님의 섭리는 대대로 이어질 것으로 인정했어도 자신의 일들을 찾아내서 잘 이용해야 할 것이다.

나무 꿈을 꾼 후에 해석을 못하고 두려워하고 있던 느부갓네살(단 4:4-16)에게 다니엘은 섭리사관에 근거한 해석을 하였다. "지극히 높으신 이가 사람의 나라를 다스리시며 자기의 뜻대로 그것을 누구에게든지 주시며 또 지극히 천한 자를 그 위에 세우시는 줄을 사람들이 알게 하려 함이라"(단 4:17). 그는 다니엘에게 "너 벨드사살아 그 해석을 밝히 말하라 내 나라 모든 지혜자가 능히 내게 그 해석을 알게 하지 못하였으나 오직 너는 능히 하리니 이는 거룩한 신들의 영이 네 안에 있음이라"(단 4:18)라고 말함으로써 그를 통하여 하나님을 보는 입장을 여전히 보여준다.

다니엘은 꿈을 해석하면서 "곧 지극히 높으신 이가 명령하신 것이 내 주 왕에게 미칠 것이라"(단 4:25)라고 말함으로써 강대한 왕이요, 자신의 생사여탈권까지 갖고 있음에도 그 앞에서 하나님의 섭리를 인정하며, 왕이 달가워하지 않을 내용까지 모두 말한다. "왕이 사람에게서 쫓겨나서 들짐승과 함께 살며 소처럼 풀을 먹으며 하늘 이슬에 젖을 것이요 이와 같이 일곱 때를 지낼 것이라 그 때에 지극히 높으신 이가 사람의 나라를 다스리시며 자기의 뜻대로 그것을 누구에게든지 주시는 줄을 아시리이다 또 그들이 그 나무뿌리의 그루터기를 남겨 두라 하였은즉 하나님이 다스리시는 줄을 왕이 깨달은 후에야 왕의 나라가 견고하리이다 그런즉 왕이여 내가 아뢰는 것을 받으시고 공의를 행함으로 죄를 사하고 가난한 자를 긍휼히 여김으로 죄악을 사하소서 그리하시면 왕의 평안함이 혹시 장구하리이다 하니라"(단 4:25-27).

느부갓네살은 개인 혹은 집단 모두에게 있어서 영웅사관으로는 안 된다는 것을 절절히 깨달았다. "땅의 모든 사람들을 없는 것 같이 여기시며 하늘의 군대에게든지 땅의 사람에게든지 그는 자기 뜻대로 행하시나니 그의 손을 금하든지 혹시 이르기를 네가 무엇을 하느냐고 할 자가 아무도 없도다"(단 4:35). 그는 이런 깨달음이 있은 후에 자신에게 일어난 일을 아래와 같이 말함으로써 영웅사관을 섭리사관에 종속시켰다. "그 때에 내 총명이 내게로 돌아왔고 또 내 나라의 영광에 대하여도 내 위엄과 광명이 내게로 돌아왔고 또 나의 모사들과 관원들이 내게 찾아오니 내가 내 나라에서 다시 세움을 받고 또 지극한 위세가 내게 더하였느니라"(단 4:36). 느부갓네살은 하나님의 섭리가 모두 이루어지며, 영웅사관은 필히 실패한다는 사실을 지적한 후 자신의 생을 마감하였다. "그러므로 지금 나 느부갓네살은 하늘의 왕을 찬양하며 칭송하며 경배하노니 그의 일이 다 진실하고 그의 행하심이 의로우시므로 교만하게 행하는 자를 그가 능히 낮추심이라"(단 4:37).

다니엘은 아버지 시대의 역사를 통해 교훈을 받았음에도 불구하고 그것을 가볍게 여긴 벨사살을 책망하였다. "벨사살이여 왕은 그의 아들이 되어서 이것을 다 알고도 아직도 마음을 낮추지 아니하고 도리어 자신을 하늘의 주재보다 높이며 그의 성전 그릇을 왕 앞으로 가져다가 왕과 귀족들과 왕후들과 후궁들이 다 그것으로 술을 마시고 왕이 또 보지도 듣지도 알지도 못하는 금, 은, 구리, 쇠와 나무, 돌로 만든 신상들을 찬양하고 도리어 왕의 호흡을 주장하시고 왕의 모든 길을 작정하시는 하나님께는 영광을 돌리지 아니한지라"(단 5:22-23).

벨사살이 죽은 후에 메대 사람 다리오는 자신이 육십이 세에 통치하게 되자(단 5:30-31) 다니엘을 세 명의 총리 중 하나로 세워 일을 시켰다. 그러나 그에 대해 모함할 거리를 찾던 총리와 방백들은 율법 즉 금령을 정하여 삼십일 동안에 누구든지 왕 외의 어떤 신에게나 사람에게 무엇을 구하면 사자 굴에 던져 넣기로 하는 안을 왕에게 제안하였고, 왕은 조서에 어인을 찍어 금령을 내리게 되었다(단 6:7-9). 그러자 다니엘은 이 조서에 왕의 도장이 찍힌 것을 알고도 자기 집에 돌아가서는 윗방에 올라가 예루살렘으로 향한 창문을 열고 전에 하던 대로 하루 세 번씩 무릎을 꿇고 기도하며 그의 하나님께 감사하였다(단 6:10).

결국 모함하려 했던 무리들은 다니엘을 고발하였고, 왕은 "네가 항상 섬기는 너의 하나님이 너를 구원하시리라"(단 6:16)라는 말과 함께 그를 사자 굴에 던지게 되었다. 왕이 다니엘을 얼마나 아꼈는지 그는 밤이 새도록 금식하고 그 앞에 오락을 그치고 잠자기를 마다했다고 한다. 그리고 그는 새벽에 일어나 급히 사자 굴로 가서(단 6:18-19), "살아 계시는 하나님의 종 다니엘아 네가 항상 섬기는 네 하나님이 사자들에게서 능히 너를 구원하셨느냐"(단 6:20)라고 슬피 소리질러 울었다.

다니엘은 하나님의 보호하심 가운데 자신이 무사했음을 왕에게 보고했고(단 6:21-23), 왕은 참소했던 자들을 그들의 처자와 함께 사자 굴에 던지고(단 6:24), 조서를 내렸다. "내 나라 관할 아래에 있는 사람들은 다 다니엘의 하나님 앞에서 떨며 두려워할지니 그는 살아 계시는 하나님이시요 영원히 변하지 않으실 이시며 그의 나라는 멸망하지 아니할 것이요 그의 권세는 무궁할 것이며 그는 구원도 하시며 건져내기도 하시며 하늘에서든지 땅에서든지 이적과 기사를 행하시는 이로서 다니엘을 구원하여 사자의 입에서 벗어나게 하셨음이라"(단 6:26-27). 이어서 성경은 "이 다니엘이 다리오 왕의 시대와 바사 사람 고레스 왕의 시대에 형통하였더라"(단 6:28)라고 적고 있다. 이렇게 해서 역사는 영웅사관을 넘어서서 섭리사관의 지배 아래 있음을 보여준다.

하나님의 섭리 앞에서 사람은 진흙에 불과하다. 따라서 진실한 사람이라면 섭리사관을 받아들일 수밖에 없다. "이 사람아 네가 누구이기에 감히 하나님께 반문하느냐 지음을 받은 물건이 지은 자에게 어찌 나를 이같이 만들었느냐 말하겠느냐 토기장이가 진흙 한 덩이로 하나는 귀히 쓸 그릇을, 하나는 천히 쓸 그릇을 만들 권한이 없느냐 만일 하나님이 그의 진노를 보이시고 그의 능력을 알게 하고자 하사 멸하기로 준비된 진노의 그릇을 오래 참으심으로 관용하시고 또한 영광 받기로 예비하신 바 긍휼의 그릇에 대하여 그 영광의 풍성함을 알게 하고자 하셨을지라도 무슨 말을 하리요 이 그릇은 우리니 곧 유대인 중에서뿐 아니라 이방인 중에서도 부르신 자니라"(롬 9:20-24).

"우리가 알거니와 하나님을 사랑하는 자 곧 그의 뜻대로 부르심을 입은 자들에게는 모든 것이 합력하여 선을 이루느니라"(롬 8:28)라는 말씀을 역사적 관점으로 이해할 필요가 있다. 이것의 구체적인 사례를 찾아보면 아래와 같다. "헤롯과 본디오 빌라도는 이방인과 이스라엘 백성과 합세하여 하나님께서 기름 부으신 거룩한 종 예수를 거슬러 하나님의 권능과 뜻대로 이루려고 예정하신 그것을 행하려고 이 성에 모였나이다 주여 이제도 그들의 위협함을 굽어보시옵고 또 종들로 하여금 담대히 하나님의 말씀을 전하게 하여 주시오며 손을 내밀어 병을 낫게 하시옵고 표적과 기사가 거룩한 종 예수의 이름으로 이루어지게 하옵소서 하더라 빌기를 다하매 모인 곳이 진동하더니 무리가 다 성령이 충만하여 담대히 하나님의 말씀을 전하니라" (행 4:27-31).

헤롯과 빌라도, 이방인과 이스라엘 백성이 합세하여 예수님을 대적하는 것조차도 하나님의 뜻을 이루기 위한 것으로 이해할 수 있다면 이것이야말로 섭리사관이요, 역사를 통해 당신의 계획을 온전히 이루시는 하나님의 섭리가 극명하게 드러나는 것이라고 볼 수 있다(요 18:12-19:16). 다양한 역사적 요인들이 역사를 진행시키며, 그에 따라 그만큼 많은 역사관들이 대두하기도 하나 역사는 궁극적으로 하나님이 이루어 가신다.

예수님을 잡아 죽이기 위해 군대, 천부장, 유대인의 하속들이 동원되었다. 그들은 예수님을 가야바에게서 관정으로 끌고 가고, 빌라도 앞에서 줄기차게 고소하였다(요 18:12-19:16). 그렇게 함으로써 그들은 예수님의 죽음에 적극적으로 개입하였다. 그러나 그것은 구원을 향해 나가는 하나님의 계획을 이루기 위한 섭리의 도구에 불과하다.

그래서 예레미야는 분명하게 영웅사관과 민중사관을 배격한다. "너희는 각기 이웃을 조심하며 어떤 형제든지 믿지 말라 형제마다 완전히 속이며 이웃마다 다니며 비방함이라 그들은 각기 이웃을 속이며 진실을 말하지 아니하며 그들의 혀로 거짓말하기를 가르치며 악을 행하기에 지치거늘 네가 사는 곳이 속이는 일 가운데 있도다 그들은 속이는 일로 말미암아 나를 알기를 싫어하느니라" (렘 9:4-6).

모든 민족은 단지 징계의 대상일 뿐이다. "보라 날이 이르면 할례 받은 자와 할례 받지 못한 자를 내가 다 벌하리니 곧 애굽과 유다와 에돔과 암몬 자손과 모압과 및 광야에 살면서 살쩍을 깎은 자들에게라 무릇 모든 민족은 할례를 받지 못하였고 이스라엘은 마음에 할례를 받지 못하였느니라" (렘 9:25-26). 그런 시각에서 볼 때 민족주의에 대해서도 진지한 고민이 필요하다.

하나님의 역사를 이루어 감에 있어서 사람들은 동역자로서 일하지만 결코 자랑할 것은 없다. 궁극적으로 일을 이루시는 분은 하나님이고, 역사는 섭리사관을 따르기 때문이다. "나는 심었고 아볼로는 물을 주었으되 오직 하나님께서 자라나게 하셨나니 그런즉 심는 이나 물 주는 이는 아무 것도 아니로되 오직 자라게 하시는 이는 하나님뿐이니라 심는 이와 물 주는 이는 한가지이나 각각 자기가 일한 대로 자기의 상을 받으리라 우리는 하나님의 동역자들이요 너희는 하나님의 밭이요 하나님의 집이니라" (고전 3:6-9).

하나님이나 예수님과의 동역은 그리스도인들로 하여금 큰일을 감당하게 한다. "예수께서 그들에게 이르시되 내 아버지께서 이제까지 일하시니 나도 일한다 하시매 유대인들이 이로 말미암아 더욱 예수를 죽이고자 하니 이는 안식일을 범할 뿐만 아니라 하나님을 자기의 친 아버지라 하여 자기를 하나님과 동등으로 삼으심이러라 그러므로 예수께서 그들에게 이르시되 내가 진실로 진실로 너희에게 이르노니 아들이 아버지께서 하시는 일을 보지 않고는 아무 것도 스스로 할 수 없나니 아버지께서 행하시는 그것을 아들도 그와 같이 행하느니라 아버지께서 아들을 사랑하사 자기가 행하시는 것을 다 아들에게 보이시고 또 그보다 더 큰 일을 보이사 너희로 놀랍게 여기게 하시리라" (요 5:17-20). 하나님과의 동역 또는 역사발전의 요인이나 형태가 이런 것이 아닐까? 하나님이 일하시니 우리도 일한다. "내가 진실로 진실로 너희에게 이르노니 나를 믿는 자는 내가 하는 일을 그도 할 것이요 또한 그보다 큰일도 하리니 이는 내가 아버지께로 감이라" (요14:12).

하나님께서 과거, 현재, 미래의 세 시제를 모두 현재로 보시는 데서 대비가 되듯이 온전한 역사이해가 시간과 역사 안에 존재하는 사람에게는 불가

27) 존 루카스, 『자연과학을 모르는 역사가는 왜 근대를 말할 수 없는가?(*At the End of the Age*)』, 이영석 역 (서울: 문화디자인, 2004), 67-68.

능하다. 하나님은 오묘한 당신의 섭리 가운데[27] 사람에게 이것을 허용하지 않으셨다. 그리고 그 이유는 그를 겸손하게 하시려는 데 있다(전 3:14; 5:7; 7:18; 8:12-13; 12:13).

섭리사관과 관련하여 대표적인 표현들 중 하나를 모세의 말에서 찾아볼 수 있다. "너희는 두려워 말고 가만히 서서 여호와께서 오늘날 너희를 위하여 행하시는 구원을 보라…여호와께서 너희를 위하여 싸우시리니 너희는 가만히 있을지니라"(출 14:13-14). 하나님은 살아 계셔서(신 5:26; 삼상 17:36; 시 42:2), 섭리사관의 유일한 주인이 되신다(신 3:24; 4:34-35; 5:6-7). "여호와께서 그의 구원을 알게 하시며 그의 공의를 뭇 나라의 목전에서 명백히 나타내셨도다 그가 이스라엘의 집에 베푸신 인자와 성실을 기억하셨으므로 땅 끝까지 이르는 모든 것이 우리 하나님의 구원을 보았도다"(시 98:2-4).

섭리사관은 철저하게 하나님의 일과 관련이 있다. "여호와는 영원히 다스리시고 네 하나님은 대대로 통치하시리로다"(시 146:10). "너희 안에서 착한 일을 시작하신 이가 그리스도 예수의 날까지 이루실 줄을 우리는 확신하노라"(빌 1:6). "여호와께서 그리하게 하신 것이라"(수 11:20)라는 말보다 더 함축적으로 하나님의 섭리나 역사를 보여주는 표현은 달리 없을 것이다. 이상의 성구에 나타나는 섭리사관은 성경적 역사관을 대표하는 요소로서 영웅사관이나 법칙사관을 포용하기도 한다.[28]

하나님의 존재나 그의 이름을 드러내 말하지 않으면서도 믿는 자들의 눈을 통해 하나님의 섭리를 들여다보게 하는 것이 <에스더>이다. 이것을 읽다 보면 이 책의 진정한 주인공이 숨어 계신 하나님이란 것을 잘 알 수 있다. 하나님은 표면에 드러나지 않으면서도 이스라엘(모르드개, 에스더 등)과 바사 즉 페르시아(아하수에로, 하만)의 모든 인적, 정치적 요인들을

---

28) 허버트 버터필드, 『크리스천과 역사해석(*Herbert Butterfield: Writings on Christianity and History*)』, 김상신 역 (서울: 대한기독교서회, 1982), 61-74.

29) 이동원, 『기막힌 하나님의 간섭』 (서울: 나침반사, 2000). 이것과 함께 김영봉, 『숨어 계신 하나님』 (서울: IVP, 2008)을 참조하라.

동원하시는 가운데 당신의 뜻을 이루어 가는 것을 보여주신다.[29)]

하나님은 에스더를 통해 이스라엘 역사에 개입하시려고 아하수에로(Xerxes)와 그의 왕비인 와스디도 이용하셨다. 세상의 시각에서 보면 와스디가 왕의 명을 거절한 데서 여권(女權) 확대를 위한 진보라는 인간적 관점에서의 가치를 찾아볼 수도 있다. 그러나 책의 전반적인 내용을 보면 그것은 새로운 왕비를 맞아들이는 일, 그리고 에스더가 왕의 특별한 사랑을 받고 와스디를 대신하는 왕후가 된 일, 그리고 궁극적으로는 에스더의 역할을 통해 유다 민족을 구원하시는 하나님의 역사를 서술하고 있다.

모르드개가 왕을 살해하려는 모반자인 빅단과 데레스를 에스더에게 고발하고, 그녀가 모르드개의 이름으로 왕에게 고하고, 사실을 확인한 후에 두 사람을 나무에 달고 그 일을 궁중 일기에 기록한 것(에 2:21-23)은 역사기록의 중요성을 보여준다. 이것은 하나님의 섭리가 역사기록을 이용하는 방식으로 이루어졌다는 점에서 의미하는 바가 크다. "사람이 마음으로 자기의 길을 계획할지라도 그의 걸음을 인도하시는 이는 여호와시니라"(잠 16:9). "제비는 사람이 뽑으나 모든 일을 작정하기는 여호와께 있느니라"(잠 16:33). "사람의 마음에는 많은 계획이 있어도 오직 여호와의 뜻만이 완전히 서리라"(잠 19:21). "싸울 날을 위하여 마병을 예비하거니와 이김은 여호와께 있느니라"(잠 21:31).

유다인의 전몰 위기에 직면하여 모르드개가 에스더에게 던진 질문은 하나님이 이루시는 구원의 필연성, 그리고 거기에 참여하는 사람의 책임성과 한계에 대해 보여준다. "너는 왕궁에 있으니 모든 유다인 중에 홀로 목숨을 건지리라 생각하지 말라 이 때에 네가 만일 잠잠하여 말이 없으면 유다인은 다른 데로 말미암아 놓임과 구원을 얻으려니와 너와 네 아버지 집은 멸망하리라 네가 왕후의 자리를 얻은 것이 이 때를 위함이 아닌지 누가 알겠느냐"(에 4:13-14).

모르드개가 죽음을 앞둔 순간에 하나님은 그를 살리기 위해 섭리하셨다. "그 날 밤에 왕이 잠이 오지 아니하므로 명령하여 역대 일기를 가져다가 자기 앞에서 읽히더니 그 속에 기록하기를 문을 지키던 왕의 두 내시 빅다 나와 데레스가 아하수에로 왕을 암살하려는 음모를 모르드개가 고발하였다 하였는지라"(에 6:1-2). 모르드개와 관련한 역사적 사건을 확인한 후에 왕은 죽음의 위기에 처한 모르드개를 위해 최고의 존귀를 누리게 하였다. 왕은 역사를 읽음으로써 충실한 신하를 살리고, 나라를 위기에서 구할 수 있었다. 그러나 궁극적으로 중요한 것은 하나님의 뜻에 따라 유대민족이 구원받았다는 사실이다.

이상의 일이 있은 후 모르드개가 한 말을 들어보자. "이 일을 기록하고 아하수에로 왕의 각 지방에 있는 모든 유다인에게 원근을 막론하고 글을 보내어 이르기를 한 규례를 세워 해마다 아달월 십사일과 십오일을 지키라 이 달 이 날에 유다인들이 대적에게서 벗어나서 평안함을 얻어 슬픔이 변하여 기쁨이 되고 애통이 변하여 길한 날이 되었으니 이 두 날을 지켜 잔치를 베풀고 즐기며 서로 예물을 주며 가난한 자를 구제하라"(에 9:20-22).

유다 백성들은 계속하여 역사를 기억하려는 노력을 하였다. "무리가 부르의 이름을 따라 이 두 날을 부림이라 하고 유다인이 이 글의 모든 말과 이 일에 보고 당한 것으로 말미암아 뜻을 정하고 자기들과 자손과 자기들과 화합한 자들이 해마다 그 기록하고 정해 놓은 때 이 두 날을 이어서 지켜 폐하지 아니하기로 작정하고 각 지방, 각 읍, 각 집에서 대대로 이 두 날을 기념하여 지키되 이 부림일을 유다인 중에서 폐하지 않게 하고 그들의 후손들이 계속해서 기념하게 하였더라"(에 9:26-28).

세계 역사를 주관하는 이는 하나님이다. "누가 동방에서 사람을 일깨워서 공의로 그를 불러 자기 발 앞에 이르게 하였느냐 열국을 그의 앞에 넘겨 주며 그가 왕들을 다스리게 하되 그들이 그의 칼에 티끌 같게, 그의 활에 불리는 초개 같게 하매 그가 그들을 쫓아가서 그의 발로 가 보지 못한 길을 안전히 지났나니 이 일을 누가 행하였느냐 누가 이루었느냐 누가 처음부터 만대를 불러내었느냐 나 여호와라 처음에도 나요 나중 있을 자에게도 내가 곧 그니라"(사 41:2-4). 하나님은 당신이 출애굽 역사의 인도자임을 밝히셨다. "나는 너를 애굽 땅에서 인도하여 낸 여호와 네 하나님이니 네 입을 크게 열라 내가 채우리라"(시 81:10).

아모스의 말대로 출애굽 역사는 하나님이 이끄셨다. "내가 너희를 애굽 땅에서 이끌어 내어 사십 년 동안 광야에서 인도하고 아모리 사람의 땅을 너희가 차지하게 하였고 또 너희 아들 중에서 선지자를, 너희 청년 중에서 나실인을 일으켰나니 이스라엘 자손들아 과연 그렇지 아니하냐 이는 여호와의 말씀이니라 그러나 너희가 나실 사람으로 포도주를 마시게 하며 또 선지자에게 명령하여 예언하지 말라 하였느니라"(암 2:10-11).

하나님은 당신의 역사를 이루기 위해 바로 왕도 세우셨다. "내가 너를 세웠음은 나의 능력을 네게 보이고 내 이름이 온 천하에 전파되게 하려 하였음이니라"(출 9:16). "성경이 바로에게 이르시되 내가 이 일을 위하여 너를 세웠으니 곧 너로 말미암아 내 능력을 보이고 내 이름이 온 땅에 전파되게 하려 함이라"(롬 9:17). 하나님은 앗수르 사람을 진노의 막대기로 쓰기도 하신다(사 10:5). 그는 앗수르 왕의 마음을 돌려 이스라엘의 하나님이신 당신의 성전 건축하는 손을 힘 있게 하신 분이다(스 6:22).

아울러 그는 고레스를 목자로 삼는 가운데(사 44:28) '내 기름 받은 고레스'(사 45:1)라고 부르시면서, 당신의 일을 위해 그를 맘껏 이용하셨다. "바사의 고레스 왕 원년에 여호와께서 예레미야의 입으로 하신 말씀을 이루시려고 여호와께서 바사의 고레스 왕의 마음을 감동시키시매 그가 온 나라에 공포도 하고 조서도 내려 이르되 바사 왕 고레스가 이같이 말하노니 하늘의 신 여호와께서 세상 만국을 내게 주셨고 나에게 명령하여 유다 예루살렘에 성전을 건축하라 하셨나니 너희 중에 그의 백성된 자는 다 올라갈지어다 너희 하나님 여호와께서 함께 하시기를 원하노라 하였더라"(대하 36:22-23).

또한 하나님은 느부갓네살을 '내 종'(렘 25:9)이라 부르시며, 그를 당신의 도구로 이용하셨다. "이스라엘 하나님이 앗수르 왕 불의 마음을 일으키시며 앗수르 왕 디글랏빌레셀의 마음을 일으키시매 곧 르우벤과 갓과 므낫세 반 지파를 사로잡아 할라와 하볼과 하라와 고산 강 가에 옮긴지라 그들이 오늘까지 거기에 있으니라"라는 말씀은 앗수르 왕들에 대해서도 하나님이 마음대로 다스리신다는 것을 보여준다(대상 5:26). 성경은 예수님(행

4:30), 그리고 이방의 지도자들 모두가 하나님의 역사를 이루어 가는 그의 도구라고 말한다.

하나님이 나타나지 않으시며, 아무 말씀이 없으셔도 그는 그 자리에 계시며, 또한 일하신다는 것을 인정해야 한다. "여호와여 내가 부르짖어도 주께서 듣지 아니하시니 어느 때까지리이까 내가 강포로 말미암아 외쳐도 주께서 구원하지 아니하시나이다"(합 1:2)라는 하박국의 탄식에 대해 하나님은 자기 힘으로 자기 신을 삼은 백성을 일으켜서 당신의 일을 이루신다(합 1:5-11)고 답변하신 것은 그런 이유 때문이다.

하박국은 하나님의 침묵에 대하여 따지듯이 물었다. "여호와 나의 하나님, 나의 거룩한 이시여 주께서는 만세 전부터 계시지 아니하시니이까 우리가 사망에 이르지 아니하리이다 여호와여 주께서 심판하기 위하여 그들을 두셨나이다 반석이시여 주께서 경계하기 위하여 그들을 세우셨나이다 주께서는 눈이 정결하시므로 악을 차마 보지 못하시며 패역을 차마 보지 못하시거늘 어찌하여 거짓된 자들을 방관하시며 악인이 자기보다 의로운 사람을 삼키는데도 잠잠하시나이까"(합 1:12-13).

하박국의 질문에 대한 하나님의 대답은 아래와 같았다. "너는 이 묵시를 기록하여 판에 명백히 새기되 달려가면서도 읽을 수 있게 하라 이 묵시는 정한 때가 있나니 그 종말이 속히 이르겠고 결코 거짓되지 아니하리라 비록 더딜지라도 기다리라 지체되지 않고 반드시 응하리라"(합 2:2-3). 어떻게든 하나님은 일하시고, 당신의 역사는 이루어진다는 것이다.

이런 시각에서 볼 때 만물이 주의 종인 것은 당연하다(시 119:91). 그래서 섭리사관에 입각하여 보면, 실제적으로, 그리고 궁극적으로 역사의 주인은 하나님이시고, 세계사는 곧바로 하나님의 역사가 된다. 하나님의 역사는 세상 구석구석에서 이어진다. "여호와께서 그가 기뻐하시는 모든 일을 천지와 바다와 모든 깊은 데서 다 행하셨도다"(시 135:6).

궁극적으로는 살아 계신 하나님의 역사가 이루어진다. "너희 민족들아 함성을 질러 보아라 그러나 끝내 패망하리라 너희 먼 나라 백성들아 들을 지니라 너희 허리를 동이라 그러나 끝내 패망하리라 너희 허리에 띠를 띠라 그러나 끝내 패망하리라 너희는 함께 계획하라 그러나 끝내 이루지 못하리라 말을 해 보아라 끝내 시행되지 못하리라 이는 하나님이 우리와 함께 계심이니라"(사 8:9-10). "만군의 여호와 그를 너희가 거룩하다 하고 그를 너희가 두려워하며 무서워할 자로 삼으라 그가 성소가 되시리라"(사 8:13-14).

일반계시인 역사는 그 안에서 하나님의 섭리가 발전해 나간다는 점에서 아래 인용한 글의 의미가 더 커진다. "창조를 역사와 분리시켜 흔적으로만 남아있는 과거의 사건이 아니라 역사 안에서 실행되고 있는 현재적이고도 실존적인 사건으로 이해한다.…하나님은 역사 안에서 창조주로 활동하신다. 창조와 타락의 반정립 속에서 역사가 유지되고 진행되는 것은 타락한 인간 역사에 대한 하나님의 일반은총(*benevolentia Dei generalis*)이 있기 때문이다.…우리의 역사는 하나님의 심판이다.…하나님의 일반은총에 대한 의지는 타락한 인간의 역사를 유지하고 진행하면서 그것을 구속하시고자 하는 숨은 섭리이다."[30]

이와 유사한 입장은 다른 곳에서도 많이 찾아볼 수 있는데, 얀시(Philip Yancey)의 글 또한 이런 의식을 충분히 보여준다. "코사드(Jean-Pierre de Cossaude)는 '거룩'과 '세속'을 구분하지 말아야 한다. 하나님은 모든 일을 통해 역사하신다. '아주 사소한 일이라고 해서 다르지 않다. 거룩한 일인지 묻지 말고, 거기 담긴 하나님의 손길만을 찾아야 한다'고 단호하게 주장한다. 심지어 시간 그 자체를 역사라고 평가한다. 시간은 하나님의 역사(役事)를 기록하는 역사(歷史)이기 때문이다."[31]

모세는 정말 대단한 선지자였다. 그는 후에 자신과 같은 선지자가 있을 수 없는 그런 특별한 선지자였다. 그는 하나님을 대면하여 만난 유일한 사람이다. 이스라엘 백성은 그와 함께 있을 때면 하나님의 임재를 느꼈다. 그

---

30) 김영한, 『헬무트 틸리케』(서울: 살림, 2005), 32-34.

31) 필립 얀시 편, 『영감을 선물한 스승들(*More than Words*)』, 최종훈 역 (서울: 두란노, 2005), 114.

러나 그들은 모세가 사라지면 하나님은 물론 하나님의 역사까지 모두 잊어버렸다. 모세는 이적과 기사와 큰 권능과 위엄을 행한 사람이다. 그럼에도 불구하고 그는 여호와께서 행하게 하시매 행한 자일뿐이다. "여호와께서 그를 애굽 땅에 보내사 바로와 그의 모든 신하와 그의 온 땅에 모든 이적과 기사와 모든 큰 권능과 위엄을 행하게 하시매 온 이스라엘의 목전에서 그것을 행한 자이더라"(신 34:11-12). 여기서 모세가 하나님의 과업(mission)을 사명으로 받아 담당한 자에 불과했다는 사실을 알 수 있다. 따라서 이스라엘 백성을 이끈 모세의 역사는 그를 통한 하나님의 역사라고 말해야 한다.

사실 사람이 하나님의 섭리사관을 포기하기는 쉽지 않다. 그래서 많은 사람들이 운명론의 사상적 영향을 받기도 하는 것 같다. 그러나 분명한 것 하나는 사람들은 대부분 탐욕에 이끌리지 않으면 움직이지 않는 속성을 가졌다는 점이다. 심지어 역사를 탐욕사관으로 봐야 하는 것이 아닌지 하는 마음이 들 정도이다. 그러나 탐욕이 역사발전에 있어 엄청난 영향을 끼치는 게 사실이라 해도 그것은 결국 하나님의 뜻, 즉 역사를 이루기 위한 도구요, 방편에 불과하다는 점을 잊지 말아야 한다. 그래서 그리스도인은 지나치게 경제에 주목해서는 안 된다. "네가 어찌 허무한 것에 주목하겠느냐 정녕히 재물은 스스로 날개를 내어 하늘을 나는 독수리처럼 날아가리라"(잠 23:5). "대저 재물은 영원히 있지 못하나니 면류관이 어찌 대대에 있으랴"(잠 27:24).

오직 섭리의 하나님만이 역사의 시작과 마침이 되신다. "나는 처음이요 나는 마지막이라 나 외에 다른 신이 없느니라"(사 44:6, 48:12). "장래 일을 내게 물으라"(사 45:11). "내가 종말을 처음부터 고하며 아직 이루지 아니한 일을 옛적부터 보이고 이르기를 나의 모략이 설 것이니 내가 나의 모든 기뻐하는 것을 이루리라 하였노라"(사 46:10). 역사의 시작과 마침의 주권자란 점에서 성부와 성자는 동일하시다. "나는 알파와 오메가라"(계 1:8). "나는 알파와 오메가라"(계 1:17-18). 그는 처음이요 나중인 분으로서(계 2:8) 계속하여 말씀하신다. "이루었도다 나는 알파와 오메가요 처음과 마지막이라"(계 21:6). "나는 알파와 오메가요 처음과 마지막이요 시작과 마침이라"(계 22:13).

로이드 존스는 오늘날의 근심거리는 역사의 불가사의이지만 1, 2차 세계대전과 같이 불행한 사태를 하나님의 섭리와 양립할 수 없는 문제로 인식하여 사람들이 난감해 하는 일에 대해서는, 성경이 역사의 문제를 다루기 때문에, 고민할 필요가 없다고 결론지었다. 그리고 그 고민의 이유는 성경을 개인의 구원과 같은 좁은 의미로만 사용하기 때문이라고 주장하였다. 그의 지적은 성경을 개인 구원의 교과서로만 사용한다는 것이다.

그것과 함께 그는 궁극적으로 성경의 주요 메시지는 온 세상의 상태와 이 세상의 운명에 관한 것이며 개인은 이 전체의 일부분에 불과하다고 분명하게 말하였다.[32] 그는 역사의 문제로 고민하는 이유가 오로지 사람이 자신의 개인적 문제에 관심을 갖는 경향이 있는데 반해, 성경은 모든 문제를 이러한 세계관[33]의 맥락에서 제기하기 때문이라고 보았다.[34]

로이드 존스는 성경 전체를 바르게 꿰뚫어 보고 성경의 메시지에 주목한다면, 성경에 심오한 역사철학과 독특한 세계관이 있음을 보게 될 것이라고 말하였다. 그리고 그렇게 되면 지금 일어나고 있는 일과 역사 안에서 일어나는 일 가운데 하나님의 계획 속에 들어 있지 않은 일이 없다는 사실을 이해하게 되리라고 보는 것이 그의 입장이다. 성경의 위대하고 고귀한 가르침은 이 세상과 이 세상의 운명에 대한 총체적인 문제를 다루고 있다는 말이다. 이런 인식 때문에 그는 성경의 핵심 주제가 역사 문제임을 알아야 한다고 주장하였다.[35]

하나님의 도구에는 제한이 없다는 것이 그의 생각이다. "하나님은 그의 몸 된 교회와 그의 백성을 변화시키기 위해 때때로 이상한 도구들을 사용

---

32) 마틴 로이드 존스, 『하박국강해-하나님은 아직도 역사를 주관하실까?(*From Fear to Faith*)-』, 박영옥 역 (서울: 목회자료사, 2005), 10-12.

33) 송인규, 『새로 쓴 기독교, 세계, 관』, 24-29.

34) 로이드 존스, 『하박국강해』, 8-17.

35) Ibid., 12-14.

하신다. 하나님의 백성을 위해 이용당하는 세상 사람들은 결코 알지 못한다. 자신들의 생각과 판단이 하나님에 의해 이용당하고 있다는 사실을…그들은 자신의 힘이나 종교 때문에 자신들이 이것저것을 하고 승리하기도 한다고 믿는다. 말하자면 역사의 참된 의미를 깨닫지 못하는 것이다. 그러나 막강한 힘을 지닌 나라들이 강대해져 잠시 동안 이 세상을 지배하다가 그들 자신이 거둔 성과와 더불어 몰락하는 것은 역사의 정한 이치이다. 그 후에야 그들은 자신들이 쫓겨났음을 문득 깨닫게 된다. 이와 같이 세상 사람들은 역사의 진정한 의미를 결코 알지 못한다."[36)]

요시야의 삶이 하나님을 기쁘시게 하는 것이었음에도 불구하고, 하나님은 애굽 왕 느고를 통해 당신의 뜻을 그에게 알리셨고, 그것을 듣지 않자 그를 죽게 하였다(대하 35:21-24). 이처럼 하나님이 섭리사관을 통해 당신의 뜻을 이루어감에 있어서 사람들이 생각하는 방법과 하나님이 생각하는 방법 사이에는 차이점이 존재한다.

성경에 언급되는 이상한 도구들 중에 대표적인 것이 갈대아 사람이다(합 1:6). 하나님은 이스라엘 사람들만의 하나님이 아니다. 그는 갈대아 사람들도 지배하신다. 이 세상에는 궁극적으로 하나님의 지배를 받지 않는 세력이 존재하지 않는다. 성경은 우주 만물을 주관하시는 분이 하나님이라고 단언한다. 역사와 관련지어 보면 역사의 과정을 시작하신 이도 하나님이고, 이를 주관해 오신 분도 하나님이다. 물론 역사를 종식시키실 분도 하나님이다.

이 세상에 우연이란 없다. 하나님은 특별한 목적이 있어서 모든 일을 계획하셨으며, 그 일이 일어날 시점도 다 알고 계신다. 모든 것은 하나님의 지배 아래 있다. 그는 '때가 찼을 때', 즉 유일신 하나님의 속성, 구속, 메시아와 같은 개념들을 준비시킨 유대 종교, 그리스어의 보급과 이데아를 통해 하나님 나라의 개념에 적응하게 하는 것과 같은 그리스의 철학의 준비 외에 도로와 법, 치안과 같은 로마의 문화적 준비가 이루어진 후에 당신의 아들을 이 땅에 보내셨다. 역사에는 분명한 목적이 있어서 그 안에서 일어나는 모든 일은 하나님의 계획 하에 발생한다. 지나간 역사가 그 목적을 위

36) Ibid., 23-24.

해 진행되었으며, 현재의 상황 또한 그것의 연속선상에 있다는 것을 믿어야 한다.[37] "여호와께서 온갖 것을 그 쓰임에 적당하게 지으셨나니 악인도 악한 날에 적당하게 하셨느니라"(잠 16:4).

역사 문제로 짓눌려 괴로울 때, 이 세상에서 무슨 일이 일어날지 궁금할 때, 사실 하나님이 역사(즉 시간의 지배) 밖에 계시다는 것을 기억하는 것보다 더 위안이 되고 안심이 되는 일은 없다. 하나님은 역사 이전부터 존재하셨고 역사를 창조하셨다. 하나님의 보좌는 이 세상 위에 있고, 시간을 초월한다. 그는 영원히 다스리시는 영원하신 하나님이다. 영원하신 하나님은 자존자의 의미와 긴밀한 관계에 있다. 여호와라는 그분의 칭호가 이 자존적 성격을 가장 크게 반영하고 있다.[38] "네가 본 것과 지금 있는 일과 장차 될 일을 기록하라"(계 1:19). 네가 본 것(과거)과 이제 있는 일(현재)과 장차 될 일(미래)을 기록하라고 말하는 데서 기독교적 역사이해의 시제를 넘어서는 경향을 보게 된다. 그런데 이것은 스스로 있는 여호와 하나님의 속성과 깊은 관련이 있다.

세상 모든 피조물은 하나님의 도구라는 것이 성경과 역사를 통해 주어진 통찰이다. 그렇다면 하나님의 형상인 사람과 나머지 피조물들 사이에 있는 차이점은 무엇인가? 사람은 자신이 하나님의 도구로 쓰인다는 사실을 인식하고 살아간다. 물론 모든 사람이 그렇게 인식하는 것은 아니다. 계시적 차원에서의 특별한 은총이 하나님과 그리스도에 대해 알게 하기 전까지는 그것이 불가능하다. 하나님을 아는 방법은 계시를 받는 것 외에는 없다(마 11:27). 성령이 주시는 영감을 통해 그리스도를 영접하기 이전 상태에 있는 사람들은 여전히 사람을 포함한 피조물에만 주목하게 된다.

당신의 뜻대로 역사를 이끄시는 하나님은 인격적이며, 살아 계신 분이다(삼상 17:36). 이스라엘의 선지자 사무엘은 '역사를 이끄신 하나님' 이란 주제로 이스라엘 백성과의 토론을 제기하면서 역사를 망각한 그들을 책망하였다(삼상 12:6-9). 그리고 그는 홍해 앞에서 모세가 했던 선언을 반복한

---

37) Ibid., 28-30.

다. "너희는 이제 가만히 서서 여호와께서 너희 목전에서 행하시는 이 큰 일을 보라"(삼상 12:16). 주 여호와께서는 주의 뜻대로 행하신다(욘 1:14). 바람과 바다도 그에게 순종하는 것을 볼 때 하나님 그리고 예수님이 세상의 주관자 되심을 알 수 있다(마 8:26-27). 하나님은 국가제도나 정치지도자도 당신의 뜻을 이루기 위해 만들거나 세우셨다(잠 16:12).

아무런 의미도 없는 허탄한 것들을 버리고 하나님의 역사를 돌아보는 사무엘의 역사의식을 보라. "너희는 여호와께서 너희를 위하여 행하신 그 큰 일을 생각하여 오직 그를 경외하며 너희의 마음을 다하여 진실히 섬기라"(삼상 12:24). 그는 분명하게 하나님의 역사를 기억함으로써 하나님을 경외하는 사람이 되라고 요구하였다.

타락한 이후 사람들은 하나님께 대하여 온당한 태도를 취하지 않았고, 생각이 허망하여지고, 미련한 마음이 어두워져서 '스스로 지혜 있다 하나 어리석게 되어' 썩어지지 아니하는 하나님의 영광을 썩어질 사람과 새와 짐승과 기어다니는 동물 모양의 우상으로 바꾸는 잘못을 범했다는 것이 바울의 생각이다(롬 1:22). 피조물인 인간이나 그의 관리 아래 있는 다른 피조물에 대한 숭배는 진리를 거짓 것으로 바꾸며, 그것을 조물주보다 더 경배하는 모순된 행위이다(롬 1:25).

한편 느부갓네살은 "나 왕이 말하여 이르되 이 큰 바벨론은 내가 능력과 권세로 건설하여 나의 도성으로 삼고 이것으로 내 위엄의 영광을 나타낸 것이 아니냐 하였더니 이 말이 아직도 나 왕의 입에 있을 때에 하늘에서 소리가 내려 이르되 느부갓네살 왕아 네게 말하노니 나라의 왕위가 네게서 떠났느니라"(단 4:30-31)라고 말함으로써 영웅사관의 덧없음을 스스로 고백하였다.

우상과 하나님은 어떻게 다른가? "우리가 우상은 세상에 아무 것도 아니며 또한 하나님은 한 분밖에 없는 줄 아노라 비록 하늘에나 땅에나 신이라 불리는 자가 있어 많은 신과 많은 주가 있으나 그러나 우리에게는 한 하나님 곧 아버지가 계시니 만물이 그에게서 났고 우리도 그를 위하여 있고 또한 한 주 예수 그리스도께서 계시니 만물이 그로 말미암고 우리도 그로 말미암아 있느니라"(고전 8:4-6). 우상들은 모두 허망하다. "보라 그들은 다 헛되며 그들의 행사는 허무하며 그들이 부어 만든 우상들은 바람이요 공허한 것뿐이니라"(사 41:29).

여호와와 그의 하신 일, 즉 역사를 잊지 말고, 헛된 것에 현혹당하지 말며, 하나님을 경외하여 그를 섬기라는 것이 성경의 요구이다. 그것을 위해 역사의 기억이 필요하다. "이는 우리가 들어서 아는 바요 우리의 조상들이 우리에게 전한 바라 우리가 이를 그들의 자손에게 숨기지 아니하고 여호와의 영예와 그의 능력과 그가 행하신 기이한 사적을 후대에 전하리로다 여호와께서 증거를 야곱에게 세우시며 법도를 이스라엘에게 정하시고 우리 조상들에게 명령하사 그들의 자손에게 알리라 하셨으니 이는 그들로 후대 곧 태어날 자손에게 이를 알게 하고 그들은 일어나 그들의 자손에게 일러서 그들로 그들의 소망을 하나님께 두며 하나님께서 행하신 일을 잊지 아니하고 오직 그의 계명을 지켜서 그들의 조상들 곧 완고하고 패역하여 그들의 마음이 정직하지 못하며 그 심령이 하나님께 충성하지 아니하는 세대와 같이 되지 아니하게 하려 하심이로다"(시 78:3-8).

성경의 모든 기록은 그리스도인들로 하여금 소망을 갖게 한다. 그 이유는 하나님의 인도하심과 구원을 그 속에서 발견할 수 있기 때문이다. "무엇이든지 전에 기록된 바는 우리의 교훈을 위하여 기록된 것이니 우리로 하여금 인내로 또는 성경의 위로로 소망을 가지게 함이니라"(롬 15:4). 그리고 성경은 진정한 소망이 역사 속에 자신을 드러내 보이신 하나님으로부터 온다고 말한다. "너희를 향한 나의 생각을 내가 아나니 평안이요 재앙이 아니니라 너희에게 미래와 희망을 주는 것이니라"(렘 29:11).

반면에 하나님, 그리고 그가 이끄신 하나님의 역사를 잊어버리는 자에게는 미래의 소망이 있을 수 없다. 하나님이 섭리하신 역사는 미래의 소망을 위한 근거가 되기 때문이다. "네가 애굽 땅에서 나오던 날과 같이 내가 그들에게 이적을 보이리라"(미 7:15). 성경적 신앙과 그것에 기초한 역사관은 죽음(즉 종말)에서도 소망을 갖게 한다(잠 14:32).

스스로 역사를 섭리하시는 하나님은 영웅사관을 경멸하신다. "여호와께서 기드온에게 이르시되 너를 따르는 백성이 너무 많은즉 내가 그들의 손에 미디안 사람을 넘겨주지 아니하리니 이는 이스라엘이 나를 거슬러 스스로 자랑하기를 내 손이 나를 구원하였다 할까 함이니라"(삿 7:2). 온 세상 모든 민족이 회복하고 기억해야 할 역사는 여호와 하나님이 섭리하신 역사이다(시 22:27-28). 다윗도 섭리사관의 지지자였다. "다윗이 여호와께서 자기를 이스라엘의 왕으로 삼으신 줄을 깨달았으니 이는 그의 백성 이스라엘을 위하여 그의 나라가 높이 들림을 받았음을 앎이었더라"(대상 14:2).

사람은 자신의 잘난 것을 자랑함으로써 영웅사관을 견지하는 경향이 있지만 '바람에 나는 겨' (시 1:4)나 '잠깐 보이다가 없어지는 안개' (약 4:14)와 같이 별 것 아닌 존재가 사람이기도 하다(계 3:17). 사람은 그림자 같은 생을 사는 존재이다. "우리는 우리 조상들과 같이 주님 앞에서 이방 나그네와 거류민들이라 세상에 있는 날이 그림자 같아서 희망이 없나이다"(대상 29:15). 욥은 사람에 관하여 여인에게서 태어난 사람은 생애가 짧고 걱정이 가득하며 그는 꽃과 같이 자라나서 시들며 그림자 같이 지나가며 머물지 않는다고 정의하였다(욥 14:1-2).

역사의 주관자는 오직 한 분이신 하나님이다. 절대 권력은 절대로 둘이 존재할 수 없다. 그런 점에서 세상의 주관자이신 하나님은 어떤 일이 있어도 당신 이외의 어떤 신을 인정하지 않으신다. 쉐마에서도 우리 하나님 여호와는 오직 유일한 여호와(신 6:4)라고 했다. 그렇기 때문에 사람의 할 일은 마음을 다하고 뜻을 다하고 힘을 다하여 하나님 여호와를 사랑하는 것뿐이다(신 6:5).

요셉은 하나님의 섭리에 대해 분명하게 인식하고 있었을 뿐만 아니라 그것을 삶에 적용한 사람이란 점에서 탁월하다. '섭리적 통제에 대한 고전적 진술의 하나'[39]라는 평을 듣고 있는 글을 보자. "요셉이 형들에게 이르되 내게로 가까이 오소서 그들이 가까이 가니 이르되 나는 당신들의 아우 요셉이니 당신들이 애굽에 판 자라 당신들이 나를 이 곳에 팔았다고 해서

38) Ibid., 42-43.

39) Derek Kidner, *Genesis*, Tyndale OTC (Leicester: IVP, 1967), 207; 이승구, 『사도신경』, 54.

근심하지 마소서 한탄하지 마소서 하나님이 생명을 구원하시려고 나를 당신들보다 먼저 보내셨나이다 이 땅에 이 년 동안 흉년이 들었으나 아직 오 년은 밭갈이도 못하고 추수도 못할지라 하나님이 큰 구원으로 당신들의 생명을 보존하고 당신들의 후손을 세상에 두시려고 나를 당신들보다 먼저 보내셨나니 그런즉 나를 이리로 보낸 이는 당신들이 아니요 하나님이시라 하나님이 나를 바로에게 아버지로 삼으시고 그 온 집의 주로 삼으시며 애굽 온 땅의 통치자로 삼으셨나이다"(창 45:4-8).

위의 확인에도 불구하고 그는 아버지 야곱이 죽은 후에 보복을 두려워하는 형들을 위하여 다시 한 번 자신이 섭리사관의 지지자임을 확인해 주어야 했다. "두려워하지 마소서 내가 하나님을 대신하리이까 당신들은 나를 해하려 하였으나 하나님은 그것을 선으로 바꾸사 오늘과 같이 많은 백성의 생명을 구원하게 하시려 하셨나니 당신들은 두려워하지 마소서 내가 당신들과 당신들의 자녀를 기르리이다"(창 50:19-21).

역사를 섭리사관으로 이해하는 것이 쉬운 일은 아니다. 아래 글에서 보듯이 가시적인 세력 앞에 쉽게 무너지는 것이 사람이다. "기독교 역사의 가장 큰 아이러니 가운데 하나는 기독교 지도자들이 끊임없이 정치적인 힘, 군사적인 힘, 경제적인 힘, 도덕적이고 영적인 힘 등 바로 이 힘의 시험에 굴복했다는 것입니다. 그러면서도 그들은 말로는 자신의 신성한 힘에 의존하지 않고서 자신을 비워 우리 인간의 모습이 되신 예수 그리스도의 이름으로 선포해 왔습니다. 힘을 복음 선포의 유용한 도구로 간주하려는 유혹이 가장 큰 유혹입니다. 우리는 '힘을 갖는 것' 이 하나님과 동료들을 섬기는 데 쓰여진다면 좋은 것이라는 말을 끊임없이 들어 왔고 또 다른 사람들에게 그렇게 말해 왔습니다."[40]

성전을 건축한 후에 솔로몬은 백성들 앞에서 이스라엘의 역사가 하나님의 역사임을 고백하였다. "이스라엘 하나님 여호와를 송축할지로다 여호와

---

40) 헨리 나우웬, 『예수님의 이름으로(*In the Name of Jesus*)』, 두란노 출판부 역 (서울: 두란노, 2008), 57-58.

께서 그의 입으로 내 아버지 다윗에게 말씀하신 것을 이제 그의 손으로 이루셨도다 이르시기를 내가 내 백성을 애굽 땅에서 인도하여 낸 날부터 내 이름을 둘 만한 집을 건축하기 위하여 이스라엘 모든 지파 가운데서 아무 성읍도 택하지 아니하였으며 내 백성 이스라엘의 주권자가 될 사람을 아무도 택하지 아니하였더니 예루살렘을 택하여 내 이름을 거기 두고 또 다윗을 택하여 내 백성 이스라엘을 다스리게 하였노라 하신지라"(대하 6:4-6). 솔로몬은 하나님과 같은 신이 없으며, 주는 입으로 말씀하신 것을 그의 손으로 이루신다고 말함으로써 섭리사관을 적극적으로 받아들인다(대하 6:13-15).

주께서 아람 군대로 하여금 있지도 않은 병거 소리와 말 소리와 큰 군대의 소리를 듣게 하시므로 아람 사람들이 이스라엘 왕이 자신들을 치려 하여 헷 사람의 왕들과 애굽 왕들에게 값을 주고 그들을 자기들에게 하였다고 서로 말하는 가운데 장막과 말과 나귀와 함께 진영을 버리고 도망한 일(왕하 7:6-7)이나 아람 군대가 적은 무리로 왔으나 여호와께서 심히 큰 군대를 그들의 손에 넘기시므로 유다 사람들이 자신들의 조상의 하나님 여호와를 버림으로써 아람 사람들이 요아스를 징벌한 일(대하 24:24)은 세상의 모든 일이 결국 하나님의 섭리에 따른다는 것을 보여준다. 궁극적으로는 하나님의 섭리가 역사를 이끌지만 사람 편에서 볼 때 그것은 믿음을 통해 이루어진다. "예수께서 그들에게 대답하여 이르시되 하나님을 믿으라 내가 진실로 너희에게 이르노니 누구든지 이 산더러 들리어 바다에 던져지라 하며 그 말하는 것이 이루어질 줄 믿고 마음에 의심하지 아니하면 그대로 되리라 그러므로 내가 너희에게 말하노니 무엇이든지 기도하고 구하는 것은 받은 줄로 믿으라 그리하면 너희에게 그대로 되리라"(막 11:22-24).

그리스도인들의 모든 삶의 근거는 믿음이다. 그의 역사관을 지배하는 것도 성경적 신앙이 되어야 한다. 그럼에도 믿음이 연약한 자에 대해서는 비판하지 말아야 한다. 그도 하나님이 받으신 자이기 때문이다(롬 14:1-3). 확고한 신앙과 그것에 근거한 역사관을 가졌다면 그것으로 남을 비방할 것이 아니다. 오히려 가르치고, 설득하여 좋은 것을 함께 나누는 태도를 취해야 할 것이다.

하나님의 역사를 이루기 위해 그리스도인의 모든 기도는 자신의 소원을 말한 뒤에라도 언제나 "나의 원대로 마옵시고 아버지의 원대로 하옵소서"(막 14:35)로 마무리되어야 한다. "말씀대로 내게 이루어지이다"(눅 1:38). 이것이 바로 하나님의 뜻이 이루어지는 것을 믿는 종이나 제자들의 궁극적 기도이다. '하나님의 뜻대로' (고후 7:10, 11; 8:5)는 그리스도인들의 삶의 기준이 되어야 한다. 그리스도께서도 하나님 곧 믿는 자들의 아버지의 뜻을 따라 악한 세대에서 그들을 건지시려고 그들의 죄를 위하여 자기 몸을 드리셨다(갈 1:4).

섭리사관에서 보면 하나님의 뜻이 이루어지는 것이 역사이다. 그것을 위해 사람으로 오신 예수님은 참기 힘든 고통을 겪으셨다. 그러나 그는 당신의 백성들을 위해 그것을 감수하신 것이다. "거룩하게 하시는 이와 거룩하게 함을 입은 자들이 다 한 근원에서 난지라 그러므로 형제라 부르시기를 부끄러워하지 아니하시고 이르시되 내가 주의 이름을 내 형제들에게 선포하고 내가 주를 교회 중에서 찬송하리라 하셨으며 또 다시 내가 그를 의지하리라 하시고 또 다시 볼지어다 나와 및 하나님께서 내게 주신 자녀라 하셨으니 자녀들은 혈과 육에 속하였으매 그도 또한 같은 모양으로 혈과 육을 함께 지니심은 죽음을 통하여 죽음의 세력을 잡은 자 곧 마귀를 멸하시며 또 죽기를 무서워하므로 한평생 매여 종 노릇 하는 모든 자들을 놓아주려 하심이니 이는 확실히 천사들을 붙들어 주려 하심이 아니요 오직 아브라함의 자손을 붙들어 주려 하심이라"(히 2:11-16). 형제요, 자녀라 부르는 데서 하나님 또는 그리스도와 사람 사이의 친밀한 관계가 드러난다.

죽음과 고통을 앞에 둔 예수님도 그것을 피하고 싶을 때가 있었을 것이다. 그러나 그의 기도는 언제나 하나님의 뜻을 앞세우는 것이었다. "내 아버지여 만일 할 만하시거든 이 잔을 내게서 지나가게 하옵소서 그러나 나의 원대로 마시옵고 아버지의 원대로 하옵소서"(마 26:39). "내 아버지여 만일 내가 마시지 않고는 이 잔이 내게서 지나갈 수 없거든 아버지의 원대로 되기를 원하나이다"(마 26:42).

예수님은 세 번이나 동일하게 기도하셨다(마 26:44). 베드로의 행위를 꾸짖으시는 말씀을 보라. "너는 내가 내 아버지께 구하여 지금 열두 군단 더 되는 천사를 보내시게 할 수 없는 줄로 아느냐 내가 만일 그렇게 하면 이런 일이 있으리라 한 성경이 어떻게 이루어지겠느냐"(마 26:53-54). 이처럼 예수님은 세상에 있은 동안 철저하게 하나님의 뜻 중심으로 사셨다. 예수님은 자신이 아니라 여호와의 뜻을 이루기 위해 이 땅에 오셨다. "그의 손으로 여호와께서 기뻐하시는 뜻을 성취하리로다"(사 53:10).

그리스도인에게 있어서는 어떤 경우에도 섭리사관이 존중받아야 한다. "주께서 하신 말씀이 반드시 이루어지리라고 믿은 그 여자에게 복이 있도다"(눅 1:45). 마리아의 노래는 이와 같은 하나님의 섭리를 믿고, 자신을 통해 일하시는 하나님의 역사와 이스라엘을 기억하시는 하나님께 감사하는 내용으로 되어 있다(눅 1:46-55). 사가랴 또한 구원사관에 입각하여 노래를 불렀다(눅 1:67-79). '애매히 고난 받을 때 하나님을 생각하라'는 것은 하나님의 계획과 목표를 갖고 있는 큰 역사와 더불어 하나님의 쓰시는 다양한 도구를 인정하라는 말로 이해가 된다(벧전 2:19). 역사는 철저하게 섭리사관의 지배 아래 있다는 것이 성경에 나타난 역사관이다. "참새 다섯 마리가 두 앗사리온에 팔리는 것이 아니냐 그러나 하나님 앞에는 그 하나도 잊어버리시는 바 되지 아니하는도다 너희에게는 심지어 머리털까지도 다 세신 바 되었나니 두려워하지 말라 너희는 많은 참새보다 더 귀하니라"(눅 12:6-7). "헤롯이 영광을 하나님께로 돌리지 아니하므로 주의 사자가 곧 치니 벌레에게 먹혀 죽으니라"(행 12:23)라는 말씀은 섭리사관을 보여주는 것으로서 사람의 살고, 죽는 것이 하나님께 달려 있음을 말한다.

바울의 회심(행 26:8-18)은 그의 섭리사관에 영향을 주었다. "하늘에서 보이신 것을 내가 거스르지 아니하고 먼저 다메섹과 예루살렘에 있는 사람과 유대 온 땅과 이방인에게까지 회개하고 하나님께로 돌아와서 회개에 합당한 일을 하라 전하므로 유대인들이 성전에서 나를 잡아 죽이고자 하였으나 하나님의 도우심을 받아 내가 오늘까지 서서 높고 낮은 사람 앞에서 증언하는 것은 선지자들과 모세가 반드시 되리라고 말한 것밖에 없으니 곧 그리스도가 고난을 받으실 것과 죽은 자 가운데서 먼저 다시 살아나사 이스라엘과 이방인들에게 빛을 전하시리라 함이니이다"(행 26:19-23). 인용한 성구에서 보듯이 바울은 자신의 개인사, 모세와 선지자들을 이해함에 있어서 철저한 섭리사관을 보여준다.

그리스도인은 자신이 사는 세대, 즉 세상을 따를 것이 아니고, 하나님의 선하시고 온전하신 뜻을 분별하고 따라야 한다. 즉 영웅사관을 던져버리고 하나님을 인정하는 가운데 동료의 역할까지 철저하게 인정하는 태도가 절실한 것이다(롬 12:3-8). 이를 위해 형제를 사랑하여 서로 우애하고 존경하기를 서로 먼저 하며(롬 12:10), 서로 마음을 같이하며 높은 데 마음을 두지 말고 도리어 낮은 데 처하며 스스로 지혜 있는 체 하지 말아야 한다(롬 12:16).

섭리사관은 그리스도인들에게 무엇을 요구하는가? 영웅사관을 배제하라고 말한다. 세상의 방식을 따르지 말고 하나님 중심으로 사고하라고 요구한다(고전 18-23). 그것은 세속적 역사관의 포기를 의미한다. "세상과 벗된 것이 하나님과 원수 됨을 알지 못하느냐 그런즉 누구든지 세상과 벗이 되고자 하는 자는 스스로 하나님과 원수 되는 것이니라"(약 4:4). 이것은 거짓된 증언, 영웅주의에 근거한 영웅사관은 모두 배격의 대상이라는 말로 바꾸어 볼 수 있을 것 같다(사 5:20-23). 세상이 그리스도인들을 미워하는 것은 이상한 일이 아니다(요일 3:13). 그것은 세속주의와 하나님 중심주의의 싸움에서 나오는 당연한 결과이다. 그러나 하나님이 중심에 계셔야 한다. 모든 것은 거기에 종속되어야 한다. 하나님과 거리를 두게 하는 그 무엇도 결국은 헛된 것이다. "나를 가난하게도 마옵시고 부하게도 마옵시고 오직 필요한 양식으로 나를 먹이시옵소서 혹 내가 배불러서 하나님을 모른다 여호와가 누구냐 할까 하오며 혹 내가 가난하여 도둑질하고 내 하나님의 이름을 욕되게 할까 두려워함이니이다"(잠 30:8-9).

하나님을 버리면서 세속적 관점을 따르고 의지하는 것을 하나님은 원하시지 않는다(렘 2:17-19). 그래서 하나님은 사람의 마음까지 다스리면서 당신의 역사를 이루어 가신다. "내가 그들에게 한 마음을 주고 그 속에 새 영을 주며 그 몸에서 돌 같은 마음을 제거하고 살처럼 부드러운 마음을 주어

내 율례를 따르며 내 규례를 지켜 행하게 하리니 그들은 내 백성이 되고 나는 그들의 하나님이 되리라"(겔 11:19-20).

성경적 신앙을 가진 사람이 세속적 역사관을 거부하고 섭리사관을 받아들일 이유는 충분하다. 왜냐하면 그것은 그리스도 중심의 섭리사관과 정면으로 배치되기 때문이다. 이런 주장의 근거가 될 만한 말씀이 있다. "이 세상이나 세상에 있는 것들을 사랑하지 말라 누구든지 세상을 사랑하면 아버지의 사랑이 그 안에 있지 아니하니 이는 세상에 있는 모든 것이 육신의 정욕과 안목의 정욕과 이생의 자랑이니 다 아버지께로부터 온 것이 아니요 세상으로부터 온 것이라 이 세상도, 그 정욕도 지나가되 오직 하나님의 뜻을 행하는 자는 영원히 거하느니라"(요일 2:15-17).

하나님의 섭리와 관련하여 한 철학자의 말을 인용해 보는 것이 의미가 있을 것 같다. 그는 자연과 하나님의 관계를 아래와 같이 정리하고 있다. "물론 하나님도 어기지 않는다는 자연법칙이 지배하는 세상인 것은 사실이지만, 그러한 자연의 역사가 우리 인간을 등장하게 해주고, 우리 인간에게 하나님의 존재와 하나님의 뜻을 생각할 수 있게 하는 능력을 부여해 준 것은 무엇을 말하는가? 이 세상 모든 일에는 하나님의 뜻이 있고, 그 모든 것을 주관하는 하나님이 존재한다는 것을 우리 인간으로 하여금 깨닫게 하려는 것이 아닌가! 자연의 이치와 법칙을 이해하는 것으로 끝나는 것이 아니라 그런 이해를 통하여 하나님의 뜻까지 이해할 수 있도록 하자는 것이다."[41]

바울은 자신의 일이나 신분과 관련해서 언제나 하나님의 뜻을 강조함으로써 섭리사관을 철저히 받아들였다(고전 1:1). 그는 섭리사관의 철저한 신봉자였다. "내가 나 된 것은 하나님의 은혜로 된 것이니 내게 주신 그의 은혜가 헛되지 아니하여 내가 모든 사도보다 더 많이 수고하였으나 내가 한 것이 아니요 오직 나와 함께 하신 하나님의 은혜로라"(고전 15:10). 그는 자신이 사도가 된 것을 하나님의 뜻에 말미암은 일로 보는 가운데 섭리사관에 대한 확신을 보여준다(고후 1:1).

---

41) 소홍렬, 『자연주의』(서울: 이화여자대학교출판부, 2006), 12.

이런 바울의 태도는 반복해서 나타난다(딤후 1:1). 바울은 어머니의 태로부터 자신을 택정하시고 은혜로 자신을 부르신 이가 그 아들을 이방에 전하기 위하여 그를 자기 속에 나타내시기를 기뻐하실 때에 자기가 곧 혈육과 의논하지 아니하였다고 말함으로써 섭리사관과 하나님 중심적인 자신의 태도를 보여주었다(갈 1:15-16). "너희 안에서 착한 일을 시작하신 이가 그리스도 예수의 날까지 이루실 줄을 우리는 확신하노라"(빌 1:6). 이 말은 하나님께서 시간의 창조를 통해 역사를 시작하셨고, 또한 완성하실 것을 믿는다는 것을 의미한다.

앞에서 살려보았듯이 '때가 차매' 라는 표현은 역사가 진행되는 동안 있었던 하나님의 계획과 간섭을 보여준다. 예수 그리스도는 언제 오셨는가? 그분이 오시기에 가장 적절한 시간, 그리고 복음의 구원역사를 이루기 위해 모든 것이 준비된 시점에 오셨다. 말하자면 그는 메시야 대망사상, 그리스(헬라)어와 플라톤의 이데아론을 비롯한 철학사상, 로마제국의 종교적 관용정책이나 도로망 건설 및 치안 유지의 상황이 조성된 이후에 오신 것이다. 이처럼 하나님은 때가 이르면 거두는 분이다(갈 6:9). 그는 때를 맞추어 일하시는 섭리의 하나님이다. 하나님은 때를 따라 아름답게 창조하신 분이다. "하나님이 모든 것을 지으시되 때를 따라 아름답게 하셨고 또 사람들에게는 영원을 사모하는 마음을 주셨느니라 그러나 하나님이 하시는 일의 시종을 사람으로 측량할 수 없게 하셨도다"(전 3:11). 사람은 조급해도 하나님은 때가 되어서야 이루신다. 그래서 그는 "때가 되면 나 여호와가 속히 이루리라"(사 60:22)라고 말씀하신다.

바울은 믿는 자의 구원이 모든 일을 그 마음의 원대로 역사하시는 자의 뜻을 따라 이루어진다고 봄으로써 섭리사관을 지지하였다(엡 1:11). 그는 구원은 하나님의 선물인 믿음으로 말미암고, 그것을 이루어 가는 과정인 역사는 섭리사관에 따라 발전한다(엡 2:8)고 보았다. 말하자면 그는 섭리사관의 신봉자였다.

하나인 성령이 하나의 소망을 갖게 하며, 하나의 주님이 하나의 믿음과 세례를 있게 하고, 하나인 하나님이 만유의 아버지가 되시며, 만유 위에 계시고, 만유를 통일하시며, 만유 가운데 계신다는 원리는 성부, 성자, 성령 삼위 하나님의 역할 분담과 철저한 섭리사관을 보여준다(엡 4:4-6). 여기서 오직 하나님의 섭리사관만을 받아들이는 자세를 생각해 보게 된다(마 19:29). 하나님은 오직 당신의 뜻대로 역사를 이끄신다. "내 것을 가지고 내 뜻대로 할 것이 아니냐"(마 20:15).

섭리사관을 다룸에 있어서 주의할 점은 역사과정에서 하나님의 뜻과 계획이 이루어지지만 사람이 책임져야 할 부분 또한 분명히 있다는 사실이다. "실족하게 하는 일들이 있음으로 말미암아 세상에 화가 있도다 실족하게 하는 일이 없을 수는 없으나 실족하게 하는 그 사람에게는 화가 있도다"(마 18:7). "인자는 자기에 대하여 기록된 대로 가거니와 인자를 파는 그 사람에게는 화가 있으리로다 그 사람은 차라리 태어나지 아니하였더라면 제게 좋을 뻔하였느니라"(마 26:24).

세상 나라인 앗수르에 대해 하나님은 '내 진노의 막대기요 그 손의 몽둥이는 내 분노'(사 10:5)라고 말씀하셨다. 실제로 앗수르는 사마리아와 예루살렘의 신상들을 제거하는 일에 하나님의 도구로 사용되었다. 그럼에도 불구하고 앗수르는 자신이 갖고 있는 문제점으로 인한 책임 또한 감당해야 했다. 이것이 하나님의 역사에서 나타나는 뚜렷한 특징이다(사 10:12-14). 물론 이사야가 하나님과 사람 혹은 민족과의 관계를 도끼와 그것을 찍는 사람의 관계로 설명하듯이(사 10:15), 하나님의 절대 섭리는 흔들릴 수 없는 것이다.

섭리사관의 측면에서 보면 하나님은 당신을 위하여 일하신다. 다윗은 주의 이름을 위하여 나를 살려달라고 기도하였다(시 143:11). 하나님이 백성을 지은 것도 당신을 위하여, 그리고 당신을 찬송하게 하기 위해서라고 말씀하신다(사 43:21). 하나님은 사람의 허물을 도말하는 것도 당신을 위해서 하신다(사 43:25). 하나님은 당신을 위하여 일을 이루시고, 당신의 영광을 다른 자에게 주지 않으신다(사 48:11). 다니엘의 기도를 들어보라. "주여 들으소서 주여 용서하소서 주여 귀를 기울이시고 행하소서 지체하지 마옵소서 나의 하나님이여 주 자신을 위하여 하시옵소서 이는 주의 성과 주의 백성이 주의 이름으로 일컫는 바 됨이니이다"(단 9:19).

하나님을 중심으로 한다는 태도가 신약에서는 숫자적으로 어느 정도 줄었지만 예수님의 말을 통해 나타나는 입장은 더욱 확고해지고 있다. 예수님은 당신을 위하여 목숨을 내놓는 것까지 요구하시고 있기 때문이다. "자기 목숨을 얻는 자는 잃을 것이요 나를 위하여 자기 목숨을 잃는 자는 얻으리라"(마 10:39). 주님은 스스로를 위하여 증언하실 수 있는 분이다. "내가 나를 위하여 증언하여도 내 증언이 참되니 나는 내가 어디서 오며 어디로 가는 것을 알거니와 너희는 내가 어디서 오며 어디로 가는 것을 알지 못하느니라"(요 8:14). 또한 그는 당신을 위해 목숨까지 버릴 수 있는지, 집이나 처소를 마련할 수 있는지 물으셨다. "네가 나를 위하여 네 목숨을 버리겠느냐"(요 13:38).

'내 이름을 위하여'는 '나를 위하여'의 다른 표현방식일 뿐이다. 하나님은 당신의 이름을 위하여 성전을 건축하게 하셨고, 그의 종들은 또한 그것을 계획하고, 마무리하였다. "여호와께서 내 아버지 다윗에게 이르시되 네가 내 이름을 위하여 성전을 건축할 마음이 있으니 이 마음이 네게 있는 것이 좋도다"(왕상 8:18). "네 몸에서 낳을 네 아들 그가 내 이름을 위하여 성전을 건축하리라"(왕상 8:19).

주의 이름을 위하는 자는 이방인이라도 기도의 응답을 받는다. "주의 백성 이스라엘에 속하지 아니한 자 곧 주의 이름을 위하여 먼 지방에서 온 이방인이라도 그들이 주의 크신 이름과 주의 능한 손과 주의 펴신 팔의 소문을 듣고 와서 이 성전을 향하여 기도하거든 주는 계신 곳 하늘에서 들으시고 이방인이 주께 부르짖는 대로 이루사 땅의 만민이 주의 이름을 알고 주의 백성 이스라엘처럼 경외하게 하시오며 또 내가 건축한 이 성전을 주의 이름으로 일컫는 줄을 알게 하옵소서"(왕상 8:41-43).

이상의 검토는 그리스도인의 진실한 고백은 하나님은 살아 계시며, 역사를 섭리하신다는 것이 됨으로써 복을 누리게 된다는 것을 가르쳐 준다. "좋은 소식을 전하며 평화를 공포하며 복된 좋은 소식을 가져오며 구원을 공포하며 시온을 향하여 이르기를 네 하나님이 통치하신다 하는 자의 산을 넘는 발이 어찌 그리 아름다운가"(사 52:7). 그러나 사람의 삶은 섭리 가운데 이루어지는 선택의 연속이다. 그리고 그 선택은 의인 아니면 악인 그 누군가의 미움을 받는 것이 될 수밖에 없다. 그리스도인이요 역사가라면 올바른 선택을 해야 한다. "불의한 자는 의인에게 미움을 받고 바르게 행하는 자는 악인에게 미움을 받느니라"(잠 29:27).

3. 보편사관(普遍史觀)

하나님의 주권은 삶의 전 영역에 미친다. 그것은 자연, 짐승, 인간, 영계, 그리고 역사까지도 관장한다. 따라서 모든 삶의 영역에 있어 진정한 주인은 하나님이라고 말할 수 있다. "네 구속자는 이스라엘의 거룩한 이시라 그는 온 땅의 하나님이라 일컬음을 받으실 것이라"(사 54:5, 8). "이 그릇은 우리니 곧 유대인 중에서뿐 아니라 이방인 중에서도 부르신 자니라 호세아의 글에도 이르기를 내가 내 백성 아닌 자를 내 백성이라, 사랑하지 아니한 자를 사랑한 자라 부르리라 너희는 내 백성이 아니라 한 그 곳에서 그들이 살아 계신 하나님의 아들이라 일컬음을 받으리라 함과 같으니라"(롬 9:24-26). 사마리아 여인에게 "여자여 내 말을 믿으라 이 산에서도 말고 예루살렘에서도 말고 너희가 아버지께 예배할 때가 이르리라"(요 4:21)라고 말하는 데서 보편사관을 볼 수 있다.

하나님이 이끄시는 역사는 보편사로서 특정한 지역이나 민족, 그리고 시대에 국한되지 않는다. 오히려 그것은 전 인류와 전 시대를 포함한다. 즉 전체 세상의 주인이 하나님이라는 사실에 기초한 것이 보편사관이다. '몸을 산제사로 드리는 것이 영적 예배' 라는 말씀(롬 12:1)은 얼마나 재미있는 표현인가? 육이 영이라고 말하니까 말이다. 이 말씀이야말로 육신과 영혼, 세상과 교회, 성직자와 평신도 등과 같은 이분법에 대해 진지하게 성찰할 기회를 제공한다.

이스라엘만이 하나님의 것인가? 그렇다면 그리스와 로마는 누구의 것인가? 모든 진리는 하나님의 진리이다.[42] 그리고 하나님은 세상이 그분에게 속한 그런 하나님이다(출 19:5). "너희와 함께 거류하는 타국인이 여호와의 유월절을 지키고자 하거든 그 모든 남자는 할례를 받은 후에야 가까이 하여 지킬지니 곧 그는 본토인과 같이 될 것이나 할례 받지 못한 자는 먹지 못할 것이니라 본토인에게나 너희 중에 거류하는 이방인에게 이 법이 동일하니라"(출 12:48-49). "일곱째 날은 네 하나님 여호와의 안식일인즉 너나 네 아들이나 네 딸이나 네 남종이나 네 여종이나 네 가축이나 네 문안에 머무는 객이라도 아무 일도 하지 말라"(출 20:10). "너는 또 그들에게 이르라 이스라엘 집 사람이나 혹은 그들 중에 거류하는 거류민이 번제나 제물을 드리되"(레 17:8). "모세가 그에게 이르되 네가 나를 두고 시기하느냐 여호와께서 그의 영을 그의 모든 백성에게 주사 다 선지자가 되게 하시기를 원하노라"(민 11:29).

구약에서 볼 수 있는 도피성도 하나님의 보편주의를 보여준다. "이 여섯 성읍은 이스라엘 자손과 타국인과 이스라엘 중에 거류하는 자의 도피성이 되리니 부지중에 살인한 모든 자가 그리로 도피할 수 있으리라"(민 35:15). "하늘은 기뻐하고 땅은 즐거워하며 모든 나라 중에서는 이르기를 여호와께서 통치하신다 할지로다"(대상 16:31). 신약은 몰라도 구약에서 이런 보편주의를 발견한다는 것은 그냥 보아 넘길 일이 아니다.

솔로몬은 이스라엘의 왕이었지만 이방 백성들을 위해서도 배려하고, 기도함으로써 그가 믿는 하나님에 대한 신앙의 보편성과 보편사관을 받아들이는 입장에 있었다. "주의 백성 이스라엘에 속하지 않은 이방인에게 대하여도 그들이 주의 큰 이름과 능한 손과 펴신 팔을 위하여 먼 지방에서 와서 이 성전을 향하여 기도하거든 주는 계신 곳 하늘에서 들으시고 모든 이방인이 주께 부르짖는 대로 이루사 땅의 만민이 주의 이름을 알고 주의 백성 이스라엘처럼 경외하게 하시오며 또 내가 건축한 이 성전을 주의 이름으로 일컫는 줄을 알게 하옵소서"(대하 6:32-33).

---

42) 아더 홈스, 『모든 진리는 하나님의 진리이다(*All Truth is God's Truth*)』, 서원모 역 (고양: 크리스찬다이제스트사, 2000)를 참고하라.

솔로몬은 물론 선지자들도 이런 보편주의를 보여주었다. "모든 사람에게 임하는 그 모든 것이 일반이라 의인과 악인, 선한 자와 깨끗한 자와 깨끗하지 아니한 자, 제사를 드리는 자와 제사를 드리지 아니하는 자에게 일어나는 일들이 모두 일반이니 선인과 죄인, 맹세하는 자와 맹세하기를 무서워하는 자가 일반이로다"(전 9:2). "이스라엘 족속 중에 있는 이방인 중에 마음과 몸에 할례를 받지 아니한 이방인은 내 성소에 들어오지 못하리라"(겔 44:9).

민족주의적 경향이 컸었으리라고 생각하는 구약시대에 모세오경을 중심으로 나타나는 보편주의는 신약의 복음이 보여주는 그것과는 다르게 더 큰 관심을 끌 수 있다고 본다. "내가 그 때에 너희의 재판장들에게 명하여 이르기를 너희가 너희의 형제 중에서 송사를 들을 때에 쌍방간에 공정히 판결할 것이며 그들 중에 있는 타국인에게도 그리 할 것이라"(신 1:16).

나무를 패는 자들로부터 물 긷는 자까지 다 하나님 여호와 앞에 섰다는 말은 빈부귀천이 하나님 앞에서 의미 없는 것임을 보여준다(신 2:9-11). "일곱째 날은 네 하나님 여호와의 안식일인즉 너나 네 아들이나 네 딸이나 네 남종이나 네 여종이나 네 소나 네 나귀나 네 모든 가축이나 네 문 안에 유하는 객이라도 아무 일도 하지 못하게 하고 네 남종이나 네 여종에게 너 같이 안식하게 할지니라"(신 5:14).

"너와 네 자녀와 노비와 네 성중에 있는 레위인과 및 너희 중에 있는 객과 고아와 과부가 함께 네 하나님 여호와께서 자기의 이름을 두시려고 택하신 곳에서 네 하나님 여호와 앞에서 즐거워할지니라"(신 16:11, 14)라는 말씀도 그렇다. 하나님 앞에서 차별은 사라진다. "온 이스라엘이 네 하나님 여호와 앞 그가 택하신 곳에 모일 때에 이 율법을 낭독하여 온 이스라엘에게 듣게 할지니 곧 백성의 남녀와 어린이와 네 성읍 안에 거류하는 타국인을 모으고 그들에게 듣고 배우고 네 하나님 여호와를 경외하며 이 율법의 모든 말씀을 지켜 행하게 하고 또 너희가 요단을 건너가서 차지할 땅에 거주할 동안에 이 말씀을 알지 못하는 그들의 자녀에게 듣고 네 하나님 여호와 경외하기를 배우게 할지니라"(신 31:11-13).

하나님의 계시와 은총은 언제나 보편적으로 임한다. “하나님은 모든 육체의 생명의 하나님이시다”(민 16:22). “나는 여호와요 모든 육체의 하나님이라 내게 할 수 없는 일이 있겠느냐”(렘 32:27). 이것은 일반은총이나 일반계시의 영역을 소홀히 여길 수 없음을 보여준다. “만일 육신으로 사는 이것이 내 일의 열매일진대 무엇을 택해야 할는지 나는 알지 못하노라 내가 그 둘 사이에 끼었으니 차라리 세상을 떠나서 그리스도와 함께 있는 것이 훨씬 더 좋은 일이라 그렇게 하고 싶으나 내가 육신으로 있는 것이 너희를 위하여 더 유익하리라”(빌 1:22-24). 하나님은 바벨론에 대한 계획과 갈대아 사람에 대한 생각을 또한 갖고 계시다. “바벨론에 대한 여호와의 계획과 갈대아 사람의 땅에 대하여 품은 여호와의 생각을 들으라”(렘 50:45).

아울러 하나님은 타국인으로 바벨론을 치기도 하신다. “내가 타국인을 바벨론에 보내어 키질하여 그의 땅을 비게 하리니 재난의 날에 그를 에워싸고 치리로다”(렘 51:34). 이것은 가능성이 아니라 역사적 사실이다. “화살을 갈며 둥근 방패를 준비하라 여호와께서 메대 왕들의 마음을 부추기사 바벨론을 멸하기로 뜻하시나니 이는 여호와께서 보복하시는 것 곧 그의 성전을 위하여 보복하시는 것이라 바벨론 성벽을 향하여 깃발을 세우고 튼튼히 지키며 파수꾼을 세우며 복병을 매복시켜 방비하라 이는 여호와께서 바벨론 주민에 대하여 말씀하신 대로 계획하시고 행하심이로다 많은 물 가에 살면서 재물이 많은 자여 네 재물의 한계 곧 네 끝이 왔도다 만군의 여호와께서 자기의 목숨을 두고 맹세하시되 내가 진실로 사람을 메뚜기 같이 네게 가득하게 하리니 그들이 너를 향하여 환성을 높이리라 하시도다”(렘 51:12-14).

보편사관은 일반적으로 생각하는 것보다 더 많이 구약에 나타나고 있다. “주의 백성 이스라엘에 속하지 아니한 자 곧 주의 이름을 위하여 먼 지방에서 온 이방인이라도 그들이 주의 크신 이름과 주의 능한 손과 주의 펴신 팔의 소문을 듣고 와서 이 성전을 향하여 기도하거든 주는 계신 곳 하늘에서 들으시고 이방인이 주께 부르짖는 대로 이루사 땅의 만민이 주의 이름을 알고 주의 백성 이스라엘처럼 경외하게 하시오며 또 내가 건축한 이 성전을 주의 이름으로 일컫는 줄을 알게 하옵소서"(왕상 8:41-43).

하나님의 제사장으로서, 그리고 역사가로서의 신분의식을 갖고 사는 데 있어서 세상에서 가장 오래되고 고질적인 남녀 차별은 이미 구약시대에 극복되고 있었다. 슬로브핫의 딸들이 기업을 무르게 된 일(민 27:4-7)이나 욥이 딸들의 이름을 열거하며, 아들들과 동일하게 재산을 나누는 일(욥 42:15)에서 이런 전통을 쉽게 확인할 수 있다.

하나님은 이스라엘 이외의 나라들에 대해서도 섭리하신다. "내가 애굽인을 잔인한 주인의 손에 붙이리니 포학한 왕이 그들을 다스리리라 주 만군의 여호와의 말씀이니라"(사 19:4). "여호와께서 애굽을 치실지라도 치시고는 고치실 것이므로 그들이 여호와께로 돌아올 것이라 여호와께서 그들의 간구함을 들으시고 그들을 고쳐 주시리라"(사 19:22). 이것은 너무나 명확하게 언급되어 있다. "그 날에 이스라엘이 애굽 및 앗수르와 더불어 셋이 세계 중에 복이 되리니 이는 만군의 여호와께서 복 주시며 이르시되 내 백성 애굽이여, 내 손으로 지은 앗수르여, 나의 기업 이스라엘이여, 복이 있을지어다 하실 것임이라"(사 19:24-25).

이방인을 향한 선지자의 예언은 그들이 하나님의 집에서 기도하게 된다는 것이었다. "여호와와 연합하여 그를 섬기며 여호와의 이름을 사랑하며 그의 종이 되며 안식일을 지켜 더럽히지 아니하며 나의 언약을 굳게 지키는 이방인마다 내가 곧 그들을 나의 성산으로 인도하여 기도하는 내 집에서 그들을 기쁘게 할 것이며 그들의 번제와 희생을 나의 제단에서 기꺼이 받게 되리니 이는 내 집은 만민이 기도하는 집이라 일컬음이 될 것임이라"(사 56:6-7).

일반적으로 생각하는 것 이상으로 많은 보편주의가 성경에 등장한다는 사실에 주목할 필요가 있다. 인류로 하여금 하나님의 백성 삼으시고, 구원하기 위한 하나님의 계획은 세상에서 볼 수 있는 그 어떤 인간적 구분도 넘어선다. "만일 타국인이 너희 중에 거류하여 여호와 앞에 유월절을 지키고자 하면 유월절 율례대로 그 규례를 따라서 행할지니 거류민에게나 본토인에게나 그 율례는 동일할 것이니라"(민 9:14). 이스라엘의 규례는 이방인에게 열려 있었다.

하나님의 축복과 말씀도 이방인을 향해 열려 있었다. "온 이스라엘과 그 장로들과 관리들과 재판장들과 본토인뿐 아니라 이방인까지 여호와의 언약궤를 멘 레위 사람 제사장들 앞에서 궤의 좌우에 서되 절반은 그리심 산 앞에, 절반은 에발 산 앞에 섰으니 이는 전에 여호와의 종 모세가 이스라엘 백성에게 축복하라고 명령한 대로 함이라"(수 8:33). "모세가 명령한 것은 여호수아가 이스라엘 온 회중과 여자들과 아이와 그들 중에 동행하는 거류민들 앞에서 낭독하지 아니한 말이 하나도 없었더라"(수 8:35).

하나님은 이방인에게 경외의 대상이 되시며, 그들 또한 다스리신다. "주는 계신 곳 하늘에서 들으시고 모든 이방인이 주께 부르짖는 대로 이루사 땅의 만민이 주의 이름을 알고 주의 백성 이스라엘처럼 경외하게 하시오며 또 내가 건축한 이 성전을 주의 이름으로 일컫는 줄을 알게 하옵소서"(대하 6:33). "우리 조상들의 하나님 여호와여 주는 하늘에서 하나님이 아니시니이까 이방 사람들의 모든 나라를 다스리지 아니하시나이까"(대하 20:6).

하나님은 사람들 사이의 장벽을 무너뜨리는 분이다. "백성과 제사장이 같을 것이며 종과 상전이 같을 것이며 여종과 여주인이 같을 것이며 사는 자와 파는 자가 같을 것이며 빌려 주는 자와 빌리는 자가 같을 것이며 이자를 받는 자와 이자를 내는 자가 같을 것이라"(사 24:2). 성경에는 포용적이고 보편사관적인 태도가 있다. "주 여호와가 이같이 이르노라 내가 뭇 나라를 향하여 나의 손을 들고 민족들을 향하여 나의 기치를 세울 것이라 그들이 네 아들들을 품에 안고 네 딸들을 어깨에 메고 올 것이며 왕들은 네 양부가 되며 왕비들은 네 유모가 될 것이며 그들이 얼굴을 땅에 대고 네게 절하고 네 발의 티끌을 핥을 것이니 네가 나를 여호와인 줄을 알리라 나를 바라는 자는 수치를 당하지 아니하리라"(사 49:22-23).

하나님은 이스라엘 안에 갇혀 계신 분이 아니다. "여호와께 연합한 이방인은 말하기를 여호와께서 나를 그의 백성 중에서 반드시 갈라내시리라 하지 말며 고자도 말하기를 나는 마른 나무라 하지 말라…여호와와 연합하여 그를 섬기며 여호와의 이름을 사랑하며 그의 종이 되며 안식일을 지켜 더럽히지 아니하며 나의 언약을 굳게 지키는 이방인마다 내가 곧 그들을 나의 성산으로 인도하여 기도하는 내 집에서 그들을 기쁘게 할 것이며 그들의 번제와 희생을 나의 제단에서 기꺼이 받게 되리니 이는 내 집은 만민이 기도하는 집이라 일컬음이 될 것임이라"(사 56:3-7). "나는 나를 구하지 아니하던 자에게 물음을 받았으며 나를 찾지 아니하던 자에게 찾아냄이 되었으며 내 이름을 부르지 아니하던 나라에 내가 여기 있노라 내가 여기 있노라 하였노라"(사 65:1).

하나님을 향한 찬양과 그의 돌보심 또한 지역을 초월한다. "너희가 동방에서 여호와를 영화롭게 하며 바다 모든 섬에서 이스라엘의 하나님 여호와의 이름을 영화롭게 할 것이라 땅 끝에서부터 노래하는 소리가 우리에게 들리기를 의로우신 이에게 영광을 돌리세 하도다"(사 24:15-16). "여호와께서 이와 같이 말씀하시되 너희가 정의와 공의를 행하여 탈취 당한 자를 압박하는 자의 손에서 건지고 이방인과 고아와 과부를 압제하거나 학대하지 말며 이곳에서 무죄한 피를 흘리지 말라"(렘 22:3). "나는 가까운 데에 있는 하나님이요 먼 데에 있는 하나님은 아니냐 여호와의 말씀이니라 사람이 내게 보이지 아니하려고 누가 자신을 은밀한 곳에 숨길 수 있겠느냐 여호와가 말하노라 나는 천지에 충만하지 아니하냐"(렘 23:23-24).

모압에도 벌을 내리시는 분이 하나님이다. "내가 모압에 벌을 내리리니 내가 주 여호와인 줄을 너희가 알리라"(겔 25:11). 물론 에돔에 대해서도 하나님의 섭리는 유효하다. "내가 내 백성 이스라엘의 손으로 내 원수를 에돔에게 갚으리니 그들이 내 진노와 분노를 따라 에돔에 행한즉 내가 원수를 갚음인 줄을 에돔이 알리라 주 여호와의 말씀이니라"(겔 25:14).

하나님은 블레셋 사람들에게도 벌을 주심으로써 하나님이심을 알게 하신다. "분노의 책벌로 내 원수를 그들에게 크게 갚으리라 내가 그들에게 원수를 갚은즉 내가 여호와인 줄을 그들이 알리라 하시니라"(겔 25:17). "너희 사방에 남은 이방 사람이 나 여호와가 무너진 곳을 건축하며 황폐한 자리에 심은 줄을 알리라 나 여호와가 말하였으니 이루리라"(겔 36:36). "너희는 이 땅을 나누되 제비 뽑아 너희와 너희 가운데에 머물러 사는 타국인 곧 너희 가운데에서 자녀를 낳은 자의 기업이 되게 할지니 너희는 그 타국인을 본토에서 난 이스라엘 족속 같이 여기고 그들도 이스라엘 지파 중에서 너희와 함께 기업을 얻게 하되 타국인이 머물러 사는 그 지파에서 그 기업을 줄지니라"(겔 47:22-23).

신약의 보편주의는 누구도 부인할 수 없다. "사람들이 동서남북으로부터 와서 하나님의 나라 잔치에 참여하리니 보라 나중 된 자로서 먼저 될 자도 있고 먼저 된 자로서 나중 될 자도 있느니라"(눅 13:29-30; 마 8:11 참조). 구원의 보편적 성격은 죄인이나 세리와의 교제에서도 찾아볼 수 있다. "예수께서 마태의 집에서 앉아 음식을 잡수실 때에 많은 세리와 죄인들이 와서 예수와 그의 제자들과 함께 앉았더니 바리새인들이 보고 그의 제자들에게 이르되 어찌하여 너희 선생은 세리와 죄인들과 함께 잡수시느냐 예수께서 들으시고 이르시되 건강한 자에게는 의사가 쓸 데 없고 병든 자에게라야 쓸 데 있느니라 너희는 가서 내가 긍휼을 원하고 제사를 원하지 아니하노라 하신 뜻이 무엇인지 배우라 나는 의인을 부르러 온 것이 아니요 죄인을 부르러 왔노라 하시니라"(마 9:10-13). 이렇게 해서 성경에서는 모든 차별과 장벽이 무너진다. "너희는 랍비라 칭함을 받지 말라 너희 선생은 하나요 너희는 다 형제니라"(마 23:8).

복음은 '온 백성에게 미칠 큰 기쁨의 좋은 소식'(눅 2:10)이라는 말에서 알 수 있듯이 그것은 보편사관에 입각해 있다. "모든 육체(all mankind)가 하나님의 구원하심을 보리라"(눅 3:6). "오직 너희는 원수를 사랑하고 선대하며 아무 것도 바라지 말고 꾸어 주라 그리하면 너희 상이 클 것이요 또 지극히 높으신 이의 아들이 되리니 그는 은혜를 모르는 자와 악한 자에게도 인자하시니라"(눅 6:35)라는 말씀은 보편사관의 필요성을 보여준다.

십자가 위에 있었던 기록인 '나사렛 예수 유대인의 왕'이란 말이 히브리, 로마, 헬라(그리스) 말로 기록된 것(요 19:19-20)은 복음의 보편적 성격과 역사관을 반영한 것으로 보인다. 하나님은 누구나의 하나님이시다. "성경이 바로에게 이르시되 내가 이 일을 위하여 너를 세웠으니 곧 너로 말미암아 내 능력을 보이고 내 이름이 온 땅에 전파되게 하려 함이라"(롬

9:17). "하나님은 다만 유대인의 하나님이시냐 또한 이방인의 하나님은 아니시냐 진실로 이방인의 하나님도 되시느니라"(롬 3:29). "너희가 회개하여 각각 예수 그리스도의 이름으로 세례를 받고 죄 사함을 받으라 그리하면 성령의 선물을 받으리니 이 약속은 너희와 너희 자녀와 모든 먼 데 사람 곧 주 우리 하나님이 얼마든지 부르시는 자들에게 하신 것이라"(행 2:38-39)라는 선언은 보편사관의 지배를 받는 구원사를 보여준다.

회심 이후 바울의 삶을 강하게 지배한 요소들 중에는 보편사관이 있다. "헬라인이나 야만인이나 지혜 있는 자나 어리석은 자에게 다 내가 빚진 자라"(롬 1:14). "이 복음은 모든 믿는 자에게 구원을 주시는 하나님의 능력이 됨이라 먼저는 유대인에게요 그리고 헬라인에게로다"(롬 1:16). 바울은 아브라함의 역사적 사례를 토대로 믿음으로 의롭게 된다는 사실을 말하고, 다윗의 역사를 근거로 값없이 의롭게 여김을 받는 사람의 행복에 관해 말하였다(롬 4:1-8). 계속하여 그는 아브라함의 개인적 삶의 역사를 오직 믿음의 의로 구원 받는 원리로 설명하는 가운데, 그가 모든 사람, 많은 민족의 조상이 되었음을 선언함으로써 보편사관을 보여주었다(롬 4:9-22).

바울은 이방인을 향하는 빛이 됨과 동시에 땅 끝까지 구원을 이루는 도구가 된 자신을 통해 구원의 보편사관을 보여준다. "우리가 이방인에게로 향하노라 주께서 이같이 우리에게 명하시되 내가 너를 이방의 빛으로 삼아 너로 땅 끝까지 구원하게 하리라 하셨느니라"(행 13:46-47). 이와 같은 바울의 전도가 있음으로써 많은 이방인들이 듣고 기뻐하여 하나님의 말씀을 찬송하며 영생의 길로 돌아왔다(행 13:48).

'이방인들에게 믿음의 문을 여신 것' (행 14:27), '이방인들이 주께 돌아온 일' (행 15:3), '이방인에게 할례를 베풀고, 모세의 율법을 지키라 명하는 것' (행 15:5), '이방인들로 복음의 말씀을 들어 믿게 하시는 것' (행 15:7), '이방인에게 성령을 주어 증거하신 것' (행 15:8), '믿음으로 유대인이나 이방인을 분간치 못하게 된 것' (행 15:9), '이방인들도 유대인과 동일하게 예수의 은혜로 구원받는 것' (행 15:11), '이방인들로 주를 찾게 하는 것' (행 15:17), '이방인 중에 하나님께로 돌아오는 자가 있는 것' (행

15:19), '이방인 형제에게 문안하는 것' (행 15:23), '주의 말씀을 모든 사람에게 전한 것' (행 16:31) 등의 내용은 성경적 신앙과 기독교 역사와 관련한 보편사관을 분명하게 보여주는 표현들이다.

"안식일마다 바울이 회당에서 강론하고 유대인과 헬라인을 권면하니라" (행 18:4)와 "바울이 하나님의 말씀에 붙잡혀 유대인들에게 예수는 그리스도라 밝히 증언하니 그들이 대적하여 비방하거늘 바울이 옷을 털면서 이르되 너희 피가 너희 머리로 돌아갈 것이요 나는 깨끗하니라 이 후에는 이방인에게로 가리라"(행 18:6)라는 말씀은 보편사관의 지배 아래 있는 구원사를 보여준다. 바울은 '유대인과 헬라인들에게 하나님께 대한 회개와 우리 주 예수 그리스도께 대한 믿음을 증언한 것' (행 20:21)을 말함으로써 보편사관을 보여준다.

바울에게 있어 자신의 회심 사건은 평생을 두고 잊을 수 없는 일이었다. 그 사건은 이방인을 위해 선택된 그릇이라는 말과 함께 그의 삶에는 물론 역사관에도 영향을 끼쳤다. 그는 기회만 있으면 이방인과 유대인의 구원을 함께 말함으로써 보편사관을 보여주게 되었다(행 26:8-18). 바울의 보편사관은 죄, 그리고 믿음으로 구원이라는 은혜 모두와 관련해서 동일하게 나타난다. 먼저 모든 사람이 죄 아래 있다는 사실은 "그러면 어떠하냐 우리는 나으냐 결코 아니라 유대인이나 헬라인이나 다 죄 아래에 있다고 우리가 이미 선언하였느니라"(롬 3:9)라는 그의 말에서 쉽게 찾아볼 수 있다.

사람이 처한 세상에서의 조건에 상관없이 믿음으로 구원이라는 은혜와 관련해서는 바울의 글 여러 곳에서 찾아볼 수 있으나 대표적인 것을 본다면 아래 인용한 성경이 될 수 있을 것이다. "이제는 율법 외에 하나님의 한 의가 나타났으니 율법과 선지자들에게 증거를 받은 것이라 곧 예수 그리스도를 믿음으로 말미암아 모든 믿는 자에게 미치는 하나님의 의니 차별이 없느니라…그러므로 사람이 의롭다 하심을 얻는 것은 율법의 행위에 있지 않고 믿음으로 되는 줄 우리가 인정하노라 하나님은 다만 유대인의 하나님이시냐 또한 이방인의 하나님은 아니시냐 진실로 이방인의 하나님도 되시느니라 할례자도 믿음으로 말미암아 또한 무할례자도 믿음으로 말미암아 의롭다 하실 하나님은 한 분이시니라"(롬 3:21-30).

바울의 사역도 성경에 나타난 보편사관의 좋은 예가 된다. "이 사람은 내 이름을 이방인과 임금들과 이스라엘 자손들에게 전하기 위하여 택한 나의 그릇이라"(행 9:15). 고넬료와 베드로에게 보여진 환상이나 들려진 소리는 하나님의 구원이 보여주는 보편사관을 분명하게 인식시키려는 하나님의 의지를 반영한 것으로 보인다(행 10:16). 그 후에 있었던 베드로와 고넬료의 만남이 이것을 보여준다. 백부장 고넬료는 경건한 사람으로서 하나님의 사자 즉 천사의 지시를 받아 베드로를 자기 집으로 안내했고(행 10:1-8, 22), 베드로는 하나님의 지시를 받아 유대인들이 지켜 온 전통을 깨면서 그와의 교제를 위해 방문하였으며(행 10:9-28), 그의 간증을 듣게 되었다(행 10:30-33).

고넬료의 말을 들은 후에 베드로는 "내가 참으로 하나님은 사람의 외모를 보지 아니하시고 각 나라 중 하나님을 경외하며 의를 행하는 사람은 다 받으시는 줄 깨달았도다"(행 10:35)라는 보편사관으로 대답하였고, 만유의 주 되신 예수 그리스도의 복음을 전하였다(행 10:36-43). 이방인을 포함하여 그곳에 모인 모든 자들에게 성령이 임한 것을 보고 베드로는 말하였다. "이 사람들이 우리와 같이 성령을 받았으니 누가 능히 물로 세례 베풂을 금하리요"(행 10:47).

이방인이 성령과 하나님의 말씀을 받은 사건은 할례를 존중하는 유대인들에게는 의외의 일이었다. 그래서 베드로가 예루살렘에 갔을 때 할례자들은 무할례자와 교제한 것을 근거로 그를 비난하였다(행 11:1-3). 그러나 베드로는 고넬료로 인해 겪은 자신의 일을 간증하고, "하나님이 우리가 주 예수 그리스도를 믿을 때에 주신 것과 같은 선물을 그들에게도 주셨으니 내가 누구이기에 하나님을 능히 막겠느냐"(행 11:17)라고 반문하였다. 그러자 그들이 보인 반응은 "잠잠하여 하나님께 영광을 돌려 이르되 그러면 하나님께서 이방인에게도 생명 얻는 회개를 주셨도다"(행 11:18)였다.

위의 이야기에서 가장 강조되어야 할 것은 복음이 보여주는 보편사관이다. "하나님께서 이방인에게도 생명 얻는 회개를 주셨도다"(행 11:18). "그 중에 구브로와 구레네 몇 사람이 안디옥에 이르러 헬라인에게도 말하여 주 예수를 전파하니 주의 손이 그들과 함께 하시매 수많은 사람들이 믿고 주께 돌아오더라"(행 11:20-21). 일반은총을 베푸시고, 일반계시를 통해 당신을 나타내신 하나님이다. "바울과 바나바가 담대히 말하여 이르되 하나님의 말씀을 마땅히 먼저 너희에게 전할 것이로되 너희가 그것을 버리고 영생을 얻기에 합당하지 않은 자로 자처하기로 우리가 이방인에게로 향하노라 주께서 이같이 우리에게 명하시되 내가 너를 이방의 빛으로 삼아 너로 땅 끝까지 구원하게 하리라 하셨느니라 하니 이방인들이 듣고 기뻐하여 하나님의 말씀을 찬송하며 영생을 주시기로 작정된 자는 다 믿더라 주의 말씀이 그 지방에 두루 퍼지니라"(행 13:46-49).

복음은 인종적이거나 민족적인 구별을 넘어서 보편주의를 지향한다. "하나님이 지나간 세대에는 모든 민족으로 자기들의 길들을 가게 방임하셨으나 그러나 자기를 증언하지 아니하신 것이 아니니 곧 여러분에게 하늘로부터 비를 내리시며 결실기를 주시는 선한 일을 하사 음식과 기쁨으로 여러분의 마음에 만족하게 하셨느니라"(행 14:16-17). "베드로에게 역사하사 그를 할례자의 사도로 삼으신 이가 또한 내게 역사하사 나를 이방인의 사도로 삼으셨느니라"(갈 2:8). "이는 이방인들이 복음으로 말미암아 그리스도 예수 안에서 함께 상속자가 되고 함께 지체가 되고 함께 약속에 참여하는 자가 됨이라"(엡 3:6). 이렇게 해서 이방인에게도 복음의 문이 열린 것이다(행 14:27).

바울은 자신의 보편사관을 피력함에 있어서 선지자의 글을 사료로 삼아 인용하였다. "호세아의 글에도 이르기를 내가 내 백성 아닌 자를 내 백성이라, 사랑하지 아니한 자를 사랑한 자라 부르리라 너희는 내 백성이 아니라 한 그 곳에서 그들이 살아 계신 하나님의 아들이라 일컬음을 받으리라 함과 같으니라"(롬 9:26-27).

구원의 역사에서는 예수 그리스도가 주인이 되시며, 유대인이나 헬라인 누구든지 그의 이름을 부르는 자는 구원을 받는 보편사관이 지배한다. "네가 만일 네 입으로 예수를 주로 시인하며 또 하나님께서 그를 죽은 자 가운데서 살리신 것을 네 마음에 믿으면 구원을 받으리라 사람이 마음으로 믿어 의에 이르고 입으로 시인하여 구원에 이르느니라 성경에 이르되 누구든지 그를 믿는 자는 부끄러움을 당하지 아니하리라 하니 유대인이나 헬라인이나 차별이 없음이라 한 분이신 주께서 모든 사람의 주가 되사 그를 부르는 모든 사람에게 부요하시도다 누구든지 주의 이름을 부르는 자는 구원을 받으리라"(롬 10:9-13).

예수님의 삶은 당신의 제자들을 위해 본이 된다. 그런데 그는 이방인들이 하나님께 영광을 돌리게 하려고 할례의 수종자가 되셨다고 한다(롬 15:5-9). 그렇다면 이방인에 대한 그의 사랑은 얼마나 큰 것인가? 여기서 바울은 그리스도인들이 가져야 할 보편사관을 보여주고 있다. '이방인' (롬 15:9, 16, 18)은 사도 바울이 존재하는 이유이며, 그리스도인이 갖는 보편사관의 근거이다. 복음 진리는 믿음, 소망, 사랑의 사람이 되게 한다. 아울러 복음은 온 천하에서 열매를 맺음으로써 보편사관의 지배를 받는다(골 1:5-6).

베드로의 보편사관은 반복해서 강조되고 있다. "많은 변론이 있은 후에 베드로가 일어나 말하되 형제들아 너희도 알거니와 하나님이 이방인들로 내 입에서 복음의 말씀을 들어 믿게 하시려고 오래 전부터 너희 가운데서 나를 택하시고 또 마음을 아시는 하나님이 우리에게와 같이 그들에게도 성령을 주어 증언하시고 믿음으로 그들의 마음을 깨끗이 하사 그들이나 우리나 차별하지 아니하셨느니라…우리는 그들이 우리와 동일하게 주 예수의 은혜로 구원 받는 줄을 믿노라 하니라"(행 15:7-11).

야고보도 아모스 선지자의 글(암 9:11-12)을 인용하여 보편사관을 지지하였다. "형제들아 내 말을 들으라 하나님이 처음으로 이방인 중에서 자기 이름을 위할 백성을 취하시려고 그들을 돌보신 것을 시므온이 말하였으니 선지자들의 말씀이 이와 일치하도다 기록된 바 이 후에 내가 돌아와서 다윗의 무너진 장막을 다시 지으며 또 그 허물어진 것을 다시 지어 일으키리니 이는 그 남은 사람들과 내 이름으로 일컬음을 받는 모든 이방인들로 주를 찾게 하려 함이라 하셨으니 즉 예로부터 이것을 알게 하시는 주의 말씀이라 함과 같으니라"(행 15:13-18).

보편사관은 평등주의를 지향하며, 기본적으로 남녀, 노소를 비롯한 사람들 사이에 나타나는 어떤 차별도 용납하지 않는다. "예수 그리스도를 믿음으로 말미암아 모든 믿는 자에게 미치는 하나님의 의니 차별이 없느니라"(롬 3:22). "유대인이나 헬라인이나 차별이 없음이라 한 분이신 주께서 모든 사람의 주가 되사 그를 부르는 모든 사람에게 부요하시도다"(롬 10:12). "헬라인이나 유대인이나 할례파나 무할례파나 야만인이나 스구디아인이나 종이나 자유인이 차별이 있을 수 없나니 오직 그리스도는 만유시요 만유 안에 계시니라 하나님의 의니 차별이 없느니라"(골 3:11). "주 안에는 남자 없이 여자만 있지 않고 여자 없이 남자만 있지 아니하니라 이는 여자가 남자에게서 난 것 같이 남자도 여자로 말미암아 났음이라"(고전 11:11-12).

아래 인용한 글은 복음에 나타난 보편성을 잘 보여준다. "남을 희망과 용기와 위로로 채워주면, 자신과 남 사이에는 누룩처럼 천천히 그러나 확실하게 하나님 나라의 모습이 드러나고, 둘 사이에 가로 놓여 있던 온갖 잘못된 장벽들, 성의 장벽, 인종의 장벽, 계급의 장벽, 종교의 장벽, 이념의 장벽 등이 무너지기 시작할 겁니다.…예수의 공생애 활동은 바로 이 장벽 허물기 활동이었습니다. 사도 바울도 이 정신에 따라 주인과 종의 벽, 유대인과 이방인의 벽, 남성과 여성의 벽을 헐어버렸습니다."[43)]

이스라엘은 하나님의 것, 미디안은 하나님의 적이라고 함부로 말해서는 안 된다. "우리 조상들의 하나님 여호와여 주는 하늘에서 하나님이 아니시니이까 이방 사람들의 모든 나라를 다스리지 아니하시나이까 주의 손에 권세와 능력이 있사오니 능히 주와 맞설 사람이 없나이다"(대하 20:6). "이스라엘 자손이 또 여호와의 목전에 악을 행하였으므로 여호와께서 칠 년 동안 그들을 미디안의 손에 넘겨 주시니 미디안의 손이 이스라엘을 이긴지라"(삿 6:1-2).

나아만 장군이 문둥병을 치유받기 전에 그를 통해 아람을 구원하신 분이

---

43) 한완상, 『예수 없는 예수 교회』(파주: 김영사, 2008), 140.

하나님이란 사실은 역사에 대한 보편사적 이해에 많은 시사점을 던져준다. “아람 왕의 군대 장관 나아만은 그의 주인 앞에서 크고 존귀한 자니 이는 여호와께서 전에 그에게 아람을 구원하게 하셨음이라”(왕하 5:1). 이방 나라인 아람을 그 나라 장군인 나아만을 통해 구원하게 하신 분이 하나님이시라는 것이다.

제사장 에스라가 율법책을 가지고 회중 앞 곧 남자나 여자나 알아들을 만한 모든 사람 앞에 이르러 수문 앞 광장에서 새벽부터 정오까지 남자나 여자나 알아들을 만한 모든 사람 앞에서 읽으매 뭇 백성이 그 율법책에 귀를 기울였다는 말(느 8:2-3)과 에스라가 모든 백성 위에 서서 그들 목전에 책을 펴니 책을 펼 때에 모든 백성이 일어서니라 에스라가 위대하신 하나님 여호와를 송축하매 모든 백성이 손을 들고 아멘 아멘 하고 응답하고 몸을 굽혀 얼굴을 땅에 대고 여호와께 경배했다는 말(느 8:5-6)에서 보편사관의 지배를 볼 수 있다. 즉 하나님의 구원과 심판은 만민을 대상으로 한다. 말하자면 하나님의 행위와 판단은 시간적으로나 공간적으로 보편적인 영향을 미친다.

하나님은 구원이 세상 모든 민족에게 미칠 것임을 기회 있을 때마다 알리셨다. “내가 그들의 행위와 사상을 아노라 때가 이르면 뭇 나라와 언어가 다른 민족들을 모으리니 그들이 와서 나의 영광을 볼 것이며 내가 그들 가운데에서 징조를 세워서 그들 가운데에서 도피한 자를 여러 나라 곧 다시스와 뿔과 활을 당기는 룻과 및 두발과 야완과 또 나의 명성을 듣지도 못하고 나의 영광을 보지도 못한 먼 섬들로 보내리니 그들이 나의 영광을 뭇 나라에 전파하리라”(사 66:18-19).

이와 같은 보편주의는 신약에서, 그리고 예수 그리스도의 말씀을 통해 더 적극적이고 포괄적인 형태로 나타난다. “네 이웃을 사랑하고 네 원수를 미워하라 하였다는 것을 너희가 들었으나 나는 너희에게 이르노니 너희 원수를 사랑하며 너희를 박해하는 자를 위하여 기도하라 이같이 한즉 하늘에 계신 너희 아버지의 아들이 되리니 이는 하나님이 그 해를 악인과 선인에게 비추시며 비를 의로운 자와 불의한 자에게 내려주심이라”(마 5:43-45).

백부장의 구원 이야기(마 8:13)와 "누구든지 목마르거든 내게로 와서 마시라"(요 7:37)라는 주님의 말씀은 구원에 대한 보편사관의 지배를 보여준다.

이사야, 예레미야, 호세아, 아모스 등 선지자들의 시대 이후로 여호와 하나님은 히브리인들의 신일 뿐만 아니라 하늘과 땅의 창조자로서 모든 역사와 민족의 심판자라는 것이 성경의 일반적인 가르침이다. 예를 들어 하나님은 만민의 심판자이다(히 12:23). 그래서 히브리 선지자들은 비록 하나님이 자신의 계시를 세상에 펼치는 데 사용하기 위해 자신들의 나라를 선택하고, 살아 있는 매개체로서의 특별한 사명을 부여하기는 했지만 동시에 이방인들의 하나님 또한 되신다고 가르쳤던 것이다.

바울은 할례자와 무할례자를 향해 진행되는 복음사역을 말하는 가운데 보편사관을 보여주었다. "그들은 내가 무할례자에게 복음 전함을 맡은 것이 베드로가 할례자에게 맡음과 같은 것을 보았고 베드로에게 역사하사 그를 할례자의 사도로 삼으신 이가 또한 내게 역사하사 나를 이방인의 사도로 삼으셨느니라 또 기둥 같이 여기는 야고보와 게바와 요한도 내게 주신 은혜를 알므로 나와 바나바에게 친교의 악수를 하였으니 우리는 이방인에게로, 그들은 할례자에게로 가게 하려 함이라"(갈 2:7-9).

하나님이신 예수님이 사람의 몸을 입고 역사 가운데 오신 이후에 많은 변화가 나타났다. 바울은 그 변화의 내용을 '율법으로부터 해방되는 것', '믿음으로 하나님의 아들로 인정받는 것', '민족이나 종교 그리고 신분이나 성별에 무관하게 그리스도의 사람 즉 아브라함의 자손이 되는 것' 이라고 말하였다. "믿음이 오기 전에 우리는 율법 아래에 매인 바 되고 계시될 믿음의 때까지 갇혔느니라…믿음이 온 후로는 우리가 초등교사 아래에 있지 아니하도다…너희는 유대인이나 헬라인이나 종이나 자유인이나 남자나 여자나 다 그리스도 예수 안에서 하나이니라 너희가 그리스도의 것이면 곧 아브라함의 자손이요 약속대로 유업을 이을 자니라"(갈 3:23-29).

이방에 속한 자들인 그리스도인은 하나님의 피조물임에 틀림이 없다. 그래서 하나님은 그들을 위한 계획을 갖고 계셨다. 그들은 원래 육체로는 이방인이요, 무할례당이었다. 따라서 그들은 이스라엘 밖에 있었고, 소망도 하나님도 없는 자들이었다. 그러나 예수 그리스도의 피 흘림으로 인해 둘 사이의 막힌 담이 무너졌다. 그렇게 해서 그 둘은 하나 되어 동일한 시민이요, 하나님의 권속이 되는 일이 가능하게 되었다(엡 2:10-19). 이방인의 사도 된 바울은 그 직임 하나만으로도 보편사관의 신봉자임을 잘 보여준다(엡 3:1). 여자들도 믿음과 사랑과 거룩함을 통해 구원을 얻게 되었다(딤전 2:15).

요한에게서 다시 보편사관과 만인제사장의 원리를 발견할 수 있다. "일찍이 죽임을 당하사 각 족속과 방언과 백성과 나라 가운데에서 사람들을 피로 사서 하나님께 드리시고 그들로 우리 하나님 앞에서 나라와 제사장들을 삼으셨으니 그들이 땅에서 왕 노릇 하리로다"(계 5:9-10). "내가 보니 각 나라와 족속과 백성과 방언에서 아무도 능히 셀 수 없는 큰 무리가 나와 흰 옷을 입고 손에 종려 가지를 들고 보좌 앞과 어린 양 앞에 서서 큰 소리로 외쳐 이르되 구원하심이 보좌에 앉으신 우리 하나님과 어린 양에게 있도다"(계 7:9-10)라는 말에서 보편사관을 찾을 수 있다.

이상에서 살펴본 바와 같이 복음은 시간적으로나 공간적으로 보편주의를 지향한다. 여기서 보편사관을 보게 된다. "다른 천사가 공중에 날아가는데 땅에 거주하는 자들 곧 모든 민족과 종족과 방언과 백성에게 전할 영원한 복음을 가졌더라"(계 14:6). 예수 그리스도로 말미암아 세상에 주어진 복음은 그가 오시기 전에 세상에 존재하던 어떤 차별도 극복함으로써 구원사를 보편사관 아래 있게 만드는 능력을 갖고 있다.

4. 종말사관(終末史觀)

암시적이든 명시적이든 종말론을 가지지 않고 혁명적인 역사관을 갖는 것은 어려운 일이다. 특히 그리스도인의 경우 역사와 종말론 사이의 직접적이고 정적인 관계를 보지 못하면서 역동적인 역사관을 주장하는 것은 불가능하다. 그런 점에서 성경적 신앙에 토대한 종말사관의 의미는 큰 것이다.[44]

지혜로워서 역사의식이 있는 사람은 강한 시간적 자각과 함께 종말을 생각한다. "만일 그들이 지혜가 있어 이것을 깨달았으면 자기들의 종말을 분별하였으리라"(신 32:29). 하나님이 다니엘을 통해 보여주신 느부갓네살의 환상은, 하나님이 세상 역사를 주관하심을 보여준다. 그것은 크게 두 가지 사실에 기초한다. 첫째는 하나님이 바벨론 이후 일어나게 될 대제국들의 역사를 미리 보여주셨다는 점이고, 둘째는 사람이 손대지 않은 돌이 나와서 신상을 무너뜨리고 온 세계에 가득하게 되었다는 것, 즉 모든 세상 역사의 마지막에 하나님이 다스리는 나라가 일어나고 결국 그 나라만이 영원할 것임을 보여주셨다는 점이다(단 2:36-49).

현재를 살아가는 그리스도인에게는 하나님이 세상 역사를 주관하신다는 큰 안목이 필요하다. 이것을 통해 하나님이 얼마나 위대한 분인지 알게 되기 때문이다. 좁은 안목으로 보면 세상 역사를 주관하실 만큼 큰 하나님을 개인의 하나님으로만 이해하게 되지만, 하나님은 개인의 구원뿐만 아니라 세상의 운명도 다스리시는 분이다. 사실 진정한 역사의 주인이라면 과거, 현재, 그리고 미래의 역사까지도 주관하셔야 한다. 그런 점에서 볼 때 하나님 이외의 어떤 존재도 역사의 주관자가 될 수는 없다. 오직 한 분 성경에 나타나신 하나님만이 진정 역사의 주인이 되실 수 있다.

이런 사상은 이사야에게서 강하게 나타난다. "내가 영원한 백성을 세운 이후로 나처럼 외치며 알리며 나에게 설명할 자가 누구냐 있거든 될 일과 장차 올 일을 그들에게 알릴지어다 너희는 두려워하지 말며 겁내지 말라 내가 예로부터 너희에게 듣게 하지 아니하였느냐 알리지 아니하였느냐 너희는 나의 증인이라 나 외에 신이 있겠느냐 과연 반석은 없나니 다른 신이 있음을 내가 알지 못하노라"(사 44:7-8).

성경에 나타난 역사관은 사람 개인과 인류의 종말을 인정하고 기다리는 종말사관의 특징을 포함한다. "나의 종말과 연한의 어떠함을 알게 하사 바

---

44) David E. Holwerda, "Eschatology and History," David E. Holwerda ed., *Exploring the Heritage of John Calvin* (Grands Rapids: Baker, 1976), 110-111.

로 나의 연약함을 알게 하소서"(시 39:4). "슬프다 그 날이여 여호와의 날이 가까웠나니 곧 멸망 같이 전능자에게로부터 이르리로다"(욜 1:15). "시온에서 나팔을 불며 나의 거룩한 산에서 경고의 소리를 질러 이 땅 주민들로 다 떨게 할지니 이는 여호와의 날이 이르게 됨이니라 이제 임박하였으니 곧 어둡고 캄캄한 날이요 짙은 구름이 덮인 날이라 새벽 빛이 산 꼭대기에 덮인 것과 같으니 이는 많고 강한 백성이 이르렀음이라 이와 같은 것이 옛날에도 없었고 이후에도 대대에 없으리로다"(욜 2:1-2). 그러나 기독교적이고 성경적인 종말은 그것이 가져올 궁극 목적인 구원에 대한 희망으로 인해 의미를 가지며, 과거와도 무관하지 않다.[45]

결국 성경적 신앙은 미래의 궁극적 소망을 보여주는 것으로 절망을 극복하게 한다. 그래서 "우리의 믿음은 현재가 아니라 미래에 그 뿌리를 두고 있다. 우리의 믿음은 우리 자신의 이야기가 아니라 더 넓은 우주의 이야기에 기초한다. 그리스도가 말씀하셨듯이 우리는 하루하루를 살면서 염려하지 말아야 할 뿐만 아니라 하나님 이야기의 마지막 장면이 어떤 것인지 이미 알기에 절망하지도 말아야 한다"[46]라는 말에 동의하게 된다.

여기서 종말사관의 기반이 되는 종말의식은 인류사를 통해 보편적으로 나타난다는 사실을 기억할 필요가 있다. 그것은 하나님께서 종말의식을 세상에서 사는 사람 누구에게나 조건 없이 주셨다는 것을 의미한다. 시간의 지배를 받는 것, 달리 말하면 죽음은 사람을 포함한 생명 있는 피조물에게 부여된 특징이자 한계로서 그를 하나님의 영원성과 차별화시키는 것이다. 하나님은 '세세토록 살아 계시는 이'(계 4:9, 10)이다.

죽음과 관련해서 상이한 고대 문명을 대표하는 메소포타미아와 그리스라는 두 이방 세계의 문학작품인 『길가메시』와 『일리아스』는 신의 영원성에 대비되는 것으로서 피할 수 없는 인간의 운명인 죽음에 대해 공히 인정

45) 움베르토 에코-카를로 마리아 마르티니, 『무엇을 믿을 것인가(*In Cosa Crede Chi Non Crede?*)』, 이세욱 역 (서울: 열린책들, 1998), 31-33.

46) 제임스 에머리 화이트, 『이해할 수 없는 하나님 사랑하기(*Embracing the Mysterious God*)』, 전의우 역 (서울: IVP, 2007), 150.

한다.[47] 아울러 그 작품들은 죽음 이후보다는 육신이 유지되는 이 세상에서의 삶에 더 관심을 집중시키는 문화를 발전시키는 데 기여하였다.

종말, 그리고 거기에서 드러나는 구원과 심판이라는 개념이 인류 사회에 보편적으로 존재한 것임을 상정하면서 다스튀르(Françoise Dastur)는 아래와 같이 말하였다. "최후의 심판을 향해 있는 시간성이라는 윤리적 창안은 단지 아브라함 종교에만 있는 것이 아니라, 너무 쉽게 잊어버리지만 이미 조로아스터교인들의 페르시아에서 나타나고 르낭이 잘 알고 있었듯이 구원의 교리, sotériologie(구원론)(구원자, 그리스어 sôtêr)라는 개념 자체도 거기서 나왔다."[48]

성경은 마지막에 있게 될 심판에 대해 언급한다. 진노의 날에 있을 하나님의 판단은 피할 수 없으며, 그것은 진리대로 이루어지는 의로운 판단으로서 각 사람이 행한 대로 보응을 받는 그런 심판이 될 것이다. 심판의 내용은 영생, 그리고 그에 대비되는 것으로서 환난과 곤고이다. 그것들은 세상에서 사는 동안 인내하며 선을 행하여 영광과 존귀와 썩지 아니할 것을 구하는 자와 당을 지어 진리를 좇지 아니하고 불의를 좇는 자에게 각각 나누어 주어진다.

악을 행하는 자에게는 유대인, 헬라인을 막론하여 환난과 곤고가 임하고, 선을 행하는 자에게는 유대인과 헬라인을 막론하고 영광과 존귀와 평강이 있다는 것이다(롬 2:1-10). 하나님은 종말의 날에 예수 그리스도로 말미암아 사람의 은밀한 것을 심판하신다(롬 2:16). 그리고 그 심판은 혹독한 것이 될 것이다. "화 있을진저 여호와의 날을 사모하는 자여 너희가 어찌하여 여호와의 날을 사모하느냐 그 날은 어둠이요 빛이 아니라"(암 5:18). "여호

---

47) "『길가메시』는 마치 『일리아스』의 예고편처럼 인간이 마주한 죽음의 숙명에 관한 에토스를 보여준다. 실제로 시인 자신도 시의 주제가 인간의 운명(*shimatu awilutim*)이라고 밝히고 있는데, 그 말은 신들의 영원한 생명과 대조되는 죽음이라는 뜻이다." 발터 부르케르트, 『그리스 문명의 오리엔트 전통(*BABYLON, MEMPHIS, PERSEPOLIS*)』, 남경태 역 (파주: 사계절, 2008), 45.

48) 프랑수아즈 다스튀르, 『죽음: 유한성에 관하여(*La mort –Essai sur la finitude*)』, 나길래 역 (서울: 동문선, 2003), 18-19.

와의 날은 빛 없는 어둠이 아니며 빛남 없는 캄캄함이 아니냐"(암 5:20).

바울은 이것을 다시 확인해 주었다. 즉 인생은 마지막에 영생 혹은 사망으로 갈라지게 된다는 것이다. "너희가 죄의 종이 되었을 때에는 의에 대하여 자유로웠느니라 너희가 그 때에 무슨 열매를 얻었느냐 이제는 너희가 그 일을 부끄러워하나니 이는 그 마지막이 사망임이라 그러나 이제는 너희가 죄로부터 해방되고 하나님께 종이 되어 거룩함에 이르는 열매를 맺었으니 그 마지막은 영생이라 죄의 삯은 사망이요 하나님의 은사는 그리스도 예수 우리 주 안에 있는 영생이니라"(롬 6:20-23).

그리스도 예수는 마지막 날에 산 자와 죽은 자를 심판하실 것이다(딤후 4:1). 이것은 구약으로부터 이어진 가르침이다. "여호와께서 땅 끝까지 선포하시되 너희는 딸 시온에게 이르라 보라 네 구원이 이르렀느니라 보라 상급이 그에게 있고 보응이 그 앞에 있느니라 하셨느니라"(사 62:11). 여호와는 심장을 살피며 폐부를 시험하고 각각 그의 행위와 그의 행실대로 보응하신다(렘 17:10). "보라 내가 너희의 악행 때문에 너희에게 보응하리라"(렘 23:2). "주는 책략에 크시며 하시는 일에 능하시며 인류의 모든 길을 주목하시며 그의 길과 그의 행위의 열매대로 보응하시나이다"(렘 32:19).

바울은 세상, 그리고 그 이후의 삶을 관련지으면서 "생각하건대 현재의 고난은 장차 우리에게 나타날 영광과 비교할 수 없도다"(롬 8:18)라고 말하였다. 그는 이것이 세상을 사는 그리스도인들의 삶의 원리가 되어야 한다고 본 것이다. 즉 세상에서는 고난을 감수하면서도 미래의 영광을 기억하는 인생을 살라는 것이 바울의 주장이다. 사람은 모두 하나님의 심판대 앞에서 설 것이며(롬 14:10), 그때 사람들은 하나님께 자기 일을 직고하게 된다(롬 14:12). 그리고 그리스도인은 그런 미래적 사실로부터 자신의 현재적 삶에 영향을 받아야 한다.

종말에 주님은 불꽃 가운데 나타나시며, 심판할 자들을 심판하실 것이다(욥 9:15). 여호와 하나님을 버리고 다른 신들에게 경배하는 것은 심판의 원인이 된다. "무리가 나를 버리고 다른 신들에게 분향하며 자기 손으로 만든 것들에 절하였은즉 내가 나의 심판을 그들에게 선고하여 그들의 모든 죄악을 징계하리라"(렘 1:16). "주 예수께서 자기의 능력의 천사들과 함께 하늘로부터 불꽃 가운데에 나타나실 때에 하나님을 모르는 자들과 우리 주 예수의 복음에 복종하지 않는 자들에게 형벌을 내리시리니 이런 자들은 주의 얼굴과 그의 힘의 영광을 떠나 영원한 멸망의 형벌을 받으리로다"(살후 1:7-9). 사람은 누구라도 심판날에 심문을 받는다(마 12:36). 그러나 그날에 깨닫는 것은 너무 늦다. "여호와의 진노는 그의 마음의 뜻한 바를 행하여 이루기까지는 돌이키지 아니하나니 너희가 끝날에 그것을 깨달으리라"(렘 30:24).

탐욕사관 또는 영웅사관으로는 영생을 얻을 수 없다. 그것을 위해서는 종말사관에 입각해서 갖게 되는 하나님 나라에 대한 소망이 필요하다. "예수께서 이르시되 내가 진실로 너희에게 이르노니 나와 복음을 위하여 집이나 형제나 자매나 어머니나 아버지나 자식이나 전토를 버린 자는 현세에 있어 집과 형제와 자매와 어머니와 자식과 전토를 백 배나 받되 박해를 겸하여 받고 내세에 영생을 받지 못할 자가 없느니라"(막 10:29-30).

이런 생각은 바울의 글은 물론 성경 전반에서 쉽게 발견할 수 있다. "내가 자책할 아무 것도 깨닫지 못하나 이로 말미암아 의롭다 함을 얻지 못하노라 다만 나를 심판하실 이는 주시니라 그러므로 때가 이르기 전 곧 주께서 오시기까지 아무 것도 판단하지 말라 그가 어둠에 감추인 것들을 드러내고 마음의 뜻을 나타내시리니 그 때에 각 사람에게 하나님으로부터 칭찬이 있으리라"(고전 4:4-5).

사람을 심판하거나 원수 갚는 것은 사람의 할 일이 아니다(히 10:30). 진정한 의미에서 판단은 하나님께 맡겨야 한다. "형제들아 서로 비방하지 말라 형제를 비방하는 자나 형제를 판단하는 자는 곧 율법을 비방하고 율법을 판단하는 것이라 네가 만일 율법을 판단하면 율법의 준행자가 아니요 재판관이로다 입법자와 재판관은 오직 한 분이시니 능히 구원하기도 하시며 멸하기도 하시느니라 너는 누구이기에 이웃을 판단하느냐"(약 4:11-12). "이것들을 증언하신 이가 이르시되 내가 진실로 속히 오리라 하시거늘 아멘 주 예수여 오시옵소서"(계 22:20).

그리스도인들이 갖는 종말사관은 그들로 하여금 세상의 일시적인 것들을 포기하게 만드는 경향이 있다. 따라서 종말사관을 가진 지도자는 세상의 것들 때문에 추한 모습을 보이지 않는다. 엘리사와 게하시를 비교하고(왕하 5:15-17, 20-27), 사무엘의 고별사(삼상 12:1-5)와 바울의 고별사(행 20:33-35)를 읽어보라. 세상의 모든 것은 예외 없이 종말을 맞는다(시 119:96). 그러므로 종말에 대한 분명한 인식이 있어야 진정한 그리스도인이 될 수 있다(시 39:4).

종말에 하나님은 사람 개인과 집단이 행한 과거의 일(즉 역사)에 대해 책임을 물으실 것이다. "이제 있는 것이 옛적에 있었고 장래에 있을 것도 옛적에 있었나니 하나님은 이미 지난 것을 다시 찾으신다"(전 3:15). "하나님은 모든 행위와 모든 은밀한 일을 선악 간에 심판하시리라"(전 12:14). 하나님은 심판을 위해 과거 역사를 근거 자료로 삼으신다(전 12:14). 하나님의 심판에는 사소한 것(마 10:29-31), 우연한 것처럼 보이는 것(왕상 21:17, 34-36), 선한 일(빌 2:13)이나 악한 일(욥 1:11, 12; 2:4-6)이 모두 포함된다. 마지막 날 심판을 받을 때는 몸으로 행한 것이 근거자료가 되어 심판받는다(고후 5:10). 즉 역사 속에서 행한 일들이 심판의 자료가 된다는 사실에서 모든 그리스도인은 삶의 자세를 다잡을 필요가 있다.

하나님은 사람의 잘잘못에 대해 철저하게 책임을 물을 것이라고 말씀하신다. 그리고 그것은 즉각적으로는 아닐지 모르지만 개인 또는 인류의 종말이 오면 궁극적으로 다 이루어진다. 그래서 궁극적으로는 인과응보가 있다고 봐야 한다(욥 27:13-23). "대저 의인은 일곱 번 넘어질지라도 다시 일어나려니와 악인은 재앙으로 말미암아 엎드러지느니라"(잠 24:16).

그리고 하나님의 인과응보는 정확하게 적용된다. "그는 사람의 길을 주목하시며 사람의 모든 걸음을 감찰하시나니 행악자는 숨을 만한 흑암이나 사망의 그늘이 없느니라 하나님은 사람을 심판하시기에 오래 생각하실 것이 없으시니 세력 있는 자를 조사할 것 없이 꺾으시고 다른 사람을 세워 그를 대신하게 하시느니라 그러므로 그는 그들의 행위를 아시고 그들을 밤 사이에 뒤집어엎어 흩으시는도다 그들을 악한 자로 여겨 사람의 눈 앞에서 치심은 그들이 그를 떠나고 그의 모든 길을 깨달아 알지 못함이라"(욥 34:21-27).

하나님은 악인을 살려두지 않으신다(욥 36:6). "주는 하늘에서 들으시고 행하시되 주의 종들을 심판하사 악한 자의 죄를 정하여 그의 행위대로 그의 머리에 돌리시고 공의로운 자를 의롭다 하사 그 의로운 대로 갚으시옵소서"(대하 6:23). "사울이 죽은 것은 여호와께 범죄하였기 때문이라 그가 여호와의 말씀을 지키지 아니하고 또 신접한 자에게 가르치기를 청하고 여호와께 묻지 아니하였으므로 여호와께서 그를 죽이시고 그 나라를 이새의 아들 다윗에게 넘겨 주셨더라"(대상 10:13-14).

하나님은 사람의 행위에 따라 상과 벌을 내리시는 분이다(대하 6:23, 30). "내가 보응할 날에는 그들의 죄를 보응하리라"(출 32:34). "그를 미워하는 자에게는 당장에 보응하여 멸하시나니 여호와는 자기를 미워하는 자에게 지체하지 아니하시고 당장에 그에게 보응하시느니라"(신 7:10). "내가 내 번쩍이는 칼을 갈며 내 손이 정의를 붙들고 내 대적들에게 복수하며 나를 미워하는 자들에게 보응할 것이라"(신 32:41). "주는 하늘에서 들으시고 행하시되 주의 종들을 심판하사 악한 자의 죄를 정하여 그 행위대로 그 머리에 돌리시고 의로운 자를 의롭다 하사 그의 의로운 바대로 갚으시옵소서"(왕상 8:32).

성경은 하나님의 보응은 철저하고 피할 수 없는 것이라고 가르친다. "보라 이것이 내 앞에 기록되었으니 내가 잠잠하지 아니하고 반드시 보응하되 그들의 품에 보응하리라 너희의 죄악과 너희 조상들의 죄악은 한 가지니 그들이 산 위에서 분향하며 작은 산 위에서 나를 능욕하였음이라 그러므로 내가 먼저 그들의 행위를 헤아리고 그들의 품에 보응하리라 여호와가 말하였느니라"(사 65:6-7). 여호와의 길, 자기 하나님의 법을 알지 못하여 하나님께 범죄하면 하나님이 그것에 대해 벌하시고, 보복하신다(렘 5:4-9).

사람의 마음을 모두 아시는 하나님이 행위에 따라 심판하실 날이 있으니 그것은 진노의 날, 종말의 날이다. "주는 계신 곳 하늘에서 들으시고 사하시며 각 사람의 마음을 아시오니 그들의 모든 행위대로 행하사 갚으시옵소서 주만 홀로 사람의 마음을 다 아심이니이다"(왕상 8:39). "너희가 심판장이 있는 줄을 알게 되리라"(욥 19:29). "하나님의 진노의 날에 끌려가리라"(욥 20:28). "그들의 날을 행복하게 지내다가 잠깐 사이에 스올에 내려가느니라"(욥 21:13). "악인은 재난의 날을 위하여 남겨둔 바 되었고 진노의 날을 향하여 끌려가느니라"(욥 21:30).

하나님은 악을 기억하시고, 벌하신다. "그들은 기브아의 시대와 같이 심히 부패한지라 여호와께서 그 악을 기억하시고 그 죄를 벌하시리라"(호 9:9). "그들이 하는 일과 그들의 행위가 악한 대로 갚으시며 그들의 손이 지은 대로 그들에게 갚아 그 마땅히 받을 것으로 그들에게 갚으소서"(시 28:4). "내 원수들이 보응 받는 것을 내 눈으로 보며 일어나 나를 치는 행악자들이 보응 받는 것을 내 귀로 들었도다"(시 92:11). "여호와 우리 하나님이여 주께서는 그들에게 응답하셨고 그들의 행한 대로 갚기는 하셨으나 그들을 용서하신 하나님이시니이다"(시 99:8). "아침마다 내가 이 땅의 모든 악인을 멸하리니 악을 행하는 자는 여호와의 성에서 다 끊어지리로다"(시 101:8). "여호와께서 공의로운 일을 행하시며 억압당하는 모든 자를 위하여 심판하시는도다"(시 103:6).

세상에서 사는 동안 악인들의 행위에 따라 벌을 받는 의인들도 있고 의인들의 행위에 따라 상을 받는 악인들도 있다(전 8:14). 그러나 종국적으로는 하나님의 심판을 피할 수 없다. "하나님이 이 모든 일로 말미암아 너를 심판하실 줄 알라"(전 11:9). "하나님은 모든 행위와 모든 은밀한 일을 선악 간에 심판하시리라"(전 12:14). "보라 주 여호와께서 장차 강한 자로 임하실 것이요 친히 그의 팔로 다스리실 것이라 보라 상급이 그에게 있고 보응이 그의 앞에 있으며"(사 40:10). 그때에 심판의 근거 자료는 과거 즉 역사이다. "하나님은 이미 지난 것을 다시 찾으시느니라(God will call the Past to account)"(전 3:15). 길게 보면 심은 대로 거둔다는 원리가 우리 인생에 적용된다고 봐야 한다.

이것은 달리 말하면 하나님은 절대로 보응하신다는 말이다(갈 6:7-8). "의인의 길은 돋는 햇살 같아서 크게 빛나 한낮의 광명에 이르거니와 악인의 길은 어둠 같아서 그가 걸려 넘어져도 그것이 무엇인지 깨닫지 못하느니라"(잠 4:18-19). "재앙은 죄인을 따르고 선한 보응은 의인에게 이르느니라"(잠 13:21). "의인은 포식하여도 악인의 배는 주리느니라"(잠 13:25). "마음이 굽은 자는 자기 행위로 보응이 가득하겠고 선한 사람도 자기의 행위로 그러하리라"(잠 14:14). "악인은 그의 환난에 엎드러져도 의인은 그의 죽음에도 소망이 있느니라"(잠 14:32). "여호와의 눈은 어디서든지 악인과 선인을 감찰하시느니라"(잠 15:3). "악인의 길은 여호와께서 미워하셔도 공의를 따라가는 자는 그가 사랑하시느니라"(잠 15:9).

"내가 장차 내 대적에게 보응하여 내 마음을 편하게 하겠고 내 원수에게 보복하리라"(사 1:24). 이처럼 하나님의 징계를 받는 것은 그 행위의 결과이다. 따라서 여호와께서 복수하실 날이 있다. "이것은 여호와께서 보복하시는 날이요 시온의 송사를 위하여 신원하시는 해라"(사 34:8). "그들의 행위대로 갚으시되 그 원수에게 분노하시며 그 원수에게 보응하시며 섬들에게 보복하실 것이라"(사 59:18). "무릇 나 여호와는 정의를 사랑하며 불의의 강탈을 미워하여 성실히 그들에게 갚아 주고 그들과 영원한 언약을 맺을 것이라"(사 61:8).

그리스도인은 언제나 하나님의 심판을 염두에 두고 살아야 한다. "무슨 일을 하든지 마음을 다하여 주께 하듯 하고 사람에게 하듯 하지 말라 이는 기업의 상을 주께 받을 줄 아나니 너희는 주 그리스도를 섬기느니라 불의를 행하는 자는 불의의 보응을 받으리니 주는 사람을 외모로 취하심이 없느니라"(골 3:23-25). 따라서 구원을 받지 못하는 자들에게는 종말의 날이 진노의 큰 날(계 6:17)이 될 수도 있다.

하나님은 각 사람의 행위대로 심판하신다(잠 24:11-12). 하나님이 각 사람의 행위대로 보응하신다는 것은 부인할 수 없는 성경의 사상이다. "보라 주께서 그 수만의 거룩한 자와 함께 임하셨나니 이는 뭇 사람을 심판하사 모든 경건하지 않은 자가 경건하지 않게 행한 모든 경건하지 않은 일과 또 경건하지 않은 죄인들이 주를 거슬러 한 모든 완악한 말로 말미암아 그들을 정죄하려 하심이라 하였느니라"(유 1:14-15).

이처럼 하나님이 행위대로 갚으신다는 말씀은 성경 전반에 걸쳐 나타난다. "모든 교회가 나는 사람의 뜻과 마음을 살피는 자인 줄 알지라 내가 너희 각 사람의 행위대로 갚아 주리라"(계 2:23). 종말에는 세상에서의 행위에 근거하여 심판이 이루어진다. "이방들이 분노하매 주의 진노가 내려 죽은 자를 심판하시며 종 선지자들과 성도들과 또 작은 자든지 큰 자든지 주의 이름을 경외하는 자들에게 상 주시며 또 땅을 망하게 하는 자들을 멸망시키실 때로소이다"(계 11:18). 예수님의 재림 때에는 행한 대로 갚아주시는 일이 있을 것이다(마 16:27). 다시 말하지만 하나님은 행위에 따라 심판하신다. "내가 속히 오리니 내가 줄 상이 내게 있어 각 사람에게 그가 행한 대로 갚아 주리라"(계 22:12).

하나님은 죄와 불의한 일도 기억하시며 그 행위대로 갚으신다(계 18:5-6). 그래서 사람들은 자기의 행위에 따라 심판을 받는다. "죽은 자들이 자기 행위를 따라 책들에 기록된 대로 심판을 받으니 바다가 그 가운데에서 죽은 자들을 내주고 또 사망과 음부도 그 가운데에서 죽은 자들을 내주매 각 사람이 자기의 행위대로 심판을 받고 사망과 음부도 불못에 던져지니 이것은 둘째 사망 곧 불못이라 누구든지 생명책에 기록되지 못한 자는 불못에 던져지더라"(계 20:12-15).

요한의 말을 들어보자. "이기는 자는 이것들을 상속으로 받으리라 나는 그의 하나님이 되고 그는 내 아들이 되리라 그러나 두려워하는 자들과 믿지 아니하는 자들과 흉악한 자들과 살인자들과 음행하는 자들과 점술가들과 우상 숭배자들과 거짓말하는 모든 자들은 불과 유황으로 타는 못에 던져지리니 이것이 둘째 사망이라"(계 21:7-8). 이처럼 심판은 자신의 행위에 따라 영생 아니면 둘째 사망을 보응으로 받게 한다.

그래서 영벌과 영생은 세상에 사는 동안 그리스도인의 삶에 대해 경각심을 갖게 한다. "내가 진실로 너희에게 이르노니 이 지극히 작은 자 하나에게 하지 아니한 것이 곧 내게 하지 아니한 것이니라 하시리니 그들은 영벌에, 의인들은 영생에 들어가리라 하시니라"(마 25:45-46).

악인은 그의 교만한 얼굴로 여호와께서 감찰하지 아니하신다고 말하며 그의 모든 사상에 하나님이 없다고 한다(시 10:4). 이것은 악인은 다름 아니라 무신론자요, 섭리사관을 거부하는 자로서 종말사관까지 거부하게 되는 것을 보여준다. 따라서 그는 자신의 행위에 대해 어떤 보응도 없을 것이란 말로 스스로를 위로하려고 한다. 그러나 역사는 사람들을 향해 질문하고, 선언한다. "네가 악인이 밟던 옛적 길을 지키려느냐"(욥 22:15). "오직 너는 똑똑히 보리니 악인들의 보응을 네가 보리로다"(시 91:8).

위에 있는 질문이 미래시제로 주어지는 것은 어떤 의미일까? 거기에는 미래를 준비하는 현재를 살라는 암시가 있는 것 같다. "그 때에 그들이 여호와께 부르짖을지라도 응답하지 아니하시고 그들의 행위가 악했던 만큼 그들 앞에 얼굴을 가리시리라"(미 3:4). "여호와는 질투하시며 보복하시는 하나님이시니라 여호와는 보복하시며 진노하시되 자기를 거스르는 자에게 여호와는 보복하시며 자기를 대적하는 자에게 진노를 품으시며 여호와는 노하기를 더디하시며 권능이 크시며 벌 받을 자를 결코 내버려두지 아니하시느니라"(나 1:2-3).

성경은 종말적 신앙에 근거한 종말사관이 동일하게 은혜로 주어짐을 말한다. "진실로 각 사람은 그림자 같이 다니고 헛된 일로 소란하며 재물을 쌓으나 누가 거둘는지 알지 못하나이다 주여 이제 내가 무엇을 바라리요 나의 소망은 주께 있나이다"(시 39:6-7). "그들이 이제는 더 나은 본향을 사모하니 곧 하늘에 있는 것이라"(히 11:16). "믿음은 바라는 것들의 실상이요 보이지 않는 것들의 증거니 선진들이 이로써 증거를 얻었느니라"(히 11:1-2). "하나님께서 지으신 집 곧 손으로 지은 것이 아니요 하늘에 있는 영원한 집이 우리에게 있는 줄 아느니라"(고후 5:1). "우리가 여기 있어 탄식하며 하늘로부터 오는 우리 처소로 덧입기를 간절히 사모하노라"(고후 5:2).

이 세상에서 사람들이 살아가는 동안 자신의 행위로 쓰는 역사는 저 세상에서의 삶의 질을 결정한다는 점에서 너무나 중요하다. 말하자면 몸을 입고 있는 동안에 이루어지는 잠깐 동안의 삶은 그것이 영원한 삶의 질을 결정한다는 점에서 결코 소홀히 할 수 없다. 그 가치 또한 영원한 삶에 못지 않은 것이 된다. "아브라함이 이르되 얘 너는 살았을 때에 좋은 것을 받았고 나사로는 고난을 받았으니 이것을 기억하라 이제 그는 여기서 위로를 받고 너는 괴로움을 받느니라"(눅 16:25).

그리스도인은 누구나 세상의 종말을 기대해야 할 것이다. "하나님이 말씀하시기를 말세에 내가 내 영을 모든 육체에 부어 주리니 너희의 자녀들은 예언할 것이요 너희의 젊은이들은 환상을 보고 너희의 늙은이들은 꿈을 꾸리라 그 때에 내가 내 영을 내 남종과 여종들에게 부어 주리니 그들이 예언할 것이요 또 내가 위로 하늘에서는 기사를 아래로 땅에서는 징조를 베풀리니 곧 피와 불과 연기로다 주의 크고 영화로운 날이 이르기 전에 해가 변하여 어두워지고 달이 변하여 피가 되리라 누구든지 주의 이름을 부르는 자는 구원을 받으리라 하였느니라"(행 2:17-21).

종말은 시간과 영원이 만나는 지점이며, 유한에서 무한으로 사람이 양도되는 시점이다. 따라서 알고, 미리 준비한 사람에게 그것은 슬픔이 아니라 기쁨이 될 수 있다. 물론 그런 사람에게 있어서 세상의 삶이 비극적일 필요도 없다. 시간과 영원 그 어떤 것의 지배 아래 있는 세계에 대해서도 무관심할 수 없는 것이 성경적 신앙을 가진 사람들의 경우에 해당한다. "예수께서 이르시되 내가 진실로 너희에게 이르노니 나와 복음을 위하여 집이나 형제나 자매나 어머니나 아버지나 자식이나 전토를 버린 자는 현세에 있어 집과 형제와 자매와 어머니와 자식과 전토를 백 배나 받되 박해를 겸하여 받고 내세에 영생을 받지 못할 자가 없느니라"(막 10:29-30). 그렇다고 해서 값싼 축복주의를 성경이 허용한다고 생각할 필요는 없다.

종말은 명백하게 온다. 그러나 그 시점은 오직 하나님만이 아신다는 것이 성경의 가르침이다. "그 날과 그 때는 아무도 모르나니 하늘에 있는 천사들도, 아들도 모르고 아버지만 아시느니라 주의하라 깨어 있으라 그 때가 언제인지 알지 못함이라 가령 사람이 집을 떠나 타국으로 갈 때에 그 종들에게 권한을 주어 각각 사무를 맡기며 문지기에게 깨어 있으라 명함과 같으니 그러므로 깨어 있으라 집 주인이 언제 올는지 혹 저물 때일는지, 밤중일는지, 닭 울 때일는지, 새벽일는지 너희가 알지 못함이라 그가 홀연히 와서 너희가 자는 것을 보지 않도록 하라 깨어 있으라 내가 너희에게 하는 이 말은 모든 사람에게 하는 말이니라"(막 13:32-37). 예수님의 재림은 예측하지 못한다(마 24:44). 즉 그 날과 그 때를 알지 못하기 때문에 깨어 있어야 한다(마 25:13). 그리고 예수님은 모든 천사와 함께 오신다(마 25:31).

성경의 다른 부분에서도 종말적 현상에 대한 묘사들은 대부분 일치하고 있다. 예수님은 "보라 내가 도둑 같이 오리니 누구든지 깨어 자기 옷을 지켜 벌거벗고 다니지 아니하며 자기의 부끄러움을 보이지 아니하는 자는 복이 있도다"(계 16:15)라는 말로 그의 재림을 묘사하였다. 아울러 자신에 대해 "아버지께로 나와서 세상에 왔고 다시 세상을 떠나 아버지께로 가노라"(요 16:28)라고 말씀하셔서 본질적으로 하나님과 동등하시지만 잠시(33년 동안) 인간 세상 즉 역사 세계에 오셨다가 다시 떠나신 것을 보여준다. 내가 다시 와서 너희를 내게로 영접하여 나 있는 곳에 너희도 있게 하리라"(요 14:3).

특히 하늘로 가신 예수님은 세상에 다시 오실 것을 약속하심으로써 그리스도인들이 미래의 역사에 관심을 갖게 하셨다. 예수님은 재림과 관련해서 "조금 있으면 너희가 나를 보지 못하겠고 또 조금 있으면 나를 보리라"(요 16:16)라고 말했다. 또 요한은 "볼지어다 그가 구름을 타고 오시리라 각 사람의 눈이 그를 보겠고 그를 찌른 자들도 볼 것이요 땅에 있는 모든 족속이 그로 말미암아 애곡하리니 그러하리라 아멘"(계 1:7)이라고 했다.

예수 그리스도의 재림은 기독교적이고 성경적인 종말론의 핵심 내용이다. 그의 재림과 약속의 성취가 없다면 그리스도인의 종말적 신앙은 헛된 것이 되고 만다. 그러나 아래에 있는 주님의 말씀은 이루어질 것이다. "그 때에 인자의 징조가 하늘에서 보이겠고 그 때에 땅의 모든 족속들이 통곡하며 그들이 인자가 구름을 타고 능력과 큰 영광으로 오는 것을 보리라"(마 24:30). "내가 모든 일을 너희에게 미리 말하였노라 그 때에 그 환난 후 해가 어두워지며 달이 빛을 내지 아니하며 별들이 하늘에서 떨어지며 하늘에 있는 권능들이 흔들리리라 그 때에 인자가 구름을 타고 큰 권능과 영광으로 오는 것을 사람들이 보리라 또 그 때에 그가 천사들을 보내어 자기가 택하신 자들을 땅 끝으로부터 하늘 끝까지 사방에서 모으리라"(막 13:26).

예수님은 부활 후 승천하신 방식 그대로 오실 것을 약속하셨다. 그러나 그 때는 알려주지 않았다. "그들이 보는데 올려져 가시니 구름이 그를 가리어 보이지 않게 하더라 올라가실 때에 제자들이 자세히 하늘을 쳐다보고 있는데 흰 옷 입은 두 사람이 그들 곁에 서서 이르되 갈릴리 사람들아 어찌하여 서서 하늘을 쳐다보느냐 너희 가운데서 하늘로 올려지신 이 예수는 하늘로 가심을 본 그대로 오시리라 하였느니라"(행 1:9-11). "내가 도둑 같이 이르리니 어느 때에 네게 이를는지 네가 알지 못하리라"(계 3:3). 하나님은 장래 일을 모르게 하셨다. "사람이 장래 일을 알지 못하나니 장래 일을 가르칠 자가 누구이랴"(전 8:7). "사람은 장래 일을 알지 못하나니 나중에 일어날 일을 누가 그에게 알리리요"(전 10:14).

하나님은 미래에 대해 사람이 아는 것을 기본적으로 허락하지 않으셨다. "형통한 날에는 기뻐하고 곤고한 날에는 되돌아 보아라 이 두 가지를 하나님이 병행하게 하사 사람이 그의 장래 일을 능히 헤아려 알지 못하게 하셨느니라"(전 7:14). "이 모든 것을 내가 마음에 두고 이 모든 것을 살펴 본즉 의인들이나 지혜자들이나 그들의 행위나 모두 다 하나님의 손 안에 있으니 사랑을 받을는지 미움을 받을는지 사람이 알지 못하는 것은 모두 그들의 미래의 일들임이니라"(전 9:1).

주님을 따르던 자들은 구체적인 미래의 역사가 언제 어떻게 일어나는지 알기를 원했다. 그러나 그에 대해 주님은 "때와 시기는 아버지께서 자기의 권한에 두셨으니 너희가 알 바 아니요"(행 1:7)라고 단호하게 말씀하셨다. 바울은 "때와 시기에 관하여는 너희에게 쓸 것이 없음은 주의 날이 밤에 도둑 같이 이를 줄을 너희 자신이 자세히 알기 때문이라"(살전 5:1-2)라고 말하였다. 따라서 그리스도인 역사가는 미래의 삶에 대해 성경적 신앙을 근거로 말하는 것이 가능하다고 하더라도, 모든 것에 대해 구체적으로 말할 수는 없다는 사실 또한 인정해야 한다. 분명한 것은 종말의 시점은 누구도 모른다는 것이다. "너희도 준비하고 있으라 생각하지 않은 때에 인자가 오리라"(눅 12:40). 인류의 종말은 보편적으로 임한다. "이 날은 온 지구상에 거하는 모든 사람에게 임하리라"(눅 21:35). 이처럼 성경은 세상에 종말이 온다는 사실을 명확하게 밝히고 있다.

"너희를 위하여 보물을 땅에 쌓아 두지 말라"(마 6:19)는 말과 "오직 너희를 위하여 보물을 하늘에 쌓아 두라"(마 6:20)는 말에서 세상에서의 삶과 미래의 삶에 대한 종말론적 태도를 볼 수 있다. 종말의 시기와 관련한 말씀은 "천국 복음이 모든 민족에게 증언되기 위하여 온 세상에 전파되리니 그제야 끝이 오리라"(마 24:14)와 "그 날과 그 때는 아무도 모르나니 하늘의 천사들도, 아들도 모르고 오직 아버지만 아시느니라 노아의 때와 같이 인자의 임함도 그러하리라"(마 24:36-37)이다.

그리스도인들은 주 예수 그리스도와 그의 나라의 도래를 기다리는 사람들로서(욥 14:13) 성경적 신앙이 그들로 하여금 종말사관을 갖지 않고는 못 견디게 한다. 종은 저녁 그늘을 몹시 바라고, 품꾼은 그의 삯을 기다리는 것(욥 7:1-2)처럼 그리스도인들에게 있어서 종말사관은 보편적이며, 기대할 만한 것이다. 종말이 '예수의 날' (빌 1:6) 또는 '그리스도의 날' (빌 1:10; 2:16)로 표현되는 것은 그날에 임하는 예수 그리스도의 정체성과 관련해서 매우 적절한 표현이다. 말세는 '주의 날' (살후 2:2)로도 표현된다. 분명한 사실은 성경적 신앙이 그리스도인들에게 종말사관을 갖게 한다는 것이다(빌 3:12-14).

반면에 세상에서의 삶과 관련해서는 욥이 말했던 것처럼 "내가 생명을 싫어하고 영원히 살기를 원하지 아니하오니 나를 놓으소서 내 날은 헛 것이니이다"(욥 7:16)라는 고백이 나올 수도 있다. 다윗은 무엇이라 했는가? 그는 죽을 때가 이르렀음을 알고 "내가 이제 세상 모든 사람이 가는 길로 가게 되었노니"(왕상 2:2)라고 말하였다. 하나님은 모세가 죽을 때가 되었을 때 그것을 준비하셨다. "여호와께서 모세에게 이르시되 네가 죽을 기한이 가까웠으니 여호수아를 불러서 함께 회막으로 나아오라 내가 그에게 명령을 내리리라"(신 31:14). 살아 있는 모든 것에게는 세상에서의 삶을 마감하는 순간이 온다. 사람은 자신의 이성과 역사, 그리고 무엇보다도 성경의 가르침을 통해 자신뿐만 아니라 인류 또한 언젠가는 종말을 맞는다는 생각을 갖고 있어야 한다.

종말에 "천지는 없어지겠으나 내 말은 없어지지 아니하리라"(눅 21:33)라는 말씀은 천지 창조의 때를 연상하게 한다. "태초에 말씀이 계시니라 이 말씀이 하나님과 함께 계셨으니 이 말씀은 곧 하나님이시니라 그가 태초에 하나님과 함께 계셨고 만물이 그로 말미암아 지은 바 되었으니 지은 것이 하나도 그가 없이는 된 것이 없느니라"(요 1:1-3). "세상의 형적은 다 지나간다"(고전 7:31)는 말은 세상에서 끝나고 말 것들의 무가치함을 지적하며, 영원한 것을 바라보게 만든다. 장가가고 시집가는 일은 일시적일 수밖에 없는 세상 것들에 가치를 두고 사는 가치관에 대한 지적으로 보인다(고전 7:32-34). 경건치 않은 자들의 심판과 멸망을 받는 날까지 하늘과 땅이 보존되나(벧후 3:7) 종말 즉 주의 날에는 '하늘이 큰 소리로 떠나가고 물질이 뜨거운 불에 풀어지고 땅과 그 중에 있는 모든 일이 드러난다'(벧후 3:10)는 것이 성경의 가르침이다. 그리고 마지막 때는 적그리스도가 나타난다(요일 2:18).

예수 그리스도는 모세와 선지자의 글들이 당신을 주인공으로 삼는다는 점에서 인류 역사에 모습을 드러낸 계시의 절정이라 말할 수 있다. 그렇기 때문에 예수님은 당신의 이야기 중심에 스스로를 있게 하였다. "모세와 모든 선지자의 글로 시작하여 모든 성경에 쓴 바 자기에 관한 것을 자세히 설명하시니라"(눅 24:27). 예수 그리스도께서 계시의 절정이며, 역사의 중심이란 사실을 바울처럼 철저하게 깨닫고 표현한 사람은 달리 없을 것이다. 그는 믿음, 그리스도의 부활, 종말, 세상, 아담, 예수 그리스도, 재림을 내용으로 성경적 종말사관을 정리하였다(고전 15:12-28).

죽음과 관련해서 그리스도인은 소망 없는 사람들과 다른 태도를 취해야 한다. "자는 자들에 관하여는 너희가 알지 못함을 우리가 원하지 아니하노니 이는 소망 없는 다른 이와 같이 슬퍼하지 않게 하려 함이라 우리가 예수께서 죽으셨다가 다시 살아나심을 믿을진대 이와 같이 예수 안에서 자는 자들도 하나님이 그와 함께 데리고 오시리라"(살전 4:13-14). "주께서 강림하실 때까지 우리 살아 남아 있는 자도 자는 자보다 결코 앞서지 못하리라 주께서 호령과 천사장의 소리와 하나님의 나팔 소리로 친히 하늘로부터 강림하시리니 그리스도 안에서 죽은 자들이 먼저 일어나고 그 후에 우리 살아 남은 자들도 그들과 함께 구름 속으로 끌어 올려 공중에서 주를 영접하게 하시리니 그리하여 우리가 항상 주와 함께 있으리라"(살전 4:15-17).

땅에서 나서 흙에 속한 자(아담)의 형상을 입은 것 같이 또한 하늘에서 나서 하늘에 속한 자(그리스도)의 형상을 입을 것이라는 말은 일반계시와 특별계시 그 어느 것과도 분리되지 않는 가운데 지상에서 영위되는 그리스도인의 삶을 보여준다(고전 15:47-49). 그러나 그리스도인은 썩을 것이 반드시 썩지 아니할 것을 입고, 죽을 것이 죽지 아니함을 입음으로써 사망을 삼키고 이기리라는 믿음(고전 15:54)에서 나오는 종말사관에 근거한 소망을 가짐으로써 세상을 이겨낸다.

그리스도인들은 믿음으로 행하고 보는 것으로 행하지 않는 자들이다(고후 5:7). 그리고 그리스도의 십자가의 원수로 행하는 사람은 땅의 일을 생각하는 자들로서 마침내 멸망하고 말 것이다. 반면에 그리스도인들은 하늘의 시민권을 가진 자들로서 그들의 몸을 자신의 영광스런 몸의 형체로 변화시킬 구세주 예수 그리스도를 기다리는 소망을 가진 사람들이다(빌 3:18-21). 그리고 소망을 가진 자들은 잠잠히 기다려야 한다. "내 심령에 이르기를 여호와는 나의 기업이시니 그러므로 내가 그를 바라리라 하도다 기다리는 자들에게나 구하는 영혼들에게 여호와는 선하시도다 사람이 여호와의 구원을 바라고 잠잠히 기다림이 좋도다"(애 3:24-26).

마음이 부패하고 진리를 잃어버리면 경건을 이익의 재료로 삼아 다툼이 일어난다. 세상에 아무 것도 가지고 온 것이 없으며, 또한 가져가지도 못할 것이니 먹고 입을 것이 있으면 족한 줄 알아야 한다. 부자가 되려고 하면 시험과 올무에 빠지게 된다. 돈을 사랑함이 일만 악의 뿌리가 되니 그것을 사모하면 안 된다. 믿음의 사람은 의와 경건과 믿음과 사랑 그리고 인내와 온유를 좇으며, 믿음의 선한 싸움을 싸우는 가운데 영생을 쟁취해야 하는 것이다(딤전 6:5-12).

바울은 세상의 종말을 생각하면서 미래의 영생을 생각하는 것이 지혜라는 사실을 강조하였다. 그는 믿는 자들은 부요하다는 이유로 마음을 높이면 안 되고, 재물에 소망을 두지 말며 하나님께 두어 선한 일을 행하고 선한 사업에 부하고, 나눠주기를 좋아하며 동정하는 자가 됨으로써 장래에 자기를 위하여 좋은 터를 쌓아 참된 생명을 취하는 길을 택하라고 요청하였다(딤전 6:17-19). 그리스도인들이 세상에서의 모든 고난과 시련을 참고 견디며, 복음을 전하는 이유는 바울의 말 "내가 택함 받은 자들을 위하여 모든 것을 참음은 그들도 그리스도 예수 안에 있는 구원을 영원한 영광과 함께 받게 하려 함이라"(딤후 2:10)에서 찾아볼 수 있다.

종말사관은 현재적 어려움을 참고, 견디게 한다는 점에서 그 가치를 찾을 수 있다. "형제들아 주께서 강림하시기까지 길이 참으라 보라 농부가 땅에서 나는 귀한 열매를 바라고 길이 참아 이른 비와 늦은 비를 기다리나니 너희도 길이 참고 마음을 굳건하게 하라 주의 강림이 가까우니라 형제들아 서로 원망하지 말라 그리하여야 심판을 면하리라 보라 심판주가 문 밖에서 계시니라 형제들아 주의 이름으로 말한 선지자들을 고난과 오래 참음의 본으로 삼으라"(약 5:7-10). 하나님은 종말에 심판주로 오신다(대상 16:33).

하나님은 사람의 몸과 함께 영혼도 만드신 분이다(렘 38:16). 그렇기 때문에 그는 사람의 몸과 영혼을 능히 지옥에 멸할 수 있다. "몸은 죽여도 영혼은 능히 죽이지 못하는 자들을 두려워하지 말고 오직 몸과 영혼을 능히 지옥에 멸하실 수 있는 이를 두려워하라"(마 10:28). 하나님은 육신은 멸할지라도 영은 마지막 날에 구원하신다(고전 5:5). 여기서 종말에 있을 하나님의 심판이 근거를 발견하게 된다. 그러나 주목할 것이 하나 있다. 그것은 그리스도인은 믿음을 가짐으로써 오직 몸만을 죽이는, 즉 세상적이거나 세속적인 존재에 대한 두려움을 떨쳐버려야 한다는 사실이다.

그것은 그리스도인이 영원을 향한 소망을 가짐으로써 말세의 특징적 현상 가운데서 벗어날 수 있음을 의미한다. "너는 이것을 알라 말세에 고통하는 때가 이르러 사람들이 자기를 사랑하며 돈을 사랑하며 자랑하며 교만하며 비방하며 부모를 거역하며 감사하지 아니하며 거룩하지 아니하며 무정하며 원통함을 풀지 아니하며 모함하며 절제하지 못하며 사나우며 선한 것을 좋아하지 아니하며 배신하며 조급하며 자만하며 쾌락을 사랑하기를 하나님 사랑하는 것보다 더하며 경건의 모양은 있으나 경건의 능력은 부인하니 이같은 자들에게서 네가 돌아서라"(딤후 3:1-5).

세상을 사는 동안 갖게 되는 소망 그리고 하늘에서의 영원한 유업은 모두 하나님이 주시는 것으로 그의 주권과 섭리 아래 있다. "우리 주 예수 그리스도의 아버지 하나님을 찬송하리로다 그의 많으신 긍휼대로 예수 그리스도를 죽은 자 가운데서 부활하게 하심으로 말미암아 우리를 거듭나게 하사 산 소망이 있게 하시며 썩지 않고 더럽지 않고 쇠하지 아니하는 유업을 잇게 하시나니 곧 너희를 위하여 하늘에 간직하신 것이라"(벧전 1:3-4). 지혜는 예수 그리스도요, 그는 복음과 구원이며, 미래요 소망이 되신다. "지혜가 네 영혼에게 이와 같은 줄을 알라 이것을 얻으면 정녕히 네 장래가 있겠고 네 소망이 끊어지지 아니하리라"(잠 24:14). "오직 나는 여호와를 우러러보며 나를 구원하시는 하나님을 바라보나니 나의 하나님이 나에게 귀를 기울이시리로다"(미 7:7).

영원한 하나님의 관점에서 보면 예수 그리스도의 오심과 함께 세상은 이미 말세에 진입하였다. 그래서 예수님과 사도들은 종말을 위해 준비시키는 일에 관심을 보였던 것이다. "만물의 마지막이 가까이 왔으니 그러므로 너희는 정신을 차리고 근신하여 기도하라"(벧전 4:7). 그리스도인의 종말사관은 하나님 나라에 대한 소망으로 가득 차 있다. "너희가 더욱 힘써 너희 믿음에 덕을, 덕에 지식을, 지식에 절제를, 절제에 인내를, 인내에 경건을, 경건에 형제 우애를, 형제 우애에 사랑을 더하라 이런 것이 너희에게 있어 흡족한즉 너희로 우리 주 예수 그리스도를 알기에 게으르지 않고 열매 없는 자가 되지 않게 하려니와 이런 것이 없는 자는 맹인이라 멀리 보지 못하고 그의 옛 죄가 깨끗하게 된 것을 잊었느니라 그러므로 형제들아 더욱 힘써 너희 부르심과 택하심을 굳게 하라 너희가 이것을 행한즉 언제든지 실족하지 아니하리라 이같이 하면 우리 주 곧 구주 예수 그리스도의 영원한 나라에 들어감을 넉넉히 너희에게 주시리라"(벧후 1:5-11).

종말신앙과 종말사관은 삶의 목적이라고 할 수 있는 영생 즉 구원이라는 목적이 달성됨으로써 그 의미를 찾을 수 있는 것이다. "증거는 이것이니 하나님이 우리에게 영생을 주신 것과 이 생명이 그의 아들 안에 있는 그것이니라 아들이 있는 자에게는 생명이 있고 하나님의 아들이 없는 자에게는 생명이 없느니라 내가 하나님의 아들의 이름을 믿는 너희에게 이것을 쓰는 것은 너희로 하여금 너희에게 영생이 있음을 알게 하려 함이라"(요일 5:11-13). 이 영생은 모든 사람의 관심 사항이다. "어떤 사람이 주께 와서 이르되 선생님이여 내가 무슨 선한 일을 하여야 영생을 얻으리이까"(마 19:16).

히브리적 신앙 전통의 유산인 종말사관은 재림하실 예수 그리스도를 대망하는 그리스도인들이 갖는 소망의 형태로 여전히 이어지고 있다. 세상의 불리한 환경 가운데서 메시야에 대한 이스라엘 백성의 기다림이 더욱 간절했듯이 재림하실 예수 그리스도에 대한 그리스도인들의 소망 또한 간절한 것이 됨으로써 그들의 신앙이 살아 있는 것임을 입증할 수 있다. 주님은 반드시 재림하신다. 그리고 그때까지 사람들은 하나님을 볼 수 없다. "너희가 주의 이름으로 오시는 이를 찬송하리로다 할 때까지는 나를 보지 못하리라"(눅 13:35).

종말에 심판하시는 분은 다름 아닌 하나님이다(계 18:8). 하나님의 심판이 자신들에게 구원이라는 선물을 제공하기에 성도들과 사도들, 그리고 선지자들이 기뻐하는 것이다(계 18:20). 구원과 영광과 능력이 하나님께 있으며, 하나님의 심판은 참되고 의롭다(계 19:1-2). 따라서 구원받을 자들에게 그것은 기다릴 만한 선물이다.

성경이 말하는 종말신앙에 따라 모든 그리스도인은 세상의 마지막과 그리스도의 구원을 내용으로 삼는 종말사관을 갖고 소망 가운데 살아가게 된다. "이것들을 증언하신 이가 이르시되 내가 진실로 속히 오리라 하시거늘 아멘 주 예수여 오시옵소서"(계 22:20). 천국은 종말사관에 있어 핵심 내용이며, 보화, 진주, 그물로 잡은 물고기의 가려냄 등을 통해 그 소중함이나 취사선택 등의 성격을 보여준다. 마태는 분명하게 세상 끝에도 이러하리라고 말하였다(마 13:44-50).

종말사관과 관련하여 신약성경과 그 이후의 그리스도인들을 소망 중에 있게 하는 가장 강력한 요인은 무엇보다도 천국의 주인 되시는 예수 그리스도의 재림이다. "주께서 땅을 심판하러 오실 것임이로다"(대상 16:33). "내가 너희에게 이르노니 이 후에 인자가 권능의 우편에 앉아 있는 것과 하늘 구름을 타고 오는 것을 너희가 보리라"(마 26:64; 막 13:26; 눅 21:27). "잠시 잠깐 후면 오실 이가 오시리니 지체하지 아니하시리라"(히 10:37). "볼지어다 그가 구름을 타고 오시리라 각 사람의 눈이 그를 보겠고 그를 찌른 자들도 볼 것이요 땅에 있는 모든 족속이 그로 말미암아 애곡하리니 그러하리라 아멘"(계 1:7). 요한은 미래에 이루어질 소망을 반영하면서 예수님을 '장차 오실 이'로 표현하였다(계 1:4; 4:8).

5. 구원사관(救援史觀)

하나님은 사람의 구원에 지속적인 관심을 갖고 계신다(렘 1:8, 19). 그는 의인은 물론 악인의 구원에 대해서 지극한 관심을 보이셨다. "나의 삶을 두고 맹세하노니 나는 악인이 죽는 것을 기뻐하지 아니하고 악인이 그의 길에서 돌이켜 떠나 사는 것을 기뻐하노라 이스라엘 족속아 돌이키고 돌이키라 너희 악한 길에서 떠나라 어찌 죽고자 하느냐"(겔 33:10). "만일 의인이 돌이켜 그 공의에서 떠나 죄악을 범하면 그가 그 가운데에서 죽을 것이고 만일 악인이 돌이켜 그 악에서 떠나 정의와 공의대로 행하면 그가 그로 말미암아 살리라"(겔 33:18-19).

성경에 나타나듯이 하나님으로부터 모든 선지자와 사도들에 이르기까지 사람 개인과 집단의 구원에 관심을 갖는다는 점에서 복음의 역사는 구원사라고 부를 만하다. 하나님은 악한 자의 손에서 건지며, 무서운 자의 손에서 구속하시는 분이다(렘 15:21). 또 이 구원사관은 구원의 상대 개념인 심판을 수반한다. "내 공의가 가깝고 내 구원이 나갔은즉 내 팔이 만민을 심판하리니 섬들이 나를 앙망하여 내 팔에 의지하리라"(사 51:5).

<말라기>는 구원 또는 심판 받을 자들에 대해 각각 아래와 같이 말하였다. "만군의 여호와가 이르노라 보라 용광로 불 같은 날이 이르리니 교만한 자와 악을 행하는 자는 다 지푸라기 같을 것이라 그 이르는 날에 그들을 살라 그 뿌리와 가지를 남기지 아니할 것이로되 내 이름을 경외하는 너희에게는 공의로운 해가 떠올라서 치료하는 광선을 비추리니 너희가 나가서 외양간에서 나온 송아지 같이 뛰리라"(말 4:1-2).

성경에는 인류를 위한 하나님의 계획, 섭리, 종말의 구원에 이르기까지 구원사관을 중심한 역사의식이 넘쳐난다. 인류의 타락(墮落)이나 죄(罪)는 예수 그리스도의 구속(救贖)으로 말미암는 구원의 필요성을 제기한다. 구속과 구원을 분리하여 다루는 것이 좋을 수도 있겠으나 여기서는 구속을 구원 개념 안에 포함시켜 인류 역사를 하나님의 백성을 위한 구원사의 전개로 보면서 구원사관에 대해 다루고자 한다.[49]

성경은 하나님의 백성을 위한 구원의 역사가 인류의 조상인 아담과 하와의 범죄 이후에 곧바로 시작되고 있음을 보여준다. 즉 하나님은 당신의 백성을 구속하실 뿐만 아니라 그들의 구원을 위한 역사를 진행시켜 나가신다. 그것은 원시복음이라 불려지는 말씀에서 메시야에 대해 말함으로써 시작되고 있다. "내가 너로 여자와 원수가 되게 하고 네 후손도 여자의 후손과 원수가 되게 하리니 여자의 후손은 네 머리를 상하게 할 것이요 너는 그의 발꿈치를 상하게 할 것이니라"(창 3:15).

하나님의 약속을 기억하며 메시야를 통한 구원을 기다리는 가운데 인류의 조상들, 특히 셋의 후예들은 여호와의 이름을 부르기 시작하였다. "셋도 아들을 낳고 그의 이름을 에노스라 하였으며 그 때에 사람들이 비로소 여호와의 이름을 불렀더라"(창 4:26). 인류의 구원을 약속하신 하나님은 그들

49) 스완스트롬은 역사를 보는 방법을 두 가지로 나누었다. 그 하나는 과거의 비교적 구체적이고 또는 특수한 사건들과 운동들을 취급하는 것으로서 '강의실 안의 역사'이다. 다른 하나는 인간 역사의 전 과정이 어떤 의미를 가지고 있는가, 만일 그렇다면 그것은 무엇인가를 다루는 것이다. 기독교적 맥락에서 보면 이 후자는 '구속사' 또는 '구원사'로 불려지며, 이것이 복음의 핵심을 이룬다고 보았다. 스완스트롬, 『역사란 무엇인가』, 17-18.

과의 약속을 기억나게 하기 위해 무지개를 표로 주셨다. 무지개는 구원을 기다리는 사람들에게 하나님의 은혜를 기억나게 하고, 미래에 소망을 갖게 하는 징표였다. "내가 내 무지개를 구름 속에 두었나니 이것이 나와 세상 사이의 언약의 증거니라 내가 구름으로 땅을 덮을 때에 무지개가 구름 속에 나타나면 내가 나와 너희와 및 육체를 가진 모든 생물 사이의 내 언약을 기억하리니 다시는 물이 모든 육체를 멸하는 홍수가 되지 아니할지라 무지개가 구름 사이에 있으리니 내가 보고 나 하나님과 모든 육체를 가진 땅의 모든 생물 사이의 영원한 언약을 기억하리라"(창 9:13-16).

회개를 전제로 주어지는 하나님의 구원은 이스라엘은 물론 전 세계 모든 민족을 향해 열려 있다는 것을 아브라함을 통해 알 수 있다. "여호와께서 아브람에게 이르시되 너는 너의 고향과 친척과 아버지의 집을 떠나 내가 네게 보여 줄 땅으로 가라 내가 너로 큰 민족을 이루고 네게 복을 주어 네 이름을 창대하게 하리니 너는 복이 될지라 너를 축복하는 자에게는 내가 복을 내리고 너를 저주하는 자에게는 내가 저주하리니 땅의 모든 족속이 너로 말미암아 복을 얻을 것이라 하신지라"(창 12:1-3).

하나님은 그의 자손의 풍성함을 통하여 구원이 이루어질 것임을 말씀하셨다. "롯이 아브람을 떠난 후에 여호와께서 아브람에게 이르시되 너는 눈을 들어 너 있는 곳에서 북쪽과 남쪽 그리고 동쪽과 서쪽을 바라보라 보이는 땅을 내가 너와 네 자손에게 주리니 영원히 이르리라 내가 네 자손이 땅의 티끌 같게 하리니 사람이 땅의 티끌을 능히 셀 수 있을진대 네 자손도 세리라 너는 일어나 그 땅을 종과 횡으로 두루 다녀 보라 내가 그것을 네게 주리라"(창 13:14-17).

하나님은 아브라함에게 종이 아니라 그의 아들을 통해 후사가 이어지고, 풍부하게 될 것을 말씀하셨다. "여호와의 말씀이 그에게 임하여 이르시되 그 사람이 네 상속자가 아니라 네 몸에서 날 자가 네 상속자가 되리라 하시고 그를 이끌고 밖으로 나가 이르시되 하늘을 우러러 뭇별을 셀 수 있나 보라 또 그에게 이르시되 네 자손이 이와 같으리라"(창 15:4-5). 훗날 믿음으로 구원받는 자손들의 증대를 통해 이 말씀은 그대로 이루어졌다.

아울러 흔히 말하는 선민 이스라엘만이 아니고 땅위의 모든 민족이 구원을 받는다는 보편사관을 보여주셨다. "하나님이 또 그에게 말씀하여 이르시되 보라 내 언약이 너와 함께 있으니 너는 여러 민족의 아버지가 될지라 이제 후로는 네 이름을 아브람이라 하지 아니하고 아브라함이라 하리니 이는 내가 너를 여러 민족의 아버지가 되게 함이니라"(창 17:3-5).

인류에게 언약의 형태로 주신 하나님의 구원은 모세를 통해서도 이어졌다. 십계명이 그의 구체적인 증표이다. 하나님은 당신이 과거 역사 가운데 나타나신 하나님이며, 이스라엘을 애굽에서 인도하신 분임을 밝힌 후에 이스라엘이 지켜야할 계명을 주셨다. "하나님이 이 모든 말씀으로 말씀하여 이르시되 나는 너를 애굽 땅, 종 되었던 집에서 인도하여 낸 네 하나님 여호와니라"(출 20:1-2).

하나님이 모세를 통해 주신 십계명은 구약의 백성들을 위해서는 물론이고, 오늘에 이르기까지 하나님과 그의 구원받은 백성 사이에 지켜져야 할 법으로 남아 있다. "너는 나 외에는 다른 신들을 네게 두지 말라 너를 위하여 새긴 우상을 만들지 말고 또 위로 하늘에 있는 것이나 아래로 땅에 있는 것이나 땅 아래 물 속에 있는 것의 어떤 형상도 만들지 말며 그것들에게 절하지 말며 그것들을 섬기지 말라 나 네 하나님 여호와는 질투하는 하나님인즉 나를 미워하는 자의 죄를 갚되 아버지로부터 아들에게로 삼사 대까지 이르게 하거니와 나를 사랑하고 내 계명을 지키는 자에게는 천 대까지 은혜를 베푸느니라 너는 네 하나님 여호와의 이름을 망령되게 부르지 말라 여호와는 그의 이름을 망령되게 부르는 자를 죄 없다 하지 아니하리라 안식일을 기억하여 거룩하게 지키라 엿새 동안은 힘써 네 모든 일을 행할 것이나 일곱째 날은 네 하나님 여호와의 안식일인즉 너나 네 아들이나 네 딸이나 네 남종이나 네 여종이나 네 가축이나 네 문안에 머무는 객이라도 아무 일도 하지 말라 이는 엿새 동안에 나 여호와가 하늘과 땅과 바다와 그 가운데 모든 것을 만들고 일곱째 날에 쉬었음이라 그러므로 나 여호와가 안식일을 복되게 하여 그 날을 거룩하게 하였느니라 네 부모를 공경하라 그리하면 네 하나님 여호와가 네게 준 땅에서 네 생명이 길리라 살인하지 말라 간음하지 말라 도둑질하지 말라 네 이웃에 대하여 거짓 증거하지 말라 네 이웃의 집을 탐내지 말라 네 이웃의 아내나 그의 남종이나 그의 여종이나 그의 소나 그의 나귀나 무릇 네 이웃의 소유를 탐내지 말라" (출 20:3-17).

하나님은 당신의 백성에게 진정한 위로자가 되시며, 그로 인해 세상의 그 무엇도 두려워하지 않을 이유 또한 되신다. "너희를 위로하는 자는 나 곧 나이니라 너는 어떠한 자이기에 죽을 사람을 두려워하며 풀 같이 될 사람의 아들을 두려워하느냐 하늘을 펴고 땅의 기초를 정하고 너를 지은 자 여호와를 어찌하여 잊어버렸느냐 너를 멸하려고 준비하는 저 학대자의 분노를 어찌하여 항상 종일 두려워하느냐 학대자의 분노가 어디 있느냐" (사 51:12-13). 하나님이 위로자가 되시는 이유는 그가 창조주, 섭리주, 심판주가 되신다는 사실에서 찾을 수 있다.

예레미야의 논조도 이사야와 다르지 않다. "나의 종 야곱아 너는 두려워하지 말라 이스라엘아 놀라지 말라 내가 너를 먼 곳으로부터 구원하고 네 자손을 잡혀가 있는 땅에서 구원하리니 야곱이 돌아와서 태평과 안락을 누릴 것이며 두렵게 할 자가 없으리라 이는 여호와의 말씀이라 내가 너와 함께 있어 너를 구원할 것이라 너를 흩었던 그 모든 이방을 내가 멸망시키리라 그럴지라도 너만은 멸망시키지 아니하리라 그러나 내가 법에 따라 너를 징계할 것이요 결코 무죄한 자로만 여기지는 아니하리라" (렘 30:10-11). 구원자 하나님은 강하여 구원을 이루어 내는 분이다. "그들의 구원자는 강하니 그의 이름은 만군의 여호와라 반드시 그들 때문에 싸우시리니 그 땅에 평안함을 주고 바벨론 주민은 불안하게 하리라" (렘 5:34).

하나님은 당신의 마음에 합한 사람인 다윗과 더불어 언약을 맺으셨다. "네 집과 네 나라가 내 앞에서 영원히 보전되고 네 왕위가 영원히 견고하리라" (삼하 7:16). 여기에 약속된 내용은 문자적으로 이루어지지는 않았다. 그러나 그의 후손인 예수 그리스도를 통해 이 약속은 모두 성취되었다. "여호와의 말씀이니라 보라 날이 이르리니 내가 이스라엘 집과 유다 집에 새 언약을 맺으리라 이 언약은 내가 그들의 조상들의 손을 잡고 애굽 땅에서 인도하여 내던 날에 맺은 것과 같지 아니할 것은 내가 그들의 남편이 되었어도 그들이 내 언약을 깨뜨렸음이라 여호와의 말씀이니라 그러나 그 날 후에 내가 이스라엘 집과 맺을 언약은 이러하니 곧 내가 나의 법을 그들의 속에 두며 그들의 마음에 기록하여 나는 그들의 하나님이 되고 그들은 내 백성이 될 것이라 여호와의 말씀이니라 그들이 다시는 각기 이웃과 형제를 가리켜 이르기를 너는 여호와를 알라 하지 아니하리니 이는 작은 자로부터 큰 자까지 다 나를 알기 때문이라 내가 그들의 악행을 사하고 다시는 그 죄를 기억하지 아니하리라 여호와의 말씀이니라"(렘 31:31-34).

예레미야를 통해 주시는 하나님의 말씀을 들어보자. "내가 그 날에 너를 구원하리니 네가 그 두려워하는 사람들의 손에 넘겨지지 아니하리라 내가 반드시 너를 구원할 것인즉 네가 칼에 죽지 아니하고 네가 노략물 같이 네 목숨을 얻을 것이니 이는 네가 나를 믿었음이라"(렘 39:17-18). 하나님의 구원은 이룰 날이 반드시 있다. 그리고 그것은 그의 백성에게 소망을 준다.

하나님의 구원은 또한 모든 두려움을 극복하게 한다. "너희는 너희가 두려워하는 바벨론의 왕을 겁내지 말라 내가 너희와 함께 있어 너희를 구원하며 그의 손에서 너희를 건지리니 두려워하지 말라"(렘 42:11). "그들(유다와 이스라엘 자손)이 그 우상들과 가증한 물건과 그 모든 죄악으로 더 이상 자신들을 더럽히지 아니하리라 내가 그들을 그 범죄한 모든 처소에서 구원하여 정결하게 한즉 그들은 내 백성이 되고 나는 그들의 하나님이 되리라"(겔 37:23).

그러나 우상 숭배는 그 대가를 반드시 치러야 한다. "이스라엘 족속이 그릇 행하여 나를 떠날 때에 레위 사람도 그릇 행하여 그 우상을 따라 나를 멀리 떠났으니 그 죄악을 담당하리라"(겔 44:10). "그들이 전에 백성을 위하여 그 우상 앞에서 수종들어 이스라엘 족속이 죄악에 걸려 넘어지게 하였으므로 내가 내 손을 들어 쳐서 그들이 그 죄악을 담당하였느니라"(겔 44:12). "옛적에 내가 이스라엘을 만나기를 광야에서 포도를 만남 같이 하였으며 너희 조상들을 보기를 무화과나무에서 처음 맺힌 첫 열매를 봄 같이 하였거늘 그들이 바알브올에 가서 부끄러운 우상에게 몸을 드림으로 저희가 사랑하는 우상 같이 가증하여졌도다"(호 9:10).

참 신이신 하나님과 우상이 병존할 수 없음은 너무나 당연한 일이다. "여호와께서 이르시되 내가 땅 위에서 모든 것을 진멸하리라 내가 사람과 짐승을 진멸하고 공중의 새와 바다의 고기와 거치게 하는 것과 악인들을 아울러 진멸할 것이라 내가 사람을 땅 위에서 멸절하리라 나 여호와의 말이니라 내가 유다와 예루살렘의 모든 주민들 위에 손을 펴서 남아 있는 바알을 그 곳에서 멸절하며 그마림이란 이름과 및 그 제사장들을 아울러 멸절하며 또 지붕에서 하늘의 뭇 별에게 경배하는 자들과 경배하며 여호와께 맹세하면서 말감을 가리켜 맹세하는 자들과 여호와를 배반하고 따르지 아니한 자들과 여호와를 찾지도 아니하며 구하지도 아니한 자들을 멸절하리라"(습 1:2-6).

구약을 통해 오래 예언된 후에, 이 땅에 오셔서 대속의 제물이 되신 예수 그리스도로 말미암아 사람들은 구속을 받고, 구원에 들어가게 된다. 그리고 복음의 역사는 믿음이 구원을 이루는 구원사관의 지배를 받는다(마 9:22). 그래서 그것은 믿음에 근거하여 이루어진다(마 9:29). "이 잔은 내 피로 세운 새 언약이니 이것을 행하여 마실 때마다 나를 기념하라"(고전 11:25). 이상에서 성경에 나타난 모든 언약들은 사람들을 구원하기 위한 것이며, 그 역사의 중심에 예수 그리스도께서 계신 것을 알 수 있다. 주 예수의 은혜로 구원받는다는 사실은 구원사의 핵심 존재로서 예수님을 보여준다(행 15:11). 그는 자기 지식으로 사람을 의롭게 할 뿐만 아니라 그들의 죄악을 친히 담당하신 분이다(사 53:11).

사도들은 하나님의 종으로서 구원의 길을 전하는 자들이다(행 16:17). 그래서 사도들은 "주 예수를 믿으라 그리하면 너와 네 집이 구원을 받으리라"(행 16:31)라고 외쳤던 것이다. 성경에 근거하여 구원에 대해 묻고, 또 대답할 수 있는 것은 성경적 신앙을 가진 사람들이 구원사관의 소유자임을 보여준다. 그러나 구원을 위해 악은 어떻게든 제거되어야 한다. "네 마음의 악을 씻어 버리라 그리하면 구원을 얻으리라"(렘 4:14). 그것을 위해 의인이신 예수 그리스도의 죽음이 그의 백성을 하나님 앞으로 인도하는 결정적 사건이 되었다(벧전 3:18).

십자가의 도는 멸망하는 자들에게는 미련한 것이고, 구원을 얻는 자들에게는 하나님의 능력이 된다. 달리 말하면 하나님은 전도의 미련한 것으로 믿는 자들을 구원하신다. 유대인의 표적, 헬라인의 지혜는 인간적이고 이성적인 방법이나 십자가에 못 박힌 그리스도는 유대인에게는 거리끼고, 이방인에게는 미련한 것이다. 그러나 부르심을 입은 자들에게는 유대인이나 헬라인에게 상관없이 그것이 하나님의 능력이요 지혜가 된다. 왜냐하면 하나님의 미련한 것이 사람보다 지혜 있고, 하나님의 약한 것이 사람보다 강하기 때문이다(고전 1:18-25).

구원은 하나님만 이루신다는 것이 성경의 구원사관이다. "애굽 땅에 있을 때부터 나는 네 하나님 여호와라 나 밖에 네가 다른 신을 알지 말 것이라 나 외에는 구원자가 없느니라"(호 13:4). "이는 우리의 하나님이시라 우리가 그를 기다렸으니 그가 우리를 구원하시리로다 이는 여호와시라 우리가 그를 기다렸으니 우리는 그의 구원을 기뻐하며 즐거워하리라"(사 25:9). "내가 네 허물을 빽빽한 구름 같이, 네 죄를 안개 같이 없이하였으니 너는 내게로 돌아오라 내가 너를 구속하였음이니라 여호와께서 이 일을 행하셨으니 하늘아 노래할지어다 땅의 깊은 곳들아 높이 부를지어다 산들아 숲과 그 가운데의 모든 나무들아 소리내어 노래할지어다 여호와께서 야곱을 구속하셨으니 이스라엘 중에 자기의 영광을 나타내실 것임이로다"(사 44:22-23).

하나님은 사람을 지으시고, 고치시며, 구원하실 능력을 가지신 분이다. "너희가 노년에 이르기까지 내가 그리하겠고 백발이 되기까지 내가 너희를 품을 것이라 내가 지었은즉 내가 업을 것이요 내가 품고 구하여 내리라"(사 46:4). "네 구속자요 모태에서 너를 지은 나 여호와가 이같이 말하노라 나는 만물을 지은 여호와라"(사 44:24). "여호와여 주는 나의 찬송이시오니 나를 고치소서 그리하시면 내가 낫겠나이다 나를 구원하소서 그리하시면 내가 구원을 얻으리이다"(렘 17:14). "너의 하나님 여호와가 너의 가운데에 계시니 그는 구원을 베푸실 전능자이시라"(습 3:17). "유다 족속아,

이스라엘 족속아, 너희가 이방인 가운데에서 저주가 되었었으나 이제는 내가 너희를 구원하여 너희가 복이 되게 하리니 두려워하지 말지니라 손을 견고히 할지니라"(슥 8:13).

그러므로 구원은 전적으로 하나님의 능력에 의존한다. "제자들이 듣고 몹시 놀라 이르되 그렇다면 누가 구원을 얻을 수 있으리이까 예수께서 그들을 보시며 이르시되 사람으로는 할 수 없으나 하나님으로서는 다 하실 수 있느니라"(마 19:25-26). 하나님은 친히 구원을 이루신다(욥 5:17-21). 그리고 하나님은 겸손한 자를 구원하신다(욥 22:29). 하나님의 구원은 지체함이 없다. "나의 구원이 지체하지 아니할 것이라 내가 나의 영광인 이스라엘을 위하여 구원을 시온에 베풀리라"(사 46:13). 하나님의 구원은 이방까지 포함한다. "내가 또 너를 이방의 빛으로 삼아 나의 구원을 베풀어서 땅끝까지 이르게 하리라"(사 49:6).

아브라함이 믿음으로 의롭게 여김을 받은 원리(약 2:23)는 예수 그리스도를 죽은 자 가운데서 살리신 이를 믿는 자들에게도 똑같이 적용된다. 그래서 예수님의 내어 주심은 사람의 범죄와, 그의 부활은 사람이 의롭다 함을 인정받는 것과 관련이 있고(롬 4:25), 사람들은 그를 믿는 믿음으로 하나님과 화목하게 되는 은혜로 말미암아 하나님의 영광을 바라고 즐거워할 수 있게 된다(롬 5:1-2). 예수 그리스도의 죽음으로 하나님과 화목케 된 사람은 그의 사심으로 구원을 얻는다(롬 5:10). 다시 말하면 사람들은 예수님을 통해 영생에 이를 수 있으니 그가 구원사의 핵심 존재가 되는 것은 당연하다(롬 5:21).

예수 그리스도를 믿음으로 의롭게 되거나 구원에 이르는 원리는 바울에게 있어서 중요하고도 확실하다. "사람이 의롭게 되는 것은 율법의 행위로 말미암음이 아니요 오직 예수 그리스도를 믿음으로 말미암는 줄 알므로 우리도 그리스도 예수를 믿나니 이는 우리가 율법의 행위로써가 아니고 그리스도를 믿음으로써 의롭다 함을 얻으려 함이라 율법의 행위로써는 의롭다 함을 얻을 육체가 없느니라"(갈 2:16).

아울러 성경이 말하는 구원은 어디까지나 개인 구원이다. "비록 노아,

다니엘, 욥, 이 세 사람이 거기에 있을지라도 그들은 자기의 공의로 자기의 생명만 건지리라 나 주 여호와의 말이니라"(겔 14:14). "비록 이 세 사람이 거기에 있을지라도 나의 삶을 두고 맹세하노니 그들도 자녀는 건지지 못하고 자기만 건지겠고 그 땅은 황폐하리라"(겔 14:16). "비록 이 세 사람이 거기에 있을지라도 나의 삶을 두고 맹세하노니 그들도 자녀는 건지지 못하고 자기만 건지리라 나 주 여호와의 말이니라"(겔 14:18). "비록 노아, 다니엘, 욥이 거기에 있을지라도 나의 삶을 두고 맹세하노니 그들도 자녀는 건지지 못하고 자기의 공의로 자기의 생명만 건지리라"(겔 14:20). 에스겔의 반복되는 서술은 자신의 구원은 자신의 몫이라는 점을 강조하는 데에 목적이 있었던 것 같다.

구원의 상대 개념인 징벌에 있어서도 개인의 원리는 마찬가지로 적용된다. "범죄하는 그 영혼은 죽을지라 아들은 아버지의 죄악을 담당하지 아니할 것이요 아버지는 아들의 죄악을 담당하지 아니하리니 의인의 공의도 자기에게로 돌아가고 악인의 악도 자기에게로 돌아가리라 그러나 악인이 만일 그가 행한 모든 죄에서 돌이켜 떠나 내 모든 율례를 지키고 정의와 공의를 행하면 반드시 살고 죽지 아니할 것이라"(겔 18:20-21).

인류의 역사는 구원사가 되어야 하며, 성경은 이것을 잘 반영하고 있다. "우리가 이 성전 앞과 주 앞에 서서 이 환난 가운데에서 주께 부르짖은즉 들으시고 구원하시리라"(대하 20:9). 복음의 역사는 믿음이 구원하는 역사이다. "예수께서 이르시되 가라 네 믿음이 너를 구원하였느니라"(막 10:52). 이처럼 하나님은 독생자를 통해 구원의 역사를 이루셨다. 그를 믿음으로 영생을 누리는 것이 복음의 역사이다. 따라서 예수 그리스도의 오심은 구원의 좋은 소식이나 그것은 필히 심판을 수반하는 구원이다(요 3:16-18). 아들을 믿는 것은 영생이고, 아들을 순종치 않는 자는 하나님의 진노를 받는다(요 3:36). 믿음에 근거하여 구원이 이루어진다. 그래서 구원받을 만한 믿음이란 말이 성립된다(행 14:9).

복음의 역사는 세상의 종말과 그리스도의 구원을 향해 동시에 달려가는 종말사관과 구원사관의 지배를 받는다. 아울러 그것은 역사 속에 감추어져 있는 영원한 삶이라는 구원의 의미를 결코 포기할 수 없으며, 거기에서 참다운 역사의 의미를 발견하게 된다. "네가 만일 네 입으로 예수를 주로 시인하며 또 하나님께서 그를 죽은 자 가운데서 살리신 것을 네 마음에 믿으면 구원을 받으리라 사람이 마음으로 믿어 의에 이르고 입으로 시인하여 구원에 이르느니라…누구든지 주의 이름을 부르는 자는 구원을 받으리라" (롬 10:9-13). "우리 구원의 하나님이여 우리를 구원하여 만국 가운데에서 건져내시고 모으사 우리로 주의 거룩한 이름을 감사하며 주의 영광을 드높이게 하소서" (대상 16:35). 성경적 구원사관은 죽음을 뛰어넘는다. "내가 그들을 스올의 권세에서 속량하며 사망에서 구속하리니 사망아 네 재앙이 어디 있느냐 스올아 네 멸망이 어디 있느냐 뉘우침이 내 눈 앞에서 숨으리라" (호 13:14).

이사야는 구원사관을 효과적으로 보여준 대표적 선지자이다. "하나님은 나의 구원이시라 내가 신뢰하고 두려움이 없으리니 주 여호와는 나의 힘이시며 나의 노래시며 나의 구원이심이라" (사 12:2). "여호와께서는 그들에게 한 구원자이자 보호자를 보내사 그들을 건지실 것임이라" (사 19:20). "나 만군의 여호와가 예루살렘을 보호할 것이라 그것을 호위하며 건지며 뛰어넘어 구원하리라" (사 31:5). "주는 아침마다 우리의 팔이 되시며 환난 때에 우리의 구원이 되소서" (사 33:2). "여호와는 우리의 왕이시니 그가 우리를 구원하실 것임이라" (사 33:22). "우리 하나님 여호와여 이제 우리를 그의 손에서 구원하사 천하 만국이 주만이 여호와이신 줄을 알게 하옵소서" (사 37:20). "여호와께서 나를 구원하시리니 우리가 종신토록 여호와의 전에서 수금으로 나의 노래를 노래하리로다" (사 38:20). "나는 여호와 네 하나님이요 이스라엘의 거룩한 이요 네 구원자임이라" (사 43:3). "나는 여호와라 나 외에 구원자가 없느니라" (사 43:11). "이스라엘의 구원자인 만군의 여호와가 이같이 말하노라 나는 처음이요 나는 마지막이라 나 외에 다른 신이 없느니라" (사 44:6).[50]

---

50) 이상현, 『다시 쓰는 역사, 그 지식의 즐거움』 (서울: 세종연구원, 2008), 200-202.

구원과정에서 하나님의 모습은 어떤 것인가? 그것이 이사야의 고백에 함축되어 있다. "구원자 이스라엘의 하나님이여 진실로 주는 스스로 숨어 계시는 하나님이시니이다"(사 45:15). 이 고백처럼 하나님은 구원을 이루는 과정에서 대리자나 도구인 인간 행위자를 통해 당신의 일을 이루신다. 그러나 당신이 표면에 나타나시지는 않는다. 하나님은 심판하실 때도 다른 행위자에게 일임하는 방식으로 처리하신다. "내가 감당할 수 없는 자의 손에 주께서 나를 넘기셨도다"(애 1:14).

따라서 하나님은 궁극적으로 당신의 백성들을 위해 구원을 이루시지만 너무나 많은 경우에, 그리고 오랫동안 그들을 이해할 수 없는 상황 가운데 내버려 두시는 것 같은 느낌을 갖게 하신다. 예를 들어 하나님은 당신의 백성 이스라엘을 구원하기 위해 잘 이해가 안 되는 방식에 따라 이방의 지도자인 고레스를 사용하셨다.[51)]

구원과 관련한 이사야의 집중도는 매우 높다. "나는 공의를 행하며 구원을 베푸는 하나님이라 나 외에 다른 이가 없느니라"(사 45:21). "땅의 모든 끝이여 내게로 돌이켜 구원을 받으라 나는 하나님이라 다른 이가 없느니라"(사 45:22). "우리의 구원자는 그의 이름이 만군의 여호와 이스라엘의 거룩한 이시니라"(사 47:4). "구원의 날에 내가 너를 도왔도다"(사 49:8). "네 자녀를 내가 구원할 것임이라"(사 49:25). "모든 육체가 나 여호와는 네 구원자요 네 구속자요 야곱의 전능자인 줄 알리라"(사 49:26). "나의 구원은 세세에 미치리라"(사 51:8). "나의 구원은 영원히 있고 나의 공의는 폐하여지지 아니하리라"(사 51:6). "땅 끝까지도 모두 우리 하나님의 구원을 보았도다"(사 52:10). "나의 구원이 가까이 왔고 나의 공의가 나타날 것임이라"(사 56:1). "나 여호와는 네 구원자, 네 구속자, 야곱의 전능자인 줄 알리라"(사 60:16). "여호와께서 땅 끝까지 선포하시되 너희는 딸 시온에게 이르라 보라 네 구원이 이르렀느니라"(사 62:11). "그는 나이니 공의를

---

51) 마틴 로이드 존스, 『하나님은 왜 전쟁을 허용하실까(*WHY DOES GOD ALLOW WAR?*)』, 박영옥 역 (서울: 목회자료사, 2007), 57-76.

말하는 이요 구원하는 능력을 가진 이니라"(사 63:1). 하나님의 위대성은 사람들을 구원할 계획, 의지, 그리고 능력을 갖고 계시다는 사실에 있다.

예레미야는 사람들이 조각한 신상이나 이방의 헛된 것들을 가지고 하나님을 격노하게 함으로써 추수할 때가 지나고 여름이 다하여도 구원을 얻지 못하는 결과가 초래된다고 보았다(렘 8:19-20). 이것은 하나님 중심의 구원사관, 그리고 그것에 근거한 삶을 통해서만 허망하지 않은 종말을 맞게 된다는 말로서 역사의 진정한 의미를 종말적 구원에서 찾는 태도와 일치한다. 그러나 얼마나 많은 사람이 "헛되다"라고 고백할 수밖에 없는 것에 의지하는 삶을 사는가? "우리가 헛되이 도움을 바라므로 우리의 눈이 상함이여 우리를 구원하지 못할 나라를 바라보고 바라보았도다"(애 4:17).

하나님을 잊는 것은 헛된 신앙의 대상을 찾게 한다는 것이 성경과 역사의 가르침이다. "거짓되고 헛된 것을 숭상하는 모든 자는 자기에게 베푸신 은혜를 버렸사오나 나는 감사하는 목소리로 주께 제사를 드리며 나의 서원을 주께 갚겠나이다 구원은 여호와께 속하였나이다"(욘 2:8-9). 하나님의 역사를 기억하는 것과 헛된 이방 신을 따르는 것은 서로 배치된다. "우리가 우리 하나님의 이름을 잊어버렸거나 우리 손을 이방 신에게 향하여 폈더면 하나님이 이를 알아내지 아니하셨으리이까 무릇 주는 마음의 비밀을 아시나이다"(시 44:20-21).

다니엘의 세 친구가 불 가운데서도 살아 있음을 본 느부갓네살 왕은 그들을 불러냈다. "지극히 높으신 하나님의 종 사드락, 메삭, 아벳느고야 나와서 이리로 오라"(단 3:26). 왕은 그들로 인하여 구원사관에 대해 확신에 찬 고백을 하였다. "사드락과 메삭과 아벳느고의 하나님을 찬송할지로다 그가 그의 천사를 보내사 자기를 의뢰하고 그들의 몸을 바쳐 왕의 명령을 거역하고 그 하나님 밖에는 다른 신을 섬기지 아니하며 그에게 절하지 아니한 종들을 구원하셨도다 그러므로 내가 이제 조서를 내리노니 각 백성과 각 나라와 각 언어를 말하는 자가 모두 사드락과 메삭과 아벳느고의 하나님께 경솔히 말하거든 그 몸을 쪼개고 그 집을 거름터로 삼을지니 이는 이같이 사람을 구원할 다른 신이 없음이니라 하더라"(단 3:28-29).

여기서 보듯이 하나님의 구원은 세상의 무기로 이룰 수 있는 것이 아니다. 그것은 오직 하나님으로 말미암는다. "내가 유다 족속을 긍휼히 여겨 그들의 하나님 여호와로 구원하겠고 활과 칼이나 전쟁이나 말과 마병으로 구원하지 아니하리라"(호 1:7). "이제 네가 성읍에서 나가서 들에 거주하며 또 바벨론까지 이르러 거기서 구원을 얻으리니 여호와께서 거기서 너를 네 원수들의 손에서 속량하여 내시리라"(미 4:10). "주께서 주의 백성을 구원하시려고, 기름 부음 받은 자를 구원하시려고 나오사 악인의 집의 머리를 치시며 그 기초를 바닥까지 드러내셨나이다"(합 3:13).

하나님의 구원은 세상의 기준에 따라 그 가치가 평가되는 것이 아니다. "비록 무화과나무가 무성하지 못하며 포도나무에 열매가 없으며 감람나무에 소출이 없으며 밭에 먹을 것이 없으며 우리에 양이 없으며 외양간에 소가 없을지라도 나는 여호와로 말미암아 즐거워하며 나의 구원의 하나님으로 말미암아 기뻐하리로다"(합 3:17-18).

신약에서는 바울이 이 구원사관을 잘 반영해 보여주었다. "한 사람의 범죄를 인하여 많은 사람이 죽었은즉 더욱 하나님의 은혜와 또한 한 사람 예수 그리스도의 은혜로 말미암은 선물은 많은 사람에게 넘쳤느니라 또 이 선물은 범죄한 한 사람으로 말미암은 것과 같지 아니하니 심판은 한 사람으로 말미암아 정죄에 이르렀으나 은사는 많은 범죄로 말미암아 의롭다 하심에 이름이니라 한 사람의 범죄로 말미암아 사망이 그 한 사람을 통하여 왕 노릇 하였은즉 더욱 은혜와 의의 선물을 넘치게 받는 자들은 한 분 예수 그리스도를 통하여 생명 안에서 왕 노릇 하리로다 그런즉 한 범죄로 많은 사람이 정죄에 이른 것 같이 한 의로운 행위로 말미암아 많은 사람이 의롭다 하심을 받아 생명에 이르렀느니라 한 사람이 순종하지 아니함으로 많은 사람이 죄인 된 것 같이 한 사람이 순종하심으로 많은 사람이 의인이 되리라 율법이 들어온 것은 범죄를 더하게 하려 함이라 그러나 죄가 더한 곳에 은혜가 더욱 넘쳤나니 이는 죄가 사망 안에서 왕 노릇 한 것 같이 은혜도 또한 의로 말미암아 왕 노릇 하여 우리 주 예수 그리스도로 말미암아 영생에 이르게 하려 함이라"(롬 5:17-21).[52]

이상 바울에게서 나타나는 구원은 철저하게 믿음에 의존하는 것이다. 그리고 그는 믿음에 의한 구원 교리를 말함에 있어서 하박국의 말 "의인은 그의 믿음으로 말미암아 살리라"(합 2:4)를 인용함으로써 사료 의존적 태도를 보여준다. "복음에는 하나님의 의가 나타나서 믿음으로 믿음에 이르게 하나니 기록된 바 오직 의인은 믿음으로 말미암아 살리라 함과 같으니라"(롬 1:17). "우리로 하여금 믿음으로 말미암아 의롭다 함을 얻게 하려 함이라"(롬 1:24). "하나님 앞에서 아무도 율법으로 말미암아 의롭게 되지 못할 것이 분명하니 이는 의인은 믿음으로 살리라 하였음이라"(갈 3:11).

하박국이 기록한 말씀과 내용상 연결되는 신약의 구절들은 그 외에도 많이 있다. "예수 그리스도를 믿음으로 말미암아 모든 믿는 자에게 미치는 하나님의 의니 차별이 없느니라"(롬 3:22). 그 외에 예수를 하나님이 그의 피로써 믿음으로 말미암는 화목제물로 세우셨으니 이는 하나님께서 길이 참으시는 중에 전에 지은 죄를 간과하심으로 자기의 의로우심을 나타내려 하심이라고도 하였다(롬 3:25).

믿음으로 의롭게 되고, 또 구원을 얻는다는 생각은 신 · 구약을 막론하여 나타난다. "할례자도 믿음으로 말미암아 또한 무할례자도 믿음으로 말미암아 의롭다 하실 하나님은 한 분이시니라"(롬 3:30). "아브라함이나 그 후손에게 세상의 상속자가 되리라고 하신 언약은 율법으로 말미암은 것이 아니요 오직 믿음의 의로 말미암은 것이니라"(롬 4:13). "하나님이 이방을 믿음으로 말미암아 의로 정하실 것을 성경이 미리 알고 먼저 아브라함에게 복음을 전하되 모든 이방인이 너로 말미암아 복을 받으리라 하였느니라"(갈 3:8). "너희는 그 은혜에 의하여 믿음으로 말미암아 구원을 받았으니 이것은 너희에게서 난 것이 아니요 하나님의 선물이라"(엡 2:8). 구원은 사람의 행위가 아니라 하나님의 뜻과 은혜로 이루어지는 것이다(딤후 1:9). "어려서부터 성경을 알았나니 성경은 능히 너로 하여금 그리스도 예수 안에 있는 믿음으로 말미암아 구원에 이르는 지혜가 있게 하느니라"(딤후 3:15).

---

52) 이상현, 『다시 쓰는 역사, 그 지식의 즐거움』, 202-205.

궁극적으로 구원의 도는 예수 그리스도에게서 출발하고, 또 끝난다. "내가 가진 의는 율법에서 난 것이 아니요 오직 그리스도를 믿음으로 말미암은 것이니 곧 믿음으로 하나님께로부터 난 의라"(빌 3:9). "믿음으로 말미암는 의는 이같이 말하되 네 마음에 누가 하늘에 올라가겠느냐 하지 말라 하니 올라가겠느냐 함은 그리스도를 모셔 내리려는 것이요"(롬 10:6). "사람이 의롭게 되는 것은 율법의 행위로 말미암음이 아니요 오직 예수 그리스도를 믿음으로 말미암는 줄 알므로 우리도 그리스도 예수를 믿나니 이는 우리가 율법의 행위로써가 아니고 그리스도를 믿음으로써 의롭다 함을 얻으려 함이라 율법의 행위로써는 의롭다 함을 얻을 육체가 없느니라"(갈 2:16). "믿음으로 노아는 아직 보이지 않는 일에 경고하심을 받아 경외함으로 방주를 준비하여 그 집을 구원하였으니 이로 말미암아 세상을 정죄하고 믿음을 따르는 의의 상속자가 되었느니라"(히 11:7).

모든 사람에게 구원을 주시는 것은 하나님의 보편적 은혜이다(딛 2:11). 그 이유는 그 은혜로 말미암아 "경건하지 않은 것과 이 세상 정욕을 다 버리고 신중함과 의로움과 경건함으로 이 세상에 살고 복스러운 소망과 우리의 크신 하나님 구주 예수 그리스도의 영광이 나타나심을 기다리게 하셨으니 그가 우리를 대신하여 자신을 주심은 모든 불법에서 우리를 속량하시고 우리를 깨끗하게 하사 선한 일을 열심히 하는 자기 백성이 되게 하려 하심이라"(딛 2:12-14)라는 말씀을 이루기 위함이다. 결국 하나님의 자비와 사람 사랑하는 마음이 중생의 씻음과 성령의 새롭게 하심으로 사람들을 구원하시고, 구주 예수 그리스도로 말미암아 성령을 주시사 영생의 소망을 따라 후사가 되게 하신 것이다(딛 3:4-7).

세계사를 보면 낙원 또는 천국으로 표현되는 이상향에서의 삶은 인류 역사의 어느 시점, 또 어느 공간에서도 사람들에게 희망을 갖게 만드는 중요한 요소였다. 이것과 관련해서 아래 인용된 세 사람 모어(Thomas More, 1478–1535), 블로흐(Ernst Simon Bloch, 1885–1977), 보리헤스(Jorge Luis Borges, 1899–1986)가 유토피아에 대해 언급한 말들을 살펴보는 것이 도움이 될 듯하다.

모어의 유토피아(Utopia)란 말이 인류 공동체의 구성원 누구나가 고대하는 그 이상향이 이 세상 어디에도 존재하지 않는다는 역설적 의미를 포함하는 것에 대해서는 대부분의 사람들이 잘 알고 있을 것이다. 지글러(Jean Ziegler)의 말을 빌려 보면 아래와 같다. "유토피아는 지상에서의 짧은 생애 동안 우리가 손에 넣을 수 없는 것을 의미한다. 유토피아는 인간의 의식이 미리 예견할 수 있는 자유와 연대의식, 나누어 갖는 행복의 도래를 표현한다. 유토피아는 결핍인 동시에 욕구로서 전 세계적인 사회정의를 위한 인간들의 모든 행동의 가장 내밀한 원천이 된다. 이러한 정의 없이는 우리들 그 누구에게도 행복이란 불가능하다."[53]

블로흐는 유토피아와 관련해서 아래와 같이 말하였다. "우리가 우리 마음속에 간직하고 있는 욕망은 아무리 작은 것이라 할지라도 매우 의미심장하다. 우리는 우리 안에 있는 무엇인가가 우리를 자극하지 않는다면, 설사 부족한 것이 있더라도 그토록 고통스러워하지 않을 것이다. 우리 마음 속 깊은 곳에서 우리를 인도하려 하고, 우리의 육체와 우리의 육체가 숨 쉬고 있는 우리 주변 세계를 넘어서도록 부추기는 그 목소리가 없다면 우리는 고통스러워하지 않을 것이다. [……] 우리는 어린 아이들처럼 사물을 느낄 수 있고, 우리의 근원적인 비밀을 담아 자물쇠를 채워 봉인해 놓은 상자가 언젠가는 열리기를 소망할 수 있다. 현재 우리 눈앞에서 벌어지는 행동은 의지적이고 인지적인 추세의 불완전한 통합체, 즉 억누를 수 없는 욕망의 힘이며, 유토피아를 추구하는 영혼의 작용이라고 할 수 있다."[54] 그에 따르면 인간은 본질적으로 미완성의 존재이다. 또 유토피아는 인간의 가장 내밀한 곳에 깃들어 있다. 따라서 블로흐는 "죽음의 순간에 우리들 각자는 생을 마감하기 위해서 더 많은 생을 필요로 하게 될 것이다"라고 말하였다.[55]

보르헤스는 "유토피아는 내면의 눈으로만 볼 수 있다"고 말하면서 자신

---

53) 장 지글러, 『탐욕의 시대(*L'empire de la Honte*)』, 양영란 역 (서울: 갈라파고스, 2008), 28.

54) Ibid., 28-29.

55) Ibid., 29.

의 책 제목을 '…넓게 닫힌 눈으로…' 로 결정하였다. 보르헤스의 말에 근거하여 본다면 유토피아는 분명 파괴적인 힘이지만 아무도 그 힘을 눈으로 볼 수 없다. 그 힘은 역사적이다. 그 힘이야말로 바로 역사를 이어온 원동력이기 때문이다.[56)]

앞에 인용된 세 사람의 말을 통해 보듯이 사람은 본질상 영생이나 구원을 기다리며 사는 존재이다. 그런데 성경은 이 구원이 철저하게 믿음에 근거하는 것으로 가르친다. 즉 믿음이 소원을 이룬다는 것이다(마 15:28). 그래서 복음의 역사는 믿음으로 얻는 구원의 역사이다. "인자가 올 때에 세상에서 믿음을 보겠느냐"(눅 18:8). "보라 네 믿음이 너를 구원하였느니라"(눅 18:42). "너희는 그 은혜에 의하여 믿음으로 말미암아 구원을 받았으니 이것은 너희에게서 난 것이 아니요 하나님의 선물이라"(엡 2:8). 진실로 진실로 너희에게 이르노니 믿는 자는 영생을 가졌다(요 6:47)는 말씀에서도 믿음을 통해 영생을 얻는 원리가 잘 나타나 있다.

그렇기 때문에 성령으로 말미암는 믿음, 그것을 따라 오는 소망, 이것이 성경적이거나 기독교적인 역시이해에 필수적이다. 할례나 무할례가 구원을 이루는 것이 아니다. 오직 사랑으로써 역사하는 믿음만이 하나님의 일을 이룬다(갈 5:6). 그래서 "오직 사랑으로 서로 종 노릇 하라 온 율법은 네 이웃 사랑하기를 네 자신 같이 하라 하신 한 말씀에서 이루어졌나니"(갈 5:13-14)라고 말한 것이다.

종말에 달성되는 궁극적 목적인 구원이 없다면 역사는 허무(meaningless)만을 안겨줄 것이다. 여기서 단순한 시간의 흐름인 역사(*chronos*)와 구원, 즉 의미가 있는 역사(*kairos*)의 구분이 생겨난다. "헛되고 헛되며 헛되고 헛되니 모든 것이 헛되도다"(전 1:2)라는 말씀을 영원이신 창조주에 대한 기억과 함께 묵상해 보는 것이 의미가 있다. 인생은 <전도서>와 <시편>의 기자가 말하듯이 거기에 하나님이 없다면 근본적으로 허망한 것이다.

---

56) Ibid., 29-30.

아울러 세상에는 새로운 것이나 의미 있는 것이 없기 때문에 거기서는 구원을 발견하지 못한다고 볼 수 있다. "이미 있던 것이 후에 다시 있겠고 이미 한 일을 후에 다시 할지라 해 아래에는 새 것이 없나니 무엇을 가리켜 이르기를 보라 이것이 새 것이라 할 것이 있으랴 우리가 있기 오래 전 세대들에도 이미 있었느니라"(전 1:9-10). "내가 사는 것을 미워하였노니 이는 해 아래에서 하는 일이 내게 괴로움이요 모두 다 헛되어 바람을 잡으려는 것이기 때문이로다"(전 2:17).

반면에 뢰빗트는 역사의 줄거리는 언제나 하나님이라고 했다. 그에게 있어서 역사의 의미는 일반사인 세계사 안에 감추어져 있는 구원사를 의미한다. 따라서 '역사의 의미(Meaning in History)'와 '세계사와 거룩한 역사(Weltgeschichte und Heilsgeschehen)'라는 그의 책 제목들에서 그 의미를 찾아볼 수 있다. 거기에는 복음과 성경의 역사관에서는 구속 또는 구원이 역사를 판단하는 확고한 기준이 된다는 의미가 들어 있다.

성경적 신앙에 근거한 그리스도인들의 삶은 그것이 갖는 목적과 의미로 인해 헛된 것(meaninglessness)이 되지 않는다. "그러므로 나의 사랑하는 자들아 너희가 나 있을 때뿐 아니라 더욱 지금 나 없을 때에도 항상 복종하여 두렵고 떨림으로 너희 구원을 이루라 너희 안에서 행하시는 이는 하나님이시니 자기의 기쁘신 뜻을 위하여 너희에게 소원을 두고 행하게 하시나니 모든 일을 원망과 시비가 없이 하라 이는 너희가 흠이 없고 순전하여 어그러지고 거스르는 세대 가운데서 하나님의 흠 없는 자녀로 세상에서 그들 가운데 빛들로 나타내며 생명의 말씀을 밝혀 나의 달음질이 헛되지 아니하고 수고도 헛되지 아니함으로 그리스도의 날에 내가 자랑할 것이 있게 하려 함이라"(빌 2:12-16).

반면에 사람들은 허무한 것으로 하나님의 진노를 격발할 뿐이라거나(신 32:21) 사람은 헛것 같고, 그의 날은 지나가는 그림자 같다는 말(시 144:4), 그리고 참으로 각 사람은 허사뿐이라는 말(시 39:1)은 일반적인 사람들의 삶에 대한 묘사로서 달리 구원의 길이 없음을 반영한다.

하나님과 함께 인생은 영원으로 이어진다. 그래서 구원 받은 사람들은 하늘의 시민권을 가진 자들로서(빌 3:20) 영원에 잇대어지는 삶을 누린다. 새 하늘과 새 땅에서는 하나님이 그 백성과 함께 계시고, 사망이나 애통이 없다(계 21:1-4). 욥은 자신의 구속자에 대한 확신과 육체의 죽음 뒤에라도 영원한 존재이신 하나님을 보겠다는 의식으로 가득 차 있었다. "내가 알기에는 나의 대속자가 살아 계시니 마침내 그가 땅 위에 서실 것이라 내 가죽이 벗김을 당한 뒤에도 내가 육체 밖에서 하나님을 보리라"(욥 19:25-26).

사람이 지상에서 누리는 삶은 잠시 잠깐이다. 그래서 구원을 통해 영원과 잇대어지지 않는 한 그것은 허무할 수밖에 없다. "만국의 모든 신은 헛것이나 여호와께서는 하늘을 지으셨도다"(대상 16:26)라는 말은 창조주 하나님으로 인한 섭리와 목적 또는 의미를 발견하게 되는 구원사관에 대비되는 것으로서 진정한 의미와 목적이 결여된 헛된 신앙의 대상인 다른 신이나 종교에서 기인하는 허무한 역사관을 생각하게 한다. "우리는 우리 조상들과 같이 주님 앞에서 이방 나그네와 거류민들이라 세상에 있는 날이 그림자 같아서 희망이 없나이다"(대상 29:15). 그러나 세상 이후의 역사 또한 하나님이 섭리하신다. "할렐루야 주 우리 하나님 곧 전능하신 이가 통치하시도다"(계 19:6).

누가가 기록한 나병환자 10명과 관련한 이야기는 성경의 역사가 구원사임을 보여준다(눅 17:11-19). 그리고 구원은 하나님이 이끄시는 역사의 유일하고도 분명한 주제이다. 성경은 구원을 위한 기록이다(요 20:30-31). 기적 또는 표적들도 구원을 위한 명확한 목적을 갖고 행해졌다(요 2:11; 11:14-15). 성경의 목적은 오로지 구원이다(막 8:36).[57)]

여호와는 그리스도인들의 소망이며, 구원이 되신다. "이스라엘아 여호와를 바랄지어다 여호와께서는 인자하심과 풍성한 속량이 있음이라 그가 이스라엘을 그의 모든 죄악에서 속량하시리로다"(시 130:7-8). 그래서 여호와만 바라야 한다. "이스라엘아 지금부터 영원까지 여호와를 바랄지어다"(시 131:3). "내 구원의 능력이신 주 여호와여 전쟁의 날에 주께서 내 머리

---

57) 옥성호, 『마케팅에 물든 부족한 기독교』, 286쪽 이하를 참고하라.

를 가려 주셨나이다"(시 140:7). 대로가 있으나 구원받을 자들만이 갈 수 있다(사 35:8-10). 따라서 그리스도인들에게는 구원의 소망이 이 세상에서의 삶을 영위하는 원동력이 되어야 한다. 그리고 그 구원은 예수 그리스도로 말미암는 것이다(살전 5:8-9).

창조와 섭리, 이 둘 모두와 관련해서 하나님의 임재를 인정하는 사람은 미래와 관련해서 긍정적인 영향을 받는다. 그는 창조와 섭리를 통해 역사 안에 살아 계신 하나님을 믿기 때문에 그는 자신의 미래를 그분께 맡기는 가운데 참된 소망을 가질 수 있다. 구원, 즉 영생이 그를 기다리고 있음을 알기 때문에, 헛되거나 불확실한 어두움으로 인해 두려워할 필요가 없는 것이다. 그는 목적 또는 의미를 찾을 수 없어서 종말이나 내세에 대한 불가지론이나 허무주의로 말미암아 불안에 떠는 불신자들과 다른 입장에 있다.

사랑, 특히 사람들을 구원하고자 하는 하나님의 사랑이 역사를 추진해 나가는 원동력이다. 예수 그리스도는 하나님의 계명에 순종하여 그의 사랑 안에 거하였고, 당신의 제자들에게 당신의 계명에 순종하여 당신의 사랑 안에 거하라고 요구하신다(요 15:9-10). 사랑은 여기 있으니 우리가 하나님을 사랑한 것이 아니요 하나님이 우리를 사랑하사 우리 죄를 속하기 위하여 화목 제물로 그 아들을 보내셨다는 말(요일 4:10)은 우리가 하나님을 사랑한 것이 아니요, 하나님이 우리를 먼저 사랑하셨다는 것을 의미하며, 그것은 하나님이 먼저 우리를 기억하시고, 우리에게 다가오셔서 우리의 구원을 이루는 일을 시작하셨다는 사실을 의미한다.

말하자면 하나님의 사랑이 인류의 구원을 위한 역사를 시작하시고, 진행시키는 원동력이 되었다는 것이다. 하나님과 사람 사이에 그리고 사람과 사람 사이에 동역이 있어야 하듯 그들 각자 사이에는 사랑이 풍성해야 한다. "사랑하는 자들아 하나님이 이같이 우리를 사랑하셨은즉 우리도 서로 사랑하는 것이 마땅하도다"(요일 4:11). 이렇게 해서 구원사를 움직이는 힘은 다름 아닌 사랑임이 밝혀진다. 하나님의 사랑이 하나님의 섭리를 결정함으로써 구원을 이루는 역사는 완성을 향해 달려가게 된다.

성경이 무엇을 말하는가? 하나님은 빛을 창조하신 후에 낮과 밤이 나누어지자 "하나님이 보시기에 좋았더라"(창 1:4)라고 하나님의 마음을 표현하였다. 큰 바다 짐승들과 물에서 번성하여 움직이는 모든 생물을 그 종류대로, 날개 있는 모든 새를 그 종류대로 창조하신 후에도 하나님의 마음에 대한 표현은 "하나님이 보시기에 좋았더라"(창 1:21)였다. 땅의 짐승을 그 종류대로, 가축을 그 종류대로, 땅에 기는 모든 것을 그 종류대로 만드신 후에도 변함없이 "하나님이 보시기에 좋았더라"(창 1:25)였다. 그러나 사람을 만드신 후에는 하나님의 마음에 대한 표현이 "하나님이 지으신 그 모든 것을 보시니 보시기에 심히 좋았더라"(창 1:31)로 바뀌었다. 이런 사실을 감안할 때 사람의 입장에서 나타나는 탐욕사관에 반하여 하나님의 구원사는 박애사관(博愛史觀)으로 읽어야 할 것 같다.

사랑은 사망에서 생명으로 옮겨 놓는 힘이 있다. "우리는 형제를 사랑함으로 사망에서 옮겨 생명으로 들어간 줄을 알거니와 사랑하지 아니하는 자는 사망에 머물러 있느니라"(요일 3:14). 아울러 그것은 율법과 기독교의 정신이기도 하다. "그의 계명은 이것이니 곧 그 아들 예수 그리스도의 이름을 믿고 그가 우리에게 주신 계명대로 서로 사랑할 것이니라"(요일 3:23).

사람들을 향한 하나님과 그리스도의 사랑이 구원의 역사를 출발하게 하였다. "하나님이 세상을 이처럼 사랑하사 독생자를 주셨으니 이는 그를 믿는 자마다 멸망하지 않고 영생을 얻게 하려 하심이라"(요 3:16). "하나님의 사랑이 우리에게 이렇게 나타난 바 되었으니 하나님이 자기의 독생자를 세상에 보내심은 그로 말미암아 우리를 살리려 하심이라"(요일 4:9). "하나님이 그 아들을 세상에 보내신 것은 세상을 심판하려 하심이 아니요 그로 말미암아 세상이 구원을 받게 하려 하심이라"(요 3:17).

이처럼 큰 사랑으로 구원을 받은 그리스도인들은 서로 사랑하여 구원을 이루어가야 한다. "사랑하는 자들아 우리가 서로 사랑하자 사랑은 하나님께 속한 것이니 사랑하는 자마다 하나님으로부터 나서 하나님을 알고 사랑하지 아니하는 자는 하나님을 알지 못하나니 이는 하나님은 사랑이심이라 하나님의 사랑이 우리에게 이렇게 나타난 바 되었으니 하나님이 자기의 독생자를 세상에 보내심은 그로 말미암아 우리를 살리려 하심이라 사랑은 여기 있으니 우리가 하나님을 사랑한 것이 아니요 하나님이 우리를 사랑하사 우리 죄를 속하기 위하여 화목 제물로 그 아들을 보내셨음이라 사랑하는 자들아 하나님이 이같이 우리를 사랑하셨은즉 우리도 서로 사랑하는 것이 마땅하도다"(요일 4:7-11).

바울이 중점을 두어 가르친 말씀은 믿음으로 의롭게 됨(以信稱義)의 원리와 종말적 소망이라고 할 수 있다. 이것은 그의 신학에 있어서 믿음과 종말적 소망이 차지하는 비중이 매우 크다는 것을 의미한다. 그럼에도 불구하고 그는 믿음, 소망, 사랑, 이 세 가지는 항상 있을 것인데 그 중의 제일은 사랑이라고 말하였다.[58] 하나님 나라가 임한 후에 믿음과 소망은 그 본질적 가치를 잃게 되겠지만 사랑은 영원히 누리고 나누어야 할 것이란 점에서 설득력이 있는 말이다.

예수 그리스도는 구원을 위해 세상, 즉 역사 가운데 오신 분으로서 구원사의 중심이 되신다. 그는 자신을 인류의 대속물로 주시려고 사람의 몸을 입고 역사 가운데로 오셨다(마 20:28). 그는 당신이 세상에 오신 이유를 사람의 구원을 이루려는 것이라고 말씀하셨다. "인자가 온 것은 잃어버린 자를 찾아 구원하려 함이니라"(눅 19:10). 종말적 구원에 대한 기대와 소망, 그리고 비전이 없다면 사람들의 삶은 망가지고 말 것이다. "묵시가 없으면 백성이 방자히 행하거니와 율법을 지키는 자는 복이 있느니라"(잠 29:18).

다시 말하지만 성경과 기독교의 역사는 구원의 역사이다(롬 10:1). 또 그렇기 때문에 그리스도인은 자신의 삶 전체를 모든 사람을 구원하는 일에 헌신하는 구원사관에 철저한 사람이 되어야 한다. "너희가 먹든지 마시든지 무엇을 하든지 다 하나님의 영광을 위하여 하라 유대인에게나 헬라인에게나 하나님의 교회에나 거치는 자가 되지 말고 나와 같이 모든 일에 모든 사람을 기쁘게 하여 자신의 유익을 구하지 아니하고 많은 사람의 유익을 구하여 그들로 구원을 받게 하라"(고전 10:31-33).

구속사는 은혜로 주어진 예수 그리스도의 피 흘림에서 시작된 죄 사함이

---

58) 한완상, 『예수 없는 예수 교회』, 201-210.

다(엡 1:7). 그리고 바울의 소원은 복음의 비밀, 달리 말하면 예수 그리스도의 이야기 즉 역사를 전하는 것이었다(엡 6:19). 예수의 소문은 그의 이야기이고, 그의 역사이다(마 9:31). 그리고 그의 전 생애, 즉 역사는 천국 복음을 위한 것이었다(마 9:35).

그리스도인을 위한 하나님의 보호하심은 말세에 있게 될 구원을 얻게 하려는 것으로 믿음을 통해 주어진다(벧전 1:5). 여기서 믿음의 결국은 구원이란 말이 성립된다(벧전 1:9). 그리고 이 구원에 대해서는 이미 선지자들이 연구하고 부지런히 살펴서 그리스도의 영이 그 받으실 고난과 후에 받으실 영광을 미리 증언하여 누구를 또는 어떠한 때를 지시하시는지 상고하였다(벧전 1:10-11).

사람은 하나님을 섬기든지 아니면 다른 무엇인가를 섬기든지 둘 중에 하나를 선택해야 하는 존재이다. 이것이 역사가 보여주는 바이다. 그리고 이것은 종교적 집중의 원리에 해당한다. 사람은 자신을 초월하는 존재에 대한 신앙을 통해 자신의 삶에 의미를 부여한다는 것이다. 이것과 관련해서 바울은 무엇을 말하는가? "생각하건대 현재의 고난은 장차 우리에게 나타날 영광과 비교할 수 없도다 피조물이 고대하는 바는 하나님의 아들들이 나타나는 것이니 피조물이 허무한 데 굴복하는 것은 자기 뜻이 아니요 오직 굴복하게 하시는 이로 말미암음이라 그 바라는 것은 피조물도 썩어짐의 종 노릇 한 데서 해방되어 하나님의 자녀들의 영광의 자유에 이르는 것이니라 피조물이 다 이제까지 함께 탄식하며 함께 고통을 겪고 있는 것을 우리가 아느니라"(롬 8:18-22). 사람의 경배 대상은 참 하나님 아니면 피조물이라는 말이 된다.

예수 그리스도가 중심이 되는 구원사관은 계시로 말미암아 갖게 되는 것이다. 그것은 성령을 힘입어 복음을 전하는 자들이 알려준 것이다. 이 역사관을 가진 자는 마음의 허리를 동이고 근신하여 예수 그리스도께서 나타나실 때에 누리게 될 은혜를 기다리는 종말사관 또한 가져야 한다(벧전 1:12-13). 주님의 오래 참으심으로 구원된다는 것이 베드로의 주장이다. 또 그는 바울도 이런 내용으로 썼다고 말함으로써 자신과 바울 사이에 있는 동역의식과 자신들이 베푼 동일한 가르침에 대해 밝히고, 무법한 자들의 미혹에 빠지지 말라고 경계한 후에(벧후 3:14-17), "오직 우리 주 곧 구주 예수 그리스도의 은혜와 그를 아는 지식에서 자라 가라"(벧후 3:18)라고 권면하였다.

여기서 구원사관을 포함하는 일반적 개념인 목적사관에 대해 간략하게라도 다루는 것이 좋을 것 같다. 목적사관은 구원사관의 또 다른 명칭이 될 수도 있다. 목적사관을 성경적으로 말하면 구원사관이 되고, 구원사관은 포괄적인 의미에서 보면 목적사관 안에 있다. 그래서 정리한다면 목적사관들 가운데는 기독교의 구원사관이 대표적인 것이다 정도가 될 것 같다.

하나님은 인류의 구원이라는 뚜렷한 목적을 가지고 역사를 이끄셨다. 그리고 그는 당신의 뜻대로 당신을 위해 일하신다. "나는 여호와이니 이는 내 이름이라 나는 내 영광을 다른 자에게, 내 찬송을 우상에게 주지 아니하리라"(사 42:8). "이 백성은 내가 나를 위하여 지었나니 나를 찬송하게 하려 함이니라"(사 43:21). 하나님은 당신의 영광을 위하여 사람을 지으셨다(사 43:7). 그래서 역사를 통해 결코 손해를 보는 일이 없으신 분이 하나님이다.

목적론적 역사의식은 이미 구약에서 시작되었다. 그리고 그것은 메시야 사상과 함께 발전해 나갔다. 창조, 그리고 사람의 범죄 당시부터 인류의 역사는 메시야를 향하여 달려간다. 역사의 진행과정에서 희미하던 계시의 비밀은 예수 그리스도의 탄생, 죽음, 부활, 그리고 그의 재림과 심판이라는 요소들과 함께 분명해진다. 거울로 보듯 희미하던 것이 얼굴과 얼굴을 대하여 보듯 점점 더 밝히 드러나게 될 것이다.

구약의 하나님 백성들은 메시야를 기다리는 가운데 인생의 허무함을 달랠 수 있었다. 그것에 비추어 볼 때 신약 이후의 그리스도인들은 다시 오실 메시야를 기다리며 인생의 허무를 극복하게 된다. 메시야 또는 재림하실 예수로 말미암는 구원 또는 영생이 없다면 그리스도인들은 목적을 상실하고, 방황하게 될 것이다. 목적이 없는 삶은 무의미한 것이고, 그 자체가 허무한 것이기 때문이다.

솔로몬은 전도서를 통해 이 헛됨, 즉 '의미 없음(meaninglessness)' 또는 목적 없음(purposelessness)에 대해 잘 설명해 주었다. 그는 먼저 세상의 모든 것이 헛되다고 외쳤다. "헛되고 헛되며 헛되고 헛되니 모든 것이 헛되도다"(전 1:2). 왜 헛된가? 보이는 것은 잠깐이요, 보이지 않는 것은 영원하기 때문이다. "우리가 주목하는 것은 보이는 것이 아니요 보이지 않는 것이니 보이는 것은 잠깐이요 보이지 않는 것은 영원함이라"(고후 4:18). 그래서 그는 모든 것은 헛되다고 외친 후에 그 허무를 극복하기 위해 "너의 창조자를 기억하라"(전 12:1)고 말한다.

창조주를 통해 영생, 즉 구원을 바라볼 수 있다. 그리고 진정한 하나님의 역사 그 끝에는 구원이 있어서 모든 그리스도인들이 그것을 목적으로 삼고 나가게 된다. 거기서 삶은 영원으로 이어진다. 그래서 사람은 영원에 잇대어 살아가는 존재가 된다. 그가 사모할 것은 영원하신 하나님뿐이다. "땅에서는 주 밖에 내가 사모할 이 없나이다"(시 73:25). 바울은 이방인의 사도로서 영원 전부터 시작된 하나님의 역사와 그 안에 있는 비밀과 섭리, 그리고 예수 그리스도를 통한 구원의 예정에 대해 말하였다(엡 3:8-11).

인생은 세상에서 유지되는 것으로 그 삶이 끝나지 않는다. 그런 점에서 솔로몬이 사용한 '영원을 사모하는 마음', 즉 역사의식(a sense of history, 전 3:11)은 개인의 삶이나 인류 역사의 마지막과 관련하여 그 의미가 커진다. 거기에는 하나님의 구원이라고 하는 영원 또는 영생이 있다. 그래서 그리스도인의 삶은 그 목적을 향해 달려가는 것이 되어야 한다. 그리고 이것은 "너의 창조자를 기억하라"는 말의 궁극적 이유가 된다. 하나님은 영원한 자존자로서 세세무궁토록 영광을 받으실 만한 왕이요, 주권자 되시는 분이니까 말이다(빌 4:20).

시간의 지배 아래 있는 피조물은 본질적으로 영원이신 하나님과 함께 사는 삶을 바라보고 산다. 따라서 종말로 끝나고 말 인생은 그것이 영원에 잇대어지는 것으로서 인간 구원이라는 목적을 기다린다. 예수 그리스도의 제자들을 핍박하기 위해 살기등등하여 다메섹으로 가던 사울은 육안의 시력을 잃는 상황에 직면하였다. 그리고 사흘 동안 그는 남들이 보지 못하는 것을 보았다.

말하자면 바울은 자신이 나중에 말한 것처럼 보이는 것은 잠깐이요 보이지 않는 것은 영원한즉 그 영원한 것을 보았다. 그 일을 겪고 난 후에 그의 인생관, 세계관, 역사관이 변했다. 사울이 변하여 바울이 되었고, 예수의 진실한 제자가 되었다. 하나님의 은혜로 믿음을 가진 그는 주님보다 더 넓은 지역을 여행하며 더 많은 사람들에게 복음을 전하였으며, 복음과 교회의 세계화에 기여하였다.

성경은 종말에도 구원 또는 영생의 소망을 목적으로 삼는 역사관을 가지라고 말한다. "의인의 소망은 즐거움을 이루어도 악인의 소망은 끊어지느니라"(잠 10:28). "악인은 죽을 때에 그 소망이 끊어지나니 불의의 소망이 없어지느니라"(잠 11:7). 악인의 삯은 허무(잠 11:18)라는 말에서 구원 없는 인류사의 종말을 생각하게 된다. 그러나 종말은 육과 영이 분리되어 영이 하나님께로 가는 형태로 이루어짐을 알아야 한다. "흙은 여전히 땅으로 돌아가고 영은 그것을 주신 하나님께로 돌아가기 전에 기억하라 전도자가 이르되 헛되고 헛되도다 모든 것이 헛되도다"(전 12:7-8).

그리스도인의 삶의 궁극적 목적은 세속적이거나 지상적인 것이 아니다. "우리가 소망으로 구원을 얻었으매 보이는 소망이 소망이 아니니 보는 것을 누가 바라리요 만일 우리가 보지 못하는 것을 바라면 참음으로 기다릴지니라"(롬 8:24-25). "우리가 주목하는 것은 보이는 것이 아니요 보이지 않는 것이니 보이는 것은 잠깐이요 보이지 않는 것은 영원함이라"(고후 4:18). 남녀의 구분을 포함하여 사람들을 나누는 그 어떤 신분적 구별도 의미가 없다. 또 고운 것, 아름다운 것과 같이 사람의 눈에 좋아 보이는 것도 헛되다. 그리고 그것을 대신할 만한 것은 여호와를 경외하는 일이다(잠 31:30).

그런데 영존하시는 하나님이 사람의 몸을 입고[59] 역사 가운데 오셔서 잠시 잠깐에 해당하는 삼십삼 년 동안 육신을 입고 활동하신 후, 다시 보이

---

59) 예수님은 분명한 혈통을 가지고 이 땅에 오셨다. 따라서 많은 사람들은 그를 다윗의 자손으로 기억한다(마 20:30, 31; 21:9; 22:42).

지 않는 가운데 계신 예수 그리스도를 보자. 그는 세상에서의 그 짧은 삶을 마치고, 분명하게 세상을 떠나셨다. "예수께서 자기가 세상을 떠나 아버지께로 돌아가실 때가 이른 줄 아시고 세상에 있는 자기 사람들을 사랑하시되 끝까지 사랑하시니라"(요 13:1). 그는 하나님께로부터 왔다가 다시 하나님께로 돌아가셨다(요 13:3). 돌아간다는 말 자체가 그리스도인들에게는 목적지가 있음을 가르쳐 준다.

구원사에 있어서는 무엇보다 믿음이 중요하다. 그래서 "이는 우리가 믿음으로 행하고 보는 것으로 행하지 아니함이로라"(고후 5:7)라고 한 것이다. 그러나 주님은 믿음이 연약한 자들을 위해서도 조치를 취하셨다. "내가 아버지 안에 거하고 아버지께서 내 안에 계심을 믿으라 그렇지 못하겠거든 행하는 그 일로 말미암아 나를 믿으라"(요 14:11). 육신을 입고 지상에 오신 예수님이 이루신 일, 즉 역사를 활용하라는 것이다.

여기서 믿음의 선배들에 관해 기록해 놓은 '믿음장' 인 <히브리서> 11장의 의미가 커진다. 그것을 읽어보면 보이는 것은 역사요, 보이지 않는 것은 섭리로 나타난다. 아울러 보이지 않는 것의 근거가 믿음이라는 사실도 드러난다. 보이지 않는 것, 즉 믿음에 근거한 것은 거울을 보는 것 같이 희미하나 장차 온전히 알게 되는 것이다. 그래서 성경적 신앙을 가진 사람들에게는 어떤 형태로든 추구해 나갈 역사의 목표가 주어져 있는 것이다. "우리가 지금은 거울로 보는 것 같이 희미하나 그 때에는 얼굴과 얼굴을 대하여 볼 것이요 지금은 내가 부분적으로 아나 그 때에는 주께서 나를 아신 것 같이 내가 온전히 알리라"(고전 13:12).

성경의 역사관은 과거의 기억을 통해 미래를 바라보게 한다는 점에서도 목적사관의 특징을 갖는다. 엘룰(Jacques Ellul, 1912–1994)은 아래와 같이 말하였다. "하나님의 침묵에 부딪쳤을 때 사람은 기억한다. 많은 본문들 중에 특히 <예레미야애가>를 보자. 하나님이 말씀하시지 않는다. 그래서 예언자가 말한다. 나는 기억하리라, 그리고 바라리라. '나는 기억하리라' 고 결심한 것은 예레미야이다. 과거에 있었던 하나님의 행동은 없어지지 않았고 그 때의 하나님의 행동이 진리였기 때문이다. 어제의 말씀이라고 해서 하나님이 바뀌신 것이 아니고, 하나님이 행동하시지 않는다고 해서 하나님이 변한 것은 아니다. 예레미야는 기억한다. 전에 만났던 하나님의 말씀을 생각하건대, 지금 내가 모진 고난을 겪고 있지만 주님은 계속 선하시리라고 그는 확신한다. 게다가 그는 '나는 바라리라' 고 한다. 이것은 과거를 향하는 것일 뿐 아니라 미래를 지향하기도 하는 것이다."[60)]

기억 자체도 과거는 물론 미래와 깊은 관련성을 갖고 있다. 그래서 기억은 과거에 일어난 사건을 기록해 두는 대뇌활동이 아니라, 매순간 변하는 현재와 다가올 미래를 대비하기 위한 '경험의 질료' 라는 말이 있다. 또 그렇기 때문에 기억은 과거를 위해 존재하는 것이 아니라 미래를 위해 존재하는 것이란 말도 성립된다. 이와 함께 기억은 단순한 도구적 기능이 아니고, 엄연히 사람의 의식적, 무의식적 정신생활의 중심에 있다는 말도 설득력이 있다.[61)]

이처럼 과거를 통해 미래를 내다보고, 다시 그것을 위해 구체적으로 역사를 활용하는 것은 종말 속에 있는 구원을 향해 나간다는 점에서 성경적 역사관의 특징 차원에서 목적사관의 개념을 보게 된다. 또 이렇게 해서 일반적 관점에서 성경적 역사관의 특징들을 다룰 때 구원을 내용으로 하는 목적사관을 포함하는 것은 설득력이 있다. 말하자면 성경적 역사관은 구원사관인 동시에 목적사관의 특징을 갖는 것이다.

6. 거시사관(巨視史觀)

하나님의 역사는 영원하며, 그것의 주인은 영원토록 하나님이다. "여호와여 주는 영원히 계시오며 주의 보좌는 대대에 이르나이다"(애 5:19). "영

---

60) 자크 엘룰, 『원함과 행함(*Le Vouloir et le Faire*)』, 양명수 역 (서울: 솔로몬, 2008), 334.

61) 프란시스 위스타슈, 『우리의 기억은 왜 그토록 불안정할까(*Pourqoi notre mémoire est-elle si fragile?*)』, 이효숙 역 (파주: 알마, 2009), 7-8, 10.

원부터 만물을 창조하신 하나님 속에 감추어졌던 비밀의 경륜이 어떠한 것을 드러내게 하려 하심이라"(엡 3:9). "이스라엘의 왕인 여호와, 이스라엘의 구원자인 만군의 여호와가 이같이 말하노라 나는 처음이요 나는 마지막이라 나 외에 다른 신이 없느니라"(사 44:6). "영원하신 왕 곧 썩지 아니하고 보이지 아니하고 홀로 하나이신 하나님께 존귀와 영광이 영원무궁하도록 있을지어다 아멘"(딤전 1:17).

성경의 역사는 창조로부터 시작되는 거시사이다. "네가 있기 전 하나님이 사람을 세상에 창조하신 날부터 지금까지 지나간 날을 상고하여 보라 하늘 이 끝에서 저 끝까지 이런 큰 일이 있었느냐 이런 일을 들은 적이 있었느냐"(신 4:32). 사람들은 시간과 공간의 제약을 받으며 세상을 살아간다. 그러나 그리스도인들은 세상의 처음, 즉 태초에 관해서 말한다. 현재 사람들이 살고 있는 이 세상도 현실이지만 사람들 눈에 보이지 않는 태초 이전의 다른 세상도 현실이다. 따라서 성경적 신앙에 근거한 역사적 안목을 가진 사람은 이 세상은 물론 그것과 더불어 또 다른 하나의 세상을 볼 수 있어야 한다. 그것은 태초 이전의 영원한 세계이다.[62]

사람의 마음에 있는 영원에 대한 갈구, 그리고 성경적 신앙은 전체 세계라든지 인류의 기원이나 마지막 그리고 그 후의 일들에 대해서도 많은 관심을 갖게 만든다. 더불어 그것은 사람 개인이나 집단의 삶에 너무나 큰 영향을 미친다. 이런 이유로 성경에 기원을 두는 역사관에는 창조와 종말이 포함되는 거시사관의 특징이 나타난다. 따라서 하나님의 역사는 하나님의 관점으로 이해해야 하며, 그 관점은 창조, 섭리, 종말과 같은 거시적인 내용을 다루게 된다. 그러나 이러한 거시사관은 역사에 대한 미시적 탐구를 배제하기보다는 그것을 수용하는 것이 되어야 한다. 아울러 하나님의 역사는 영원 전부터 시작된 것으로서 시작도 끝도 없는 것이다. "하나님이 영원 전부터 거룩한 선지자들의 입을 통하여 말씀하신 바 만물을 회복하실 때까지는 하늘이 마땅히 그를 받아 두리라"(행 3:21).

---

62) 이문장, 『예수, 하늘의 비밀』 (고양시: 두날개, 2008), 14-15.

하나님은 태초부터 일을 시작하셨다. 솔로몬은 '여호와께서 그 조화의 시작 곧 태초에 일하시기 전에 지혜를 가지셨다'고 했다(잠 8:22). 멜기세덱의 성격에서도 시작도 끝도 없는 거시적 역사를 연상해 볼 수 있다(히 7:3). 그리고 죽음의 극복과 영원한 복음에서 거시사관을 발견하게 된다(시 145:21). "진실로 진실로 너희에게 이르노니 사람이 내 말을 지키면 영원히 죽음을 보지 아니하리라"(요 8:51). "또 보니 다른 천사가 공중에 날아가는데 땅에 거주하는 자들 곧 모든 민족과 종족과 방언과 백성에게 전할 영원한 복음을 가졌더라"(계 14:6).

예수 그리스도만 놓고 봐도 태초부터 영원까지 그가 주인공이 되시는 역사는 거시적이다. 그리고 그 거시성은 공간적이거나 시간적인 것 모두에 해당한다. "이 생명이 나타내신 바 된지라 이 영원한 생명을 우리가 보았고 증언하여 너희에게 전하노니 이는 아버지와 함께 계시다가 우리에게 나타내신 바 된 이시니라"(요일 1:2). "감추어진 일은 우리 하나님 여호와께 속하였거니와 나타난 일은 영원히 우리와 우리 자손에게 속하였나니 이는 우리에게 이 율법의 모든 말씀을 행하게 하심이니라"(신 29:29).

이스라엘 민족에게 있어서 조상들에 대한 언급은 거시사관을 생각하게 만드는 요인이 된다. "주의 종 아브라함과 이삭과 이스라엘을 기억하소서 주께서 그들을 위하여 주를 가리켜 맹세하여 이르시기를 내가 너희의 자손을 하늘의 별처럼 많게 하고 내가 허락한 이 온 땅을 너희의 자손에게 주어 영원한 기업이 되게 하리라 하셨나이다"(출 32:13). 에서 자손의 땅은 그들의 것, 모압의 땅은 그의 것, 암몬 족속의 땅은 그의 것이란 표현이 거시적 관점과 일반은총까지 보여준다(신 2:5, 9, 19).

영원이라는 개념 또한 하나님과 그의 역사를 거시적인 것으로 만든다. "그 정사와 평강의 더함이 무궁하며 또 다윗의 왕좌와 그의 나라에 군림하여 그 나라를 굳게 세우고 지금 이후로 영원히 정의와 공의로 그것을 보존하실 것이라 만군의 여호와의 열심이 이를 이루시리라"(사 9:7). "너희는 귀를 기울이고 내게로 나아와 들으라 그리하면 너희의 영혼이 살리라 내가 너희를 위하여 영원한 언약을 맺으리니 곧 다윗에게 허락한 확실한 은혜이니라 보라 내가 그를 만민에게 증인으로 세웠고 만민의 인도자와 명령자로 삼았나니 보라 네가 알지 못하는 나라를 네가 부를 것이며 너를 알지 못하는 나라가 네게로 달려올 것은 여호와 네 하나님 곧 이스라엘의 거룩하신 이로 말미암음이니라 이는 그가 너를 영화롭게 하였느니라"(사 55:3-5).

처음이요 마지막이라는 말보다 더 큰 시각이 어디 있겠는가? "주 하나님이 이르시되 나는 알파와 오메가라 이제도 있고 전에도 있었고 장차 올 자요 전능한 자라 하시더라"(계 1:8). "나는 알파와 오메가요 처음과 마지막이라"(계 21:6). "나는 알파와 오메가요 처음과 마지막이요 시작과 마침이라"(계 22:13). "예수 그리스도는 어제나 오늘이나 영원토록 동일하시니라"(히 13:8). "하나님은 우리 마음보다 크시고 모든 것을 아시기 때문이라"(요일 3:20).

그러나 시작도 없고 끝도 없는 여호와라는 이름, 그리고 하나님의 속성에 해당하는 영원성보다 그의 역사의 규모를 더 크게 만드는 것은 없을 것이다. 하나님은 영원하신 존재이다.[63] 따라서 하나님의 역사 또한 영원히 지속된다. 여호와는 천지와 바다와 그 중의 만물을 지으시며 영원히 진실함을 지키신다고 했다(시 146:6). 또한 하나님과 그의 일은 영원하다. "이제 가서 백성 앞에서 서판에 기록하며 책에 써서 후세에 영원히 있게 하라"(사 30:8). "하나님은 내 마음의 반석이시요 영원한 분깃이시라"(시 73:26). "이 하나님은 영원히 우리 하나님이시니 그가 우리를 죽을 때까지 인도하시리로다"(시 48:14). "자기에게 순종하는 모든 자에게 영원한 구원의 근원이 되시고"(히 5:9). "여호와여 주의 이름이 영원하시니이다 여호와여 주를 기념함이 대대에 이르리이다"(시 135:13).

하나님은 모세에게 당신을 소개할 때 스스로를 가리켜 조상의 하나님 곧 아브라함, 이삭, 야곱의 하나님 그리고 대대로 기억할 이름을 가진 여호와라고 말씀하셨다. "하나님이 또 모세에게 이르시되 너는 이스라엘 자손에게 이같이 이르기를 너희 조상의 하나님 여호와 곧 아브라함의 하나님,

---

63) 로이드 존스, 『하박국강해』, 42-43.

이삭의 하나님, 야곱의 하나님께서 나를 너희에게 보내셨다 하라 이는 나의 영원한 이름이요 대대로 기억할 나의 칭호니라"(출 3:15). 이와 함께 성도의 권세가 한 때, 두 때, 반 때에 해당하는 것으로 보아 그것을 영원히 살아 계시는 하나님과 견줌으로써 거시사관이 드러낸다. "영원히 살아 계시는 이를 가리켜 맹세하여 이르되 반드시 한 때 두 때 반 때를 지나서 성도의 권세가 다 깨지기까지이니 그렇게 되면 이 모든 일이 다 끝나리라 하더라"(단 12:7).

솔로몬은 세상 모든 것이 헛되고 헛되며 헛되니 청년의 때에 영원이신 여호와 즉 스스로 있는 자[64]를 기억하라고 말하였다. 또 "영원한 것을 얻고자 영원할 수 없는 것을 버리는 사람은 바보가 아니다"[65]라는 말도 있다. 이처럼 영원에 대한 그리움이나 사모하는 마음은 그리스도인들이 갖게 되는 거시사관의 근거가 된다. 그러나 영원한 현재인 여호와의 개념을 사람이 육신의 장막에 갇혀 있는 동안 온전히 체험할 수는 없다.

위에서 솔로몬이 말하는 창조주 하나님은 여호와로서 역사의 창조자요, 섭리자요, 종말의 심판자가 되시는 자존자이다. 솔로몬은 창조하셨을 뿐만 아니라 섭리하시는 하나님을 기억하는 것은 물론 목적과 의미 또는 영원을 위하여 지난 것을 다시 찾아 심판하실 하나님, 즉 역사를 근거로 결산하실 하나님을 바라보는 가운데 세상에서의 삶을 영위하라고 말한 것이다.

이스라엘 백성이 여호와 하나님에 대해 갖고 있던 생각들에는 역사의식이나 개념과 관련한 많은 것들이 포함되어 있다. 이런 점에서 여호와 하나님에 대해 그들이 가졌던 개념은 이스라엘의 역사적 독특성을 설명하는 데 없어서는 안 될 요소가 된다. 예를 들어 역사학과 밀접한 시간의식은 현재,

---

64) "네 자신이 되어라 – 그것이 핀다로스가 이미 말한 살아 있는 자의 법칙"이라는 다스튀르의 말은 남과 다른 자기 자신이 되는 것이 존재 자체라는 견해를 보여준다. 따라서 이것을 여호와 즉 "나는 스스로 있는 자"란 말과 관련지어 보면 하나님의 주체성과 역사의 운행자 되심이 잘 드러난다. 다스튀르, 『죽음: 유한성에 관하여』, 83.

65) 이 말을 남긴 엘리엇(Jim Elliot, 1927-1956)은 1956년 29세 나이에 에콰도르의 아우카 부족에 의해 순교를 당했다. 엘리자베스 엘리엇, 『전능자의 그늘(*Shadow of the Allmighty*)』, 윤종석 역 (서울: 복 있는 사람, 2008), 18.

과거, 미래를 초월해 존재하는 자존자 여호와와 관련지어 이해해야 할 부분이다.

역사의 신인 하나님의 속성을 가장 잘 보여주는 것이 여호와라는 이름이다. 여호와라는 이름에는 대략 네 가지 정도의 의미가 포함되어 있다. 여호와는 먼저, 스스로 있는 분(自存者)이다. 둘째, 영원 전부터 존재하고, 영원까지 존재하는 분(永存者)이다. 셋째, 절대자(絕對者)이다. 넷째, 공의와 사랑의 하나님이다.

차례로 살펴보면 모든 존재하는 것들이 존재의 원인을 타자로부터 받는 데 반하여 여호와 하나님은 스스로 존재의 원인을 갖고 있어 타자를 지배할지언정 타자의 지배를 받지 않는 분이다. 어떤 존재도 그의 존재에 영향을 끼치지 않고 스스로 존재하신 여호와 그가 자존자 하나님이신 것이다.[66] 그는 역사가 되기 이전 영원 전부터 계셨고, 현재를 섭리하시며, 세상의 종말에는 구원과 심판을 베풀 분이다. "주 하나님 곧 전능하신 이여 전에도 계셨고 이제도 계시고 장차 오실 이시라"(계 4:8).

요한은 <요한계시록>에서 예수님으로 오신 하나님의 시간 초월성을 강조해서 말한다. 즉 '이제도 계시고, 전에도 계시고, 장차 오실 이' 라는 말에서 과거, 현재, 미래의 세 시제를 통해 시간 초월적인 예수님을 보게 된다(계 1:4). 하나님은 이제도 있고, 전에도 있었고, 장차 올 자이다(계 1:8). "네가 본 것과 지금 있는 일과 장차 될 일을 기록하라"(계 1:18). "옛적에도 계셨고 지금도 계신 주 하나님 곧 전능하신 이여 친히 큰 권능을 잡으시고 왕 노릇 하시도다"(계 11:17). "천사가 이르되 전에도 계셨고 지금도 계신 거룩하신 이여 이렇게 심판하시니 의로우시도다"(계 16:5). 예수 그리스도께는 어제나 오늘 그리고 내일이 동일하시다. 그래서 그는 모세, 엘리야와 더불어 말씀하셨다(마 17:3).

영원이란 개념은 본래 피조물과는 관련이 없는 것이다. 그것은 오직 하나님에게만 해당하는 개념이다. "여호와께서는 영원무궁하도록 왕이시니

---

66) 로이드 존스, 『하박국강해』, 43-44.

이방 나라들이 주의 땅에서 멸망하였나이다"(시 10:16). "여호와께서 영원하도록 왕으로 좌정하시도다"(시 29:10). "여호와의 진실하심이 영원함이로다 할렐루야"(시 117:2).

여호와 하나님은 스스로 존재하심으로써 처음부터 시간의 지배를 받지 않으신다. 모든 피조물이 시간과 함께 공간의 지배를 받는 반면에 하나님은 거기에서 벗어나 계신 분이다.67) 그는 시작도 없고 끝도 없는 분으로서 시간이 시작되게 하신 분이다. 세상 만물과 함께 시간도 만드시어 역사를 시작하신 여호와 그가 영존하시는 하나님이신 것이다. 그리고 역사와 시간의 밀접한 관련성으로 인해 여호와란 명칭은 역사가의 속성을 크게 반영하게 된다. 하나님은 영원히 사시는 분이다(신 32:40; 33:27; 시 100:5; 102:24, 26, 27). 하나님은 변함도 없으시고, 회전하는 그림자도 없다(약 1:17). '하나님 아버지의 미리 아심' 이란 말은 그의 시간 초월성을 보여주는 것으로서 과거, 현재, 미래를 모두 현재로 보시는 하나님이기에 사용 가능한 것이다(벧전 1:2).

여호와 하나님의 속성에 대해 말한 말씀들을 보자. "영원하신 왕 곧 썩지 아니하고 보이지 아니하고 홀로 하나이신 하나님께 존귀와 영광이 영원무궁하도록 있을지어다 아멘"(딤전 1:17). "영원하신 하나님이 네 처소가 되시니 그의 영원하신 팔이 네 아래에 있도다 그가 네 앞에서 대적을 쫓으시며 멸하라 하시도다"(신 33:27). "너희는 여호와를 영원히 신뢰하라 주 여호와는 영원한 반석이심이로다"(사 26:4). "산이 생기기 전, 땅과 세계도 주께서 조성하시기 전 곧 영원부터 영원까지 주는 하나님이시니이다"(시 90:2). 영원하신 하나님은 시간을 초월하신다. "주의 목전에는 천 년이 지나간 어제 같으며 밤의 한 순간 같을 뿐임이니이다"(시 90:4).

삼위일체 하나님은 영원한 통치자이다. "여호와의 계획은 영원히 서고 그의 생각은 대대에 이르리로다"(시 33:11). "주의 나라는 영원한 나라이니 주의 통치는 대대에 이르리이다"(시 145:13). "그가 우리에게 약속하신

67) 소홍렬, 『자연주의』, 12-14.

것은 이것이니 곧 영원한 생명이니라"(요일 2:25). "여호와여 주는 영원히 계시고 주에 대한 기억은 대대에 이르리이다"(시 102:12). "영원부터 우리 주 그리스도 예수 안에서 예정하신 뜻대로 하신 것이라"(엡 3:11).

하나님은 영원 전부터 당신의 뜻과 계획을 갖고 계신 영존자이다. "하나님이 우리를 구원하사 거룩하신 소명으로 부르심은 우리의 행위대로 하심이 아니요 오직 자기의 뜻과 영원 전부터 그리스도 예수 안에서 우리에게 주신 은혜대로 하심이라"(딤후 1:9). "여호와여 주의 증거들이 매우 확실하고 거룩함이 주의 집에 합당하니 여호와는 영원무궁하시리이다"(시 93:5).

당신이 영원한 존재이신 하나님은 시간적 존재인 사람에게도 영원을 약속하셨다. "내가 내 언약을 나와 너 및 네 대대 후손 사이에 세워서 영원한 언약을 삼고 너와 네 후손의 하나님이 되리라"(창 17:7). "네 생물 중의 하나가 영원토록 살아 계신 하나님의 진노를 가득히 담은 금 대접 일곱을 그 일곱 천사들에게 주니"(계 15:7). "무지개가 구름 사이에 있으리니 내가 보고 나 하나님과 모든 육체를 가진 땅의 모든 생물 사이의 영원한 언약을 기억하리라"(창 9:16).

영원하신 창조자 하나님이 이루시기에 역사는 거시적인 것이 된다. "참으로 크도다 그의 이적이여, 참으로 능하도다 그의 놀라운 일이여, 그의 나라는 영원한 나라요 그의 통치는 대대에 이르리로다"(단 4:3). "베들레헴 에브라다야 너는 유다 족속 중에 작을지라도 이스라엘을 다스릴 자가 네게서 내게로 나올 것이라 그의 근본은 상고에, 영원에 있느니라"(미 5:2). 그래서 이사야는 너는 알지 못하였느냐 듣지 못하였느냐 영원하신 하나님 여호와, 땅 끝까지 창조하신 이는 피곤하지 않으시며 곤비하지 않으시며 명철이 한이 없으시다고 하였다(사 40:28).

이방의 지도자인 느부갓네살조차도 이 영원한 하나님에 대해 알고 있었다. "그 기한이 차매 나 느부갓네살이 하늘을 우러러 보았더니 내 총명이 다시 내게로 돌아온지라 이에 내가 지극히 높으신 이에게 감사하며 영생하시는 이를 찬양하고 경배하였나니 그 권세는 영원한 권세요 그 나라는 대대에 이르리로다"(단 4:34). 느부갓네살은 조서를 내리면서 자기 나라 관할 아래에 있는 사람들은 다 다니엘의 하나님 앞에서 떨며 두려워할지니 그는 살아 계시는 하나님이시요 영원히 변하지 않으실 이시며 그의 나라는 멸망하지 아니할 것이요 그의 권세는 무궁할 것이라고 말했다(단 6:26).

세상에 존재하는 모든 것들은 피조물로서 시간과 공간의 지배를 받게 되어 있다. 그러나 여호와 하나님은 시간과 공간을 만드시고, 그 안에 만물을 있게 하신 분으로서 스스로는 그것을 초월하여 계신다. 이런 절대적 존재로서 하나님은 모든 것을 아시고(omniscience), 모든 것을 하실 수 있으며(omnipotence), 어느 곳에든 계실 수 있는(omnipresence) 절대자가 되시는 분이다.

이스라엘 백성이 역사를 통해 만나게 되는 하나님은 흔히 '아브라함과 이삭과 야곱의 하나님' 으로 묘사된다. 즉 성경의 여러 곳에서 이 표현이 이스라엘 민족이 갖는 남다른 역사성을 보여줄 수 있다는 말이다. 여기서 주목할 점은 구약의 이스라엘뿐만 아니라 신약의 저자들도 이런 태도를 지속함으로써 유대 · 기독교적 전통의 역사성이라는 공감대를 만들어 낸다는 사실이다.

이스라엘의 역사에서 일하신 하나님은 이미 <창세기>에 나온다. "아브라함의 하나님, 나홀의 하나님, 그들의 조상의 하나님은 우리 사이에 판단하옵소서 하매 야곱이 그의 아버지 이삭이 경외하는 이를 가리켜 맹세하고"(창 31:53). "야곱이 또 이르되 내 조부 아브라함의 하나님, 내 아버지 이삭의 하나님 여호와여 주께서 전에 내게 명하시기를 네 고향, 네 족속에게로 돌아가라 내가 네게 은혜를 베풀리라 하셨나이다"(창 32:9). "야곱이 기럇아르바의 마므레로 가서 그의 아버지 이삭에게 이르렀으니 기럇아르바는 곧 아브라함과 이삭이 거류하던 헤브론이더라"(창 35:27). "요셉이 그의 형제들에게 이르되 나는 죽을 것이나 하나님이 당신들을 돌보시고 당신들을 이 땅에서 인도하여 내사 아브라함과 이삭과 야곱에게 맹세하신 땅에 이르게 하시리라"(창 50:24).

그리고 <출애굽기>부터는 하나님이 여호와이심을 알리는 것으로 시작해서 그의 역사의 거시적 속성이 더 강하게 드러난다. "나는 네 조상의 하나님이니 아브라함의 하나님, 이삭의 하나님, 야곱의 하나님이니라"(출 3:6). "하나님이 또 모세에게 이르시되 너는 이스라엘 자손에게 이같이 이르기를 너희 조상의 하나님 여호와 곧 아브라함의 하나님, 이삭의 하나님, 야곱의 하나님께서 나를 너희에게 보내셨다 하라 이는 나의 영원한 이름이요 대대로 기억할 나의 칭호니라"(출 3:15). "여호와 너희 조상의 하나님 곧 아브라함과 이삭과 야곱의 하나님이 내게 나타나 이르시되 내가 너희를 돌보아 너희가 애굽에서 당한 일을 확실히 보았노라 내가 말하였거니와 내가 너희를 애굽의 고난 중에서 인도하여 내어 젖과 꿀이 흐르는 땅 곧 가나안 족속, 헷 족속, 아모리 족속, 브리스 족속, 히위 족속, 여부스 족속의 땅으로 올라가게 하리라"(출 3:16-17).

모세에게 나타나신 하나님은 그들의 조상에게 나타난 하나님인 동시에 그 이상의 하나님이다. "이는 그들에게 그들의 조상의 하나님 곧 아브라함의 하나님, 이삭의 하나님, 야곱의 하나님 여호와가 네게 나타난 줄을 믿게 하려 함이라"(출 4:5). "내가 아브라함과 이삭과 야곱에게 전능의 하나님으로 나타났으나 나의 이름을 여호와로는 그들에게 알리지 아니하였고"(출 6:3). "내가 아브라함과 이삭과 야곱에게 주기로 맹세한 땅으로 너희를 인도하고 그 땅을 너희에게 주어 기업을 삼게 하리라"(출 6:8).

<출애굽기>에서 강화되어 나타난 하나님의 거시적 역사성은 <레위기>, <민수기>, <신명기>를 통해 동일하게 강조되고 있다. "내가 야곱과 맺은 내 언약과 이삭과 맺은 내 언약을 기억하며 아브라함과 맺은 내 언약을 기억하고 그 땅을 기억하리라"(레 26:42). "애굽에서 나온 자들이 이십 세 이상으로는 한 사람도 내가 아브라함과 이삭과 야곱에게 맹세한 땅을 결코 보지 못하리니 이는 그들이 나를 온전히 따르지 아니하였음이니라"(민 32:11). "네가 가서 그 땅을 차지함은 네 공의로 말미암음도 아니며 네 마음이 정직함으로 말미암음도 아니요 이 민족들이 악함으로 말미암아 네 하나님 여호와께서 그들을 네 앞에서 쫓아내심이라 여호와께서 이같이 하심은 네 조상 아브라함과 이삭과 야곱에게 하신 맹세를 이루려 하심이니라"(신 9:5). "여호와께서 네게 말씀하신 대로 또 네 조상 아브라함과 이삭

과 야곱에게 맹세하신 대로 오늘 너를 세워 자기 백성을 삼으시고 그는 친히 네 하나님이 되시려 함이니라"(신 29:13).

역사의 하나님 개념이 역사서를 거쳐 선지서들로 진행하면서 그것과 관련한 말의 횟수는 줄어들지만 내용에 있어서는 결코 약해지지 않았다. "야곱과 내 종 다윗의 자손을 버리고 다시는 다윗의 자손 중에서 아브라함과 이삭과 야곱의 자손을 다스릴 자를 택하지 아니하리라 내가 그 포로된 자를 돌아오게 하고 그를 불쌍히 여기리라"(렘 33:26).

그리고 이것은 신약의 복음서에서 다시 나타난다. "나는 아브라함의 하나님이요 이삭의 하나님이요 야곱의 하나님이로라 하신 것을 읽어 보지 못하였느냐 하나님은 죽은 자의 하나님이 아니요 살아 있는 자의 하나님이시니라"(마 22:32). "너희가 모세의 책 중 가시나무 떨기에 관한 글에 하나님께서 모세에게 이르시되 나는 아브라함의 하나님이요 이삭의 하나님이요 야곱의 하나님이로라 하신 말씀을 읽어보지 못하였느냐"(막 12:26). "그 위는 야곱이요 그 위는 이삭이요 그 위는 아브라함이요 그 위는 데라요 그 위는 나홀이요"(눅 3:34). "너희가 아브라함과 이삭과 야곱과 모든 선지자는 하나님 나라에 있고 오직 너희는 밖에 쫓겨난 것을 볼 때에 거기서 슬피 울며 이를 갈리라"(눅 13:28). "나는 네 조상의 하나님 즉 아브라함과 이삭과 야곱의 하나님이라 하신대 모세가 무서워 감히 바라보지 못하더라"(행 7:32).

이상에서 다룬 아브라함과 이삭과 야곱의 하나님이란 표현보다 더 포괄적인 방식이 '조상 또는 조상들의 하나님'으로 말하는 것이다. 물론 이런 표현들은 얼마든지 같은 의미로 쓰여지고 해석될 수 있는 것이다. "아브라함의 하나님, 나홀의 하나님, 그들의 조상의 하나님은 우리 사이에 판단하옵소서"(창 31:53). "내가 그들의 하나님이 되기 위하여 민족들이 보는 앞에서 애굽 땅으로부터 그들을 인도하여 낸 그들의 조상과의 언약을 그들을 위하여 기억하리라"(레 26:45).

조상들의 이름을 구체적으로 말하는 경우 외에 막연하게 조상들과 관련짓는 가운데 하나님과 이스라엘 민족 사이의 거시적 역사성이 나타나기도 한다. "네 하나님 여호와는 자비하신 하나님이심이라 그가 너를 버리지 아니하시며 너를 멸하지 아니하시며 네 조상들에게 맹세하신 언약을 잊지 아니하시리라"(신 4:31). "네 하나님 여호와를 기억하라 그가 네게 재물 얻을 능력을 주셨음이라 이같이 하심은 네 조상들에게 맹세하신 언약을 오늘과 같이 이루려 하심이니라"(신 8:18).

이스라엘 자손들은 하나님과 그들의 조상 사이에 있었던 역사를 앎으로써 거시사관을 갖는 경향이 있다. "하나님이여 주께서 우리 조상들의 날 곧 옛날에 행하신 일을 그들이 우리에게 일러 주매 우리가 우리 귀로 들었나이다"(시 44:1). "옛적에 선지자들을 통하여 여러 부분과 여러 모양으로 우리 조상들에게 말씀하신 하나님이 이 모든 날 마지막에는 아들을 통하여 우리에게 말씀하셨으니 이 아들을 만유의 상속자로 세우시고 또 그로 말미암아 모든 세계를 지으셨느니라"(히 1:1).

이상에서 하나님은 큰 틀의 역사를 주관하신다는 것을 알 수 있다. 따라서 그리스도인은 개인 또는 민족이 자신이 소속한 집단의 관점에서만 역사를 이해할 것이 아니다. "땅이여 두려워하지 말고 기뻐하며 즐거워할지어다 여호와께서 큰 일을 행하셨음이로다"(욜 2:21). 하나님의 역사는 사람의 이성으로는 다 이해할 수 없는 기적과 같은 일들을 많이 포함하고 있다. 그래서 하나님의 역사를 다 이해하려 하거나 함부로 불평하지 말아야 한다. "너희에게 놀라운 일을 행하신 너희 하나님 여호와의 이름을 찬송할 것이라"(욜 2:26).

하나님은 공간적으로도 거시적 관점을 지향함으로써 언제나 '만민'을 염두에 두신다. "내가 내 영을 만민에게 부어 주리니 너희 자녀들이 장래 일을 말할 것이며 너희 늙은이는 꿈을 꾸며 너희 젊은이는 이상을 볼 것이며 그 때에 내가 또 내 영을 남종과 여종에게 부어 줄 것이며 내가 이적을 하늘과 땅에 베풀리니 곧 피와 불과 연기 기둥이라"(욜 2:28-30).

만민의 또 다른 표현은 '누구든지'이다. "누구든지 여호와의 이름을 부르는 자는 구원을 얻으리니 이는 나 여호와의 말대로 시온 산과 예루살렘에서 피할 자가 있을 것임이요 남은 자 중에 나 여호와의 부름을 받을 자가 있을 것임이니라"(욜 2:32; 행 2:18). "모든 사람에게 구원을 주시는 하나님의 은혜가 나타나 우리를 양육하시되 경건하지 않은 것과 이 세상 정욕을 다 버리고 신중함과 의로움과 경건함으로 이 세상에 살고 복스러운 소망과 우리의 크신 하나님 구주 예수 그리스도의 영광이 나타나심을 기다리게 하셨으니 그가 우리를 대신하여 자신을 주심은 모든 불법에서 우리를 속량하시고 우리를 깨끗하게 하사 선한 일을 열심히 하는 자기 백성이 되게 하려 하심이라 하나님의 말씀과 기도로 거룩하여짐이라"(딛 2:11-14).

하나님의 심판도 거시적 관점에서 이루어진다. "여호와께서 만국을 벌할 날이 가까웠나니 네가 행한 대로 너도 받을 것인즉 네가 행한 것이 네 머리로 돌아갈 것이라"(옵 1:15). "그가 많은 민족들 사이의 일을 심판하시며 먼 곳 강한 이방 사람을 판결하시리니 무리가 그 칼을 쳐서 보습을 만들고 창을 쳐서 낫을 만들 것이며 이 나라와 저 나라가 다시는 칼을 들고 서로 치지 아니하며 다시는 전쟁을 연습하지 아니하고 각 사람이 자기 포도나무 아래와 자기 무화과나무 아래에 앉을 것이라 그들을 두렵게 할 자가 없으리니 이는 만군의 여호와의 입이 이같이 말씀하셨음이라 만민이 각각 자기의 신의 이름을 의지하여 행하되 오직 우리는 우리 하나님 여호와의 이름을 의지하여 영원히 행하리로다"(미 4:3-5).

하나님의 구원과 심판은 모든 민족, 국가를 포함한다. "민족들이 불탈 것으로 수고하는 것과 나라들이 헛된 일로 피곤하게 되는 것이 만군의 여호와께로 말미암음이 아니냐 이는 물이 바다를 덮음 같이 여호와의 영광을 인정하는 것이 세상에 가득함이니라"(합 2:13-14). "내가 사람들에게 고난을 내려 맹인 같이 행하게 하리니 이는 그들이 나 여호와께 범죄하였음이라 또 그들의 피는 쏟아져서 티끌 같이 되며 그들의 살은 분토 같이 될지라 그들의 은과 금이 여호와의 분노의 날에 능히 그들을 건지지 못할 것이며 이 온 땅이 여호와의 질투의 불에 삼켜지리니 이는 여호와가 이 땅 모든 주민을 멸절하되 놀랍게 멸절할 것임이라"(습 1:17-18). "여호와가 그들에게 두렵게 되어서 세상의 모든 신을 쇠약하게 하리니 이방의 모든 해변 사람들이 각각 자기 처소에서 여호와께 경배하리라"(습 2:11).

후기 선지자들에게 오면 하나님의 구원이 갖는 포괄성은 더 강하고 넓게 나타난다. "나 여호와가 말하노라 그러므로 내가 일어나 벌할 날까지 너희는 나를 기다리라 내가 뜻을 정하고 나의 분노와 모든 진노를 쏟으려고 여러 나라를 소집하며 왕국들을 모으리라 온 땅이 나의 질투의 불에 소멸되리라"(습 3:8). "그 때에 내가 여러 백성의 입술을 깨끗하게 하여 그들이 다 여호와의 이름을 부르며 한 가지로 나를 섬기게 하리니 내게 구하는 백성들 곧 내가 흩은 자의 딸이 구스 강 건너편에서부터 예물을 가지고 와서 내게 바칠지라 그날에 네가 내게 범죄한 모든 행위로 말미암아 수치를 당하지 아니할 것은 그 때에 내가 네 가운데서 교만하여 자랑하는 자들을 제거하여 네가 나의 성산에서 다시는 교만하지 않게 할 것임이라"(습 3:9-11).

학개 선지자는 하나님의 보편적이며 거시적인 구원과 심판에 대해 강력하게 소개하였다. "만군의 여호와가 이같이 말하노라 조금 있으면 내가 하늘과 땅과 바다와 육지를 진동시킬 것이요 또한 모든 나라를 진동시킬 것이며 모든 나라의 보배가 이르리니 내가 이 성전에 영광이 충만하게 하리라 만군의 여호와의 말이니라 은도 내 것이요 금도 내 것이니라 만군의 여호와의 말이니라"(학 2:6-8). "내가 하늘과 땅을 진동시킬 것이요 여러 왕국들의 보좌를 엎을 것이요 여러 나라의 세력을 멸할 것이요 그 병거들과 그 탄 자를 엎드러뜨리리니 말과 그 탄 자가 각각 그의 동료의 칼에 엎드러지리라"(학 2:21-22).

스가랴 선지자의 예언도 거의 같은 내용과 표현양식을 사용하였다. "그 날에 많은 나라가 여호와께 속하여 내 백성이 될 것이요 나는 네 가운데에 머물리라 네가 만군의 여호와께서 나를 네게 보내신 줄 알리라"(슥 2:11). "만군의 여호와가 이같이 말하노라 보라, 내가 내 백성을 해가 뜨는 땅과 해가 지는 땅에서부터 구원하여 내고 인도하여다가 예루살렘 가운데에 거주하게 하리니 그들은 내 백성이 되고 나는 진리와 공의로 그들의 하나님이 되리라"(슥 8:7-8). "그 날에는 말이 다른 이방 백성 열 명이 유다 사람 하나의 옷자락을 잡을 것이라 곧 잡고 말하기를 하나님이 너희와 함께 하심을 들었나니 우리가 너희와 함께 가려 하노라 하리라"(슥 8:23). "보라 네 왕이 네게 임하시나니 그는 공의로우시며 구원을 베푸시며 겸손하여서 나귀를 타시나니 나귀의 작은 것 곧 나귀 새끼니라…그가 이방 사람에게 화평을 전할 것이요 그의 통치는 바다에서 바다까지 이르고 유브라데 강에서 땅 끝까지 이르리라"(슥 9:9-10). "여호와께서 천하의 왕이 되시리니 그 날에는 여호와께서 홀로 한 분이실 것이요 그의 이름이 홀로 하나이실 것이라"(슥 14:9).

이스라엘을 공격하던 이방인들까지도 하나님께 경배하며 절기를 지킨다는 말보다 거시적 관점을 더 잘 보여줄 다른 표현이 있을까? "예루살렘을 치러 왔던 이방 나라들 중에 남은 자가 해마다 올라와서 그 왕 만군의 여호와께 경배하며 초막절을 지킬 것이라 땅에 있는 족속들 중에 그 왕 만군의 여호와께 경배하러 예루살렘에 올라오지 아니하는 자들에게는 비를 내리지 아니하실 것인즉 만일 애굽 족속이 올라오지 아니할 때에는 비 내림이 있지 아니하리니 여호와께서 초막절을 지키러 올라오지 아니하는 이방 나라들의 사람을 치시는 재앙을 그에게 내리실 것이라 애굽 사람이나 이방 나라 사람이나 초막절을 지키러 올라오지 아니하는 자가 받을 벌이 그러하니라 그 날에는 말 방울에까지 여호와께 성결이라 기록될 것이라"(슥 14:16-20).

말라기 선지자의 눈은 분명하게 이방 지역을 바라봄으로써 거시사관에 따른 안목을 보여준다. "너희는 눈으로 보고 이르기를 여호와께서는 이스라엘 지역 밖에서도 크시다 하리라"(말 1:5). "만군의 여호와가 이르노라 해 뜨는 곳에서부터 해 지는 곳까지의 이방 민족 중에서 내 이름이 크게 될 것이라 각처에서 내 이름을 위하여 분향하며 깨끗한 제물을 드리리니 이는 내 이름이 이방 민족 중에서 크게 될 것임이니라"(말 1:11). "내 이름은 이방 민족 중에서 두려워하는 것이 됨이니라 만군의 여호와의 말이니라"(말 1:14).

이와 함께 하나님의 무소부재하심이 거시사관을 보여준다. 하나님은 어디에든 계신다. "여호와의 말씀이니라 사람이 내게 보이지 아니하려고 누가 자신을 은밀한 곳에 숨길 수 있겠느냐 여호와가 말하노라 나는 천지에 충만하지 아니하냐"(렘 23:24). "내가 주의 영을 떠나 어디로 가며 주의 앞에서 어디로 피하리이까 내가 하늘에 올라갈지라도 거기 계시며 스올에 내 자리를 펼지라도 거기 계시니이다"(시 139:7-8).

7. 직선사관(直線史觀)

직선사관에 관해서 먼저 말할 것은 성경적 근거를 가지고 그것을 다룬다는 것이 용이한 일은 아니라는 점이다. 그 이유는 그것이 직접적인 방식보다는 유추해서 이해하는 식으로 다루어져야 하는 주제라는 데 있다. 그러나 성경적 사상의 측면에서 볼 때 창조와 종말에 대한 명확하고 다양한 언급들로 인해서, 또 직선사관 자체가 차지하는 성경적 역사관에서의 중요성 때문에 그것을 다루지 않고 넘어갈 수는 없다. 따라서 여기서는 창조라는 시점에서 출발하여 종말이라는 종착점에 도착하는 시간의 흐름이 만드는 선적 발전이란 차원에서 그것을 간단하게 정리해 보려고 한다.

태초의 창조와 종말의 심판을 향해 달려가다 보니 신앙의 소유자들이 갖는 역사관의 특징이 직선 형태를 취하게 되는 것은 당연하다. 그러나 아우구스티누스가 시간과 관련해서 말한 것과 마찬가지로 누구나가 이해하기 쉽게 그것을 설명하는 데는 어려움이 있다. 어떻게 보면 성경적 기원을 갖는 직선사관은 "태초에 하나님이 천지를 창조하시니라"(창 1:1)라는 말씀에서 그 근거를 찾아야 할지도 모른다. 왜냐하면 그것은 시작을 말하는 동시에 순환사관의 고리로부터 벗어나는 것을 의미하기 때문이다. 물론 성경적 역사관이 이런 성격을 띠고 있다는 사실을 처음 발견한 사람은 아우구스티누스로 생각된다.[68]

성경적 기원을 갖는 역사는 창조의 시점부터 종말을 향해 달려감으로써

68) 손봉호, 『생각을 담아 세상을 보라』, 87-88; 아우구스티누스, 『신국론 제1-10권 (*De Civitate Dei* Ⅰ-Ⅹ)』, 성염 역주 (왜관: 분도출판사, 2004), 35.

형태상에 있어 선적인 발전을 하는 직선사관의 모습을 보여주게 되었다. 이런 역사관의 원형은 아브라함에게서 찾아볼 수 있을 것이다. 하나님은 순환사관이 지배하는 농경 문화권에 살고 있던 아브라함을 불러내어 당신이 지시할 새 땅 가나안을 향해 가도록 하셨다.

그것과 관련해서 성경은 아래와 같이 적고 있다. "여호와께서 아브람에게 이르시되 너는 너의 고향과 친척과 아버지의 집을 떠나 내가 네게 보여줄 땅으로 가라 내가 너로 큰 민족을 이루고 네게 복을 주어 네 이름을 창대하게 하리니 너는 복이 될지라 너를 축복하는 자에게는 내가 복을 내리고 너를 저주하는 자에게는 내가 저주하리니 땅의 모든 족속이 너로 말미암아 복을 얻을 것이라 하신지라 이에 아브람이 여호와의 말씀을 따라갔고 롯도 그와 함께 갔으며 아브람이 하란을 떠날 때에 칠십오 세였더라"(창 12:1-4).

이처럼 아브라함으로부터 이어지는 고대 히브리인들의 역사의식은 오늘날의 세속적 진보사관에까지 영향을 미치고 있다. 카힐(Thomas Cahill)은 유대민족이 시내산에 머무는 동안 이루어진 여호와와 모세의 만남을 통해 '역사는 무한히 반복된다' 라고 믿는 신화적 역사를 극복하게 된 것으로 보았다. 동시에 그는 직선적, 진보적 역사관의 기원이 성경에 있다고 말하였다. 그리고 자본주의나 사회주의도 진보관념을 신봉한다는 점에서 성경의 서자(庶子)라는 식으로 표현하였다. 즉 이들은 모두 하나님이 배제된 직선적 진보관념이라는 것이다. 카힐은 이런 점들을 근거로 서구 문화의 근간을 이루는 직선적 역사관과 진보적 세계관을 창안해낸 민족이 유대인이라고 주장하게 되었다.

따라서 그의 학문적 업적은 서구 세계의 근간을 이루는 시간관이나 세계관, 그리고 역사관의 기원을 구약시대까지 끌어올렸다는 점에서 평가받을 만하다. 아울러 그는 복음이 유대인들에 의해 세계적으로 확산된 것과 마찬가지로 유대 · 기독교적 역사관 또한 그런 방식으로 폭넓게 받아들여지게 되었다고 보는 점에서 탁월하다.[69] 그의 책이 갖는 부제는 원래 '유대인의 선물: 사막의 유목민족 하나가 모든 사람이 생각하고 느끼는 방식을 어떻게 바꾸어 놓았는가?' 이다. 여기서 고대의 순환사관을 극복하는 가운데 세계가 창조되던 시점으로부터 그것의 종말을 향해 달려가는 시간에 의해 그 형태가 결정되는 직선사관의 사학사적 가치가 잘 드러난다.

"이 백성은 홀로 처할 것이라 그를 열방 중의 하나로 여기지 않으리로다"(민 23:9)라는 말에서 이스라엘의 신앙과 역사의식이 갖는 탁월성의 근거를 찾으면 어떨까? "여호와께서 일찍이 이 여러 백성에 대하여 이스라엘 자손에게 말씀하시기를 너희는 그들과 서로 통혼하지 말며 그들도 너희와 서로 통혼하게 하지 말라 그들이 반드시 너희의 마음을 돌려 그들의 신들을 따르게 하리라"(왕상 11:2). "여호와께서 자기를 위하여 야곱 곧 이스라엘을 자기의 특별한 소유로 택하셨음이로다"(시 135:4).

그러나 아브라함의 믿음이 그로 하여금 그와 같은 믿음을 가진 사람들의 조상으로 만들었듯이 그가 보여준 직선사관 또한 오늘날 대부분의 문명세계에 사는 사람들이 자연스럽게 받아들이는 진보사관이나 직선사관에 적지 않은 영향을 끼쳤다는 점에서 보면 그가 다시 또 성경적 신앙에서 유래하는 직선적 역사관의 조상이 되었다고도 볼 수 있다.

하나님이 아브라함을 갈대아 우르에서 불러내셨다는 사실에서 농경세계로부터 그를 격리시켜서 그 지역의 세계관이나 역사관과 다른 것을 가진 하나님의 사람으로 만들려는 의도를 반영하는 것으로 볼 수도 있지 않을까 생각해 보게 된다. 왜냐하면 하나님이 아래와 같이 말씀하셨기 때문이다. "나는 이 땅을 네게 주어 소유를 삼게 하려고 너를 갈대아인의 우르에서 이끌어 낸 여호와니라"(창 15:7). 순환사관이야 말로 씨 뿌리는 것부터 추수하는 것까지 계절의 순환에 따라 노동하는 농경세계의 사람들에게 보편적으로 받아들여지는 역사관이다. 그러나 아브라함이 하나님의 부르심을 받은 이후 그의 자손들은 양을 치는 자들이 되었고, 어딘가 목적지를 향해

---

69) 토마스 카힐, 『미래는 내가 선택한다(*The Gifts of the Jews: How a Tribe of Desert Nomads Changed the Way Everyone Thinks and Feels*)』, 박규태 역 (서울: 솔, 2001), 161과 345-350.

계속 이동해 가는 가운데 직선사관의 개념을 점점 더 크게 갖게 되었으리라고 생각한다.

바로에게 가기 전에 자기 아버지 야곱과 형제들에게 했던 요셉의 말을 들어보자. "내가 올라가서 바로에게 아뢰어 이르기를 가나안 땅에 있던 내 형들과 내 아버지의 가족이 내게로 왔는데 그들은 목자들이라 목축하는 사람들이므로 그들의 양과 소와 모든 소유를 이끌고 왔나이다 하리니 바로가 당신들을 불러서 너희의 직업이 무엇이냐 묻거든 당신들은 이르기를 주의 종들은 어렸을 때부터 지금까지 목축하는 자들이온데 우리와 우리 선조가 다 그러하니이다 하소서"(창 46:31-34).

그리고 그 후에 야곱은 바로가 직업을 묻자 "종들은 목자이온데 우리와 선조가 다 그러하니이다"(창 47:3)라고 대답했고, 다시 "가나안 땅에 기근이 심하여 종들의 양 떼를 칠 곳이 없기로 종들이 이 곳에 거류하고자 왔사오니 원하건대 종들로 고센 땅에 살게 하소서"(창 47:4)라고 말했다.

거기에 더하여 나이를 묻는 바로에게 야곱은 어떻게 대답했는가? 그는 "내 나그네 길의 세월이 백삼십 년이니이다 내 나이가 얼마 못 되니 우리 조상의 나그네 길의 연조에 미치지 못하나 험악한 세월을 보내었나이다"(창 47:9)라고 대답함으로써 목적지를 향해 나가는 과정의 의미를 갖는 인생의 개념을 보여줌으로써 종말사관과 함께 직선사관의 측면을 드러냈다.

시오노 나나미는 "인간 행동 원리의 규범을 종교에서 찾은 유대인, 철학에서 찾은 그리스인, 법률에서 찾은 로마인, 이 한 가지만으로도 이들 세 민족의 특징이 떠오를 정도이다"[70]라고 말한 적이 있다. 이것은 유대인은 표적을 구하고 헬라인은 지혜를 찾으나 우리는 십자가에 못 박힌 그리스도를 전한다는 바울의 말(고전 1:22)에서 동의를 구할 수 있는 것이다.

더불어 이 말은 유대 · 기독교적 전통의 신앙적이고, 초자연적인 특성을 잘 반영하는 것으로서 이스라엘이 보여준 역사관의 바닥에 깔려 있는 것이다. 신앙이나 구원과 관련해서 이스라엘은 남다른 특성을 갖고 있었으며,

70) 시오노 나나미, 『또 하나의 로마인 이야기』, 284.

그것은 복음의 전파를 통해 구체적으로 드러났다. "너희는 알지 못하는 것을 예배하고 우리는 아는 것을 예배하노니 이는 구원이 유대인에게서 남이라"(요 4:22). 이스라엘이 보여준 이런 신앙적 특성은 창조, 섭리, 구속, 종말과 영생 같이 역사관에서 나타나는 시작과 끝의 개념 등을 포함함으로써 직선사관과 연결된다.

모세는 출애굽 과정에서 이스라엘 백성이 여호와께서 친히 인도하신 것과 그들이 통과한 여러 나라에서 숭배하는 목석과 은금의 우상을 본 것에 대해 상기시켰다(신 29:15-17). 왜 그 말이 필요했을까? 이스라엘의 독창성, 그들만이 갖고 있는 특별한 신앙과 역사의식을 모세가 염두에 두었기 때문으로 생각한다. "주 여호와여 주께서 우리 조상을 애굽에서 인도하여 내실 때에 주의 종 모세를 통하여 말씀하심 같이 주께서 세상 만민 가운데에서 그들을 구별하여 주의 기업으로 삼으셨나이다"(왕상 8:53).

겸손과 가난은 역사상 모든 수도원운동의 기본 정신인데, 하나님은 광야학교를 통해 이스라엘 백성을 그것으로 훈련시키셨다. 그런 환경 가운데서 그들은 오직 하나님의 말씀, 하나님의 은혜에 의지할 수밖에 없었다. 즉 하나님의 전적인 이끄심에 의해 그들의 역사가 이루어진 것이다. 광야에서 이루어진 이스라엘 백성의 삶의 체험인 역사는 오늘날 그리스도인들의 삶속에서 재현되어야 한다. 그리고 여기서 그것이 목적지를 향해 나감으로써 생겨나는 형태상의 직선사관의 개념과 연결되기에 더없이 유리했다는 점에 주목하게 된다.

이런 역사 속에서 이스라엘이 갖게 되고, 또 인류에게 전해준 역사관은 매우 독특하고 탁월한 것이었다. 히브리인들의 신앙, 그리고 그것에 기초한 역사관의 탁월성과 그 영향력에 대해서는 아무리 강조해도 지나침이 없을 것이다. 그것을 가리켜 유대 · 기독교적 역사관[71]이라고 말할 수 있을 것이

71) 종교개혁운동이 역사의 역동성과 목적에 대한 감각을 회복시켜 그 추종자들에 대한 참신한 해석과 역사적 운명에 대한 생동감을 주었다는 데 동의한다. 그리고 이런 발전의 열쇠가 사람이라고 강조한 신학자는 칼빈이다. David E. Holwerda, "Eschatology and History," 110.

다. 그리고 그 영향은 단순히 종교적인 데만 머문 것이 아니라 신, 불신을 떠나 모든 사람들의 삶과 사상에 파급되었다는 점에서 그것의 의미가 더 커진다.

이스라엘 민족이 다른 민족과 구별되게 만드는 것들 중의 하나는 그들이 역사를 해석한 방법이다. 사실 그것은 그들만의 특이한 방법이며, 그것이 바로 그들이 인류 문명에 끼친 중요한 공로이기도 하다. 따라서 그들이 보여준 독특성은 대체로 역사와 관련해서 생겨난 것이라고 말할 수 있다. 그들은 하나님을 본질적으로 역사의 하나님으로 보았다.[72)]

고대 이스라엘 민족은 작은 민족으로서 고난의 역사를 살았지만, 역사를 다르게 해석할 줄 알았으며, 그 안에서 하나님의 손을 발견할 수 있었다. 말하자면 다른 민족들과 똑같은 경험을 했으면서도 그런 경험들을 영적 경험으로 전환시켰고, 그것으로 인해 그들의 역사가 달라졌다. 역사와 관련한 그들의 창조적인 기여가 이것 때문에 가능했다. 창조주이며, 영원한 하나님 여호와를 믿으며, 메시야를 대망하는 입장에 있었던 이스라엘 사람들이 선적 발전의 역사개념을 가진 것은 자연스런 결과로 볼 수 있다.

그리고 이처럼 고대 이스라엘로부터 내려온 직선사관의 개념은 예수 그리스도의 성육신과 죽음, 그리고 부활 이후의 승천으로 인해 그를 구주로 믿는 모든 그리스도인들에게 재림하실 메시야로 기다리게 함으로써 그들의 역사관에 선적인 특징이 계속 남아 있게 하여 유대 · 기독교적 역사관을 특징짓는 핵심 요소 가운데 직선사관이 있게 하였다.[73)]

이스라엘의 정신력은 역사교육에서 나온다. 언약궤 안에 있는 만나를 담은 금 항아리와 아론의 지팡이와 언약의 돌판들(히 9:4)은 무엇을 위한 것

72) 버터필드, 『크리스천과 역사해석』, 71.

73) 영원을 사모하는 마음 또는 메시야에 대한 기다림은 성경적 신앙을 가진 사람들에게 일정한 목표를 향하는 직선적인 역사관을 갖게 한다. 방지일은 이것과 관련하여 시선을 직시하여 주목하는 비둘기의 눈, 신랑을 보는데 직시하는 신부의 눈에 비유하면서 오직 예수님만 바라보는 관점이 그리스도인에게 필요하다고 말하였다. 방지일, 『골짜기의 백합화(아가서 강해)』 (서울: 성광인쇄사, 1974), 48-50.

인가? 역사, 즉 하나님의 역사를 기억나게 하기 위함이다. 심지어 서기관과 대제사장도 사료를 인용함으로써 예수님을 대적하거나 역사의식이 강한 민족의 일원임을 보여주었다. "물어 이르되 선생님이여 모세가 우리에게 써 주기를 만일 어떤 사람의 형이 아내를 두고 자식이 없이 죽으면 그 동생이 그 아내를 취하여 형을 위하여 상속자를 세울지니라 하였나이다 그런데 칠 형제가 있었는데 맏이가 아내를 취하였다가 자식이 없이 죽고 그 둘째와 셋째가 그를 취하고 일곱이 다 그와 같이 자식이 없이 죽고 그 후에 여자도 죽었나이다 일곱이 다 그를 아내로 취하였으니 부활 때에 그 중에 누구의 아내가 되리이까"(눅 20:28-33).

구약의 이스라엘 백성은 오늘날의 예수 공동체들에게 거울이 된다. 그들은 하나님에 대한 절대 신앙과 그것에 근거한 역사의식을 유지함으로써 그의 창조, 섭리, 그리고 궁극적인 구원에 대하여 종말적 소망을 가질 수 있었다. "내 성소가 영원토록 그들 가운데에 있으리니 내가 이스라엘을 거룩하게 하는 여호와인 줄을 열국이 알리라 하셨다 하라"(겔 37:28). "내가 너로 말미암아 이방 사람의 눈 앞에서 내 거룩함을 나타내어 그들이 다 나를 알게 하려 함이라"(겔 38:16). "내가 여러 나라의 눈에 내 위대함과 내 거룩함을 나타내어 나를 알게 하리니 내가 여호와인 줄을 그들이 알리라"(겔 38:23). "내가 내 거룩한 이름을 내 백성 이스라엘 가운데에 알게 하여 다시는 내 거룩한 이름을 더럽히지 아니하게 하리니 내가 여호와 곧 이스라엘의 거룩한 자인 줄을 민족들이 알리라 하라"(겔 39:7). 이런 사상에 근거해서 사는 동안에 직선사관이 그들을 지배하게 된 것으로 봐도 될 것 같다.

다시 말하지만 이스라엘 백성은 구원이라는 역사의 목적과 관련하여 독특성을 지닌 민족이다. "말일에 여호와의 전의 산이 모든 산 꼭대기에 굳게 설 것이요 모든 작은 산 위에 뛰어나리니 만방이 그리로 모여들 것이라 많은 백성이 가며 이르기를 오라 우리가 여호와의 산에 오르며 야곱의 하나님의 전에 이르자 그가 그의 길을 우리에게 가르치실 것이라 우리가 그 길로 행하리라 하리니 이는 율법이 시온에서부터 나올 것이요 여호와의 말씀이 예루살렘에서부터 나올 것임이니라"(사 2:2-3).

바울은 유대인에게 독특성이 많이 있지만 그 첫째는 하나님의 말씀을 맡은 것(롬 3:2)이라고 말하였다. 이것은 유대인이 갖고 있는 남다른 신앙심이나 역사의식이 하나님의 말씀인 성경에 근거해 나온다는 점에서 유의할 만하다. 예를 들어 여호사밧은 방백들을 세워 사료로 주어진 율법책을 백성에게 가르침으로써 그들을 역사의식이 강한 민족으로 만들었다(대하 17:9). 바울은 '조상 적부터 섬겨오는 하나님' 이라는 말을 통해 하나님과 이스라엘 사이에 축적된 역사성을 드러낸다(딤후 1:3).

이것은 오래 전에 이사야가 보여준 태도이기도 하다. "주는 우리 아버지시라 아브라함은 우리를 모르고 이스라엘은 우리를 인정하지 아니할지라도 여호와여, 주는 우리의 아버지시라 옛날부터 주의 이름을 우리의 구속자라 하셨거늘 여호와여 어찌하여 우리로 주의 길에서 떠나게 하시며 우리의 마음을 완고하게 하사 주를 경외하지 않게 하시나이까 원하건대 주의 종들 곧 주의 기업인 지파들을 위하사 돌아오시옵소서"(사 63:16-17).

"내 눈이 주의 구원을 보았사오니 이는 만민 앞에 예비하신 것이요 이방을 비추는 빛이요 주의 백성 이스라엘의 영광이니이다"(눅 2:30-32)라는 시므온의 고백은 구원사관, 보편사관 외에 구원의 역사에서 이스라엘이 차지하는 특별한 지위를 보여준다. 바울도 이스라엘의 독특성에 대해 인정하였다. 아래의 말은 이스라엘의 독특성에 대해 큰 자부심을 갖게 할 것 같다. "그들은 이스라엘 사람이라 그들에게는 양자 됨과 영광과 언약들과 율법을 세우신 것과 예배와 약속들이 있고 조상들도 그들의 것이요 육신으로 하면 그리스도가 그들에게서 나셨으니 그는 만물 위에 계셔서 세세에 찬양을 받으실 하나님이시니라 아멘"(롬 9:24-25).

인본주의나 세속적인 역사관과 하나님 중심 역사관 중에서 선택해야 한다면 무엇을 고르겠는가? 이 점에 있어서 이스라엘은 확고하였다. "너희는 사람 앞에서 스스로 옳다 하는 자들이나 너희 마음을 하나님께서 아시나니 사람 중에 높임을 받는 그것은 하나님 앞에 미움을 받는 것이니라"(눅 16:15). 이스라엘은 선지자들의 자손, 그를 통해 모든 족속이 복 받게 된 아브라함의 후손, 그리고 그리스도를 먼저 받은 민족의 지위를 누리는 하나님의 특별한 백성이었다. “너희는 선지자들의 자손이요 또 하나님이 너희 조상과 더불어 세우신 언약의 자손이라 아브라함에게 이르시기를 땅 위의 모든 족속이 너의 씨로 말미암아 복을 받으리라 하셨으니 하나님이 그 종을 세워 복 주시려고 너희에게 먼저 보내사 너희로 하여금 돌이켜 각각 그 악함을 버리게 하셨느니라”(행 3:24-26).

바울의 경우를 살펴보자. 그는 “이것을 당신께 고백하리이다 나는 그들이 이단이라 하는 도를 따라 조상의 하나님을 섬기고 율법과 선지자들의 글에 기록된 것을 다 믿으며 그들이 기다리는 바 하나님께 향한 소망을 나도 가졌으니 곧 의인과 악인의 부활이 있으리라 함이니이다 이것으로 말미암아 나도 하나님과 사람에 대하여 항상 양심에 거리낌이 없기를 힘쓰나이다”(행 24:14-16)라고 말하였다.

이것이 바울의 신앙고백이었다. 그런데 여기에는 그의 신앙이 갖는 역사성, 사료 의존적 태도, 종말사관이 보여주는 소망과 부활, 그리고 하나님뿐만 아니라 사람에 대해서 의식하는 삶의 자세까지 많은 것들이 역사의식으로 자리하고 있다. 또한 그가 예수 그리스도를 전할 때 그것의 근거는 사료로 주어진 모세의 율법과 선지자의 말이었다. “바울이 아침부터 저녁까지 강론하여 하나님의 나라를 증언하고 모세의 율법과 선지자의 말을 가지고 예수에 대하여 권하더라”(행 28:23).

오늘날도 예수의 제자들과 그들의 공동체들은 구약의 이스라엘 백성들처럼 너무나 많은 것들, 즉 불신앙과 세속의 세력들에 의해 둘러싸여 있다. 그런 상황을 극복하기 위해서 그들은 때론 세상적인 가치관이나 방법을 동원하여 세속적 세력들과 경쟁하고, 싸우기도 한다. 찬란한 애굽의 문화와 경쟁력을 부러워하지 말라고 절규하던 저 선지자의 부르짖음은 오늘을 사는 그리스도인들에게 어떤 의미가 되는 것일까? 하나의 예수 공동체가 본연의 목적을 추구하고, 달성하는가 여부는 그 규모의 크고 작음에 의해 결정되는 일이 아니다. 그것은 세상의 기준에 따라 판단할 일도 아니다. 그리스도인은 자기를 지켜 세속에 물들지 않아야 한다(약 1:27).

세상 마지막 날에는 우상과 함께 세상의 유한한 모든 것들이 끝나고 만다. "만군의 여호와가 말하노라 그 날에 내가 우상의 이름을 이 땅에서 끊어서 기억도 되지 못하게 할 것이며 거짓 선지자와 더러운 귀신을 이 땅에서 떠나게 할 것이라"(슥 13:2). "여호와의 날이 이르리라 그 날에 네 재물이 약탈되어 네 가운데에서 나누이리라"(슥 14:1). 그리고 그 끝을 향해 역사는 전진한다. 반면에 그의 백성은 임마누엘의 하나님을 만나게 될 것이다. "나의 하나님 여호와께서 임하실 것이요 모든 거룩한 자들이 주와 함께 하리라"(슥 14:5).

아브라함과 모세, 그리고 바울이 보여주는 종말적 신앙 그리고 거기서 생겨난 자연스런 결과물로서 종말사관 그것이 창조사관과 함께 직선사관을 불러온 것으로 보면 어떨까? 세상은 시작도 없고, 끝도 없는 영원한 순환이 아닌 것이다. 이렇게 해서 명확한 시간의 창조개념과 더불어 만물의 시작으로부터 종말을 향해 달려가는 과정에서 시간의 흐름을 통해 생겨난 성경적 역사관의 한 특징이 직선사관이다.

직선사관은 창조사관에서 출발한 섭리사관이 최종적 구원이 있는 종말을 향해 달려가는 중에 자연스럽게 그려진 역사관이라고 말할 수 있을 것 같다. 물론 성경에서 역사가 직선적으로 발전한다고 말하는 직접적인 표현을 찾아내기는 쉽지가 않다. 그러나 성경적 신앙을 가진 사람이 나머지 성경적 역사관의 특징들은 이해하면서 직선사관을 받아들이지 못한다면 그것이야말로 이해하기가 어려운 일이다. 왜냐하면 그것이 성경의 신앙과 나머지 역사관의 특징들로부터 자연스럽게 도출되는 개념이기 때문이다.

성경적 신앙을 가진 사람들에게는 역사에 대한 이해가 직선적인 것이 될 수밖에 없다. 왜냐하면 그들은 원형이나 순환적인 역사관을 수용할 수없는 신앙과 세계관을 갖고 있기 때문이다. 그들은 재림, 부활, 심판, 하나님의 나라로 구성되어 있는 계획된 종말, 즉 대단원에 역사가 도달 할 것을 믿는다. 바울은 이 사건들이 역사의 결승점이라는 것을 데살로니가에 보낸 편지에서 분명하게 피력하였다. 특히 두 번째 편지에서 그는 '역사에 대한 기독교적 관점' 이라 할 정도로 성경적 역사관의 특징들을 보여주었고, 그것들이 조화를 위해서는 직선사관이 중요한 자리를 차지하게 된다.[74)]

8. 계시(啓示)의 절정(絕頂)이며, 역사의 중심인 예수 그리스도

성경적 관점에서는 하나님의 창조, 섭리, 심판, 그리고 인간의 타락과 그리스도의 구속이라는 신앙의 내용들에 근거해서 인류에게 드러나신 하나님(또는 계시)으로 임하신 예수 그리스도께서 역사의 발전이나 해석 모두에 있어서 중심에 위치한다. "하나님은 수많은 방법을－자연적인 방법과 특수한 방법 양쪽 모두를－통해 자신을 세상에 계시하셨다. 그러나 그분이 자신에 관해 계시하신 것은 그리스도 안에 있는 그분의 완전한 계시의 빛으로만 바로 해석될 수 있다. 칼빈이 말하듯이 우리는 어디서나 하나님을 볼 수 있지만 예수 그리스도라는 교정 렌즈가 없다면 우리의 시각은 초점을 잃고 만다."[75]

말씀이신 예수 그리스도는 태초부터 하나님과 함께 계셨으며, 만물이 그로 말미암아 지은바 된 창조주 하나님이다. 그래서 그의 근본은 상고에 영원에 있다. "베들레헴 에브라다야 너는 유다 족속 중에 작을지라도 이스라엘을 다스릴 자가 네게서 내게로 나올 것이라 그의 근본은 상고에, 영원에 있느니라"(미 5:2). 예수님은 세상, 즉 역사 가운데 오셔서 세상에 계셨으며, 그가 세상을 지으셨으나 세상은 그를 알지 못했다(요 1:9-10). 요한은 그를 가리켜 "말씀이 육신이 되어 우리 가운데 거하시매 우리가 그의 영광을 보니 아버지의 독생자의 영광이요 은혜와 진리가 충만하더라"(요 1:14) 라고 말하였다.[76] 또 그는 "율법은 모세로 말미암아 주어진 것이요 은혜와 진리는 예수 그리스도로 말미암아 온 것이라 본래 하나님을 본 사람이 없으되 아버지 품 속에 있는 독생하신 하나님이 나타내셨느니라"(요 1:17-

---

74) 존 스토트, 『데살로니가전후서 강해(*The Message of 1 & 2 Thessalonians*)』, 정옥배 역 (서울: IVP, 2001), 168.

75) 화이트, 『이해할 수 없는 하나님 사랑하기』, 41.

76) 하나님의 능력이 무엇이건 간에 하나님 제일의 모습이 전능자, 즉 절대적인 주님인 것은 아니다. 친히 우리 사람과 동등함을 취하고, 자신을 제한하는 것이 제일의 하나님 모습이다. Jacques Ellul, *Anarchy and Christianity*, trans., Geoffrey W. Bromiley (Grand Rapids: W.B. Eerdmans, 1991), 34.

18)라고 선언하였다.

이것은 예수 그리스도께서 사람의 육안, 즉 이성으로도 알 수 있는 하나님으로 오셨음을 보여준다. 사람들의 이성은 결코 과소평가할 것이 아니다. 유다는 '이성 없는 짐승 같이(like unreasoning animals) 본능으로 아는 그것으로' 멸망하는 자들이라고 말함으로써 하나님의 형상인 사람에게 있는 이성의 가치를 높게 평가한다(유 1:10). 바울이 말한 것처럼 그리스도도 하나님의 형상이다(고후 4:4).

아브라함과 다윗의 자손으로 세상에 오신 예수 그리스도의 육적인 족보에 다섯 여인이 등장한다. 다말, 라합, 룻, 우리야의 아내인 밧세바, 그리고 끝으로 마리아이다. 세상의 시각에서 보면 시아버지와 통간한 여인, 기생, 이방 여인으로서 조금은 특별한 방식으로 재혼한 여자, 그리고 미혼모라고 볼 수 있다(마 1:1-16). 이 다섯 여인에게서 혈통적이거나 남녀에 따른 차별 또는 세상의 기준에 따른 빈부귀천(貧富貴賤)이 극복되고 있음을 보게 된다. 즉 복음의 보편성이 나타나는 것이다.

예수님은 이 땅에 오시기 전에 누구이셨는가? 그는 말씀으로 존재하셨다. 요한은 예수님이 이 땅에 오시기 전에 로고스(*Logos*), 즉 말씀으로 계셨다고 말한다. "태초에 말씀이 계시니라 이 말씀이 하나님과 함께 계셨으니 이 말씀은 곧 하나님이시니라 그가 태초에 하나님과 함께 계셨고 만물이 그로 말미암아 지은 바 되었으니 지은 것이 하나도 그가 없이는 된 것이 없느니라"(요 1:1-3).

솔로몬은 이 땅에 오시기 전의 예수 그리스도를 지혜로 표현하였다. "여호와께서 그 조화의 시작 곧 태초에 일하시기 전에 나를 가지셨으며 만세 전부터, 태초부터, 땅이 생기기 전부터 내가 세움을 받았나니 아직 바다가 생기지 아니하였고 큰 샘들이 있기 전에 내가 이미 났으며 산이 세워지기 전에, 언덕이 생기기 전에 내가 이미 났으니 하나님이 아직 땅도, 들도, 세상 진토의 근원도 짓지 아니하셨을 때에라…아들들아 이제 내게 들으라 내 도를 지키는 자가 복이 있느니라 훈계를 들어서 지혜를 얻으라…대저 나를 얻는 자는 생명을 얻고 여호와께 은총을 얻을 것임이니라 그러나 나를 잃는 자는 자기의 영혼을 해하는 자라 나를 미워하는 자는 사망을 사랑하느니라"(잠 8:22-36).

이런 사실을 근거로 예수님은 언제나 존재하신 분임을 알 수 있다. 그리고 그것은 성경에서 쉽게 찾아볼 수 있다. "우리의 형상을 따라 우리의 모양대로 우리가 사람을 만들고 그들로 바다의 물고기와 하늘의 새와 가축과 온 땅과 땅에 기는 모든 것을 다스리게 하자"(창 1:26). 그리고 오래 전부터 선지자들을 통해 그의 존재가 예언되었다. "하나님의 아들 예수 그리스도의 복음의 시작이라 선지자 이사야의 글에 보라 내가 내 사자를 네 앞에 보내노니 그가 네 길을 준비하리라 광야에 외치는 자의 소리가 있어 이르되 너희는 주의 길을 준비하라 그의 오실 길을 곧게 하라"(막 1:1-4).

이처럼 예수님은 세상에 오시기 전에 이미 존재하셨으며, 세상의 창조 이후에도 하나님과 함께 계셨던 분이다. 그렇다면 부활하신 이후의 예수님은 어디에 계시는가? 스데반은 성령 충만하여 하늘을 우러러 주목하여 하나님의 영광과 및 예수께서 하나님 우편에 서신 것을 보고, "보라 하늘이 열리고 인자가 하나님 우편에 서신 것을 보노라"(행 7:55-56)라고 말하였다. 부활하여 승천하신 예수 그리스도는 하늘로 가셨고, 지금 하나님 우편에 계시다(벧전 3:22). "우리에게 큰 대제사장이 계시니 승천하신 이 곧 하나님의 아들 예수시라 우리가 믿는 도리를 굳게 잡을지어다 우리에게 있는 대제사장은 우리의 연약함을 동정하지 못하실 이가 아니요 모든 일에 우리와 똑같이 시험을 받으신 이로되 죄는 없으시니라 그러므로 우리는 긍휼하심을 받고 때를 따라 돕는 은혜를 얻기 위하여 은혜의 보좌 앞에 담대히 나아갈 것이니라"(히 4:14-16).

위에서 본 대로 성경에 나타나신 예수님에 대해서는 창세 전에 계셨으며, 창세 이후 인간 역사의 흐름과 함께 하셨고, 육신을 입고 이 세상에 오셨으며, 부활하신 다음에는 다시 영원한 하늘나라로 복귀하여 계신다고 정리할 수 있다. 그리고 그 예수님은 하나님이라고 말할 수 있다. 그는 창조주이시며, 영원의 세계에서 하나님과 함께 계신다. 그리고 바로 이 고백 위에 기독교가 서 있는 것이다. 바꾸어 말하면 그리스도인들의 믿음은 예수님이 곧 하나님이며, 하나님이 사람인 예수로 성육신 하셨다는 사실을 인정하는 데서 출발한다는 것이다.[77)]

맥코이(Charles S. McCoy)는 그런 차원에서 지상에 오신 예수 그리스도의 의미를 강조하면서 학문의 우월성과 사회적 책임성을 성육신의 신학에서 발견하려고 하였다. 즉 예수 그리스도의 현존에서 기독교 학문은 세계와의 공감과 사회 공동체의 요구를 찾아야 하며, 동시에 학문 종사자들은 각기 자기 위치와 자리의 극대화를 모색할 수 있어야 한다는 것이다.[78)]

예수님은 하나님의 아들이다. 십자가 아래 있었던 백부장의 외침을 들어보라. "이 사람은 진실로 하나님의 아들이었도다"(막 15:39; 마 27:54). 베드로와 마르다도 예수님이 하나님의 아들 되심을 고백하였다. "시몬 베드로가 대답하여 이르되 주는 그리스도시요 살아 계신 하나님의 아들이시니이다"(마 16:16). "주는 그리스도시요 세상에 오시는 하나님의 아들이신 줄 내가 믿나이다"(요 11:27). 예수 그리스도는 곧 하나님이다(요 1:1; 13:20).

예수님은 창조주, 섭리주, 그리고 종말의 심판주이다. "하나님이 이르시되 우리의 형상을 따라 우리의 모양대로 우리가 사람을 만들고 그들로 바다의 물고기와 하늘의 새와 가축과 온 땅과 땅에 기는 모든 것을 다스리게 하자 하시고"(창 1:26). "만물이 그에게서 창조되되 하늘과 땅에서 보이는 것들과 보이지 않는 것들과 혹은 왕권들이나 주권들이나 통치자들이나 권세들이나 만물이 다 그로 말미암고 그를 위하여 창조되었고 또한 그가 만물보다 먼저 계시고 만물이 그 안에 함께 섰느니라 그는 몸인 교회의 머리시라 그가 근본이시요 죽은 자들 가운데서 먼저 나신 이시니 이는 친히 만물의 으뜸이 되려 하심이요"(골 1:16-18). "이 모든 날 마지막에는 아들을 통하여 우리에게 말씀하셨으니 이 아들을 만유의 상속자로 세우시고 또 그

---

77) 이문장, 『예수, 하늘의 비밀』, 13-24.

78) Charles S. McCoy, *The Responsible Campus* (Nashiville: The United Methodist Church, 1972), 19-20쪽을 기념 논문 편찬위원회 편, 『하나님을 위한 학문』, 17-18에서 재인용하였다.

로 말미암아 모든 세계를 지으셨느니라 이는 하나님의 영광의 광채시요 그 본체의 형상이시라 그의 능력의 말씀으로 만물을 붙드시며 죄를 정결하게 하는 일을 하시고 높은 곳에 계신 지극히 크신 이의 우편에 앉으셨느니라"(히 1:2-3). "베들레헴 에브라다야 너는 유다 족속 중에 작을지라도 이스라엘을 다스릴 자가 네게서 내게로 나올 것이라 그의 근본은 상고에, 영원에 있느니라"(미 5:2). 예수님의 영원성을 잘 나타내 보여주는 말씀이다. 그는 태초부터 이미 계신 분이다(요일 2:13, 14).

"한 아기가 우리에게 났고 한 아들을 우리에게 주신 바 되었는데 그의 어깨에는 정사를 메었고 그의 이름은 기묘자라, 모사라, 전능하신 하나님이라, 영존하시는 아버지라, 평강의 왕이라 할 것임이라"(사 9:6). 위에 있는 이사야의 예언에서 나타난 것처럼 예수님은 역사를 당신의 의지대로 이끌어 가시는 하나님의 아들이요, 하나님 자신이다.

사람들은 하나님을 볼 수 없다. 그러나 예수 그리스도는 그들의 눈으로 볼 수 있게 이 세상에 나타나신 하나님이다. "본래 하나님을 본 사람이 없으되 아버지 품 속에 있는 독생하신 하나님이 나타내셨느니라"(요 1:18). 예수님은 육신을 가진 사람의 모양으로 이 세상에 오셔서 육에 속한 사람들까지 그를 알아보게 하셨다. 바울은 그에 대해 아래와 같이 소개하였다. "그는 근본 하나님의 본체시나 하나님과 동등됨을 취할 것으로 여기지 아니하시고 오히려 자기를 비워 종의 형체를 가지사 사람들과 같이 되셨고 사람의 모양으로 나타나사 자기를 낮추시고 죽기까지 복종하셨으니 곧 십자가에 죽으심이라"(빌 2:6-8).

요한은 태초부터 생명의 말씀은 있었다고 선언하였다. 그리고 그것은 들려졌으며, 눈으로 볼 수 있었고, 또 손으로 만질 수 있는 생생한 역사가 되었다고 주장한다. 요한은 이 생명이 나타내신 바 되었고, 이 영원한 생명을 우리가 보았고 증언하여 전하노니 이는 아버지와 함께 계시다가 우리에게 나타내신 바 된 이라고 말한다(요일 1:1-2). 여기서 두 번 사용된 '나타내신 바'란 말은 말씀이신 하나님이 인간의 몸을 입고 예수 그리스도로 역사 가운데 오신 사실을 보여준다. 아울러 보고 들은 바를 전하여 사귐이 있게 한다는 말은 역사를 매개로 하나님, 예수님, 그리고 성도들 사이에 교제가 있으리라는 말로 이해된다(요일 1:3).

예수 그리스도는 당신의 몸을 버리고, 피를 흘려 인류를 구원하신 구세주이다. 사람을 모든 죄에서 깨끗하게 하는 것은 예수님의 피인 것이다(요일 1:7). 예수 그리스도는 누구인가? 일찍이 죽임을 당하사 각 족속과 방언과 백성과 나라 가운데에서 사람들을 피로 사서 하나님께 드리시고 그들로 우리 하나님 앞에서 나라와 제사장들을 삼으셔서 그들이 땅에서 왕 노릇하게 하신 분이다(계 5:9-10). 그래서 "하늘 위에와 땅 위에와 땅 아래와 바다 위에와 또 그 가운데 모든 피조물이 이르되 보좌에 앉으신 이와 어린 양에게 찬송과 존귀와 영광과 권능을 세세토록 돌릴지어다"(계 5:13-14)라고 말할 수 있는 것이다.

예수 그리스도는 구약과 신약의 모든 성경 그리고 역사의 주인공이 되신다. 구원을 향해 전진하는 역사는 그를 향해 나아가다가, 그로부터 출발하며, 다시 그를 향해 나아가고 있어서 그를 중심으로 역사가 발전한다고 말할 수 있다. 성경적인 믿음은 한 인격체를 믿는 것이고, 그 인격체를 알지 못한다면 그를 믿을 수 없기 때문에 지식 없는 믿음은 눈먼 것이고 어리석은 것이라는 말[79]에 얼마든지 동의할 수 있다. 아울러 그 한 인물에 대한 지식이 우리에게 역사의 형식으로 남겨져 있다는 사실에 대해서도 충분히 강조해야 한다.

예수님이 세상, 즉 역사 속에 오시기 이전을 의미하는 주전(B.C. 즉 Before Christ), 그리고 그 이후를 뜻하는 주후(A.D. 즉 *Anno Domini*)라는 말이 이것을 상징적으로 보여준다. 구약과 신약, 그리고 재림으로 이어지는 역사적 흐름 속에서 예수 그리스도의 모습이나 역할은 점점 더 두드러지고 핵심적인 것이 되어 간다. 예수님은 구원사에 있어 핵심적 존재이다. "내가 진실로 진실로 너희에게 이르노니 내 말을 듣고 또 나 보내신 이를 믿는 자는 영생을 얻었고 심판에 이르지 아니하나니 사망에서 생명으로

---

79) 로버트슨, 『스스로 있는 신』, 52.

옮겼느니라"(요 5:24).

여기서 주목해야 할 사실이 하나 있다. 눈에 보이는 하나님인 예수님이 세상의 역사 가운데로 오셨다는 것이다. 예수님은 사람들의 죄를 없애려고 이 땅에 나타나셨지만, 그에게는 죄가 전혀 없다. 따라서 그 안에 거하는 자마다 죄를 짓지 않으며, 죄를 범하는 자는 그를 보지 못한다. 죄를 짓는 자는 마귀에게 속한 것이며, 하나님의 아들이 나타난 것은 마귀를 멸하기 위해서이다(요일 3:5-8).

이제 사람들은 예수님을 통해 보이지 않는 영원한 세계, 그리고 하나님의 섭리 외에 하나님까지 보게 되었다. 이런 이유로 예수님이 이 땅에 오시기 전과 후의 세상을 사는 사람들은 하나님에 대한 이해에 있어 차이가 있을 수밖에 없다. "내가 아무도 못한 일을 그들 중에서 하지 아니하였더라면 그들에게 죄가 없었으려니와 지금은 그들이 나와 내 아버지를 보았고 또 미워하였도다"(요 15:24).

이렇게 해서 지난 시절에는 하나님께서 모든 민족으로 자기들의 길들을 가게 방임하셨으나(행 14:16) 예수 그리스도를 통해 하나님을 보여주신 후에는 그것이 용납되지 않는다. "알지 못하던 시대에는 하나님이 간과하셨거니와 이제는 어디든지 사람에게 다 명하사 회개하라 하셨으니 이는 정하신 사람으로 하여금 천하를 공의로 심판할 날을 작정하시고 이에 그를 죽은 자 가운데서 다시 살리신 것으로 모든 사람에게 믿을 만한 증거를 주셨음이니라"(행 17:30-31).

"오늘 다윗의 동네에 너희를 위하여 구주가 나셨으니 곧 그리스도 주시니라"(눅 2:11)라고 했으니 예수 그리스도께서 구원사의 중심이 되는 것이 너무나 잘 드러난다. 그는 사람의 눈에 보이는 하나님이요, 표적으로 이 땅에 오셨다. "너희가 가서 강보에 싸여 구유에 뉘어 있는 아기를 보리니 이것이 너희에게 표적이니라"(눅 2:12). 이 말씀은 많은 의미를 함축한다. 즉 그리스도의 나심을 통해 하나님은 스스로 사람의 몸을 입으셨고, 그를 통해 사람들이 육안으로 볼 수 있는 존재가 되심으로써 이성으로 알아볼 수 있는 형태로 자신을 드러내신 것이다. 이렇게 해서 예수님의 탄생은 이루어진

일, 즉 역사가 되었다(눅 2:15).

세례 요한은 예수님에 대해 "보라 세상 죄를 지고 가는 하나님의 어린 양이로다"(요 1:29, 36)라고 말하였다. 또 하나님의 아들이라고 증거하였다(요 1:34). 예수 그리스도는 이스라엘이 기다리던 메시야였다. 그래서 안드레는 자기 형제 시몬에게 '우리가 메시야를 만났다'(요 1:41)고 소개하였다. 사마리아 여자도 메시야가 오실 것을 기대하고 있었다. "메시야 곧 그리스도라 하는 이가 오실 줄을 내가 아노니 그가 오시면 모든 것을 우리에게 알려 주시리이다"(요 4:25). 예수님은 "네게 말하는 내가 그라"(요 4:26)라고 말씀하셨다. 빌립은 구체적으로 사료들을 인용하는 가운데 나다나엘에게 그리스도를 소개하였다. "모세가 율법에 기록하였고 여러 선지자가 기록한 그이를 우리가 만났으니 요셉의 아들 나사렛 예수니라"(요 1:45). 그리고 나다나엘은 예수 그리스도의 권세 앞에서 "랍비여 당신은 하나님의 아들이시요 당신은 이스라엘의 임금이로소이다"(요 1:49)라고 고백하였다.

하나님은 본래 사람의 눈으로 볼 수 없는 분이다. "여호와께서 호렙 산 불길 중에서 너희에게 말씀하시던 날에 너희가 어떤 형상도 보지 못하였은즉 너희는 깊이 삼가라"(신 4:15). "그가 내 앞으로 지나시나 내가 보지 못하며 그가 내 앞에서 움직이시나 내가 깨닫지 못하느니라"(욥 9:11). "내가 앞으로 가도 그가 아니 계시고 뒤로 가도 보이지 아니하며 그가 왼쪽에서 일하시나 내가 만날 수 없고 그가 오른쪽으로 돌이키시나 뵈올 수 없구나"(욥 23:8-9). "너희가 하나님을 누구와 같다 하겠으며 무슨 형상을 그에게 비기겠느냐"(사 40:18). "영원하신 왕 곧 썩지 아니하고 보이지 아니하고 홀로 하나이신 하나님께 존귀와 영광이 영원무궁하도록 있을지어다 아멘"(딤전 1:17). "기약이 이르면 하나님이 그의 나타나심을 보이시리니 하나님은 복되시고 유일하신 주권자이시며 만왕의 왕이시며 만주의 주시요 오직 그에게만 죽지 아니함이 있고 가까이 가지 못할 빛에 거하시고 어떤 사람도 보지 못하였고 또 볼 수 없는 이시니 그에게 존귀와 영원한 권능을 돌릴지어다 아멘"(딤전 6:15-16).

이처럼 하나님은 우리의 눈으로 볼 수 없는 영이시며, 보이는 것은 썩어지되 그는 영존하신다. "오직 그에게만 죽지 아니함이 있고 가까이 가지 못할 빛에 거하시고 어떤 사람도 보지 못하였고 또 볼 수 없는 이시니 그에게 존귀와 영원한 권능을 돌릴지어다 아멘"(딤전 6:16). 이와 관련해서 파스칼(Blaise Pascal, 1623-1662)은 "신은 이처럼 숨어 있기 때문에 신이 숨어 있는 것을 가르치지 않는 종교는 모두가 참이 아니다. 또한, 그 이유를 잘 설명해 주지 않는 종교도 인간을 좋은 방향으로 인도하지 못한다"라고 말하였다.[80)]

그러나 하나님은 당신 스스로 사람의 몸을 입으심으로써 육의 눈, 즉 이성으로도 하나님을 알 수 있는 길을 사람들에게 허락하신 것이다. 이것과 관련해서 옥한흠의 말을 들어보자. " '천지만물을 지으시고 인간을 만드신 하나님은 분명히 계신다.' 그분은 항상 계셨고 앞으로도 영원하실 것이다. 또한 그분은 우리가 눈으로 볼 수 있고, 손으로 만져 볼 수 있고, 귀로 들을 수 있는 그리고 마음으로 느껴 볼 수 있는 하나님으로 그를 발견할 수 있게 해 주셨다. 그분이 바로 말씀이 육신이 되어 오신 예수님이시다."[81)]

다시 말하자면 예수님은 사람들에게 나타나신 하나님이다. "나를 믿는 자는 나를 믿는 것이 아니요 나를 보내신 이를 믿는 것이며 나를 보는 자는 나를 보내신 이를 보는 것이니라"(요 12:44-45). 그렇기 때문에 예수님은 하나님을 보고자 원하는 빌립에게 오히려 반문하신 것이다. "나를 본 자는 아버지를 보았거늘 어찌하여 아버지를 보이라 하느냐"(요 14:9). 예수 그리스도는 어제나 오늘이나 영원토록 동일하신(히 13:8) 하나님인 것이다.

'거짓을 말하는 것', '이 땅에서 강성하나 진실하지 아니한 것', '악에서 악으로 진행하는 것', '하나님을 알지 못하는 것'은 모두 하나로서 피해야 할 것이며, 특별계시와 일반계시를 통해 하나님을 알아가는 것이 필요하다(렘 9:3). 발람과 그의 노래를 통해 역사와 관련하여 하나님이 원하시

---

80) 파스칼, 『팡세(*Pensées*)』, 방곤 역 (서울: 신원문화사, 2003), 393.

81) 로버트슨, 『스스로 있는 신』, 7.

는 것이 무엇인지를 알 수 있을 것 같다. 여호와의 말씀은 "자랑하는 자는 이것으로 자랑할지니 곧 명철하여 나를 아는 것과 나 여호와는 사랑과 정의와 공의를 땅에 행하는 자인 줄 깨닫는 것이라 나는 이 일을 기뻐하노라"(렘 9:24)이다. 하나님에 대한 지식과 그의 행위에 대한 신뢰가 필요하며, 이것은 역사학습을 통해 상당 부분 달성된다.

"표적과 기사가 거룩한 종 예수의 이름으로 이루어지게 하옵소서"(행 4:30)라는 말은 하나님의 뜻(즉 역사)이 예수 그리스도께서 주인공 되는 가운데 세계사 또는 인류사가 발전해 가기를 소망하는 것이다. 역사와 성경의 이야기는 예수 그리스도의 탄생, 죽음, 부활, 그리고 그의 구원에 대한 예언과 성취는 물론 그의 재림에 관해서도 다룬다. 그리스도인들은 그 이야기에 근거하여 자신의 부활과 영생에 대한 소망을 가짐으로써 남다른 신앙과 역사이해를 갖게 된다. "도둑이 오는 것은 도둑질하고 죽이고 멸망시키려는 것뿐이요 내가 온 것은 양으로 생명을 얻게 하고 더 풍성히 얻게 하려는 것이라"(요 10:10).

마르다와 마리아는 주님만 함께 계셨으면 나사로가 죽지 않았을 것이라고 말하였다(요 11:21, 32). 그러나 예수님은 당신이 부활과 생명의 주가 되심을 가르쳐 주셨다. "나는 부활이요 생명이니 나를 믿는 자는 죽어도 살겠고 무릇 살아서 나를 믿는 자는 영원히 죽지 아니하리니 이것을 네가 믿느냐"(요 11:25-26). 사도의 할 일은 예수님의 부활을 알리는 것이었다(행 1:22). 예수님은 구원의 문이다(요 10:9). 그리고 부활의 소망은 그리스도인들에게 세상에서 제자의 삶을 살아갈 의욕과 힘을 준다(고후 13:4).

예수 그리스도는 사람들과 함께 계시기 위하여 높은 곳 하늘의 자리를 내려놓고, 사람의 몸을 입고 인류의 역사 가운데 임하신 하나님이다. 예수 그리스도의 성육신은 근본 하나님의 본체시나 하나님과 동등 됨을 포기하고 종의 형체를 가져 사람들과 같이 되었고 사람의 모양으로 나타나신 사건이다(빌 2:6-8). "보라 처녀가 잉태하여 아들을 낳을 것이요 그의 이름은 임마누엘이라 하리라 하셨으니 이를 번역한즉 하나님이 우리와 함께 계시다 함이라"(마 1:23; 사 7:14)라는 말씀에 나타나듯이 하나님은 예수 그리스도를 통해 역사 안에서 당신을 보여주시게 되었다.

이것은 영원이 시간으로, 즉 특별계시가 일반계시로 바뀌는 놀라운 사건이다. 달리 말하면 사람의 몸을 입고 오신 그리스도로 말미암아 역사 안에서 하나님을 뵐 수 있게 되었으며, 구원사의 발전 또한 역사 안에서 이루어지게 된 것이다. 구약시대로부터 신약시대로, 그리고 다시 신약시대로부터 현대에 이르기까지 기독교는 인류 역사와 불가분리의 관계를 유지하고 있다. 성경만큼 충분하게, 그리고 지속적으로 역사의식을 보여주는 작품이 달리 또 있을까? 말씀이 육신이 되었다거나 하나님이 사람들 가운데 임하신 '임마누엘' 은 영원이신 하나님이 시간의 지배를 받는 인류의 역사 속으로 들어오셨다는 기적과 같은 사실을 포함하고 있다.[82)]

그리스도인의 입장에서 보면 구원사의 핵심적 사건들은 모두 역사 안에서 일어났다. 그리고 구원사의 주인공인 예수 그리스도의 성육신은 그런 점에서 계시의 절정이요, 역사의 중심 사건이라고 말할 수 있다. 여기서 또한 특별계시가 역사적으로 임했다는 사실에 주목해야 한다. "특별계시의 내용은, 여러 세기에 걸쳐서 점진적으로 전개되었기 때문에, 그것은 역사적으로 또는 점진적으로 발전하는 성격의 것이다. 구원의 대진리는 처음에 어렴풋이 나타나다가 점진적으로 명확하게 되며 신약에 와서 웅대하게 펼쳐진다."[83)]

하나님이 창조하신 하나님의 우주가 죄로 인해 훼손되고 죄에 사로잡힌 후, 예수 그리스도의 구원에 의해서 구속되어 가고 있는 이 세상의 역사를 개혁신학은 성경적인 구원 드라마로 인식한다. 세상을 구원하기 위하여 하나님께서는 나사렛 예수 안에서 사람이 되셨고, 사람을 죄의 굴레로부터 자유케 하고, 궁극적으로 창조 세계를 원래의 때 묻지 않은 영광스런 모습으로 회복시키려고 하신다. 그러므로 개혁주의가 인식하는 구원은 개인의 구

---

82) 조신권, "문학에 있어서 시간과 영원의 문제," 『기독교와 어문학』, 제2권 1호 (2005), 21.

83) 대한 예수교 장로회 총회, 『기초교리학』 (서울: 대한 예수교 장로회 총회 교육국, 2002), 22.

원을 넘어 사회와 자연, 그리고 전체 우주를 포함한다. 여기서 예수는 사람들의 메시아임과 동시에 우주 전체의 주인이시며 구원자이시다.[84)]

예수 그리스도는 아기로 오신 하나님으로서 당신의 뜻을 이 땅에서 이루신 분이다. “한 아기가 우리에게 났고 한 아들을 우리에게 주신 바 되었는데 그의 어깨에는 정사를 메었고 그의 이름은 기묘자라, 모사라, 전능하신 하나님이라, 영존하시는 아버지라, 평강의 왕이라 할 것임이라 그 정사와 평강의 더함이 무궁하며 또 다윗의 왕좌와 그의 나라에 군림하여 그 나라를 굳게 세우고 지금 이후로 영원히 정의와 공의로 그것을 보존하실 것이라 만군의 여호와의 열심이 이를 이루시리라”(사 9:6-7).

바울은 예수님에 대해 육신으로는 다윗의 혈통으로, 영적으로는 죽은 자들 가운데서 부활하셔서 하나님의 아들로 인정된 자로 묘사하였다. 아울러 자신은 그의 은혜로 이방인을 위한 증언자가 되었음을 고백하였다(롬 1:3-6). 그런데 바울은 자신의 글을 통해 예수 그리스도의 육적 본성에 관해 많이 언급하고 있다. 그리고 이것은 예수님의 신성에 대한 부정의 차원보다는 사람들을 구원하기 위해 그들이 사는 세계의 한 가운데로 성육신한 하나님이신 예수 그리스도에 대해 알리고 싶은 마음에서 기인한 것으로 보인다.

율법이 육신으로 말미암아 연약하여 할 수 없는 그것을 하나님은 하시나니 곧 죄로 말미암아 자기 아들을 죄 있는 육신의 모양으로 보내어 육신에 죄를 정하셨다(롬 8:3). “그러므로 우리가 이제부터는 어떤 사람도 육신을 따라 알지 아니하노라 비록 우리가 그리스도도 육신을 따라 알았으나 이제부터는 그같이 알지 아니하노라”(고후 5:16). “그가 음부에 버림이 되지 않고 그의 육신이 썩음을 당하지 아니하시리라”(행 2:31). “조상들도 그들의 것이요 육신으로 하면 그리스도가 그들에게서 나셨으니 그는 만물 위에 계셔서 세세에 찬양을 받으실 하나님이시니라 아멘”(롬 9:5). “크도다 경건의 비밀이여, 그렇지 않다 하는 이 없도다 그는 육신으로 나타난 바 되시고 영으로 의롭다 하심을 받으시고 천사들에게 보이시고 만국에서 전파되시고

---

84) 카펜터, “칼빈주의와 기독교 대학의 미래,” 163.

세상에서 믿은 바 되시고 영광 가운데서 올려지셨느니라"(딤전 3:16). 그 안에는 신성의 모든 충만이 육체로 거하신다(골 2:9). 그는 우리의 화평이 신지라 둘로 하나를 만드사 원수 된 것 곧 중간에 막힌 담을 자기 육체로 허셨다(엡 2:14). 이제는 그의 육체의 죽음으로 말미암아 화목하게 하사 너희를 거룩하고 흠 없고 책망할 것이 없는 자로 그 앞에 세우고자 하셨다(골 1:22). 이런 경향은 요한에게도 나타난다. "말씀이 육신이 되어 우리 가운데 거하시매 우리가 그의 영광을 보니 아버지의 독생자의 영광이요 은혜와 진리가 충만하더라"(요 1:14). "예수는 성전 된 자기 육체를 가리켜 말씀하신 것이라"(요 2:21). "이로써 너희가 하나님의 영을 알지니 곧 예수 그리스도께서 육체로 오신 것을 시인하는 영마다 하나님께 속한 것이요"(요일 4:2). 미혹하는 자가 세상에 많이 나왔나니 이는 예수 그리스도께서 육체로 오심을 부인하는 자라 이런 자가 미혹하는 자요 적그리스도이다(요이 1:7). 하나님이 이 땅에 오신 것이 복음이라는 차원에서 보면 육신으로 오신 예수님에 대한 부정은 복음과 역사를 부정하는 것이 된다.

베드로와 <히브리서> 저자에게서도 같은 현상을 볼 수 있다. 그리스도께서도 단번에 죄를 위하여 죽으사 의인으로서 불의한 자를 대신하셨으니 이는 우리를 하나님 앞으로 인도하려 하심이다. 그는 육체로는 죽임을 당하시고 영으로는 살리심을 받으셨다(벧전 3:18). 그리스도께서 이미 육체의 고난을 받으셨으니 그리스도인들도 같은 마음으로 갑옷을 삼아야 한다. 왜냐하면 육체의 고난을 받은 자는 죄를 그쳤기 때문이다(벧전 4:1). "그 길은 우리를 위하여 휘장 가운데로 열어 놓으신 새로운 살 길이요 휘장은 곧 그의 육체니라"(히 10:20). "그는 육체에 계실 때에 자기를 죽음에서 능히 구원하실 이에게 심한 통곡과 눈물로 간구와 소원을 올렸고 그의 경건하심으로 말미암아 들으심을 얻었느니라"(히 5:7).

누가[85]는 로마 황제인 가이사 아구스도 즉 아우구스투스(Caesar Augus-

---

85) 누가가 사용한 말들인 '이루어진 사실'이나 '목격자', '내력을 저술하려고 붓을 든 사람' 등의 표현은 역사가로서 누가의 성격을 잘 보여준다(눅 1:1-2).

tus, B.C. 27-A.D. 14)가 영을 내려 천하로 다 호적하라 했다(눅 2:1)고 기록하여 예수 그리스도의 탄생을 로마 황제와 연결시켰다. 또 그는 디베료 즉 티베리우스(Tiberius Caesar, 14-37) 황제의 통치를 본디오 빌라도, 헤롯과 그 동생 빌립과 분봉왕 루사니아, 그리고 안나스와 가야바와 관련지으면서 세례 요한과 연결시키고 있다(눅 3:1). 이런 사실은 복음의 역사가 시작되고 발전해 나가는 것은 세계사 안에서 또는 그것과의 밀접한 관련성을 유지하면서 이루어진다는 사실을 보여준다.

세계사적 관점으로 로마 황제 아우구스투스와 티베리우스를 보면 그들이 당시에 얼마나 위대한 황제들이었는가? 반면에 예수 그리스도는 어떤 가문 출신이었는가? 그의 조국은 로마의 눈길조차 제대로 받지 못하는 피정복 국가였다. 그리고 그의 가문에는 다말, 라합, 룻, 밧세바, 그리고 마리아와 같이 보잘 것 없는 여인들이 핵심적 구성원으로 포함되어 있었다. 예수 그리스도는 사람의 기준에서 볼 때 정말 천하고 보잘 것 없는 가족의 일원으로 탄생하였던 것이다(마 1:2-17).

그러나 성경에는 아우구스투스가 베들레헴 말 구유에 있었던 목수의 아들 예수 그리스도의 탄생과 관련한 예언을 이루기 위해 출현한 하나의 도구로 묘사되고 있다. 이것은 관점이 다르고 초점이 다르기 때문에 가능한 일이다. 티베리우스 황제는 광야의 은둔자인 세례 요한에 대해 설명하기 위해 그 시대가 언제인지 알려주는 존재에 불과하다. 빌라도, 헤롯, 루사니아와 안나스와 가야바 또한 요한의 활동 시기를 가르쳐 주는 보조적 기능을 담당하는 존재일 뿐이다(눅 3:1-2).

그런 시각에서 보면 예수 그리스도는 계시의 절정인 동시에 역사의 중심이 되는 존재이다. "아브라함과 다윗의 자손 예수 그리스도의 계보라"(마 1:1). 왜 아브라함과 다윗의 자손인가? 믿음과 세속, 즉 계시와 역사 모든 영역에서 예수 그리스도가 주인이심을 의미하는 것 같다. 말하자면 계시의 절정이요, 역사의 중심이 바로 예수님이신 것이다. "한 사람의 범죄로 말미암아 사망이 그 한 사람을 통하여 왕 노릇 하였은즉 더욱 은혜와 의의 선물을 넘치게 받는 자들은 한 분 예수 그리스도를 통하여 생명 안에서 왕 노릇 하리로다"(롬 5:17)라는 것을 내용으로 담고 있는 구원의 역사를 듣거나 읽고 그것을 믿게 됨으로써 구원에 이르게 되는 것이다.

예수님은 하나님으로서 구원자가 되시며 당신의 육신의 조상들보다도 앞서 있는 분이다. "죄의 삯은 사망이요 하나님의 은사는 그리스도 예수 우리 주 안에 있는 영생이니라"(롬 6:23). "만물이 주에게서 나오고 주로 말미암고 주에게로 돌아감이라"(롬 11:36). 그러나 예수님은 창조주 하나님으로서 아브라함이나 다윗보다 더 앞서 계시며, 우월한 지위를 갖는 분이다. 예수 그리스도는 아브라함이 나기 전부터 계시며, 아브라함보다 크신 분이다(요 8:58). 다윗은 예수님을 가리켜 주로 부르고 있다(눅 20:43; 행 2:35; 시 110:1).

계시와 역사에 있어서 예수님의 위치를 알려면 예수라는 이름의 의미를 먼저 알 필요가 있다. "아들을 낳으리니 이름을 예수라 하라 이는 그가 자기 백성을 그들의 죄에서 구원할 자이심이라 하니라"(마 1:21). 그를 살아계신 하나님으로 인정하는 베드로의 고백은 모든 그리스도인들의 것이어야 한다. 그는 하나님이시다. 그리고 이 사실을 아는 것은 하나님의 은혜를 통해서만 가능하다(마 16:16-17).

이름에서 나타나듯이 예수님은 인간을 구원할 분이다. 이 구원은 구속적이고 영적인 것이다. 예수님은 유일하신 구원자이시며, 구원을 위한 다른 길은 없다. "내가 이스라엘 가운데에 있어 너희 하나님 여호와가 되고 다른 이가 없는 줄을 너희가 알 것이라"(호 2:27). "다른 이로써는 구원을 받을 수 없나니 천하 사람 중에 구원을 받을 만한 다른 이름을 우리에게 주신 일이 없음이라"(행 4:12). 예수 그리스도가 구원사에 있어 중요한 이유는 그로 말미암아 구원과 멸망의 갈림길이 열리게 된다는 사실에 있다(눅 2:34). 아버지 즉 영원으로 가는 길은 예수 그리스도뿐이다. "내가 곧 길이요 진리요 생명이니 나로 말미암지 않고는 아버지께로 올 자가 없느니라"(요 14:6).

그렇기 때문에 그리스도인들과 그들의 공동체인 교회는 자신이라는 배의 닻을 항상 예수 그리스도에게로 던져야 하는 존재이다. 그는 태초에 말씀으로 계셔서 세상을 창조하셨고, 세상을 섭리로 이끄셨으며, 구주로 이 땅에 오셔서 죽으시고, 다시 살아나셔서 당신의 백성에게 부활의 소망을 주셨으며, 또 다시 오시겠다고 약속하심으로써 믿는 자들로 하여금 그의 나라를 기다리게 하신 분이다. 예수 그리스도가 전파되어도 주의 손이 함께하지 않으면 결실이 있을 수 없다. "구브로와 구레네 몇 사람이 안디옥에 이르러 헬라인에게도 말하여 주 예수를 전파하니 주의 손이 그들과 함께 하시매 수많은 사람들이 믿고 주께 돌아오더라"(행 11:20-21).

이 세상에서의 삶이 저 세상에서의 영원한 삶에 못지 않는 가치와 비중이 주어져야 하는 이유가 여기에 있다. 틸리케(Helmut Thielicke, 1908-1986)는 이것을 역사에 대해 심판의 역사와 구원의 역사로 구분하는 형식으로 말하였다. 즉 그에게 있어 역사는 카이로스로서 심판과 은총의 처소로서의 역사를 의미하였다. 말하자면 그는 역사의 이중적인 의미－심판과 은혜－는 하나님 나라가 숨겨진 채 지배하는 모든 에온(시대)에 걸쳐 우리에게 보유된다고 보았다. 따라서 그는 역사를 심판으로부터 은혜로의 도피, 그리고 은혜 아래있는 심판으로 본다.[86] 이런 의미에서 역사는 심판으로부터 은혜로의 도피요, 은혜 아래에서 심판 속의 삶이라고 말할 수 있다.[87]

"하나님의 영으로 말하는 자는 누구든지 예수를 저주할 자라 하지 아니하고 또 성령으로 아니하고는 누구든지 예수를 주시라 할 수 없느니라"(고전 12:3). 이 말씀에서 역사와 계시의 중심이신 그리스도, 그리고 그를 인정하기 위해서 필요한 하나님의 영적 개입, 그리고 예수를 주라 시인할 수 있는 믿음을 보게 된다. 그는 구원사의 핵심이다. "사망이 한 사람으로 말미암았으니 죽은 자의 부활도 한 사람으로 말미암는도다 아담 안에서 모든 사람이 죽은 것 같이 그리스도 안에서 모든 사람이 삶을 얻으리라"(고전 15:21-22). 예수 그리스도는 모든 믿는 자에게 의를 이루기 위하여 율법의 마침이 되신다(롬 10:4).

86) 김영한, 『헬무트 틸리케』, 34-35.
87) 김영한, 『포스트모던 시대의 세계관』, 416-417.

하나님과 예수 그리스도의 계획은 예수를 믿는 모든 자들에게 영생을 주는 것이다(요 17:2). 인간의 구원, 즉 영생은 곧 유일하신 참 하나님과 그가 보내신 자 예수 그리스도를 아는 데 달려 있다(요 17:3) . 예수 그리스도는 창조 전에 아버지와 함께 영화를 누렸던 분이다(요 17:5). 이 말은 그가 창조, 섭리, 구속, 그리고 심판의 주님이 되신다는 사실을 뒷받침한다. 그리스도는 창조, 성육신, 대속의 죽음, 부활, 재림, 그리고 영생을 통하여 그리스도인들의 진정한 소망이 되신다(딤전 1:1). 그는 자신을 믿는 자들에게 영생을 약속하셨다(요일 2:25). 이로 인하여 주님 안에 거하면 주께서 강림하실 때 부끄럽지 않게 된다(요일 2:28). 세상이 그리스도인들을 알지 못하는 이유는 하나님을 모르기 때문이다. 그리고 그리스도인들은 하나님이 나타나시면 자신들이 그분과 같은 것을 알게 된다(요일 3:1-3).

역사(History)를 가리켜 '그의 이야기(His+story)' 라고 말할 수 있다면 그것은 예수 그리스도가 주인공 되는 이야기를 의미한다. 예수 그리스도는 참 사람이시요, 참 하나님이 되심으로써 인류의 역사는 물론 하나님의 역사에서도 진정한 주인공이 되실 수 있다. 이런 이유 때문에 주인공 되시는 그리스도가 빠진 역사는 의미를 상실하게 되고, 그것을 읽는 사람들은 허무감만을 느끼게 될 것이다. 그래서 성경은 예수님에 관한 이야기, 즉 역사로 정의할 수 있다(요 5:39). 한편 모세를 통해 남긴 사료들이 예수 그리스도에 대해 증거하고 있는 것이다(요 5:46).

따라서 역사 안에 있어서 예수 그리스도의 행위와 역할을 진지하게 고려한다면 "목수 한 사람이 세상을 어떻게 바꾸어 놓았는가?"[88]라는 감탄의 말이 당연하게 들릴지도 모를 일이다. 또한 예수님은 자신이 떠난 이후의 세상을 위해서도 배려하신 분이다. "내가 아버지께 구하겠으니 그가 또 다른 보혜사를 너희에게 주사 영원토록 너희와 함께 있게 하리니 그는 진리의 영이라 세상은 능히 그를 받지 못하나니 이는 그를 보지도 못하고 알

88) Richard Breese, *How a Carpenter Changed the World* (North Charleston, SC: BookSurge Publishing, 2008).

지도 못함이라 그러나 너희는 그를 아나니 그는 너희와 함께 거하심이요 또 너희 속에 계시겠음이라"(요 14:16-17).

예수님의 모습은 양을 위해 자신을 희생하는 목자이다. "나는 선한 목자라 선한 목자는 양들을 위하여 목숨을 버리거니와 삯꾼은 목자가 아니요 양도 제 양이 아니라 이리가 오는 것을 보면 양을 버리고 달아나나니 이리가 양을 물어 가고 또 헤치느니라 달아나는 것은 그가 삯꾼인 까닭에 양을 돌보지 아니함이나 나는 선한 목자라 나는 내 양을 알고 양도 나를 아는 것이 아버지께서 나를 아시고 내가 아버지를 아는 것 같으니 나는 양을 위하여 목숨을 버리노라"(요 10:11-15). 예수님은 모든 일에 있어 사람들과 형제 같이 되기도 하셨다. 성경은 이것이 하나님의 일에 자비하고 충성된 대제사장이 되어 백성의 죄를 구속하려 하심에서 기인한다고 말한다(히 2:17).

예수님의 성육신과 역사 가운데 임하심의 의미는 무엇인가? 그는 사람의 몸을 입고, 하나님의 뜻을 이루기 위하여 이 땅에 오셨다. "주께서 세상에 임하실 때에 이르시되 하나님이 제사와 예물을 원하지 아니하시고 오직 나를 위하여 한 몸을 예비하셨도다 번제와 속죄제는 기뻐하지 아니하시나니 이에 내가 말하기를 하나님이여 보시옵소서 두루마리 책에 나를 가리켜 기록된 것과 같이 하나님의 뜻을 행하러 왔나이다 하셨느니라 위에 말씀하시기를 주께서는 제사와 예물과 번제와 속죄제는 원하지도 아니하고 기뻐하지도 아니하신다 하셨고 (이는 다 율법을 따라 드리는 것이라) 그 후에 말씀하시기를 보시옵소서 내가 하나님의 뜻을 행하러 왔나이다 하셨으니 그 첫째 것을 폐하심은 둘째 것을 세우려 하심이라 이 뜻을 따라 예수 그리스도의 몸을 단번에 드리심으로 말미암아 우리가 거룩함을 얻었노라"(히 10:5-10). 예수 그리스도를 통한 구원을 위해 하나님은 철저하게 당신의 뜻을 이루어 가시는 것이다(히 13:20-21).

이렇게 말씀하신 예수 그리스도에 대해 나우웬은 아래와 같이 말하였다. "예수님에 대해서 생각해 봅시다. 세상은 그에게 관심을 주지 않았습니다. 그분은 십자가에서 돌아가셨습니다. 그분의 사랑의 메시지는 힘과 능률과 통제력을 추구하는 세상에 의해 거부당했습니다. 그렇지만 볼 눈이 있고 들을 귀가 있고 또한 이해할 마음을 가진 몇몇 제자들에게 영광스런 그 몸의 상처를 가지고 나타나셨습니다. 이처럼 거절당하고, 알려지지도 않았으며, 몸에 상처를 지녔던 예수님은 단순히 이렇게 물으셨습니다. "네가 나를 사랑하느냐?" "네가 나를 사랑하느냐?" 오직 하나님의 무조건적인 사랑을 전하는 데만 관심을 가지셨던 그분이 유일하게 하셨던 질문은 "네가 나를 사랑하느냐?" 였습니다. 그 질문은 "예수 그리스도와 사랑을 나누고 있습니까?" 라는 질문과 같은 것이며, "당신은 인간이 되신 하나님을 아십니까?" 라고 바꾸어 표현할 수도 있다는 것이 나우웬의 생각이다.[89]

나우웬의 말대로 예수님은 육신을 입었다. 이것은 육으로 살아가는 사람들에게 복음이 아닐 수 없다. "미래의 기독교 지도자는 예수로 성육신하신, 곧 '육신의 마음' 을 가지신 하나님의 그 마음을 진정으로 아는 사람입니다. 하나님의 마음을 안다는 것은 하나님은 사랑이시고 그 사랑이 최상의 사랑이라는 것을, 또한 매번 두려움과 소외감과 절망이 우리 영혼에 몰려올 때 이는 하나님으로부터 온 것이 아니라는 것을 계속해서 철저히 그리고 구체적으로 선포하고 확인하는 것을 의미합니다."[90] 이처럼 예수님은 육신으로 나타난 바 되시고 영으로 의롭다 하심을 받으시고 천사들에게 보이시고 만국에서 전파되시고 세상에서 믿은 바 되시고 영광 가운데서 올려지신 분(딤전 3:16)이다.

나우웬은 기독교 지도자의 구비 조건에 대해 아래와 같이 정리한다. "그들은 세속적인 세계를 향하여 반드시 '아니오' 라고 말하면서 동시에 모든 만물을 이 세상에 존재케 하신 하나님 말씀의 성육신이 인류 역사의 가장 작은 일까지도 카이로스(*Kairos*)로, 즉 그리스도의 가슴속으로 우리를 깊숙이 인도해 주는 기회로 만들었다는 사실을 분명한 목소리로 선포해야 합니다. 미래의 기독교 지도자들은 신학자가 되어야 하는데, 곧 예수님의 마음

---

89) 헨리 나우웬, 『예수님의 이름으로(*In the Name of Jesus*)』, 두란노 출판부 역(서울: 두란노, 2008), 26-27.

90) Ibid., 27-28.

을 알고 자신들의 시대에 우연처럼 보이는 수많은 사건들 가운데서도 하나님의 성스러운 구원 사역을 표명하도록 훈련되어진 사람들이어야 합니다." 91)

진실로 그는 사람들의 구원을 이루기 위해 철저하다. "내가 아버지께 구하겠으니 그가 또 다른 보혜사를 너희에게 주사 영원토록 너희와 함께 있게 하리니 그는 진리의 영이라 세상은 능히 그를 받지 못하나니 이는 그를 보지도 못하고 알지도 못함이라 그러나 너희는 그를 아나니 그는 너희와 함께 거하심이요 또 너희 속에 계시겠음이라"(요 14:16-17).

구원사에 있어 핵심은 예수 그리스도이며, 구원을 이루어 가는 원동력은 하나님의 사랑이다. "만일 하나님이 우리를 위하시면 누가 우리를 대적하리요 자기 아들을 아끼지 아니하시고 우리 모든 사람을 위하여 내주신 이가 어찌 그 아들과 함께 모든 것을 우리에게 주시지 아니하겠느냐 누가 능히 하나님께서 택하신 자들을 고발하리요 의롭다 하신 이는 하나님이시니 누가 정죄하리요 죽으실 뿐 아니라 다시 살아나신 이는 그리스도 예수시니 그는 하나님 우편에 계신 자요 우리를 위하여 간구하시는 자시니라 누가 우리를 그리스도의 사랑에서 끊으리요 환난이나 곤고나 박해나 기근이나 적신이나 위험이나 칼이랴 기록된 바 우리가 종일 주를 위하여 죽임을 당하게 되며 도살 당할 양 같이 여김을 받았나이다 함과 같으니라 그러나 이 모든 일에 우리를 사랑하시는 이로 말미암아 우리가 넉넉히 이기느니라 내가 확신하노니 사망이나 생명이나 천사들이나 권세자들이나 현재 일이나 장래 일이나 능력이나 높음이나 깊음이나 다른 어떤 피조물이라도 우리를 우리 주 그리스도 예수 안에 있는 하나님의 사랑에서 끊을 수 없으리라"(롬 8:31-39). 예수님은 하나님께로부터 나서 성도들에게 지혜와 의로움과 거룩함과 구속함이 되신 분이다(고전 1:30).

구세주로서 예수 그리스도에 대해 일목요연하게 정리해 놓은 글은 <골로새서>에서 볼 수 있다. "그가 우리를 흑암의 권세에서 건져내사 그의 사

---

91) Ibid., 66.

랑의 아들의 나라로 옮기셨으니 그 아들 안에서 우리가 속량 곧 죄 사함을 얻었도다 그는 보이지 아니하는 하나님의 형상이시요 모든 피조물보다 먼저 나신 이시니 만물이 그에게서 창조되되 하늘과 땅에서 보이는 것들과 보이지 않는 것들과 혹은 왕권들이나 주권들이나 통치자들이나 권세들이나 만물이 다 그로 말미암고 그를 위하여 창조되었고 또한 그가 만물보다 먼저 계시고 만물이 그 안에 함께 섰느니라 그는 몸인 교회의 머리시라 그가 근본이시요 죽은 자들 가운데서 먼저 나신 이시니 이는 친히 만물의 으뜸이 되려 하심이요 아버지께서는 모든 충만으로 예수 안에 거하게 하시고 그의 십자가의 피로 화평을 이루사 만물 곧 땅에 있는 것들이나 하늘에 있는 것들이 그로 말미암아 자기와 화목하게 되기를 기뻐하심이라"(골 1:13-20).

예수님은 보이지 않는 하나님의 형상이다(골 1:15). 하늘과 땅에서 보이는 것들과 보이지 않는 것들과 왕권, 주권, 통치자들, 권세들이 모두 그리스도로 말미암고, 만물보다 먼저 계신다(골 1:16-17). 그는 교회의 머리요, 부활의 첫 열매이며(골 1:18), 그의 십자가의 피로 화평을 이루게 된다(골 1:20). 그는 당신의 육체의 죽음으로 화목케 하사 사람들로 하여금 흠 없고 책망할 것이 없는 자들로 만들어 구원사의 핵심적 존재가 되었다(골 1:22).

"이 비밀은 만세와 만대로부터 감추어졌던 것인데 이제는 그의 성도들에게 나타났고 하나님이 그들로 하여금 이 비밀의 영광이 이방인 가운데 얼마나 풍성한지를 알게 하려 하심이라 이 비밀은 너희 안에 계신 그리스도시니 곧 영광의 소망이니라"(골 1:26-27). 위에 나타나듯이 하나님의 비밀은 그리스도이다(골 2:2). 그래서 그리스도의 비밀을 전하는 것, 말로써 이 비밀을 나타내는 것이 그리스도인들의 할 일이며, 예수 그리스도 안에는 신성의 모든 것이 육체로 거한다(골 2:9).

하나님의 비밀을 아는 것은 성령으로만 가능하다. "우리가 온전한 자들 중에서는 지혜를 말하노니 이는 이 세상의 지혜가 아니요 또 이 세상에서 없어질 통치자들의 지혜도 아니요 오직 은밀한 가운데 있는 하나님의 지혜를 말하는 것으로서 곧 감추어졌던 것인데 하나님이 우리의 영광을 위하여 만세 전에 미리 정하신 것이라…오직 하나님이 성령으로 이것을 우리에게 보이셨으니 성령은 모든 것 곧 하나님의 깊은 것까지도 통달하시느니라… 우리가 세상의 영을 받지 아니하고 오직 하나님으로부터 온 영을 받았으니 이는 우리로 하여금 하나님께서 우리에게 은혜로 주신 것들을 알게 하려 하심이라…영적인 일은 영적인 것으로 분별하느니라 육에 속한 사람은 하나님의 성령의 일들을 받지 아니하나니 이는 그것들이 그에게는 어리석게 보임이요, 또 그는 그것들을 알 수도 없나니 그러한 일은 영적으로 분별되기 때문이라"(고전 2:6-14). "일을 행하시는 여호와, 그것을 만들며 성취하시는 여호와, 그의 이름을 여호와라 하는 이가 이와 같이 이르시도다 너는 내게 부르짖으라 내가 네게 응답하겠고 네가 알지 못하는 크고 은밀한 일을 네게 보이리라"(렘 33:2-3).

한완상은 자신의 책에서 "실물 예수의 삶을 따르라"는 제목으로 예수님의 제자들은 평화와 사랑과 정의의 주님을 삶 한 가운데, 신학의 중심에, 신앙고백의 핵심에 정중히 모시고 그분의 뜻을 실천해야 한다고 말하였다. 그리고 그는 실물, 즉 역사 가운데 오셔서 삶과 역사를 통해 보여지는 예수님의 실제 모습에 대해 영적 존재로서 역사적인 사건들의 중심부에 서 계신 것으로 묘사하였다. 아울러 그런 영적 존재이신 예수님께서 영의 눈으로 인간과 자연과 사물을 사랑스레 바라보았다고 한다. 그는 오늘을 사는 그리스도인들에게는 시공을 초월하여 예수님은 여전히 존재하며, 그들이 역사적 삶을 실천케 하는 데 원동력이 되신다고 한다. 세상을 사는 그리스도인들에게 부딪혀 오는 전쟁, 부패, 질병, 사회적 차별, 분단, 죽음 등의 문제들을 해결하기 위해 고민해야 한다. 그리고 그들이 예수 그리스도의 제자라면 당연히 예수님의 삶을 따라야 한다고 주장한다. 성경을 통해 기록으로 남겨진 역사적 실존으로서 예수 그리스도 그분의 삶을 따르라는 것이다.[92)]

하나님은 일반계시를 통하여 당신을 계시하셨으나 예수 그리스도의 역사 가운데 임하심이 있은 이후에는 상황이 달라졌다. 그 전에는 사람들의

---

92) 한완상, 『예수 없는 예수 교회』, 155-158.

방황을 용납하셨으나 이제는 핑계할 수 없다는 것이다(행 14:16). 하나님이 역사 가운데 사람으로 임하신 것으로 인해 불신앙에 대해 핑계하지 못한다는 말이다. 그런 점에서 예수님이 죄인을 구원하려고 세상, 즉 역사 가운데 임하셨다는 말보다 더 아름다운 것은 없다(딤전 1:15). 그리고 영생은 주를 믿는 것 외에 달리 길이 없다(딤전 1:16). 구주 그리스도 예수의 나타나심으로 사망이 극복되고, 복음을 통해 생명과 썩지 아니할 것이 드러나게 된 것이다(딤후 1:10).

바울은 아래 말씀을 통해 역사에 있어서 예수 그리스도 중심성, 영원한 하나님의 역사, 보편사관, 계시와 역사의 만남 등에 대해 보여준다. "나의 복음과 예수 그리스도를 전파함은 영세 전부터 감추어졌다가 이제는 나타내신 바 되었으며 영원하신 하나님의 명을 따라 선지자들의 글로 말미암아 모든 민족이 믿어 순종하게 하시려고 알게 하신 바 그 신비의 계시를 따라 된 것이니 이 복음으로 너희를 능히 견고하게 하실 지혜로우신 하나님께 예수 그리스도로 말미암아 영광이 세세무궁하도록 있을지어다 아멘"(롬 16:25-27).

예수 그리스도는 창조와 섭리, 종말 모두에 있어서 주인공이다. "이 모든 날 마지막에는 아들을 통하여 우리에게 말씀하셨으니 이 아들을 만유의 상속자로 세우시고 또 그로 말미암아 모든 세계를 지으셨느니라"(히 1:2). "다만 나를 심판하실 이는 주시니라 그러므로 때가 이르기 전 곧 주께서 오시기까지 아무 것도 판단하지 말라 그가 어둠에 감추인 것들을 드러내고 마음의 뜻을 나타내시리니 그 때에 각 사람에게 하나님으로부터 칭찬이 있으리라"(고전 4:4-5). "너는 악을 갚겠다 말하지 말고 여호와를 기다리라 그가 너를 구원하시리라"(잠 20:22).

예수님은 세상에서 당신이 하실 일이 하나님의 역사를 이루는 것이라고 말씀하셨다. "나의 양식은 나를 보내신 이의 뜻을 행하며 그의 일을 온전히 이루는 이것이니라"(요 4:34). 당신의 양식이 하나님의 뜻을 행하는 것이고, 그의 일을 온전히 이루는 것이라 했으니, 그것은 다름 아니라 하나님 나라의 역사를 이루어 가는 것이다. 따라서 사람이며 하나님이신 예수님의 제자들은 당연히 그의 길을 따라야 할 것이다. 예수님은 당신 자신이 아니라 보내신 이의 원대로 한다는 원칙을 갖고 계셨다(요 5:30). "내가 하늘에서 내려온 것은 내 뜻을 행하려 함이 아니요 나를 보내신 이의 뜻을 행하려 함이니라"(요 6:38).

'우리의 유월절 양 예수 그리스도' 란 말은 역사적 기억의 대상이 되어야 할 존재로서 유월절과 예수 그리스도의 밀접한 관련성을 보여준다(고전 5:7). 유월절을 중심으로 하나님의 역사를 기억하는 행위의 가치에 대해서는 예수님도 인정하셨다. "예수께서 베드로와 요한을 보내시며 이르시되 가서 우리를 위하여 유월절을 준비하여 우리로 먹게 하라"(눅 22:8). 그러나 이제는 유월절 어린 양이신 예수 그리스도에 대해 주목하는 가운데 예수 중심의 역사관이 서야 할 것이다.

9. 하나님의 형상(形象)이며, 동역자(同役者)인 사람

역사의 주인이 사람이라는 말은 일견 맞는 말이다. "하늘은 여호와의 하늘이라도 땅은 사람에게 주셨도다"(시 115:16). 그러나 사람의 주인이 하나님이라는 점에서 보면 진정한 역사의 주인은 하나님이다. 사람은 대단한 일들을 하기도 하지만 너무나 많은 일에 있어서 그는 더 이상 할 것이 없다고 고백할 수밖에 없는 존재인 것 또한 사실이다. 어떤 일을 놓고 보더라도 그 일의 결국은 사람이 계획한 것과 같은 식으로 끝나는 경우는 거의 없다. 그래서 하나님의 존재를 인정하는 사람들은 결국 하나님의 뜻대로 일이 결론지어진다고 말하게 된다.

역사에 대한 올바른 이해를 위해서 전제되어야 할 것들 가운데 중요한 것 하나는 성경적 인간관이다. 기독교의 역사관이 성경에 근거해야 하는 것처럼 인간관 또한 성경에 근거해야 한다.[93] 얼마든지 많은 관점에서 사람

93) "우리의 연수가 칠십이요 강건하면 팔십이라도 그 연수의 자랑은 수고와 슬픔뿐이요 신속히 가니 우리가 날아가나이다 누가 주의 노여움의 능력을 알며 누가 주의 진노의 두려움을 알리이까 우리에게 우리 날 계수함을 가르치사 지혜로운 마음을 얻게 하소서"(시

을 논할 수 있겠지만 성경적 역사이해를 위해서 필요한 인간관은 성경을 바탕으로 이루어져야 하는 것이다.

성경의 인간관에서 빼놓을 수 없는 요소들 중의 하나가 '하나님의 형상' (약 3:9) 개념이다. 하나님의 형상으로 지음 받은 사람들에게는 그에 어울릴 만한 존중을 보여야 한다. 그리고 진정한 휴머니즘은 자연주의적 휴머니즘이 아니라 신본적 휴머니즘이다. 프랑스의 가톨릭 철학자 마리땡(Jaque Martain, 1882-1973)은 휴머니즘을 신본주의 휴머니즘(theocentric humanism)과 인간 중심의 휴머니즘(anthropocentric humanism)으로 나누었다. 그는 신본주의 휴머니즘만이 참으로 통합적인 전체(the integral whole)가 될 수 있고, 참으로 인간적인 것이 될 수 있다고 말하였다.[94]

구약의 욥은 이런 인간 존중의 태도를 잘 보여주는 사람이다. "만일 남종이나 여종이 나와 더불어 쟁론할 때에 내가 그의 권리를 저버렸다면 하나님이 일어나실 때에 내가 어떻게 하겠느냐 하나님이 심판하실 때에 내가 무엇이라 대답하겠느냐 나를 태 속에 만드신 이가 그도 만들지 아니하셨느냐 우리를 뱃속에 지으신 이가 한 분이 아니시냐 내가 언제 가난한 자의 소원을 막았거나 과부의 눈으로 하여금 실망하게 하였던가 나만 혼자 내 떡덩이를 먹고 고아에게 그 조각을 먹이지 아니하였던가" (욥 31:13-17).

사람은 하나님의 인격으로 지음을 받았으며, 그 인격을 부여받는 가운데 역사의식도 갖게 된 존재이다. 그런 인격의 가치를 존중하는 가운데 파스칼은 "자신의 비참을 모르고 하나님을 알게 되면 오만해지고, 하나님을 모르고서 자기의 비참을 알면 절망에 빠진다며, 예수 그리스도를 알면 그 중간을 취하게 된다"고 말하였다.[95] 말하자면 교만과 비참 사이에 있는 사람의

90:10-12)의 내용은 시간에 대한 자각이 인간의 속성에 대한 이해로 발전하고, 그것이 다시 역사의식으로 발전해 나가는 것을 보여준다. 시간의 흐름 속에서 인간에 대한 이해를 시도하는 것이 역사이다. 따라서 역사 탐구의 시작은 당연히 시간과 인간에 대한 개념파악으로부터 시작되어야 한다. 즉 역사적 행위는 인간은 무엇인지와 시간은 또한 무엇인지를 동시적으로 묻는 데서 시작하는 것이다. 선한용, 『시간과 영원』, 17-21을 참조하라.

94) Jaque Martain, *Integral Humanism*, trans., J. W. Evans (New York: Scribner's, 1968); 김영한, 『포스트모던 시대의 세계관』, 406-407.

위치를 예수 그리스도를 통해서 알게 되는 것이다.

역사학이 사람을 중심으로 하는 학문이라면 기독교 역사학은 당연히 기독교 인간관과 관련을 맺어야 한다. 성경을 통해 나타난 인간관은 피조물인 동시에 피조세계를 다스리고 보존하도록 '자유의지를' 부여받은 존재이고, 타락한 이후 인간 자신을 포함한 피조물 모두가 사탄과 죄의 지배 아래 있으나 예수님의 희생으로 확보된 승리를 기반으로 심판의 날까지 그리스도와 함께 피조세계 전반에 걸쳐 다스리는 지위를 회복하는 소망을 부여받은 존재이다. 역사적 감각으로 표현한다면 인간은 시간 속에서 존재의 목적 실현이라는 '필요'를 채우려고 나름의 세계관에 따라 '자유의지'를 갖고 삶의 방향을 선택하며 문화를 형성해가는 존재인 것이다.[96]

어떻게 보든 사람은 하나님의 특별한 피조물이다. 그래서 모든 사람은 위대하다. 그에 대해 '인간, 영광스런 하나님의 대리자'[97]라고 말하는 것도 가능하다. 아울러 그는 역사에의 참여자가 된다. 성경은 사람에 대해 역사발전에서 자신의 역할을 담당하는 존재로 묘사한다. 사람, 그는 하나님의 형상으로 지음을 받은 존재이다. 그리고 하나님의 형상으로 지어지는 가운데 그에게 역사의식이 부여되었다.[98]

사람이 하나님의 인격으로 지어졌기에 그와 하나님 사이에는 인격적인 대화가 가능하다. 심지어 그는 자신의 기도를 통해 하나님의 계획을 바꾸어 놓는 존재이기도 하다. "모세가 그의 하나님 여호와께 구하여 이르되 여호와여 어찌하여 그 큰 권능과 강한 손으로 애굽 땅에서 인도하여 내신 주의 백성에게 진노하시나이까 어찌하여 애굽 사람들이 이르기를 여호와가 자기의 백성을 산에서 죽이고 지면에서 진멸하려는 악한 의도로 인도해 내었다고 말하게 하시려 하나이까 주의 맹렬한 노를 그치시고 뜻을 돌이키사 주

95) 파스칼, 『팡세』, 350.

96) 이흥기, "기독교 역사학은 어떻게 가능한가?" 48.

97) 최용준, 『세계관은 삶이다』, 50-53.

98) 스텐포드 리드, 『기독교 역사관(*A View of Christian History*)』, 한국기독학생회출판부 역 (서울: IVP, 1993), 2.

의 백성에게 이 화를 내리지 마옵소서 주의 종 아브라함과 이삭과 이스라엘을 기억하소서 주께서 그들을 위하여 주를 가리켜 맹세하여 이르시기를 내가 너희의 자손을 하늘의 별처럼 많게 하고 내가 허락한 이 온 땅을 너희의 자손에게 주어 영원한 기업이 되게 하리라 하셨나이다 여호와께서 뜻을 돌이키사 말씀하신 화를 그 백성에게 내리지 아니하시니라"(출 32:11-14). 하나님의 백성이 드리는 기도는 하나님을 움직인다(삼상 9:16).

하나님께서 당신의 뜻을 돌이키신다는 점을 특별히 강조한 선지자는 예레미야이다. "내가 어느 민족이나 국가를 뽑거나 부수거나 멸하려 할 때에 만일 내가 말한 그 민족이 그의 악에서 돌이키면 내가 그에게 내리기로 생각하였던 재앙에 대하여 뜻을 돌이키겠고 내가 어느 민족이나 국가를 건설하거나 심으려 할 때에 만일 그들이 나 보기에 악한 것을 행하여 내 목소리를 청종하지 아니하면 내가 그에게 유익하게 하리라고 한 복에 대하여 뜻을 돌이키리라"(렘 18:7-10). "여호와께서 이와 같이 말씀하시니라 너는 여호와의 성전 뜰에 서서 유다 모든 성읍에서 여호와의 성전에 와서 예배하는 자에게 내가 네게 명령하여 이르게 한 모든 말을 전하되 한 마디도 감하지 말라 그들이 듣고 혹시 각각 그 악한 길에서 돌아오리라 그리하면 내가 그들의 악행으로 말미암아 그들에게 재앙을 내리려 하던 뜻을 돌이키리라"(렘 26:2-3). "너희는 너희 길과 행위를 고치고 너희 하나님 여호와의 목소리를 청종하라 그리하면 여호와께서 너희에게 선언하신 재앙에 대하여 뜻을 돌이키시리라"(렘 26:13). "유다의 왕 히스기야와 모든 유다가 그를 죽였느냐 히스기야가 여호와를 두려워하여 여호와께 간구하매 여호와께서 그들에게 선언한 재앙에 대하여 뜻을 돌이키지 아니하셨느냐"(렘 26:19).

이런 생각이나 판단은 아모스에게서도 나타난다. "주 여호와여 청하건대 사하소서 야곱이 미약하오니 어떻게 서리이까 하매 여호와께서 이에 대하여 뜻을 돌이키셨으므로 이것이 이루어지지 아니하리라 여호와께서 말씀하셨느니라"(암 7:2-3). "내가 이르되 주 여호와여 청하건대 그치소서 야곱이 미약하오니 어떻게 서리이까 하매 주 여호와께서 이에 대하여 뜻을 돌이켜 주 여호와께서 이르시되 이것도 이루지 아니하리라 하시니라"(암 7:5-6).

하나님 백성의 범죄, 그리고 하나님의 심판, 그 외에 심판의 도구로 쓰이는 또 다른 사람들, 이런 것들이 하나님의 역사를 이루어가는 구성요소들이다. "그들이 그들의 조상들의 하나님께 범죄하여 하나님이 그들 앞에서 멸하신 그 땅 백성의 신들을 간음하듯 섬긴지라 그러므로 이스라엘 하나님이 앗수르 왕 불의 마음을 일으키시며 앗수르 왕 디글랏빌레셀의 마음을 일으키시매 곧 르우벤과 갓과 므낫세 반 지파를 사로잡아 할라와 하볼과 하라와 고산 강 가에 옮긴지라 그들이 오늘까지 거기에 있으니라"(대상 5:25-26).

요나의 이야기에서도 이런 사례를 찾아볼 수 있다. "사람이든지 짐승이든지 다 굵은 베 옷을 입을 것이요 힘써 하나님께 부르짖을 것이며 각기 악한 길과 손으로 행한 강포에서 떠날 것이라 하나님이 뜻을 돌이키시고 그 진노를 그치사 우리가 멸망하지 않게 하시리라 그렇지 않을 줄을 누가 알겠느냐 한지라 하나님이 그들이 행한 것 곧 그 악한 길에서 돌이켜 떠난 것을 보시고 하나님이 뜻을 돌이키사 그들에게 내리리라고 말씀하신 재앙을 내리지 아니하시니라"(욘 3:8-10). "주께서는 은혜로우시며 자비로우시며 노하기를 더디하시며 인애가 크시사 뜻을 돌이켜 재앙을 내리지 아니하시는 하나님이신 줄을 내가 알았음이니이다"(욘 4:2).

히스기야의 이야기는 그리스도인들에게 어떤 의미를 주는가? "그 때에 히스기야가 병들어 죽게 되매 아모스의 아들 선지자 이사야가 그에게 나아와서 그에게 이르되 여호와의 말씀이 너는 집을 정리하라 네가 죽고 살지 못하리라 하셨나이다 히스기야가 낯을 벽으로 향하고 여호와께 기도하여 이르되 여호와여 구하오니 내가 진실과 전심으로 주 앞에 행하며 주께서 보시기에 선하게 행한 것을 기억하옵소서 하고 히스기야가 심히 통곡하더라 이사야가 성읍 가운데까지도 이르기 전에 여호와의 말씀이 그에게 임하여 이르시되 너는 돌아가서 내 백성의 주권자 히스기야에게 이르기를 왕의 조상 다윗의 하나님 여호와의 말씀이 내가 네 기도를 들었고 네 눈물을 보았노라 내가 너를 낫게 하리니 네가 삼 일 만에 여호와의 성전에 올라가겠고 내가 네 날에 십오 년을 더할 것이며 내가 너와 이 성을 앗수르 왕의 손에서 구원하고 내가 나를 위하고 또 내 종 다윗을 위하므로 이 성을 보호하리라 하셨다 하라 하셨더라"(왕하 20:1-7). 여기서 모든 사람은 그의 창조자를 닮아 위대한 존재라고 불릴 만한 이유를 발견한다.

예수님이 말씀하신 대로 그의 뒤를 이은 제자들은 그보다 더 큰 일을 실제로 행하였다. "내가 진실로 진실로 너희에게 이르노니 나를 믿는 자는 내가 하는 일을 그도 할 것이요 또한 그보다 큰 일도 하리니 이는 내가 아버지께로 감이라"(요 14:12). 베드로와 바울은 예수님보다 더 넓은 지역에서 더 많은 사람들에게 복음을 전하였다. 그리고 그 후의 세상에서 사는 제자들은 세계 곳곳에 복음을 들고 나가 다양한 언어와 문화의 장벽들을 뚫고 복음을 전하고 있지 않은가? 예수께서 하신 것보다 더 큰 일을 하리라는 말씀은 이렇게 이루어졌다. 이런 사실 때문에 기독교 신앙이나 역사관에 대해 인간의 자유는 지상에서가 아니라 피안에서만 실현될 수 있으며, 이 차안은 눈물의 골짜기일 뿐이라고 보면서 기독교를 비판하는 것은 잘못된 것이다.[99] 성경적 신앙을 가진 사람들은 자신의 현 상태에 대해 불만을 품으면서도 그것을 자력으로 바꿀 수 없다고 생각하는 사람들이 아니다.

성경은 역사발전에 있어서 하나님 섭리의 핵심적 성격을 무엇보다 중요하게 여기지만 사람이 세상에서 사는 동안 감당해야 할 적극적 역할을 결코 부정하지 않는다. 구원의 때까지 그가 감당해야 할 일은 십자가를 진다는 말을 통해 잘 나타난다. 그는 사람이 아니라 하나님의 일을 먼저 생각함으로써 하나님의 역사 창조에 동참해야 한다. 그것은 십자가를 지고 따르는 일을 통해 이루어진다(막 8:33-35). 아울러 그에게는 계시로 받은 하나님의 뜻에 따라야 한다는 부담도 주어진다. "주인의 뜻을 알고도 준비하지 아니하고 그 뜻대로 행하지 아니한 종은 많이 맞을 것이요 알지 못하고 맞을 일을 행한 종은 적게 맞으리라 무릇 많이 받은 자에게는 많이 요구할 것이요 많이 맡은 자에게는 많이 달라 할 것이니라"(눅 12:47-48).

---

99) 박찬국, "금욕주의와 쾌락주의를 넘어서," 박찬욱 기획, 김종욱 편, 『욕망』(서울: 운주사, 2008), 185.

사람은 역사를 이루어 나가는 데서 하나님과 동역한다. 출애굽 역사는 하나님이 모세와 아론, 그리고 이스라엘 백성과 함께 이끌어 가신 하나님의 역사이다(시 105:27-45). 따라서 하나님의 역사는 사람과 하나님의 일을 통해 이루어진다(대상 14:10-15)고 말할 수 있다. 하나님과 사람의 동역을 통해 역사는 이루어지고 기록되는 것이다. 예루살렘 성전의 준공은 하나님과 고레스, 다리오, 아닥사스다의 역할이 모여 이루어졌다. "이스라엘 하나님의 명령과 바사 왕 고레스와 다리오와 아닥사스다의 조서를 따라 성전을 건축하며 일을 끝내되 다리오 왕 제육년 아달월 삼일에 성전 일을 끝내니라"(스 6:14-15).

나사로의 무덤에 있었던 돌문을 옮기거나(요 11:39) 가나의 혼인잔치에서 돌 항아리에 물을 채우는 일(요 2:7)은 사람들이 담당하였다. 또 주님은 그것을 요구하셨다. 따라서 이런 사례들은 주님이 기적을 행하실 때 사람들이 할 수 있는 일에 대해서는 스스로 하도록 기회를 제공하셨음을 보여준다. 말하자면 하나님은 당신의 일을 위해 사람들이 동역하게 하신다. 이사야는 아브라함을 가리켜 '하나님의 벗'(사 41:8)이라고 말하였다. 결국 하나님의 뜻대로 역사는 이루어지지만 거기에 참여한 사람의 행위 또한 그 대가를 치러야 한다는 것이 성경의 가르침이다. "인자는 자기에 대하여 기록된 대로 가거니와 인자를 파는 그 사람에게는 화가 있으리로다 그 사람은 차라리 나지 아니하였더라면 자기에게 좋을 뻔하였느니라"(막 14:21). "인자는 이미 작정된 대로 가거니와 그를 파는 그 사람에게는 화가 있으리로다"(눅 22:22).

'하나님이 함께 행하신 모든 일'(행 14:27), '하나님이 자기들과 함께 계셔서 행하신 모든 일'(행 15:4), '하나님이 자기들로 말미암아 행하신 표적과 기사'(행 15:12)와 같은 표현들은 하나님과 사람 사이의 동역에 대해 보여준다. 바울은 자기의 봉사로 말미암아 하나님이 이방 가운데서 하신 일을 말함으로써 하나님과 그 종들 사이의 동역을 인정하였다(행 21:19). "너는 일어나 일하라 여호와께서 너와 함께 계실지로다"(대상 22:16)라는 말에서 하나님과 사람의 동역을 본다. 또 여호사밧이 백성으로 더불어 의논한 것(대하 20:21)은 사람들 사이에 있는 동역의 본을 보여준다.

각각의 그리스도인은 하나님의 동역자(삼상 14:45; 고전 3:9)인 동시에 자신의 동료들과 더불어서도 또한 동역자가 되어야 한다(롬 16:3, 9; 16:21; 고후 8:23; 빌 2:1-4; 4:3; 몬 1:1, 17, 24). "의논이 없으면 경영이 무너지고 지략이 많으면 경영이 성립하느니라"(잠 15:22). "경영은 의논함으로 성취하나니 지략을 베풀고 전쟁할지니라"(잠 20:18). 모든 것이 합력하여 하나님의 역사를 이룬다. 하나님의 약속을 믿고 동료 그리스도인들과 함께 동역자의 마음으로 서로 돕는 것이 필요하다. "약속하신 이는 미쁘시니 우리가 믿는 도리의 소망을 움직이지 말며 굳게 잡고 서로 돌아보아 사랑과 선행을 격려하며 모이기를 폐하는 어떤 사람들의 습관과 같이 하지 말고 오직 권하여 그 날이 가까움을 볼수록 더욱 그리하자"(히 10:23-25).

그리스도가 머리 되고, 성도들이 각각의 지체가 된다는 '교회유기체론'은 바울 신학에 있어 매우 중요한 요소로서 성도들의 동역을 그 내용으로 삼는다. "머리니 곧 그리스도라 그에게서 온 몸이 각 마디를 통하여 도움을 받음으로 연결되고 결합되어 각 지체의 분량대로 역사하여 그 몸을 자라게 하며 사랑 안에서 스스로 세우느니라"(엡 4:15-16).

비록 사람의 관점으로는 부족하게 생각되는 사람도 무시하지 말아야 한다. 사람들은 모두 다 하나님의 형상으로 지음을 받았으며, 그 나름의 가치와 역할을 갖기 때문이다. 다시 말하면 모든 인격은 하나님의 동역자요, 역사에의 참여자인 것이다. 하나님의 창조가 진행되던 그 시점부터 사람은 이미 하나님과 동역하고 있었다. "여호와 하나님이 흙으로 각종 들짐승과 공중의 각종 새를 지으시고 아담이 무엇이라고 부르나 보시려고 그것들을 그에게로 이끌어 가시니 아담이 각 생물을 부르는 것이 곧 그 이름이 되었더라"(창 2:19).

하나님의 동역자로서 더불어 동역자 되는 사람들에 대하여는 최대한 동역의 폭을 넓히고 인격적으로 존중해야 한다. "이웃을 업신여기는 자는 죄를 범하는 자요 빈곤한 자를 불쌍히 여기는 자는 복이 있는 자니라"(잠 14:21). "가난한 사람을 학대하는 자는 그를 지으신 이를 멸시하는 자요 궁핍한 사람을 불쌍히 여기는 자는 주를 공경하는 자니라”(잠 14:31). “가난한 자를 조롱하는 자는 그를 지으신 주를 멸시하는 자요 사람의 재앙을 기뻐하는 자는 형벌을 면하지 못할 자니라”(잠 17:5). “이익을 얻으려고 가난한 자를 학대하는 자와 부자에게 주는 자는 가난하여질 뿐이니라”(잠 22:16). 사람을 괴롭히는 것은 곧 하나님을 괴롭히는 것이다. “너희가 사람을 괴롭히고서 그것을 작은 일로 여겨 또 나의 하나님을 괴롭히려 하느냐”(사 7:13).

특히 그리스도인들은 하나님과 동역하는 존재이며, 그들 사이의 동역 또한 중요하다. 하늘과 땅은 분리되어질 것이 아니다. “무엇이든지 너희가 땅에서 매면 하늘에서도 매일 것이요 무엇이든지 땅에서 풀면 하늘에서도 풀리리라 진실로 다시 너희에게 이르노니 너희 중의 두 사람이 땅에서 합심하여 무엇이든지 구하면 하늘에 계신 내 아버지께서 그들을 위하여 이루게 하시리라 두세 사람이 내 이름으로 모인 곳에는 나도 그들 중에 있느니라”(마 18:18-20).

하나님의 역사는 하나님과 지도자, 그리고 백성이 하나 되는 가운데 이루어진다. 이들 모두에게는 하나님의 형상을 지녔다는 공통점이 있다. 여호수아는 하나님과 백성으로부터 마음을 강하게 하고 담대히 하라는 격려를 받았다(수 1:6, 18). 여기서 “하나님을 사랑하는 자 곧 그의 뜻대로 부르심을 입은 자들에게는 모든 것이 합력하여 선을 이루느니라”(롬 8:28)는 말씀을 떠올리게 된다. 하나님의 역사는 그의 사랑을 입은 자들뿐만 아니라 단순하게 도구로 이용되는 자들의 힘까지도 모아 하나님이 이루시기 때문이다.

예수 그리스도를 중심으로 하는 구원의 역사를 이루기 위해 제자들은 물론 가룟인 유다, 빌라도, 대제사장, 서기관이 필요하였다. “보라 우리가 예루살렘에 올라가노니 인자가 대제사장들과 서기관들에게 넘겨지매 그들이 죽이기로 결의하고 이방인들에게 넘겨 주겠고 그들은 능욕하며 침 뱉으며 채찍질하고 죽일 것이나 그는 삼 일 만에 살아나리라”(막 10:33-34).

요한은 “아직 잠시 동안 쉬되 그들의 동무 종들과 형제들도 자기처럼 죽임을 당하여 그 수가 차기까지 하라"(계 6:11)라고 말함으로써 예수 그리스도와 그의 제자들 사이에 진한 동역의식이 존재함을 보여준다. 그는 '동무 종들' 이나 '형제들' 과 같은 말을 사용함으로써 이런 사실을 뒷받침한다.

베드로가 하나님의 백성들에게 적용하는 '거룩한 제사장' 이나 '왕 같은 제사장', 그리고 '거룩한 나라' 나 '그의 소유된 백성' 과 같은 명칭들은 하나님의 역사를 이루어 감에 있어서 동역자로서 그들의 지위를 인정하는 것이다(벧전 2:5, 9). 교회유기체론은 하나님의 역사를 이루어 감에 있어 필요한 참여와 동역의식을 보여준다. "각각 은사를 받은 대로 하나님의 여러 가지 은혜를 맡은 선한 청지기 같이 서로 봉사하라"(벧전 4:10). '예수 그리스도의 종이며 사도인 시몬 베드로는 우리 하나님과 구주 예수 그리스도의 의를 힘입어 동일하게 보배로운 믿음을 우리와 함께 받은 자들'(벧후 1:1)이라고 말함으로써 성도들 사이에 있는 믿음에 근거하여 있는 동료의식을 보여준다. 베드로가 사용한 '형제 바울' 이란 말은 동역의식을 표현한다(벧후 3:15).

그리스도인은 하나님의 형상인 동료 그리스도인을 사랑하지 않을 수 없다. "누구든지 하나님을 사랑하노라 하고 그 형제를 미워하면 이는 거짓말하는 자니 보는 바 그 형제를 사랑하지 아니하는 자는 보지 못하는 바 하나님을 사랑할 수 없느니라 우리가 이 계명을 주께 받았나니 하나님을 사랑하는 자는 또한 그 형제를 사랑할지니라"(요일 4:20-21). "삼가 이 작은 자 중의 하나도 업신여기지 말라 너희에게 말하노니 그들의 천사들이 하늘에서 하늘에 계신 내 아버지의 얼굴을 항상 뵈옵느니라"(마 18:10). "이웃을 업신여기는 자는 죄를 범하는 자요 빈곤한 자를 불쌍히 여기는 자는 복이 있는 자니라"(잠 14:21).

동역의 정신은 그리스도인들 서로 간에 마음을 열고 사랑할 것을 요구한다. "목회란 공동체적 경험일 뿐만 아니라 상호 관계의 경험입니다. 예수님은 자신의 목양 사역에 대해 언급하시면서 이렇게 말씀하셨습니다. '나는 선한 목자라 나는 내 양을 알고 양도 나를 아는 것이 아버지께서 나를 아시고 내가 아버지를 아는 것 같으니 나는 양을 위하여 목숨을 버리노라'

(요 10:14-15). 예수님께서 목자이시듯 그분은 우리들 또한 목자가 되기를 원하십니다. 예수님은 베드로가 예수님의 양을 치고 돌보기를 원하십니다. 그러나 환자의 문제를 알고 그곳들을 다루는 전문가로서가 아니라 남의 문제를 알지만 또 자신의 문제도 알릴 필요가 있고, 남을 돌볼 뿐 아니라 자신도 돌봄을 받아야 하며, 용서하고 또 용서받는, 사랑하면서 다른 사람의 사랑을 받는 그런 연약한 한 인간으로 목회하기를 원하십니다."[100)]

뿌리는 자와 거두는 자가 함께 기뻐하고, 한 사람이 심고 다른 사람이 거둔다는 말이나 노력하지 않은 것을 거두러 보내어 다른 사람이 노력한 것에 참예케 된다는 말(요 4:36-38)은 모두 합력하여 선을 이루는 동역이 제자들 사이에 있어야 함을 보여준다. 사도들이 일곱 집사를 선정하여 교회의 일을 분담한 것은 동역의 신약적 사례가 된다(행 6:1-6).

예수님은 나사로를 가리켜 '우리 친구'(요 11:11)라고 말씀하셨다. 예수님은 궁극적으로 계명에 순종하는 자들을 친구로 불러주셨다. 말하자면 그들을 동역자로 인정해 주신 것이다. 그리고 그들이 친구이기 때문에 하나님께 들은 모든 것을 그들이 알게 해 주셨다. "내가 명하는 대로 행하면 곧 나의 친구라"(요 15:14). "이제부터는 너희를 종이라 하지 아니하리니 종은 주인이 하는 것을 알지 못함이라 너희를 친구라 하였노니 내가 내 아버지께 들은 것을 다 너희에게 알게 하였음이라"(요 15:15).

다시 나우웬의 말을 들어보자. "진정한 목회자는 반드시 상호 보완적이어야 합니다. 믿음의 공동체의 지체들이 진정으로 자신들의 목자를 알지 못하거나 사랑하지 않는다면 목양 자체가 재빠르게도 다른 사람들에게 교묘히 힘을 행사하는 한 방법이 되어 버리거나 아니면 권위주의와 독재적 특성을 보이게 됩니다."[101)] 나우웬은 이런 예수님의 리더십을 '섬기는 리더십(servant leadership)'으로 정리하면서 이런 리더십을 가진 지도자는 자신이 섬기는 사람들이 자신을 필요로 하는 만큼 자신에게도 사람들이 필요한 그런 연약한 종이라고 말하였다.[102)]

---

100) 나우웬, 『예수님의 이름으로』, 43-44.

101) Ibid., 45.

교회 안의 그리스도인들은 서로 격려하고 돕는 과정을 통해 하나님의 역사를 위해 기여하게 된다. "은사는 여러 가지나 성령은 같고 직분은 여러 가지나 주는 같으며 또 사역은 여러 가지나 모든 것을 모든 사람 가운데서 이루시는 하나님은 같으니 각 사람에게 성령을 나타내심은 유익하게 하려 하심이라…첫째는 사도요 둘째는 선지자요 셋째는 교사요 그 다음은 능력을 행하는 자요 그 다음은 병 고치는 은사와 서로 돕는 것과 다스리는 것과 각종 방언을 말하는 것이라 다 사도이겠느냐 다 선지자이겠느냐 다 교사이겠느냐 다 능력을 행하는 자이겠느냐 다 병 고치는 은사를 가진 자이겠느냐 다 방언을 말하는 자이겠느냐 다 통역하는 자이겠느냐 너희는 더욱 큰 은사를 사모하라 내가 또한 가장 좋은 길을 너희에게 보이리라"(고전 12:4-31).

하나님의 계획을 이루기 위해 동일한 목적으로 부르심을 입은 그리스도인들은 동역의 원리에 입각해서 모든 것이 합력하여 선(善), 즉 하나님의 역사를 이루도록 해야 한다(롬 8:28). 동역과 역할 분담은 오래 전 모세 시대에 이미 나타나고 있었다(출 18:13-26; 신 1:9-18). 모세의 동역자 70인이 선정되고 성령을 받는 과정에서도 이러한 원리를 재확인할 수 있다(민 11:11-14, 16-29). 여호와에 대한 경외와 사람의 수고가 삶과 역사를 이루는 원리이다(시 128:1-2).

백성의 지도자는 그들과 동역자가 되어야 한다. 성경에는 영웅사관을 배척하고 동역하는 정신이 자주 나타난다. 영웅사관을 포기하고 섭리사관을 받아들이라는 것이다(고후 4:7). 다윗은 천부장과 백부장 곧 모든 지휘관과 더불어 의논하였다(대상 13:1). 여호사밧은 백성으로 더불어 의논하였다. 그는 유다와 예루살렘 주민들아 내 말을 들을지어다 너희는 너희 하나님 여호와를 신뢰하라 그리하면 견고히 서리라 그의 선지자들을 신뢰하라 그리하면 형통하리라 하고 백성과 더불어 의논하였다. 그리고 노래하는 자들을 택하여 거룩한 예복을 입히고 군대 앞에서 행진하며 여호와를 찬송하여

102) Ibid.

'여호와께 감사하세 그의 인자하심이 영원하도다'라고 말하게 하였다(대하 20:20-21). 모세가 혼자 일하다가 장인의 책망을 듣고 역할분담에 동의한 것을 보라(출 18:13-26).

사도 바울은 또한 동역의식이 투철했던 사람이다. "그리스도 예수 안에서 나의 동역자들인 브리스가와 아굴라에게 문안하라"(롬 16:3). "그리스도 안에서 우리의 동역자인 우르바노와 나의 사랑하는 스다구에게 문안하라"(롬 16:9). "나의 동역자 디모데와 나의 친척 누기오와 야손과 소시바더가 너희에게 문안하느니라"(롬 16:21). 종말의 날이 오면 주님께서 어두움에 감추인 것들을 드러내고, 마음의 뜻을 나타내신다. 따라서 그때까지는 함부로 판단하거나 정죄하지 말아야 한다(고전 4:5). '형제들아' (살전 2:1, 9, 14; 4:10, 13; 5:1, 4, 12, 14; 살후 1:1; 2:1)라는 호칭은 바울의 동역의식을 나타낸다. <빌레몬서>에서 이런 경향이 다시 나타난다. 그는 '동역자' (몬 1:1, 24), '형제' (몬 1:7, 16, 20), '동무' (몬 1:17)라는 말로 이것을 보여준다. 바울의 동역의식은 "형제들아"(히 3:1, 12)란 말을 통해 그의 글에 계속 나타난다. 야고보나 요한도 이 호칭을 즐겨 사용하였다(약 1:16, 19; 2:1, 14; 5:7, 9, 10; 요일 3:13, 16; 요삼 1:3).

그리스도인들이 믿음이나 지식에 약한 자들을 대할 때의 태도는 "너희의 자유가 믿음이 약한 자들에게 걸려 넘어지게 하는 것이 되지 않도록 조심하라…네 지식으로 그 믿음이 약한 자가 멸망하나니 그는 그리스도께서 위하여 죽으신 형제라 이같이 너희가 형제에게 죄를 지어 그 약한 양심을 상하게 하는 것이 곧 그리스도에게 죄를 짓는 것이니라"(고전 8:9, 10-11)가 되어야 한다. 바울이 즐겨 쓰는 호칭 중 하나가 형제이다. 이것은 하나님의 종들이나 도구들이 합력하여 하나님의 역사를 이룬다는 그의 인식을 잘 보여준다(고전 10:1). 그리고 예수 그리스도를 믿는 믿음은 그리스도인들 사이의 차별을 없앤다(갈 6:15).

정말이지 바울에게서는 동역의식이 강하게 나타난다. 그는 디모데에 대해서는 나와 함께 복음을 위해 수고했다고 말했으며(빌 2:22), 에바브로디도에 대해서는 형제요 함께 수고하고 함께 군사 된 자요 자기 쓸 것을 돕는 자라고 말함으로써 하나님의 역사를 함께 이루어 가는 동료에 대해 강한 동역의식을 보여주었다(빌 2:25). 디모데를 가리켜 형제라 하고, 성도들을 가리켜 형제들이라 부르는 그에게서 강한 동역의식을 보게 된다(골 1:1-2).

바울이 디도를 가리켜 나의 동역자요 너희를 위한 나의 동역자라 하고, 우리 형제들로 말하면 여러 교회의 사자들, 그리고 그리스도의 영광이라고 말하는 데서 합력하여 선을 이룬다는 동역의식을 찾아볼 수 있다. 즉 함께 일하는 사람들에 대한 그의 지극한 배려가 있다. "디도로 말하면 나의 동료요 너희를 위한 나의 동역자요 우리 형제들로 말하면 여러 교회의 사자들이요 그리스도의 영광이니라"(딛 8:23).

성경에 근거한 역사관이 전체적으로는 하나님 중심적이고, 또 사람이 하나님의 동역자로서 위대한 존재임에도 불구하고 사람 편에서 볼 때 역사는 언제나 탐욕의 역사로 비쳐지는 면이 없지 않다. 즉 사람들은 탐욕에 의해 자극받지 않는 한 움직이지 않는다는 점에서 인류사는 탐욕사관의 지배를 받는 것 같다는 말이다. 인류 타락의 역사도 첫 조상인 아담과 하와의 탐욕에서 시작되었다.

그러나 분명한 것은 하나님께서는 사람의 탐욕까지도 이용하시어 당신의 역사를 정확하게 이루어 가신다는 사실이다. 은혜를 베푸시는 하나님과 욕심에 사로잡히는 사람의 속성을 감안할 때 하나님의 역사는 기억되어야 하고, 사람의 역사는 반복되어서는 안 된다. 하나님의 역사는 감사의 조건이요, 사람의 역사는 회개의 이유가 된다(사 43:27). 또한 하나님의 역사는 사람이 보기에는 기이하다. "이는 여호와께서 행하신 것이요 우리 눈에 기이한 바로다"(시 118:23). 일반인이든 그리스도인이든 역사 안에서 많은 것을 발견할 수 있다. 그러나 진정한 역사의 주인은 하나님뿐이다. "내가 예로부터 처음 일들을 알게 하였고 내 입에서 그것들이 나갔으며 또 내가 그것들을 듣게 하였고 내가 홀연히 행하여 그 일들이 이루어졌느니라"(사48:3).

하나님의 역사를 발견하는 사람은 그의 이름을 거룩하다 말하며, 그를 경외함으로써 교훈을 얻게 된다. "아브라함을 구속하신 여호와께서 야곱 족속에 대하여 이같이 말씀하시되 야곱이 이제는 부끄러워하지 아니하겠고 그의 얼굴이 이제는 창백해지지 아니할 것이며 그의 자손은 내 손이 그 가운데에서 행한 것을 볼 때에 내 이름을 거룩하다 하며 야곱의 거룩한 이를 거룩하다 하며 이스라엘의 하나님을 경외할 것이며 마음이 혼미하던 자들도 총명하게 되며 원망하던 자들도 교훈을 받으리라"(사 29:22-24).

그러나 사람의 인격적 가치에도 불구하고 탐욕이나 경제사관은 하나님 중심 역사관에 의해 극복되어야 한다. "한 사람이 두 주인을 섬기지 못할 것이니 혹 이를 미워하고 저를 사랑하거나 혹 이를 중히 여기고 저를 경히 여김이라 너희가 하나님과 재물을 겸하여 섬기지 못하느니라"(마 6:24). 이처럼 그리스도인의 세계관이나 역사관이 하나님 나라에 집중되어야 한다는 차원에서 "너희는 먼저 그의 나라와 그의 의를 구하라 그리하면 이 모든 것을 너희에게 더하시리라"(마 6:33)라는 말씀이 그의 삶에 있어 대전제가 된다.

참고 문헌

Becker, Carl. *Everyman His own Historian*. Chicago: Quadrangle Books, 1966.

Berkhof, Hendrikus. *Christ The Meaning of History*. Michigan: Baker Book House, 1962.

Breese, Richard. *How a Carpenter Changed the World*. North Charleston, SC: BookSurge Publishing, 2008.

Burrow, John. *A History of Histories*. New York: Alfred A. Knopf, 2008.

De. Cassade, Jeann-Piere. *Abandonment to Divine Providence*. New York: Dover Publications Inc., 2008.

Ellul, Jacques. *Anarchy and Christianity*. Geoffrey W. Bromiley (trans.). Grand Rapids: W. B. Eerdmans, 1991.

Headly, John M. *Luther's View of Church History*. New Haven: Yale University Press, 1963.

Hexter, J. H. *Doing History*. Bloomington & London: Indiana University Press, 1974.

Holwerda, David E. (ed.). *Exploring the Heritage of John Calvin*. Grands Rapids: Baker, 1976.

Kidner, Derek. *Genesis*. Tyndale OTC. Leicester: IVP, 1967.

Lukacs, John. *The Study of History*. Wilmington: ISI Books, 2001.

Marsden, George and Roberts, Frank (eds.). *A Christian View of History?* Grands Rapids: Eerdmans, 1977.

Martain, Jaque. *Integral Humanism*. J. W. Evans (trans.). New York: Scribner's, 1968.

McCoy, Charles S. *The Responsible Campus*. Nashiville: The United Methodist Church, 1972.

McIntyre, John. *The Christian Doctrine of History*. Edinburgh, London: Oliver and Boyd, 1957.

North, Gary (ed.). *Foundations of Christian Scholarship: Essays in the Van Til Perspective*. Vallecito, CA: Ross House Books, 1979.

Sire, James W. *The Universe Next Door: A Basic World View Catalog*. Downers Grove: Inter Varsity Press, 1988.

강성열. "시간과 자연, 그리고 생태학." 『창조과학학술대회 논문집』 (2004), 1-22.

그루뎀, 웨인. 『조직신학 (상)』. 노진준 역. 서울: 은성, 1997.

기념 논문 편찬위원회 편. 『하나님을 위한 학문』. 서울: 베다니, 2009.

기니스, 오스. 『회의하는 용기(*God in the Dark*)』. 서울: 복 있는 사람, 2008.

기독교와 문화연구모임 편. 『지성과 신앙』. 서울: 성광문화사, 1982.

김봉수. 『페트루스 다미아니와 중세의 교회개혁운동』. 서울: 그리심, 2005.

______. 『영원을 사모하는 마음』. 서울: 그리심, 2007.

김영봉. 『숨어 계신 하나님』. 서울: IVP, 2008.

김영한. 『개혁신학이란 무엇인가?-열한 가지 특징을 중심으로-』. 서울: 한국기독학생회출판부, 1995.

______. 『헬무트 틸리케』. 서울: 살림, 2005.

______. 『포스트모던 시대의 세계관』. 서울: 숭실대학교 출판부, 2008.

김형태 · 이원설. 『하나님 중심 세계관과 교육』. 대전: 글누리, 2008.

김홍전. 『그리스도의 지체로 사는 삶』. 서울: 성약, 2006.

김희보. 『구약전도서주해』. 서울: 총신대출판부, 1998.

김희성. 『신약의 배경사』. 서울: 대한기독교서회, 2006.

나나미, 시오노. 『또 하나의 로마인 이야기(ローマから日本が見える)』. 한성례 역. 서울: 부엔리브로, 2007.

나우웬, 헨리. 『예수님의 이름으로(*In the Name of Jesus*)』. 두란노 출판부 역. 서울: 두란노, 2008.

다스튀르, 프랑수아즈. 『죽음: 유한성에 관하여(*La mort Essai sur la finitude*)』. 나길래 역. 서울: 동문선, 2003.

대한 예수교 장로회 총회. 『기초교리학』. 서울: 대한 예수교 장로회 총회 교육국, 2002.

로버트슨, 데이비드 A. 『스스로 있는 신(*THE DAWKINS LETTERS*)』. 전현주 역. 서울: 사랑플러스, 2008.

로이드 존스, 마틴. 『하박국강해-하나님은 아직도 역사를 주관하실까?(*From Fear to Faith*)』. 박영옥 역. 서울: 목회자료사, 2005.

_____. 『하나님은 왜 전쟁을 허용하실까(*WHY DOES GOD ALLOW WAR?*)』, 박영옥 역. 서울: 목회자료사, 2007.

롤, 데이비드 M. 『시간의 풍상(*A Test of Time*)』. 김석희 역. 서울: 해냄, 2003.

뢰비트, 칼. 『역사의 의미(*Meaning in History*)』. 이석우 역. 서울: 탐구당, 1990.

루카스, 존. 『자연과학을 모르는 역사가는 왜 근대를 말할 수 없는가?(*At the End of the Age*)』. 이영석 역. 서울: 문화디자인, 2004.

리드, 스탠포드. 『기독교 역사관(*A Christian View of History*)』. IVP 편집부 역. 서울: IVP, 1995.

박윤선. 『성경주석 에스겔서 · 다니엘서』. 서울: 영음사, 1982.

박찬욱 기획. 김종욱 편. 『욕망』. 서울: 운주사, 2008

버터필드, 허버트. 『크리스천과 역사해석(*Herbert Butterfield: Writings on Christ-*

ianity and History)』. 김상신 역. 서울: 대한기독교서회, 1982.

베빙톤, 데이빗. 『역사관의 유형(*Patterns in history*)』. 김진홍, 조호연 역. 서울: IVP, 1997.

변학수. 『문학적 기억의 탄생』. 파주: 열린책들, 2008.

보스, 게할더스. 『바울의 종말론(*The Pauline Eschatology*)』. 이승구 · 오광만 역. 서울: 엠마오, 1993.

_____. 『성경신학(*Biblical theology Old and New Testaments*)』. 고양: 크리스챤 다이제스트, 2005.

부르케르트, 발터. 『그리스 문명의 오리엔트 전통(*BABYLON, MEMPHIS, PERSEPOLIS*)』. 남경태 역. 파주: 사계절, 2008.

서경식. 『시대의 증언자 쁘리모 레비를 찾아서(プリーモレーヴィへの旅)』. 박광현 역. 파주: 창비, 2006.

선한용. 『시간과 영원』. 서울: 대한기독교서회, 1998.

소광희. 『시간의 철학적 성찰』. 서울: 문예출판사, 2001.

소홍렬. 『자연주의』. 서울: 이화여자대학교출판부, 2006.

손봉호 외. 『하나님을 사랑한 철학자 9인』. 서울: IVP, 2005.

손봉호. 『생각을 담아 세상을 보라』. 서울: 노잉힘, 2008.

손철성. 『헤겔 & 마르크스 역사를 움직이는 힘』. 파주: 김영사, 2008.

송인규. 『새로 쓴 기독교, 세계, 관』. 서울: IVP, 2008.

슈니더윈드, 윌리엄. 『성경은 어떻게 책이 되었을까(*How the Bible Became a Book*)』. 박정연 역. 서울: 에코리브르, 2006.

스완스트롬, 로이. 『역사란 무엇인가』. 홍치모 역. 서울: 성광문화사, 1982.

스토트, 존. 『데살로니가전후서 강해(*The Message of 1 & 2 Thessalonians*)』. 정옥배 역. 서울: IVP, 2001.

아우구스티누스. 『신국론 제1-10권(*De Civitate Dei Ⅰ-Ⅹ*)』. 성염 역주. 왜관: 분도출판사, 2004.

얀시, 필립 (편). 『영감을 선물한 스승들(*More than Words*)』. 최종훈 역. 서울: 두란노, 2005.

에를리히, 칼. 『유대교(*Understanding Judaism*)』. 최창모 역. 서울: 유토피아, 2008.

에릭슨, 밀라드 J. 『서론(*An Introduction to Christian Theology*)』. 김광열 역. 서울: 기독교문서선교회, 1993.

에코, 움베르토 - 마르티니, 카를로 마리아. 『무엇을 믿을 것인가(*In Cosa Crede Chi Non Crede?*)』. 이세욱 역. 서울: 열린책들, 1998.

엘룰, 자크. 『원함과 행함(*Le Vouloir et le Faire*)』. 양명수 역. 서울: 솔로몬, 2008.

엘리엇, 엘리자베스. 『전능자의 그늘(*Shadow of the Allmighty*)』. 윤종석 역. 서울: 복 있는 사람, 2008.

오웬, 존. 『나를 기념하라(*Sacramental Discourses*)』. 이태복 역. 서울: 지평서원, 2008.

옥성호. 『마케팅에 물든 부족한 기독교』. 서울: 부흥과 개혁사. 2008.

월터스, 알버트. 『창조 · 타락 · 구속(*Creation Regained*)』. 양성만 역. 서울: 한국기독학생회출판부, 2000.

위스타슈, 프란시스. 『우리의 기억은 왜 그토록 불안정할까(*Pourqoi notre mémoire est-elle si fragile?*)』. 이효숙 역. 파주: 알마, 2009.

위젤, 엘리 · 헤프너, 리처드 D. 『이방인은 없다(*Conversation with Elie Wiesel*)』. 정혜정 역. 서울: 산해, 2003.

윌리암슨, G. I. 『소교리문답강해(*The Shorter Catechism*)』. 최덕성 역. 서울: 개혁주의신행협회, 2003.

이동원. 『기막힌 하나님의 간섭』. 서울: 나침반사, 2000.

이문장. 『예수, 하늘의 비밀』. 고양시: 두날개, 2008.

이상현. 『다시 쓰는 역사, 그 지식의 즐거움』. 서울: 세종연구원, 2008.

이석우. 『기독교사관과 역사이해』. 서울: 경희대학교 출판국, 2004.

이승구. 『사도신경』. 서울: SFC, 2008.

이종록. 『인간의 역사(歷史), 하나님의 역사(役事)』. 서울: 프리칭아카데미, 2008.
이종환. "창조와 시간에 대한 아우구스티누스의 해석." 『기독교철학』. 제3호 (2006), 69-101.
이원설. 『기독교 세계관과 역사발전』. 서울: 혜선, 1995.
이진성. 『그리스 신화의 이해』. 서울: 아카넷, 2004.
이한수. 『복음은 구원을 주시는 하나님의 능력』. 서울: 이레서원, 2008.
이홍기. "기독교 역사학은 어떻게 가능한가?" 『신앙과 학문』. 제8권 제1호 (2003), 63-93.
정항균. 『므네모시네의 부활』. 서울: 뿌리와이파리, 2005.
조신권. "문학에 있어서 시간과 영원의 문제." 『기독교와 어문학』. 제2권 1호 (2005), 5-24.
조한욱. 『서양 지성과의 만남 1』. 광명시: 꿈이있는세상, 2007.
지글러, 장. 『탐욕의 시대(*L'empire de la Honte*)』. 양영란 역. 서울: 갈라파고스, 2008.
최용준. 『세계관은 삶이다』. 서울: CUP, 2008.
카펜터, 조엘. "칼빈주의와 기독교 대학의 미래." 『한국 기독교 대학의 정체성』. 백석저널, 창간호 (2002), 161-193.
카힐, 토마스. 『미래는 내가 선택한다(*The Gifts of the Jews: How a Tribe of Desert Nomads Changed the Way Everyone Thinks and Feels*)』. 박규태 역. 서울: 솔, 2001.
파르테르나크, 찰스. 『무엇이 우리를 인간이게 하는가(*What Makes Us Human?*)』. 채은진 역. 서울: 말 · 글빛냄, 2008.
파스칼. 『팡세(*Pensées*)』. 방곤 역. 서울: 신원문화사, 2003.
파이퍼, 존. 『예수님이 복음입니다(*Seeing And Savouring Jesus Christ*)』, 송용자 역. 서울: 부흥과개혁사, 2008.
포퍼 칼, 『삶은 문제해결의 연속이다(*Alles Leben ist Problemlösen*)』. 허형은 역. 서울: 부글books, 2006.

프랭클, 빅터. 『삶의 의미를 찾아서(*The Will to Meaning*)』. 이시형 역. 파주: 청아출판사, 2005.

_____. 『태초에 의미가 있었다(*Im Anfang war der Sinn*)』. 김영철 역. 왜관: 분도출판사, 2006.

한완상. 『예수 없는 예수 교회』. 파주: 김영사, 2008.

할둔, 이븐. 『역사서설(*al Muqaddimah*)』. 김호동 역. 서울: 까치, 2003.

홈스, 아더. 『모든 진리는 하나님의 진리다(*All Truth is God's Truth*)』. 서원모 역. 고양: 크리스챤다이제스트사, 2000.

화이트, 제임스 에머리. 『이해할 수 없는 하나님 사랑하기(*Embracing the Mysterious God*)』. 전의우 역. 서울: IVP, 2007.

_____. 『마음을 다하여 하나님 사랑하기(*A Mind for God*)』. 홍병룡 역. 서울: IVP, 2008.

김봉수 교수 저서

페트루스 다미아니와 중세의 교회개혁운동

우리가 그의 구성원이 되는 그 동일한 구세주의 은혜로 말미암아, 우리들 또한 그의 존재와 같이 되는 은혜를 받았다. 결과적으로 계시록에서는 말하고 있다. "우리를 사랑하사 그의 피로 우리 죄에서 우리를 해방하시고, 우리를 그 아버지 하나님께 나라와 제사장으로 삼았다." 또 베드로는 말한다. "너희는 택하신 족속이요 왕 같은 제사장들이요 거룩한 나라요 그의 소유된 백성이니 이는 너희를 어두운데서 불러 내어 그의 기이한 빛에 들어가게 하신 자의 아름다운 덕을 전하게 하려 하심이라." 그렇기 때문에 그리스도의 은혜로 모든 그리스도인은 제사장이고, 따라서 그의 기이한 행적을 전할 수 있는 완전한 권리를 갖는다는 사실이 뒤따르게 된다.

-로마 시장에게 보내는 다미아니의 편지 중에서-

명상과 활동의 삶(*vita contemplativa et vita activa*)은 중세 사회를 말해 주는 상징적 용어로서 그 시대의 역사에서 결코 지워버리거나 무시할 수 없는 것이다. 반대로 수도원 운동은 그것의 고유한 역할이나 개혁적 활동을 통해 굳어버린 교회에 대해 영적 각성을 촉구함으로써 교회는 물론 사회의 변화마저도 주도하면서 긍정적으로 기여했다는 점에서 긍정적인 평가를 받을 만하다. 이 책을 읽는 이들은 김 교수가 수도원의 개혁을 중심으로 교회와 사회 양자 사이를 갈등과 대립이라는 긴장 관계 안에서 창조적 시각으로 파악하기 위해 노력한 것을 감지하게 되리라고 생각한다. (추천사 / 홍치모 교수)

이책에서 중점적으로 다루고 있는 부분은 훔베르트와 다미아니의 교회개혁론이고 그 초점은 다시 다미아니에게 모아지고 있다. 어떤 면에서 그가 교회개혁운동의 보다 심층적인 영향을 미쳤으면서도 힐데브란트 등에 가리워져 충분히 조명되지 못한 아쉬움이 있어왔기 때문이다. 더구나 김 교수는 다미아니에게 있어서 죄의 개념이나 죄관의 변화과정을 추적하여 그것이 경제 및 윤리사상에 어떤 영향을 미쳤는가를 밝히고 있다. (추천사 / 이석우 교수)

영원을 사모하는 마음

이 책의 Ⅰ부는 성경적 역사이해와 전도서의 역사사상을 다루는 데 할애하였다. 따라서 1장에서는 역사와 사관 그리고 기독교 사관에 대해 소개하였으며, 2장에서는 저작권 문제를 중심으로 전도서의 성경적 지위와 거기에 나타난 역사의식을 검토하였다. 책의 Ⅱ부는 역사가의 눈으로 성경을 읽는 데 할애함으로써 3, 4장을 통해 구약과 신약에 나타난 신앙과 역사의식을 정리해 보았다. 성경에 대한 이같은 역사적 탐구는 역사의식이 후에 기독교 사관을 위한 토대가 되었을 뿐만 아니라 오늘날까지 성경적 신앙을 가진 사람들의 삶과 역사의식에 심대한 영향을 끼치고 있다는 점에서 타당하다고 본다.

전반부는 역사에 대한 성경적 이해 그리고 후반부는 성경에 대한 역사적 이해로 되어 있는 책의 전체적인 구성은 '위대하신 역사가(the Great Historian)'인 하나님에 대해, 그리고 그의 형상으로 만들어졌기 때문에 '역사가(a little historian)'로 살아가야 하는 신자들이 자신의 정체성에 대해 알아가는 데 도움을 주려는 이 책의 저술의도와 관련이 있다. 말하자면 '성경으로 읽는 역사' 그리고 '역사로 읽는 성경'을 위해 이 책의 저술이 의도되었고, 또 그것의 효과를 극대화하기 위한 글의 구조를 갖추게 된 것이다. (서론에서)

「그리심」의 교회사에 관한 도서

- **초대교회의 신학자들**
  G.R 에반스 · 박영실 역 · 410면 · 신국판 · 반양장
- **하나님과 인간, 그리고 시간(기독교적 역사이해)**
  어얼 E. 케이른스 · 박영실 역 · 264면 · 신국판 · 반양장
- **초대교회사**
  서요한 · 664면 · 신국판 · 양장
- **중세교회사**
  서요한 · 892면 · 신국판 · 양장
- **르네상스와 종교개혁**
  윌리엄 에스텝 · 라은성 역 · 655면 · 신국판 · 양장
- **로마카톨릭주의와 복음주의**
  가이슬러 · 맥켄지 · 라은성 역 · 746면 · 신국판 · 양장
- **교회사 안에 나타난 이단과 정통**
  헤롤드 O. J. 브라운 · 라은성 역 · 704면 · 신국판 · 양장
- **역사신학 (상)**
  커닝험 · 라은성 역 · 상 - 812면 · 신국판 · 반양장
- **페트루스 다미아니와 중세의 교회개혁운동**
  김봉수 · 464면 · 신국판 · 양장
- **중세의 수도원 개념과 교회개혁운동**
  김봉수 · 476면 · 신국판 · 반양장
- **영원을 사모하는 마음 –** 하나님이 주신 역사의식
  김봉수 · 326면 · 신국판 · 반양장
- **성경에서 역사를 만나다**
  김봉수 · 400면 · 신국판 · 반양장
- **교부들의 신학사상**
  조병하 · 430면 · 신국판 · 반양장
- **한부선 평전(가장 한국적인 미국 선교사)**
  박응규 · 512면 · 신국판 · 양장
- **프랑스 종교개혁사**
  강남수 · 266면 · 신국판 · 양장

● 교양인을 위한 간추린 서양이야기
강남수 · 256면 · 신국판 · 반양장

● 한국장로교회와 근본주의
신종철 · 310면 · 신국판 · 반양장

● 스코틀랜드 교회사
G. D. Henderson · 홍치모 역 · 277면 · 신국판

● 위대한 여인들의 발자취들 : 초대교회 편
라은성 · 416면 · 신국판 · 양장

● 천상의 누이들 : 중세교회 편
라은성 · 456면 · 신국판 · 양장

● 이단과 정통 (학생용 · 일반신도용)
라은성 · 456면 · 신국판 · 양장

● 서양문명의 정체성
임희완 · 358면 · 신국판 · 반양장

● 하나님 마음에 합한 사람
권태경 · 248면 · 변형사륙배판 · 반양장

● 중국기독교사
조 훈 · 259면 · 신국판 · 반양장

● 윌리엄 밀른 – 말라카 선교를 통한 중국 선교사
조 훈 · 282면 · 신국판 · 반양장

● 한국기독교 통일운동사
정성한 · 438면 · 신국판 · 반양장

● 삼천리반도 금수강산
정성한 · 158면 · 신국판 · 반양장

● 한국근대와 기독교
정규훈 · 242면 · 변형사륙배판 · 반양장

● 국가주의에 굴복한 1930년대 조선예수교 장로회의 역사
박용권 · 482면 · 신국판 · 반양장